Schweizer Konten

PAUL ERDMAN

SCHWEIZER KONTEN

Roman

Aus dem Amerikanischen
von Ronald M. Hahn

Eichborn.

Titel der Originalausgabe:
Swiss Account bei André Deutsch Limited, London.

Die Deutsche Bibliothek – CIP-Einheitsaufnahme

Erdman, Paul E.:
Schweizer Konten : Roman / Paul Erdman. Aus dem Amerikan.
von Ronald M. Hahn. – Frankfurt am Main : Eichborn, 1995
ISBN 3-8218-0296-0

Lektorat: Susanne Aeckerle
Umschlaggestaltung: Rüdiger Morgenweck
Satz: Fuldaer Verlagsanstalt
Druck und Bindung: Wiener Verlag, Himberg
ISBN 3-8218-0296-0
Verlagsverzeichnis schickt gern:
Eichborn Verlag, Kaiserstr. 66, 60329 Frankfurt am Main

Vorwort

Dieser Roman lehnt sich eng an historische Ereignisse und Personen. Um dem Leser zu helfen, tatsächliche Ereignisse von erdachten zu trennen, habe ich Fußnoten beigefügt, die meine ursprünglichen Quellen und die Fakten in allen Fällen belegen.

Zu den »echten« Personen gehören Allen Dulles, Leiter der amerikanischen Spionagearbeit in der Schweiz im Zweiten Weltkrieg; Karl Barth, einer der führenden christlichen Theologen des 20. Jahrhunderts; Obergruppenführer Walter Schellenberg, der im Krieg die Geheimdienstunternehmen der SS im Ausland leitete, und der Schwede Per Jacobsson von der Bank für Internationalen Zahlungsausgleich, der Zentralbank der Zentralbanken. Die beiden Flittchen, die mit Schellenberg reisen, sind (so glaube ich) ebenso erfundene Gestalten wie die drei Protagonisten des Romans: Zwei von ihnen, die Geschwister Peter und Felicitas Burckhardt, sind Schweizer, die dritte ist die Amerikanerin Nancy Reichman; sie vertritt die USA von 1940 bis 1945 als Vizekonsulin in Basel.

Ebenso erfunden ist das Benkener Schloß und seine Geschichte als Ort des Treffens zwischen Masson und Schellenberg. In Wirklichkeit fand das Treffen in Waldshut statt.

Nachdem dies gesagt ist, hoffe ich, daß Sie weiterlesen, alles Obige vergessen und das Buch um seiner selbst willen genießen: Es wurde als romantische Intrigengeschichte geschrieben und spielt in der einmaligen Atmosphäre der neutralen Schweiz während des Zweiten Weltkrieges.

Prolog

Am 29. April 1944 landete ein Kampfflugzeug aus Nazi-Deutschland, Prototyp einer neuen Version der Messerschmidt 110 Cg + EN, nach einer Luftschlacht in Süddeutschland versehentlich auf dem Schweizer Flughafen Dübendorf bei Zürich. Es wurde von neuen starken Motoren angetrieben und war mit streng geheimen, hochentwickelten Instrumenten ausgestattet, die der Maschine bei nächtlichen Unternehmen einmalige Fähigkeiten verliehen. Der Pilot wollte sofort wieder starten, als er merkte, daß er sich verflogen hatte, wurde aber vom Schweizer Militär daran gehindert.

Als man Adolf Hitler davon berichtete, ließ er Obergruppenführer Walter Schellenberg, den Leiter der SS-Spionage, und dessen rechte Hand, Sturmbannführer Hans Wilhelm Eggen, zu sich rufen. Hitlers Anweisungen waren sehr präzise: Wenn es sich innerhalb von vierundzwanzig Stunden als unmöglich erwies, ein Abkommen über die Rückgabe der Me 110 zu erzielen, sollte ein Geheimkommando der SS die genaue Position der Maschine feststellen und sie auf dem Flugplatz Dübendorf entweder durch einen Bombenangriff der Luftwaffe oder durch den Absprung einer Fallschirmjägereinheit und eines Sprengkommandos vernichten.*

Eine Stunde später telefonierte Schellenberg mit Oberst Roger Masson, seinem Kollegen beim Schweizer Geheimdienst, Chef der Sektion 5 im Generalstab des Oberkommandos der Schweizer Armee in Luzern: »Sie haben bestimmt von der Messerschmidt gehört, die gestern abend in Dübendorf gelandet ist«, begann er. Und dann: »Wir müssen die Maschine zurückbekommen, Herr Oberstbrigadier. Wir handeln unter direktem Befehl des Führers. Er rechnet damit, daß wir das Problem innerhalb von zwei Tagen lösen. Um das zu gewährleisten, habe ich bereits dafür gesorgt, daß Sturmbannführer Eggen, mein Adjutant, in die Schweiz fährt, um die Einzelheiten zu klären. Er trifft heute abend um 21 Uhr am Badischen Bahnhof in Basel ein.«

»Leutnant Peter Burckhardt, einer meiner Adjutanten, holt ihn dort ab«, erwiderte der Schweizer Oberst. »Ich bin sicher, daß wir uns irgendwie einig werden, Herr Obergruppenführer.«

Der Deutsche mit den vielen Dienstbezeichnungen – Rittmeister, Sturmbannführer, Major – kam an diesem Abend kurz nach neun auf dem Badischen Bahnhof an und wurde, sobald er den Zoll passiert hatte, von Leutnant Peter Burckhardt in Empfang genommen. Burckhardt war mit dem Entwurf einer Abmachung ausgerüstet, die man ihm erst vor einer Stunde per Fernschreiber übermittelt hatte. Das Telex enthielt außerdem Anweisungen, die von keinem Geringeren kamen als von General Guisan, dem Oberkommandierenden der Schweizer Armee. Sie bevollmächtigten ihn, in Guisans Namen über die Einzelheiten des Falles Me 110 zu verhandeln. Burckhardt sollte jedoch nur dann Abmachungen treffen, wenn auch Eggen eine schriftliche Vollmacht dieser Art vorweisen konnte. Sie mußte von jemandem unterschrieben sein, der in der Hierarchie des Naziregimes ganz oben stand.

Eggen hatte ein Zimmer im Hotel Drei Könige bestellt. Von dort aus konnte man den mitten durch Basel fließenden Rhein überblicken. Statt Eggen aufs Zimmer zu begleiten, hatte Burckhardt dem Deutschen vorgeschlagen, er solle sich Zeit zum Auspacken und Erfrischen nehmen. Er wolle an der Bar auf ihn warten. Nach zehn Minuten tauchte Eggen wieder auf. Er hatte eine Aktenmappe bei sich. Eggen hatte sich kaum gesetzt, als er ein Blatt Papier aus der Mappe zog und es Burckhardt reichte. Es war genau die Vollmacht, die der Schweizer hatte sehen wollen, und sie wies zwei Unterschriften auf: die von Feldmarschall Hermann Göring, dem Luftwaffenchef, der die unersetzliche Maschine verloren hatte, und die von Obergruppenführer Walter Schellenberg, dem Leiter des SS-Geheimdienstes. Burckhardt studierte die Vollmacht, dann zog er das Fernschreiben, das er vor ein paar Stunden erhalten hatte, aus der Brusttasche seines Jacketts. Es enthielt die Befehle General Guisans. Eggen las und nickte.

»Sieht so aus, als käme jetzt alles auf uns beide an, was?«

»Wenigstens im Augenblick«, erwiderte Burckhardt.

»Dann lassen Sie uns gleich zur Sache kommen. Der Fall ist doch ganz einfach. Wir möchten die Maschine zurückhaben. Sie möchten, daß wir Ihnen im Gegenzug einen Gefallen tun. Wie lauten Ihre Bedingungen?«

Der aufgesetzte Charme des Deutschen war wie weggeweht. Er war jetzt nur noch der brutale und arrogante SS-Mann.

»Die Maschine wird nicht zurückgegeben«, war Burckhardts Entgegnung. »Der Beschluß wurde von General Guisan und dem Nationalrat gefaßt und ist unumstößlich.« Der Gesichtsausdruck des Sturmbannführers zeigte, daß diese Antwort völlig unerwartet kam.

»Sind die denn alle verrückt geworden?« zischte Eggen Burckhardt zu. »Ist denen nicht klar, daß sie mit Adolf Hitler verhandeln?«

»Wir verhandeln nicht mit Hitler. Wir verhandeln mit Ihnen, Herr Eggen.«

»Aber gerade haben Sie gesagt, Sie wollen gar nicht verhandeln. Sie wollen ...«

Burckhardt fiel ihm ins Wort. »Ich habe nichts dergleichen gesagt. Ich habe nur gesagt, daß wir die Messerschmidt nicht zurückgeben. Täten wir es doch, stünde dies völlig im Widerspruch zu den international geltenden Gesetzen, die das Verhalten neutraler Staaten in Zeiten bewaffneter Konflikte betreffen.«

»Eins kann ich Ihnen gleich sagen, Herr Leutnant: Das wird der Führer keinesfalls hinnehmen! Er toleriert keine Situation, in der auch nur die geringste Möglichkeit besteht, daß die Briten oder Amerikaner Zugriff auf diese Maschine bekommen könnten.«

»Dafür haben wir vollstes Verständnis.«

Eggen schaute ihn verblüfft an. »Aber, wie in aller Welt können Sie das garantieren?«

»Indem wir die Maschine vernichten. In Gegenwart von Zeugen, deren Auswahl wir Ihnen überlassen.«

Nun zeigte sich wieder der milde Sturmbannführer Eggen. »Wie raffiniert, Herr Doktor! Und wie typisch schweizerisch. Ihr findet doch immer einen Ausweg. Wenn es sein müßte, würdet ihr wahrscheinlich auch eine Möglichkeit finden, aus einem Kreis ein Quadrat zu machen. Ja, das gefällt mir.« Und dann: »Wann?«

»Sobald wir uns über die Einzelheiten des Tauschgeschäfts geeinigt haben.«

»Aha. Und was schwebt Ihnen da vor?«

»Im Tausch für die Vernichtung der Me 110 möchten wir zwölf Ihrer Standard-Kampfflugzeuge vom Typ Me 109G für unsere Luftwaffe haben. Wir erwarten, daß sie innerhalb von zwei Tagen nach der Demolierung Ihres Nachtflug-Prototyps geliefert und auf den gleichen Flugplatz gebracht werden, auf dem die Me 110 gelandet ist – nach Dübendorf.«

»Ich nehme an, die 110 ist noch dort?« flocht Eggen ein – listigerweise, wie er glaubte.

»Das bezweifle ich«, erwiderte Burckhardt, obwohl er nicht das geringste darüber wußte. »Da ist noch etwas«, fügte er hinzu. »Wir sind natürlich bereit, für die Me 109 zu bezahlen. Den vollen Preis. Bar. In Schweizer Franken. Bei Lieferung.«

»Aha«, sagte Eggen. »Die Sache wird interessant.« Burckhardt meinte beinahe sehen zu können, wie sich die Rädchen in Eggens Kopf drehten. »An welche Summe hatten Sie gedacht?«

»Eine halbe Million Franken pro Maschine.«

»Fünfhunderttausend Franken«, wiederholte Eggen und ließ die Worte auf der Zunge zergehen. »Und in bar, wie Sie sagen.«

»Bar.«

»Ich glaube, Dr. Burckhardt, damit haben wir – zumindest, soweit es mich betrifft – die Grundlagen unserer Abmachung festgelegt. Ich bin guter Hoffnung, daß auch Obergruppenführer Schellenberg diese Ansicht vertreten wird. Das Problem dürfte Feldmarschall Göring sein. Es wird nicht leicht sein, ihn unter den gegenwärtigen Umständen zu überreden, auf zwölf Kampfflugzeuge zu verzichten.« Dann fügte er eilig hinzu: »Mißverstehen Sie mich nicht. Es ist zwar schwierig, aber nicht unmöglich.« Und dann: »Darf *ich* nun einen Vorschlag machen, Herr Burckhardt?«

Der Schweizer versteifte sich. »Gewiß.«

»Trinken wir darauf eine gut gekühlte Flasche Dom Perignon. Einverstanden?«

Es dauerte zwar länger, als die Deutschen und Schweizer erwartet hatten, aber am 18. Mai 1944 – Himmelfahrt! – wurde die Me 110 Cg + EN auf dem Flugfeld von Dübendorf bei Zürich (mit deutschem Sprengstoff, von Eggen mitgebracht) in die Luft gejagt. Um ganz sicherzugehen, schüttete man anschließend Benzin über die Trümmer und zündete sie an. Es gab sechs offizielle Zeugen: aus Deutschland Sturmbannführer Eggen und Luftwaffenhauptmann Brandt (als persönlicher Vertreter Feldmarschall Hermann Görings, der die Abmachung auf Hitlers direkten Befehl unterschrieben hatte); auf der Schweizer Seite die Brigadegenerale Rihner und Wattenwyl vom Oberkommando sowie Oberst Masson und Leutnant Burckhardt von der Sektion 5 des Generalstabs des Oberkommandos.*

Genau zwei Tage später, am 20. Mai, wurden zwölf Maschinen vom Typ Me 109 nach Dübendorf geflogen und der Schweizer Luftwaffe übergeben.

Dieser Vorfall war typisch für die zynischen Geschäfte, die man im Zweiten Weltkrieg in der Schweiz betrieb, in einem Land, in dem Nachrichtendienste aller maßgeblichen kriegführenden Nationen versuchten, aus den einmaligen Freiheiten, die ihr Gastland ihnen gestattete, Vorteile zu ziehen... wenn auch zu einem bestimmten Preis. Doch in ihrer Bedeutung für den Kriegsausgang war keine dieser vielen Episoden auch nur ansatzweise mit der vergleichbar, die sich im Januar 1945, kaum ein halbes Jahr später, ihrem Höhepunkt näherte.

ERSTER TEIL

1. Kapitel

Der den Eisenbahnzug umhüllende Nebel, der vom Rhein hochstieg, war Anfang Januar 1945 besonders dicht. Auch die starren Leichen vieler tausend amerikanischer GIs, die infolge der kurz vor Weihnachten von der deutschen Wehrmacht unerwartet brutal eingeleiteten Gegenoffensive in den Ardennenwäldern lagen, zeugten von der schrecklichen Kälte, die sich in diesem Jahr über den sterbenden Kontinent Europa hinabgesenkt hatte. Die Gedanken des Schweden Per Jacobsson, der allein in dem verdunkelten Abteil des Nachtzuges nach Lörrach saß – dem letzten Bahnhof vor der Schweizer Grenze –, waren ebenso von der alles durchdringenden Gegenwart des Todes beherrscht.

Außer Jacobsson und einem starken Kontingent deutscher Feldjäger stiegen in Lörrach alle aus. Dann setzte sich der Zug sehr langsam wieder in Bewegung und fuhr über die Grenze in die neutrale Schweiz. Zehn Minuten später hielt er erneut, diesmal auf dem Badischen Bahnhof, einer exterritorialen Enklave der uralten Stadt Basel. Die Exterritorialität wurde durch die Nazi-Uniformen der Wachen dokumentiert, die den Schweden beobachteten, als er aus dem Zug auf den kalten Beton des Bahnsteigs 3 hinaustrat. Es gab keine Gepäckträger. Genaugenommen gab es sie seit über fünf Jahren nicht mehr – exakt seit dem 3. September 1939, jenem Tag, an dem der Zweite Weltkrieg begonnen hatte.

Nachdem er fünfzig Meter durch die gespenstische Leere des weitläufigen Bahnhofs gegangen war, kam er an eine Barriere in Form eines Maschendrahtzauns. Das durch den Zaun führende Tor war geschlossen. Links davon stand ein langer Holztisch. Jacobsson stellte seinen schwarzen Lederkoffer ab und wartete. Nach etwa einer Minute öffnete sich in dem Gebäude hinter dem Tisch eine Tür, und drei Beamte traten heraus. Einer war ein SS-Offizier. Er blieb fünf Schritte hinter den beiden anderen, die nun am Tisch Aufstellung nahmen.

»Ihren Paß, bitte«, sagte der eine zu Jacobsson.

Der Schwede händigte seinen Reisepaß aus.

»Sie sind ja sehr weit weg von zu Hause, Herr Jacobsson. Warum?«

Bevor Jacobsson auch nur den Mund aufmachen konnte, trat der Mann mit dem Totenschädel und den gekreuzten Knochen auf der schwarzen Uniform vor.

»Wir haben Sie erwartet, Herr Jacobsson. Ich nehme an, die Fahrt von Berlin verlief ohne Zwischenfälle?«

Der Schwede nickte. Dann deutete er auf seinen noch geschlossenen Koffer.

»Nicht nötig«, sagte der SS-Offizier und drückte auf einen unter dem Holztisch befindlichen Knopf. Ein lautes Summen ertönte, das Tor im Drahtzaun öffnete sich. Auf der anderen Seite stand wieder ein Holztisch, doch er war kleiner. Dahinter wartete ein einzelner Schweizer Amtsträger, ein Unteroffizier in einer häßlichen grünen Militäruniform. Nachdem Jacobsson seinen Reisepaß ausgehändigt hatte, wurde dieser sehr gewissenhaft untersucht. Dann öffnete der Unteroffizier ein auf dem Tisch liegendes dickes Buch und blätterte die Seiten bis zu dem Abschnitt um, der Schweizer Einwohner schwedischer Nationalität betraf. Der Reisepaß wurde erneut geprüft, die Nummer verglichen, dann wurde er ohne weiteren Kommentar zurückgegeben. Diesmal wurde der Koffer jedoch nicht nur geöffnet, sondern auch gründlich durchsucht.

»In Ordnung«, sagte der Schweizer schließlich.

Kurz nach 22 Uhr konnte Per Jacobsson den Bahnhof endlich verlassen.

Dabei wurde er von zwei Gestalten beobachtet, die auf der anderen Seite der Resenthalstraße standen. Der Mann war Schweizer, die Frau Amerikanerin. Sie warteten vor einem Restaurant namens Kleinbasler Weinstube, in dem mehr Bier als Wein ausgeschenkt wurde, da es mitten in einem Arbeiterviertel lag. Ein dritter Mann saß schweigend in einem direkt vor dem Bahnhof parkenden alten schwarzen Fiat, als wolle er einen gerade angekommenen Reisenden abholen. Doch in Wirklichkeit bestand seine Aufgabe darin, zu beobachten und sich nur einzuschalten, wenn es die nationalen Sicherheitsinteressen der Schweiz betraf. Sein Name war Dr. Wilhelm Lützelschwab. Er war Leiter der Politischen Polizei des Kantons Basel-Stadt, einer für die Spionageabwehr im Nordwesten des Landes zuständigen Einheit.

Die Spionageabwehr der Schweiz hatte ein arbeitsreiches Jahr hinter sich: Man hatte 1.389 Personen wegen Spionage verhaftet und 813 vor Gericht gestellt und verurteilt. Von den 813 Verurteilten hatten 33 die Todesstrafe wegen Hochverrat bekommen. Erstaunlich für ein Land, in dem kaum fünf Millionen Menschen lebten.

Lützelschwab beobachtete Jacobsson, der die Resenthalstraße überquerte und auf die beiden Gestalten vor der Kleinbasler Weinstube zuging. Sekunden später verschwanden die drei im Inneren des Restaurants. Offenbar mit dem zufrieden, was er gesehen hatte, fuhr Dr. Lützelschwab ab.

Nachdem sie an einem Tisch Platz genommen und eine Karaffe Dôle – den schweren Walliser Rotwein, der ausgezeichnet zu der eiskalten Winternacht paßte – bestellt hatten, ergriff die Amerikanerin als erste das Wort. »Mr. Dulles konnte heute abend nicht aus Bern kommen. Er mußte dringend nach Paris. Deswegen hat er mich gebeten, ihn zu vertreten.«

Der Schwede nickte nur. Er wußte, daß sie für Dulles arbeitete. Er hatte sogar einmal mit den beiden in Basel diniert.

»Haben Sie herausgefunden, wo Heisenberg steckt?«

»Nein«, antwortete der Schwede. »Aber Mr. Dulles' Information ist zutreffend. Heisenberg, Hahn und von Weizsäcker... Sie sind alle aus Berlin verschwunden. Ebenso die Ausrüstung, mit der sie im Kaiser-Wilhelm-Institut gearbeitet haben.«

»Konnten Sie in Erfahrung bringen, wie dicht sie dran waren, bevor sie verschwanden?«

»Ja.« Jacobsson hielt inne. Dann fuhr er fort: »Sie waren nahe dran. Sehr nahe. Ich weiß zwar nicht genau, was es bedeutet, aber ich habe erfahren, daß es nun weniger eine Frage der Konstruktion als eine des Mangels an Schwerem Wasser und Uran ist. Man rechnet damit, das letzte Problem im Februar lösen zu können.«

»Wissen Sie genau, daß es keine Frage der Konstruktion mehr ist?«

»Eindeutig.«

»Mr. Dulles wird sofort darüber informiert werden wollen.«

»Sie müssen diese Information beide mit größter Diskretion behandeln. Dr. Puhl hat dafür ein gewaltiges Risiko auf sich genommen. Wir beide sind ja nur Ökonomen und Bankiers und kennen uns kaum mit Dingen aus, die mit höherer Physik zu tun haben. Herr Burckhardt kennt ihn natürlich, Miss Reichman, aber damit Sie eine Vorstellung haben: Dr. Puhl ist Direktor der Reichsbank in Berlin und zudem einer der Direktoren meines hiesigen Unternehmens, der Bank für Internationalen Zahlungsausgleich. Wir haben uns im Laufe der Jahre ziemlich angefreundet. Als Mr. Dulles mich in dieser Angelegenheit um Hilfe bat, war es nur natürlich, daß ich mich an Puhl wandte, denn er bewegt sich in den höchsten Berliner Kreisen – in der Finanzwelt ebenso wie in der akademischen. Zu seinen engsten Freunden gehört ein Chemiker, der ebenfalls im Kaiser-Wilhelm-Institut arbeitet. Deswegen war Puhl auch in der Lage, mir die Information zu besorgen, die ich gerade an Sie weitergegeben habe. Aber wenn irgend etwas davon an die Ohren der Gestapo dringt ...«

»Dafür haben wir vollstes Verständnis, Herr Jacobsson«, erwiderte die Amerikanerin.

Jetzt mischte sich Peter Burckhardt ein, der junge Schweizer. »Da wir gerade von der Gestapo reden ... In Basel wimmelt es von diesen Leuten. Deshalb meine ich, man sollte uns drei nicht länger als unbedingt nötig zusammen sehen.«

»Du hast recht«, sagte die Amerikanerin. Dann fügte sie hinzu: »Könntest du mich zuerst absetzen? Ich weiß zwar, daß es ein Umweg ist, aber ... «

Die beiden Männer waren sofort einverstanden. Peter Burckhardt winkte dem Kellner und beglich die Rechnung. Sein Mercedes stand gleich vor dem Lokal. Alle drei stiegen ein.

Als sie im Wagen saßen, drehte sich Burckhardt zu seinem Chef von der Bank für internationalen Zahlungsausgleich um und sagte: »Ich habe gerade über Ihre letzten Worte nachgedacht. Über die Gestapo. Darf ich fragen, wie es Ihnen überhaupt gelungen ist, die Reise nach Berlin zu initiieren?«

»Puhl hat mich gebeten, als Vermittler einer letzten Goldladung von Berlin an die Schweizerische Nationalbank tätig zu werden. Da er Deutschland nicht mehr verlassen kann, um die Unterlagen für die Zahlungsvereinbarungen zu erstellen – sie werden von der BIZ erledigt –, bin ich zu ihm gefahren. Die ganze Sache widerstrebt mir zwar total, aber Mr. Dulles hat mich überzeugt, daß eine Menge auf dem Spiel steht ...«*

Dann verfielen alle drei in Schweigen. Nach einer fünfminütigen Fahrt überquerten sie den Rhein über die Mittlere Rheinbrücke, die die beiden Teile Basels – Kleinbasel, nördlich des Flusses, und Großbasel, im Süden liegend – miteinander verbindet. Von dort aus fuhr Burckhardt zum Marktplatz, ins Zentrum der Stadt, auf dem die Basler seit dem Mittelalter ihre Wochenmärkte abhalten. Dort wollte die Amerikanerin abgesetzt werden. Nach dem Aussteigen überzeugte sie sich, daß sie von niemandem beobachtet wurde – der Platz war völlig verlassen –, und winkte dann den beiden Männern, die schweigend im Wagen sitzen geblieben waren, zum Abschied zu. Als der Mercedes weitergefahren war, durchquerte sie mit festen Schritten die Martinsgasse und bog in die Augustinergasse ein. Die aus dem 13. und 14. Jahrhundert stammenden Häuser an der Nordseite überschauten den Rhein. Nancy Reichman hatte eine kleine Wohnung in der dritten – obersten – Etage der Augustinergasse 11.

Oben in ihrer Wohnung warf sie den Mantel aufs Sofa und hob den Telefonhörer ab. Trotz der späten Stunde wurde in der US-Botschaft in Bern sofort abgenommen.

»Hier ist Vizekonsulin Nancy Reichman aus Basel. Lassen Sie Mr. Dulles bitte wissen, daß ich ihn morgen früh um acht anrufe.«

»Mach' ich«, sagte eine vergnügte Stimme am anderen Ende. »Und schlafen Sie gut, Miss Reichman.«

Sie schlief nicht gut. Sie schlief eigentlich überhaupt nicht, denn sie gehörte zu den wenigen Menschen auf der Welt, die im Januar 1945 etwas mit dem Wort »Atombombe« anfangen konnten. Nicht einmal Harry Truman, der Vizepräsident der Vereinigten Staaten, war in diesen Fall eingeweiht. Außerdem gehörte sie zu den wenigen Menschen, die wußten, daß um den schwedischen Bankier zu zitieren, Professor Dr. Werner Heisenberg angeblich »sehr nahe« daran war, eine solche zu bauen.

Als Nancy Reichmans Anruf Allen Dulles erreichte, frühstückte der gerade in seiner Berner Wohnung hoch über der von der Aare gebildeten Schlucht. Nachdem er ihr gedankt und angedeutet hatte, sie solle für die nächste Zukunft keine Pläne machen, die nicht leicht umzustoßen waren, legte er auf. Ihm kam schon der Ansatz einer Idee für seine nächsten Schritte... Vorausgesetzt, er konnte noch einen Handel mit den Schweizern machen. Das würde allerdings in gewissen Kreisen daheim in Washington auf heftigen Widerstand stoßen, da man angesichts der fortwährenden wirtschaftlichen und finanziellen Kooperation der Schweiz mit Nazi-Deutschland allmählich die Geduld verlor. Wenn Washington erfuhr, daß er, Dulles, federführend dabeigewesen war, den Chef der Bank für internationalen Zahlungsausgleich zu überreden, einen weiteren Austausch des von den Nazis in die Schweiz transferierten Beutegoldes gegen US-Dollars in die Wege zu leiten, wußte nur Gott allein, wie sie darauf reagieren würden. Und das machte alles, was zu unternehmen er im Begriff war, nur um so gefährlicher und heikler: Es war fast so etwas wie Verbrüderung mit dem Feind. Doch er hatte keine andere Wahl. Bevor es zu spät war, mußte jemand herausfinden, wo Heisenberg steckte und wie weit er gekommen war. Und wenn er derjenige sein sollte, brauchte er dringend die Hilfe der Schweizer. Schon wieder.

Wenn er in Erfahrung brachte, was er befürchtete, bestand eine sehr hohe Wahrscheinlichkeit, daß er auch dafür sorgen mußte, daß einige Leute starben, und zwar schnell und um jeden Preis – selbst wenn es das Leben jener kostete, die er als Scharfrichter einsetzen mußte. Ja, selbst dann, wenn es bedeutete, das Leben einer hübschen jungen Amerikanerin wie Nancy Reichman zu opfern. Ihm blieb nichts anderes übrig. Was Peter Burckhardt anging, hatte er weniger Bedenken. Dulles wußte, daß der junge Schweizer neben seinem Beruf als Bankangestellter auch Leutnant der Sektion 5 im Generalstab des Schweizer Oberkommandos war und als solcher zu den verantwortlichsten Offizieren des Schweizer Geheimdienstes gehörte. In diesem Beruf mußte man eben auch große Risiken eingehen.

Herzlose Gedanken eines amerikanischen Diplomaten im behördlichen Dienst seines Landes!

Sie waren durch die Tatsache erklärbar, daß Dulles in einer Welt lebte und arbeitete, die für Amerikaner von Grund auf neu war: der Welt der Nachrichtendienste, aktiver Geheimdienste, in der die Gesetze der Diplomatie nicht galten und in der man moralische und ethische Prinzipien oft auch ignorierte, da sie, wie man glaubte, ignoriert werden mußten, wenn die westlichen Demokratien angesichts von Faschismus und Kommunismus überleben wollten. Denn Dulles und seine Kollegen vom Office of Strategic Services (OSS), dem ersten wirklichen Geheimdienst, den die USA je ins Feld geschickt hatte und der zum Vorläufer der CIA wurde, sahen in den Nazis und Sowjets ein und dasselbe Übel: Todfeinde der Vereinigten Staaten. Sollte *eins* der beiden Systeme kurz vor dem Bau einer Atombombe stehen, mußte es an der Ausführung gehindert werden. Von seinem Posten in Bern aus, von dem Dulles alle OSS-Aktivitäten auf dem europäischen Kontinent lenkte, hatte er von Anfang an einen Zweifrontenkrieg gegen die Nazis und die Sowjets geführt. Und selbst wenn er die Hilfe der Schweizer oder des Teufels in Person gebraucht hätte: Er hatte keine Skrupel, sie in Anspruch zu nehmen.

Dulles und die Schweizer hatten sich bereits mehrfach gegenseitig benutzt... zu beiderseitigem Vorteil. Falls die Wahrheit je ans Tageslicht kam: Es waren seine streng geheimen Kontakte zum Schweizer Geheimdienst – die er und sie ihren Vorgesetzten meist verschwiegen –, die den Unterschied zwischen seinem Erfolg und seinem Versagen ausgemacht hatten. Ihre höchst unorthodoxe Zusammenarbeit hatte knapp drei Monate nach Antritt seiner Stellung als OSS-Mann in Bern begonnen.

2. Kapitel

Die Ursprünge des OSS und die Verbindung, die Allen Dulles mit ihm hatte, gingen bis zum Juni 1942 zurück, als »Wild Bill« Donovan (der einzige amerikanische Soldat, der mit mehr Orden und Ruhm aus dem Ersten Weltkrieg und den Kämpfen in Frankreich zurückkehrte als General MacArthur und sich später erfolglos auf der Liste der Republikaner um das Amt des Gouverneurs des Staates New York beworben hatte) Präsident Roosevelt überzeugte, daß die USA eine Organisation benötigten, die nicht nur Informationen sammeln sollte, sondern in Kriegszeiten auch »unkonventionelle« Aufträge ausführen könnte.* Zu Donovans ersten Rekruten hatte der Princeton-Absolvent und Berufsdiplomat Allen Dulles gehört, der nicht nur für die Aufgabe geeignet, sondern auch ein Neffe des Ex-Innenministers Robert Lansing war. Dulles war dem Foreign Service seit dem Ersten Weltkrieg in mehreren Positionen verbunden gewesen und hatte in einer Vielzahl europäischer Länder gearbeitet, einschließlich der Schweiz. Auf seinem Schweizer Posten hatte seine Aufgabe in den letzten Jahren des Ersten Weltkriegs darin bestanden, Washington mit Erkenntnissen über das zu versorgen, was sich in Deutschland, Österreich und den Balkanländern tat. Deswegen war er bestens qualifiziert, die mitteleuropäische Operationszentrale des OSS zu leiten, und die neutrale Schweiz, die er gut kannte, war eindeutig das Land, von dem aus man dies bewerkstelligen konnte.

Donovan hatte Dulles am 2. November 1942 in die Schweiz geschickt. Er war exakt der gleichen Route gefolgt, die die Schweizer später als allerletzten Versorgungsweg zur außereuropäischen Welt nehmen mußten. Er war an Bord eines Pan-Am-Clippers über die Bermudas nach Lissabon geflogen, dann mit der Eisenbahn nach Barcelona gereist, schließlich bei Port Bou an die spanisch-französische Grenze gelangt, in einen anderen Zug umgestiegen und durch Vichy-Frankreich an die Grenze bei Genf gefahren, die er am 7. November erreichte. Dort hatte seine OSS- und seine zukünftige CIA-Laufbahn fast schon geendet, bevor sie richtig begonnen hatte. Die Gründe, laut Dulles: »Ich stellte fest, daß ein Zivilist, allem Anschein nach ein Deutscher, die Tätigkeit der französischen Grenzbeamten überwachte. In Washington hatte ich erfahren, daß sich an dieser Grenze wahrscheinlich ein Gestapo-Mann aufhielt. Ich war der einzige Zugpassagier, der nicht durchgelassen wurde. Der Gestapo-Mann trug sorgfältig alle Einzelheiten meines Reisepasses in sein Notizbuch ein, und ein paar Minuten später wurde mir von einem französischen Gendarmen erklärt, man habe vor kurzem von Vichy den Befehl erhalten, alle an der Grenze auftauchenden Amerikaner festzuhalten und jeden Einzelfall direkt an Marschall Pétain zu melden.« Während Dulles sich ausführlich beschwerte und darauf hinwies, der Marschall müsse sich, da die Amerikaner gerade in Nordafrika gelandet waren, gewiß um viele andere Dinge kümmern, war es Mittag geworden, und der Gestapo-Mann verschwand. Es war offenbar so, daß er – irgendeinem starren deutschen Brauch folgend – pünktlich zur Mittagsstunde über die Straße in die nächste Kneipe ging, um sich das erste Bier des Tages zu genehmigen. Der Gendarm unterbrach sofort Dulles' Wortschwall, winkte ihn zum Zug zurück und sagte leise: »Gehen Sie schnell weiter. Sie sehen doch, daß unsere Kooperation nur symbolisch ist.« Minuten später hatte Dulles die französisch-schweizerische Grenze legal überquert. Er gehörte zu den letzten, denen das bis zur Befreiung Frankreichs gelang.*

Dulles fing sofort an, Helfer zu rekrutieren, wobei es sich hinderlich auswirkte, daß die Nazis Vichy-Frankreich gleich nach seiner Ankunft in der Schweiz besetzt hatten, um der Drohung entgegenzuwirken, die sich aufgrund der alliierten Präsenz in Nordafrika auf die französische Mittelmeerküste zubewegte. Nun waren alle Schweizer Grenzen durch Gebiete verschlossen, in denen faschistische oder Nazi-Okkupanten das Sagen hatten. Zu den Rekrutierten gehörten einige Helfer, die schon in der Schweiz stationiert gewesen und deren ursprüngliche Aufträge jetzt, da das Land isoliert war, hinfällig geworden waren: Männer und Frauen aus diversen Abteilungen der US-Regierung, die mit kommerziellen Dingen oder konsularischen Aktivitäten zu tun hatten, indem sie Schweizer Geschäftsleuten, die beabsichtigten, in die USA zu reisen, Visa besorgten oder in der Schweiz zu Besuch weilende amerikanische Touristen berieten.* Zu den ersten, die er verpflichtete, gehörte Nancy Reichman, die amerikanische Vizekonsulin in Basel.

Vom Standpunkt des OSS aus hätte das Baseler Konsulat strategisch nicht besser plaziert sein können, denn es lag im Zentrum einer Stadt, die sowohl an Frankreich als auch an Deutschland grenzte und zudem einer der wichtigsten mitteleuropäischen Transportknotenpunkte war. Das Problem bestand darin, daß das Konsulat nur mit zwei Beamten des Außenministeriums besetzt war, und einer der beiden, der Konsul, war gerade in den Ruhestand getreten und nicht ersetzt worden. Nun, da die Schweiz von der Welt isoliert war, war das auch nicht mehr möglich. Was den Vizekonsul anging, gab es hier ein weiteres »Problem«: *Er* war nicht nur weiblichen Geschlechts, sondern auch Jüdin.

Doch Dulles war zum Äußersten entschlossen und lud sie deswegen genau dreißig Tage nach seiner Ankunft in Bern ein, ihn zu besuchen – nicht in die Botschaft, wo die altmodischen Bürokraten, und besonders Botschafter Leland Harrison, seine heimlichen Aktivitäten nur ungern sahen, sondern in seine Wohnung in der Berner Herrengasse.

Als er die Tür öffnete, um sie zu begrüßen, war er von ihrem Aussehen äußerst überrascht. Nancy Reichman war eine kleine, dunkelhaarige Schönheit und äußerst gut gekleidet; eine Frau, die mehr als nur eine flüchtige Ähnlichkeit mit der jungen Schauspielerin Gene Tierney aufwies, deren Hollywoodkarriere gerade ihren Anfang nahm. Dulles' erster respektloser Gedanke war, daß »Wild Bill« Donovan, sein Chef, der einen Blick für junge Frauen hatte, sie auf der Stelle und ohne weiteres Wort in seine Dienste genommen hätte.

Doch dieser Gedanke wurde schnell unterdrückt, da Dulles im Gegensatz zu dem katholischen Iren Donovan ein echter Puritaner und sogar Presbyterianer war. Mit dem Ergebnis, daß er im und außer Dienst stets zwischen Arbeit und Vergnügen zu unterscheiden verstand.

»Darf ich Ihnen den Mantel abnehmen?« lauteten seine ersten Worte an Nancy Reichman. Als sie ihm den Mantel reichte, konnte er, Presbyterianer hin oder her, nicht verhehlen, daß sie wirklich eine äußerst gute Figur hatte.

»Kaffee?«

Sie zögerte.

»Es ist echter amerikanischer, kein Muckefuck«, fügte Dulles sofort hinzu. »Ich habe ihn selbst mitgebracht. Setzen wir uns doch da drüben ans Fenster, während wir ihn trinken.«

Das Fenster zeigte auf die Aare-Schlucht hinaus; dahinter lagen die Alpen des Berner Oberlandes.

»Wunderschön, nicht wahr?«

Sie stimmte zu.

»Ein zusätzliches Plus ist der Weinberg, den Sie da unten zwischen meinem Haus und dem tieferliegenden Fluß sehen. Er ist die ideale Deckung für jeden Besucher, der nicht gesehen werden möchte, wenn er durch die Haustür in der Herrengasse kommt.«*

Nancy Reichman sagte nichts.

»Ich erwähne ihn wegen der Natur der Branche, in der ich tätig bin, und aus dem Grund, aus dem ich Sie gebeten habe, heute herzukommen. Hat Mr. Harrison Sie in der Botschaft darüber informiert – oder sonst jemand von der Abteilung?«

»Nein, Sir«, erwiderte Nancy Reichman. »Obwohl ich in der *Neuen Zürcher Zeitung* gelesen habe, daß die Schweizer Sie für den persönlichen Vertreter von Präsident Roosevelt halten.«

Allen Dulles lachte.

»Das stimmt zwar nicht ganz, aber ich bin der letzte, der es abstreiten würde.* In Wirklichkeit bin ich Offizier des Nachrichtendienstes und gehöre einer Organisation unserer Regierung an, die Office of Strategic Services heißt. Präsident Roosevelt hat die Anweisung zur Gründung des OSS vor einem halben Jahr unterzeichnet. Inoffiziell gibt es uns aber schon etwas länger. Unser Chef ist William Donovan, den Präsident Roosevelt im Juli 1941 zum Informationskoordinator ernannt hat. Er war dem Präsidenten direkt unterstellt, doch nun gehen unsere Meldungen sowohl an ihn als auch an die Stabschefs. Wir sind also eine relativ neue Organisation, und in der Schweiz sogar nagelneu. Wir brauchen Hilfe; deswegen habe ich Sie gebeten, aus Basel herüberzukommen, um mit mir zu sprechen.«

Dann fügte Dulles hinzu: »Ich muß Sie freilich von Anfang an darauf aufmerksam machen, daß alles, was ich Ihnen erzähle, streng geheim ist. Haben Sie verstanden?«

»Ja, Sir.«

Nancy antwortete mit leicht zittriger Stimme. Denn der ihr gegenübersitzende Mann verursachte ihr schon aufgrund seiner Erscheinung Unbehagen. Er war in den Fünfzigern, mittelgroß und ziemlich unkonventionell gekleidet. Natürlich trug er eine Krawatte, doch statt des in diplomatischen Kreisen üblichen blauen Anzugs hatte er eine braune Sportjacke und eine beige Hose an. Daran war zwar nichts Ungewöhnliches, aber sein Kopf und sein Blick heischten nach Respekt... und riefen einen Anflug von Furcht hervor. Sein graues Haar war einwandfrei gekämmt, sein Schädel eckiger und größer als normal. Es waren die stahlgrauen Augen hinter der randlosen Brille, die ihn von normalen Sterblichen unterschieden. Sie sahen nicht nur, sie durchdrangen auch. Und als er fortfuhr, schaute er fest in Nancy Reichmans Augen.

»Mir ist da etwas aufgefallen. Sie haben gesagt, Sie hätten über mich in der Schweizer Presse gelesen. Sprechen Sie fließend Deutsch?«

»Ja. Auch Schwyzerdütsch.«

»Wie das?«

»Meine Eltern sind aus Deutschland emigriert; zu Hause sprechen wir immer noch Deutsch.«

»Wo ist Ihr Zuhause?«

»In Palo Alto, Kalifornien.«

»Warum Palo Alto?«

»Mein Vater lehrt Wirtschaftswissenschaften an der Stanford-Universität – um genauer zu sein: die Geschichte des ökonomischen Denkens. Er hat bei Max Weber in Heidelberg studiert.«

Dulles nickte anerkennend. Sein Interesse nahm mit jeder weiteren Minute zu.

»Und wie kommt es, daß Sie Schweizerdeutsch fließend sprechen?«

»Nachdem ich im Frühjahr 1939 in Stanford das erste Staatsexamen abgelegt hatte, bin ich in die Schweiz gegangen, um für das zweite an der Universität Basel zu studieren. Im vergangenen Jahr habe ich dort auch zeitweilig Vorlesungen und Seminare besucht. Ich habe mich sehr bemüht, Schweizerdeutsch zu lernen, weil die Schweizer Studenten die Deutschen nicht ausstehen konnten, die vor dem Krieg zum Studium nach Basel kamen. Sie waren eingebildet, chauvinistisch und ließen niemanden an sich heran. Sie haben auch keinen Hehl daraus gemacht, daß sie die Schweizer für eine Bande von Bauerntrampeln hielten, die ihnen kulturell unterlegen sind. Ich schätze, bei uns zu Hause würde man sie als Großkotze bezeichnen. Und je erfolgreicher Hitler wurde, desto großkotziger wurde auch ihr Auftreten. Mit dem Ergebnis, daß die Schweizer sie als ›Kaibe Schwoobe‹ bezeichneten.«

»Und das heißt?«

Nancy Reichman errötete. »Ich nehme an, man

könnte es in etwa mit ›drecksverfluchte Deutsche‹ übersetzen.«

Das gefiel Dulles. Er versuchte, es auszusprechen. »Kaibe Schwoobe. – Habe ich es richtig gesagt?« Seine Aussprache war zwar grauenhaft, aber Nancy nickte eifrig.

»Und wann sind Sie zum Foreign Service gegangen?«

»Im Sommer 1939, kurz vor Kriegsausbruch. Mein Vater bestand darauf, daß ich mein Studium hier abbreche und nach Hause komme. Das habe ich getan. Ich habe die Foreign-Service-Prüfung abgelegt und wurde im August 1940 nach einem kurzen Zwischenspiel im Washingtoner Außenministerium als Vizekonsulin in die Schweiz versetzt. Ich nehme an, aus Gründen, die offensichtlich sind.«

»Wen kennen Sie in Basel?« fragte Dulles.

»Meinen Sie Schweizer?«

Dulles machte eine Geste. »Ganz allgemein. Wichtige Leute, ob es nun Schweizer oder Ausländer sind.«

»Daß die Schweizer unter sich bleiben, wissen Sie sicher, Sir. Aber ich hatte trotzdem das unglaubliche Glück, durch die Universität und speziell Professor Edgar Salin eine Reihe ziemlich ungewöhnlicher Menschen kennenzulernen. Und mehr als nur kennenzulernen.«

»Zum Beispiel?«

»Rechtsanwälte. Künstler. Auch Bankiers – zum Beispiel von der Bank für Internationalen Zahlungsausgleich.«

»Zum Beispiel?«

»Sie meinen von der BIZ?«

»Ja.«

»Per Jacobsson. Und seinen persönlichen Assistenten, einen jungen Schweizer, der vor Kriegsausbruch mit mir an der Universität studiert hat – Dr. Peter Burckhardt.« Als Nancy Reichman den Namen des jungen Schweizers aussprach, glaubte Dulles, wieder ein leichtes Erröten zu sehen.

»Wen noch?«

»Viele Studenten, oder besser gesagt: Ex-Studenten, die inzwischen Positionen bei Baseler Chemiefirmen angetreten haben – etwa Ciba, Geigy, Hoffman-La Roche und Sandoz. Sie arbeiten alle mit Unternehmen in Europa und auf der ganzen Welt zusammen. Oder mit Handelsbanken wie dem Schweizerischen Bankverein. Der Bankverein ist eine der drei größten Schweizer Banken, die Hauptverwaltung ist in Basel. Ich kenne auch Ex-Studenten, die nun in anderen Städten wohnen, etwa in Zürich. Sie gehören zur Elite des Landes und sind nach Basel gekommen, um bei Professoren zu studieren, die zu den größten Denkern unserer Zeit gehören: Männer wie der protestantische Theologe Professor Karl Barth; Professor Jaspers, der existentialistische deutsche Philosoph, der es in Nazideutschland nicht mehr aushalten konnte; und Professor Carl Gustav Jung, der Psychiater. Er kommt zweimal im Monat von Zürich herüber, um Vorlesungen abzuhalten. Wie übrigens auch Paul Scherrer, der Physiker. Dann sind da noch Professor Edgar Bonjour, ein Schweizer Historiker, der ein Buch über die Geschichte der Schweizer Neutralität schreibt, und ... «

»Und Ihr Professor ... «, unterbrach sie Dulles. »Wie hieß er doch noch?«

»Salin. Edgar Salin.«

»Erzählen Sie mir mehr über ihn.«

»Er ist Deutscher. Aus Frankfurt am Main. Auch er hat bei den Webers in Heidelberg studiert. Von dorther kennt er meinen Vater. Sie gehörten einer Gruppierung an, die man als Stefan Georges ›Jünger‹ bezeichnen könnte. George war ein sehr einflußreicher Dichter, der dort gelebt hat. Salin und mein Vater haben Deutschland Anfang der dreißiger Jahre verlassen. Wie Jaspers und viele andere Akademiker haben sie kommen sehen, was passiert ist. Viele sind nach Amerika gegangen, speziell nach Princeton. Albert Einstein, wie Sie sicher wissen, eingeschlossen. Mein Vater ging, wie schon erwähnt, nach Stanford. Andere, wie Jaspers und Salin, wollten in Europa bleiben, nach Möglichkeit im deutschen Sprachraum. Als Salin gebeten wurde, die Wirtschaftsfakultät der Universität Basel zu leiten, nahm er sofort an. Er kennt offenbar jeden in Europa, aber die Deutschen ganz besonders: Emigranten, wie meinen Vater, oder Leute wie den Hamburger Bankier Siegmund Warburg, der jetzt in London lebt, es aber auch heute noch schafft, in die Schweiz zu reisen. Oder die Familie Seligmann, die in Basel eine Bank betreibt. Professor Salin unterhält aber auch enge Kontakte zu vielen Leuten, die sich noch in Deutschland aufhalten – ehemalige Studenten, die dort nicht selten in hohe Positionen gelangt sind, oder Akademiker, die in Deutschland geblieben sind und noch dort lehren. Wenn diese Leute nach Basel kommen, organisiert er private Essen für sie und lädt dazu einheimische Bankiers oder Geschäftsleute ein, etwa Jacobsson oder Seligmann, oder einige seiner Lieblings- und Ex-Studenten wie Peter Burckhardt. Dann diskutieren sie über alles: Wirtschaft, Philosophie, Kunst und Politik.«

»Und da sind Sie in der Regel anwesend?«

»Ja. Zweifellos wegen meines Vaters.«

Ihr letzter Satz gefiel Dulles; seiner Erfahrung nach kam es nur selten vor, daß schöne Frauen auch bescheiden waren.

Er hatte genug gehört und gesehen. »Es würde mir sehr gefallen, wenn Sie für mich arbeiten würden, Miss Reichman. Es wäre eine Teilzeitstelle. Sie müßten natürlich mit Ihren Konsulpflichten in Basel weitermachen. Von unserem Standpunkt aus gesehen, könnten Ihre Tarnung und Ihr Aufgabenbereich gar nicht besser sein. Ich kann mir niemanden vorstellen, der qualifizierter wäre, uns bei den Unternehmungen zu helfen, die mir vorschweben. Bevor Sie allerdings antworten ...« Dulles sah ihr an, daß ihre Antwort enthusiastisch und zustimmend ausfallen würde. »... muß ich Sie warnen, daß die Arbeit, die Sie dann tun, hin und wieder sehr gefährlich werden kann. Was mich zu einer Frage führt, die mir zwar peinlich ist, die ich aber nicht umgehen kann.«

Er hielt inne.

»Sie sind Jüdin, nicht wahr?«

Sie schaute Dulles offen in die Augen und sagte: »Ja. Und sehr stolz darauf.«

»Ihre Arbeit für mich könnte – ich sage *könnte* – es, wenn auch nur unter extremsten Umständen, erforderlich machen, daß Sie die deutsche Grenze überqueren. Natürlich heimlich, aber trotzdem besteht ein Risiko – ein hohes Risiko –, daß man Sie schnappt. Was schlimm genug für jeden Amerikaner wäre, aber sicherlich noch schlimmer für eine jüdische Amerikanerin.«

Sie schien etwas sagen zu wollen, aber Dulles hob die Hand. »Ich bin noch nicht fertig. Es schwirren ständig Gerüchte über das umher, was Hitler mit den Juden macht. Man bringt sie systematisch aus Holland, Belgien und Frankreich fort und deportiert sie in Arbeitslager, hauptsächlich nach Polen. Zwar weiß niemand etwas Genaues, Miss Reichman, aber bevor Sie eine

Entscheidung treffen, halte ich es für meine Pflicht, Sie über diese Dinge zu informieren. Sie haben schließlich auch Verpflichtungen gegenüber Ihrer Familie. Vielleicht brauchen Sie ein paar Tage, um darüber nachzudenken. Ich muß allerdings darauf bestehen, daß Sie niemanden – absolut niemanden – um Rat bitten, Ihren Vater und Professor Salin eingeschlossen. Wenn Sie ablehnen, vergessen wir beide, daß dieses Gespräch je stattgefunden hat. Und der Gedächtnisverlust wird permanent sein, haben Sie verstanden?« Nancy vernahm nun nicht mehr die Stimme des amerikanischen Diplomaten Dulles, sondern die des gleichnamigen Spionagechefs, die zwar noch leise sprach, sich aber eines eindeutig schroffen und sogar drohenden Tonfalls befleißigte.

»Ja, Sir«, erwiderte sie ernst. »Ich verstehe sehr wohl. Sie haben mein Wort.« Dann sagte sie: »Aber wenn Sie nichts dagegen haben, möchte ich lieber nicht warten. Ich habe keinerlei Bedenken, für Sie zu arbeiten, und das persönliche Risiko, das ich eingehe, ist mir absolut bewußt. Ich bin außerdem ganz sicher, daß meine Familie keine Einwände dagegen hätte, wenn es eine Möglichkeit gäbe, ihr davon zu berichten. Im Gegensatz zu Deutschland war Amerika nämlich gut zu uns.«

Auch wenn der Diplomat und Spionagechef Dulles von ihren letzten Worten besonders gerührt war – er tat sein Bestes, es nicht zu zeigen. »Na schön.« Er erhob sich aus seinem Sessel, und nachdem Nancy das gleiche getan hatte, reichte er ihr die Hand. »Willkommen an Bord, Miss Reichman.« Die Festigkeit ihres Händedrucks überraschte ihn, und er schloß daraus, daß er sich nicht nur die Dienste einer sehr klugen, sondern auch zähen und entschlossenen jungen Dame gesichert hatte.

Dann schaute Dulles auf seine Armbanduhr. »Es ist 16 Uhr. Wann wollten Sie nach Basel zurückfahren?«

»In zwei Stunden, aber ...«

»Das gibt uns genügend Zeit, ein paar Einzelheiten zu klären. Punkt eins: Was wir den Leuten im Außenministerium erzählen – beziehungsweise nicht erzählen, besonders Botschafter Harrison. Ich möchte Ihnen gleich zu Anfang sagen, daß Leland Harrison und ich in mancherlei Hinsicht völlig verschiedene Ansichten vertreten. Er gehört zu jenen altmodischen Kreisen des Außenministeriums, die der Meinung sind, Gentlemen sollten die Post anderer Leute nicht lesen. Ich brauche wohl nicht hervorzuheben, daß dies die Post ist, die ich am liebsten lese.«

Man kam überein, daß Dulles die Angelegenheit sofort und direkt mit der Leitung der amerikanischen Botschaft klären würde. Nancy sollte unter der Bedingung, daß sie in OSS-Angelegenheiten ausschließlich ihm Meldung erstattete, ihre normalen Funktionen als Vizekonsulin weiter fortsetzen. Sollte aus der Tatsache, daß sie nun zwei Herren diente, je ein Interessenkonflikt entstehen, wollte Dulles – und nur er allein – die Sache als Schiedsrichter entscheiden.

Als Botschafter Harrison all dies am nächsten Tag erfuhr, stutzte er bei der letzten Bedingung, was Dulles zwang, ihn daran zu erinnern, daß er sein hiesiges Mandat direkt Präsident Roosevelt verdankte und daß er, wenn Harrison die Angelegenheit, die für Dulles eine Frage des Prinzips war, weiter komplizierte, keine andere Alternative hatte, als sich mit dem Weißen Haus anzulegen. Da Leland Harrison ein Mensch war, der Ärger beinahe um jeden Preis aus dem Weg ging, erwies sich dies als das Ende seines Genörgels – wenigstens für den Augenblick.

3. Kapitel

Nancy Reichman war an diesem Abend Anfang Dezember 1942 mit dem 18-Uhr-Zug nach Basel zurückgekehrt, und in den darauffolgenden Wochen begann ihre erste »Mission« für das OSS: Sie sollte in Basel Kontakte pflegen, die über das, was im Norden der Stadt passierte, Informationen aus erster Hand besorgen konnten – in einem Land, das fast gänzlich abgeriegelt war und zu dem nur sehr wenige Zutritt hatten. Und diese wenigen sollte Nancy Reichman sich herauspicken.

Dulles' Zuversicht in ihre Fähigkeit, eben dies zu tun, bestätigte sich fast sofort. Zwei Wochen nach ihrer ersten Begegnung in Bern überbrachte Nancy Reichman ihm eine so verblüffende Information, daß sogar Dulles, obwohl er sie als stichhaltig akzeptierte, zögerte, sie ohne eine zusätzliche Bestätigung durch andere Informanten nach Washington weiterzugeben.

Davon erfahren hatte Nancy nach einem jener Abendessen, die Professor Salin, ihr Mentor von der Universität, meist in Extrazimmern der besten Basler Restaurants – diesmal in dem im Stadtteil St. Alban gelegenen Lokal Gasthaus Zum Goldenen Stern – für auswärtige Besucher gab. Aufgrund der Weihnachtsferien, die gerade an der Universität begonnen hatten, war die Zahl der Teilnehmer gering gewesen. Außer ihr war nur ein weiterer Ex-Student eingeladen worden, sich am Abend des 22. Dezember 1942 zu Salins Gästen zu gesellen. Bis auf einen wohnten alle in Basel: Salin; der Privatbankier Seligmann und Rechtsanwalt Karl Mayer, dessen Klientel sich hauptsächlich aus deutschen Industriellen rekrutierte und der außerdem Major bei der Armee war. Später sollte Nancy von Dulles erfahren, daß Meyer enge Beziehungen zum Schweizer Außenministerium unterhielt. Auch Dr. Peter Burckhardt war dabei gewesen, einer von Salins ehemaligen Studenten, der nun als Assistent für Per Jacobsson arbeitete. Der fünfte Mann, Professor Arthur Sommer, war, wie der Anwalt, beim Heer – doch in diesem Fall beim deutschen, bei dem er als Generalstabsoffizier in Berlin diente. Sommer hatte noch einen dritten Beruf, der ihn regelmäßig in die Schweiz führte: Er gehörte dem ständigen deutsch-schweizerischen Ausschuß an, einer Körperschaft, die den immensen, von beiden Seiten hochgeschätzten Handel sowie den Devisenausgleich zwischen Nazideutschland und der neutralen Schweiz regulierte. Der Ausschuß tagte oft und fast immer in der Schweiz, deswegen kam Sommer fast jede Woche bei Basel über die Grenze.

Beim Essen selbst kamen keine ungewöhnlichen Themen zur Sprache. Die Hauptdiskussionsthemen im Dezember 1942 waren die Schlachten, die an der deutschen Ostfront in Rußland tobten, und die Erfolge der Amerikaner nach ihrer Landung am 8. November in Nordafrika. Salin vertrat die Meinung, das Glück der Nazis wende sich. Jetzt sei alles nur noch eine Frage der Zeit. Professor Sommer war weniger optimistisch. Obwohl er durch und durch gegen die Nazis war, äußerte er sich kritisch über das Unvermögen der Alliierten, auf dem europäischen Kontinent den Aufbau einer zweiten Front zu beginnen. Trotz der kürzlich erfolgten Rückschläge, die die Wehrmacht hatte hinnehmen müssen, hielten sich die Nazis immer noch für unbesiegbar und bereiteten, wie er gerade erfahren hatte, sogar neue Schachzüge von furchterregender Natur vor. Dann hielt Sommer plötzlich den Mund. Vielleicht waren die Anwesenheit des Anwalts und dessen bekannte Verbindungen nach Deutschland der Grund dafür. Auf jeden Fall hatte sich die Diskussion anschließend auf andere Themen verlagert.

Hinterher jedoch, auf dem Heimweg, hatte Salin nachgebohrt. Wie üblich hatte er angeboten, Nancy auf dem Marktplatz abzusetzen und danach zu seinem Haus in der Hardstraße weiterzufahren. Zuerst allerdings brachte er seinen Gast zum Hotel Euler, das direkt gegenüber dem Baseler Hauptbahnhof lag. Die beiden Professoren saßen in Salins schwerem BMW vorn; Nancy saß hinten allein. Obwohl Sommer sehr leise sprach, verstand sie jedes Wort. Seine Worte prägten sich ihr unauslöschlich ein.

»Die Entscheidung wurde am 20. Januar dieses Jahres getroffen«, hatte Sommer begonnen. Man hatte sie bei einer Konferenz im Berliner Stadtteil Wannsee gefällt, und Reinhard Heydrich, die Nummer 2 der SS, hatte den Vorsitz geführt. Das Problem, dessentwegen Heydrich die Konferenz einberufen hatte, bestand darin, wie man Juden am effektivsten ausrotten konnte. Bis zum Ende des Jahres 1941 hatten Sondereinheiten der SS unter seiner Aufsicht im von den Nazis besetzten Rußland bereits 500.000 Juden umgebracht. Sie waren erschossen und in Massengräbern verscharrt worden, die die nächste zur Erschießung anstehende Gruppe ausheben mußte. Doch das Verfahren, so hatte Heydrich seinen in Wannsee versammelten SS-Kollegen erklärt, sei einfach zu langsam und zu aufwendig. Eine bessere »Lösung« des Judenproblems sei erforderlich. Und bei dieser Gelegenheit hatte er zum ersten Mal das Wort ausgesprochen, dessen Niedertracht in die Geschichte eingehen sollte:

»Endlösung.«

Nancy Reichman würde den Augenblick, in dem sie dieses Wort zum ersten Mal hörte, nie vergessen. Auch Professor Salin, ebenfalls deutscher Jude und an die Greuelgeschichten gewöhnt, die über seine früheren Landsleute von gleichem religiösem Glauben und Hintergrund erzählt wurden, schien bei dem Wort zusammenzuzucken.

»Was soll das bedeuten? Endlösung?«

Das bedeutete, erklärte Sommer, die totale Ausrottung sämtlicher europäischer Juden, ein gigantisches Projekt, das ein ungeheures, verbessertes »Verfahren« erforderlich machte. Heydrichs hatte vorgeschlagen, Gaskammern zu bauen, speziell in dem seiner Aufsicht unterstehenden Polen. Der Ort, der ihm vorschwebte, war eine Kleinstadt namens Auschwitz. Das hocheffiziente Gas hieß Zyklon B und konnte von der I.G. Farben bezogen werden. Sämtliche Teilnehmer an der Wannsee-Konferenz hielten seine Idee für brillant. Ein gewisser Adolf Eichmann, Heydrichs »Judenfachmann«, hatte das Konferenzprotokoll geführt, von dem Sommer ein Exemplar gesehen hatte.

Mitte Juli 1942 hatte Heinrich Himmler, der Führer der SS und Heydrichs direkter Vorgesetzter, persönlich der Vergasung von 449 niederländischen Juden beigewohnt, die in einer »Testanlage« im Lager Auschwitz, die »Bunker 2« hieß, vorgenommen worden war. Das, was er gesehen hatte, hatte ihm gefallen. Danach hatte man die Durchführung der Endlösung auf höchster Ebene in Gang gesetzt.*

»Wie viele bringen sie um?«

Professor Sommer beantwortete Salins Frage mit typisch deutschem Zynismus. »Der Eisenbahnverkehr zum Lager hat ungeheure Dimensionen angenommen. Was in den innersten Zirkeln von Berlin zu dem makabren Witz geführt hat, daß Auschwitz nun zu den größten Städten Europas zählt, weil so viele Menschen dorthin fahren, ohne je zurückzukommen.«

In den letzten paar Minuten, bevor der BMW vor dem Hotel Euler anhielt, schwiegen die beiden Männer. Als Salin ausstieg, um sich von seinem deutschen Gast zu verabschieden, schaltete er den Motor nicht ab. Sie wechselten noch einige Worte.

»Kannst du das Ganze beweisen?« fragte Salin.

»Leider nein«, kam die Antwort.*

»Aber kannst du das, was du mir gerade erzählt hast, wenigstens schriftlich wiederholen?« fragte Salin dann.

Sommer zögerte. Dann sagte er: »Ich schreibe dir heute abend einen Brief, Edgar, und liefere ihn morgen früh persönlich in der Hardstraße ab.«

Dann hatten die beiden Professoren einander die Hand geschüttelt. Salin war zu seinem Wagen zurückgekehrt und hatte Nancy Reichman nach Hause gefahren.

Am nächsten Morgen hatte Nancy Reichman Dulles sofort in Bern angerufen, erklärt, daß sie über eine Information von höchster Wichtigkeit verfüge und am liebsten unter vier Augen mit ihm darüber sprechen wolle. Dulles war einverstanden. So nahm sie den nächsten Zug nach Bern und dann ein Taxi zu seiner Wohnung.

Als sie die am vergangenen Abend in Basel auf dem Rücksitz des BMWs mitgehörte Unterhaltung Wort für Wort wiedergab, hörte Dulles ihr aufmerksam zu.

»Sie haben ein bemerkenswertes Gedächtnis«, lautete sein Kommentar.

»Das mag wohl sein.«

»Und außerdem glauben Sie jedes Wort, das Sie gehört haben, nicht wahr?«

»Ja.«

»Ich auch. Falls Sie sich erinnern... Bei unserem ersten Gespräch in meiner Wohnung habe ich erwähnt, daß alle möglichen Gerüchte über das verbreitet werden, was mit den europäischen Juden geschieht. Aber ebenso wie der deutsche Professor Sommer haben auch wir vom OSS keine Beweise. Ich wiederhole: Wir haben einen starken Verdacht, aber keine Beweise.

Zudem besteht noch ein anderes Problem. Wenn ich diese Information nach Washington weiterleiten würde, wäre die Möglichkeit sehr groß, daß Ihr Informant – und auch Sie selbst – sich gründlich kompromittierten. Wir haben nämlich gerade erfahren, daß die Nazis den Code der Botschaft geknackt haben, den wir für unsere Funk- und Telefonverbindungen verwenden. Natürlich arbeiten wir daran, aber bevor wir die Situation nicht korrigiert haben...«

Sie war schrecklich enttäuscht; man sah es ihr deutlich an.

»Aber glauben Sie mir, Nancy«, fuhr Dulles fort, »ich werde dies von nun an mit höchster Priorität verfolgen. Sie werden es ebenfalls tun. Vergessen Sie aber nicht, daß es in Washington viele Leute gibt, die solche Dinge nicht glauben wollen. Sie haben den Verdacht, daß sie mit Fehlinformationen überschüttet werden, die sie dazu drängen sollen, die Tore der Vereinigten

Staaten für unbegrenzte jüdische Einwanderung zu öffnen. Die Schweizer verhalten sich nicht anders; eigentlich sogar noch krasser. Sie werfen die Juden buchstäblich über die Grenze wieder nach Deutschland und Österreich zurück. Sie sagen, das Boot sei voll. Bevor man eine Information wie die Ihre irgendwo glaubt, benötigen wir hieb- und stichfeste Beweise.«

»Ich verstehe«, erwiderte sie, obwohl ihr Gesicht das Gegenteil sagte.

»Sie fühlen sich im Stich gelassen, ich weiß. Es wird nicht das letzte Mal sein«, fügte Dulles dann hinzu. »Wie wäre es nun mit einem Glas guten Schweizer Weißwein, während wir uns über eine andere Sache unterhalten, die einige unserer Leute in Washington zunehmend in Verwirrung bringt?«

Während er eine Flasche Aigle aus dem Kühlschrank holte und öffnete, redete er weiter. »Uns ist gerade das Gerücht zu Ohren gekommen, daß die aus Deutschland in die Schweiz transferierten Goldmengen ungeheuer zugenommen haben. Wir, speziell Finanzminister Morgenthau, brauchen eine Bestätigung dieses Gerüchts. Wenn es stimmt, muß die Bank für Internationalen Zahlungsausgleich davon wissen, da sie in der Regel an allen europäischen Goldtransaktionen beteiligt ist. Pflegen Sie also Ihre dortigen Kontakte – aber vorsichtig, da dies nicht besonders dringend ist –, und beobachten Sie, was sich entwickelt. Es ist zwar nur ein Schuß ins Blaue, aber ob man getroffen hat, weiß man ohnehin immer erst hinterher.«

4. Kapitel

Nancy Reichman machte nur langsame Fortschritte, bis sie Mitte Februar, kurz nach ihrer Rückkehr aus dem Konsulat, einen Anruf von Peter Burckhardt erhielt. Sie hatte schon im Januar versucht, ihn zu erreichen, doch man hatte ihr gesagt, er sei nun ganz beim Militär. Er erzählte ihr, wie sehr er sich gefreut habe, sie im Dezember bei Professor Salins Essen zu sehen, und schlug ihr ein erneutes Treffen vor, vielleicht zu einem Kaffee. Sie war sofort – und wie sie hoffte, nicht allzu bereitwillig – damit einverstanden.

Nachdem sie den Hörer aufgelegt hatte, fragte sie sich, wie er dazu kam. Obwohl sie sich seit ihrer gemeinsamen Studienzeit 1938 kannten, war ihre Bekanntschaft doch nur eine vorübergehende unter Studenten gewesen, die den gleichen Professor hatten. Sie wußte, daß Burckhardt eine Dissertation geschrieben und 1939, nach der Erlangung der Doktorwürde, als Mitarbeiter der ökonomischen Forschungsabteilung zur Bank für Internationalen Zahlungsausgleich gegangen war. Dort, so hieß es, sei er dem Schweden Per Jacobsson aufgefallen, der nicht nur Chefökonom der BIZ, sondern auch einer der Hauptstrategen und Sprecher dieser Institution war. Sie wußte genug über die Bank, um sich im klaren zu sein, daß sie hier an die von Dulles gewünschten Informationen über zwischenstaatliche Finanzgeschäfte herankommen könnte.

Die Ursprünge der BIZ reichten bis in den Ersten Weltkrieg und zu den Milliarden an Reparationen zurück, die die siegreichen Alliierten Deutschland aufgezwungen hatten. Das Problem war, daß Deutschland sich nach dem Krieg nie richtig erholt hatte und von einer Beinaherevolution in eine Hyperinflation und in massenhafte Arbeitslosigkeit getaumelt war – mit dem Ergebnis, daß das Land gegen Ende der zwanziger Jahre mit so großen finanziellen Problemen zu kämpfen hatte, daß es alle weiteren Zahlungen an seine internationalen Gläubiger einstellen mußte. Die damalige Position Deutschlands ist durchaus mit jener vergleichbar, der sich Brasilien, Argentinien, Mexiko und eine Reihe anderer lateinamerikanischer Staaten später, in den achtziger Jahren, gegenübersahen: hoch verschuldet bei den Vereinigten Staaten und anderen finanziell mächtigen westlichen Nationen, doch unfähig, genügend Dollars einzunehmen, um auch nur die Zinsen begleichen zu können. Die Lösung: Um die Zahlungen wieder aufnehmen zu können, mußte man sich noch mehr borgen.

Die »Lösung« des deutschen Reparationszahlungsproblems fiel ziemlich ähnlich aus und kam 1929 in Gestalt des (nach Owen D. Young, dem Präsidenten der General Electric, benannten) Young-Plans, in dem die Alliierten Deutschland die Möglichkeit eröffneten, durch die Ausgabe von Schuldverschreibungen genügend Kredite aufzunehmen, um die Zahlungen fortzuführen. Die Einrichtung der Bank für Internationalen Zahlungsausgleich war eine Grundlage dieses Plans; sie zielte auf die »Entpolitisierung« des Reparationsverfahrens, sollte den alten Reparationsausschuß ersetzen und die Administration über den Fluß jener Devisen übernehmen, die in Deutschland ein- und ausliefen. Der apolitische Charakter der neuen Institution sollte dadurch verstärkt werden, daß ihre Basis in der neutralen Schweiz lag, und zwar in dem traditionellen finanzpolitischen Zentrum Basel.*

Fast unmittelbar nach der Gründung der Bank für Internationalen Zahlungsausgleich im Jahr 1930 wurde jedoch offensichtlich, daß ihre Wichtigkeit weit über die technische Funktion der Kontrolle monetärer »Schlichtungen« zwischen den alten Kriegsparteien hinausgehen würde. Dies war aufgrund des einmaligen Charakters der Inhaber der BIZ vorherzusehen gewesen: die beherrschenden Teilhaber (die 200.000 Anteile waren ebenso einmalig, da ihr Nominalwert in Form physikalischer Goldmengen bestimmt wurde – 145.161.290,32 Gramm, um genau zu sein –, die das eingezahlte Bankkapital darstellten) waren die führenden Zentralbanken der Welt, am Anfang die von Belgien, England, Frankreich, Italien, Deutschland und Japan.* Die amerikanische Beteiligung kam durch ein Konsortium amerikanischer Handelsbanken – J. P. Morgan, der National Bank of New York und der First Bank of Chicago – zustande, wobei die Federal Reserve Bank im Hintergrund blieb, um irgendwelche politischen Einmischungen durch ihre Aufsichtsbehörde, den US-Kongreß, zu vermeiden. Die Liste der beteiligten Nationen weitete sich schrittweise aus und schloß schließlich auch Schweden, Rumänien, Polen, die Niederlande und die Schweiz ein. Da die Männer, die diese Zentralbanken leiteten, in letzter Instanz auch für den Betrieb der BIZ verantwortlich waren, wurden sie verpflichtet, regelmäßig in Basel zu tagen. Das Ergebnis: Die BIZ wurde zum Club der Clubs, dem Club der Zentralbankiers, ein Ort, an dem sie sich insgeheim ins Vertrauen ziehen, Geschäfte machen und die BIZ oftmals in die Ausführung dieser Geschäfte einbeziehen konnten. Was dazu führte, daß die BIZ fast über Nacht zur Zentralbank der Zentralbanken wurde, eine mächtige Verbindung zwischen den wichtigsten Finanzsystemen der Welt.

Obwohl all dies der Wahrheit entsprach und als allgemein akzeptierte Beschreibung der BIZ und ihrer Funktion galt, verschleierte diese Zusammenfassung die Tatsache, daß die BIZ von Anfang an zu einem hohen Grad eine Schöpfung der Deutschen und ein Instrument deutscher Politik war. Denn ihre Gründung war wenigstens teilweise von dem berüchtigten Hjalmar Horace Greely Schacht inspiriert worden, der wenige Jahre später Hitlers Wirtschaftsminister und Vorsitzender der Reichsbank wurde. Schacht arbeitete mit Emil Puhl zusammen, der, nachdem Hitler Schacht fallen ließ, die Reichsbank im Verein mit dessen Nachfolger Dr. Walther Funk betrieb.

Es bestehen nur wenige Zweifel, daß die BIZ während des Krieges unter der Kontrolle der Nazis stand. Zu ihren wichtigsten Direktoren gehörten Hermann Schmitz, der Leiter des größten deutschen Industriekonzerns, der I.G. Farben, Baron Kurt von Schröder, ein führender Offizier und Finanzier der Gestapo, der das Bankhaus Stein in Köln leitete, sowie Dr. Walther Funk und Emil Puhl von der Reichsbank. Die beiden letzteren waren Hitlers persönliche Bevollmächtigte im BIZ-Vorstand, und ihr Auftrag bestand darin, dafür zu sorgen, daß diese Institution ihnen weiterhin als Hintertür zur internationalen Finanzwelt offenblieb, selbst dann, wenn es zu einem ernsten bewaffneten Konflikt kam. Um diese Funktion zu erfüllen, lag die Bank geradezu ideal: Sie befand sich in der neutralen Schweiz, in Basel, direkt an der deutschen Grenze, und arbeitete unter einer Charta, die bis auf die Sowjetunion sämtliche westlichen Großmächte anerkannten und in der stand, daß die BIZ gegen jede Art von Beschlagnahme, Schließung oder Kritik immun war, ob ihre Inhaber nun miteinander im Krieg lagen oder nicht.

In all diesen Angelegenheiten wurden sie zweifellos vom Vorsitzenden des Aufsichtsrates und dem Präsidenten der Bank unterstützt und begünstigt. Der Aufsichtsratsvorsitzende war Emil Meyer, ein den Deutschen zugetaner Schweizer, der zudem Vorsitzender der Schweizerischen Nationalbank war. Der Präsident war der Amerikaner Thomas McKittrick, der zweifellos mit den Nazis sympathisierte.

Doch war es nicht so, daß die Deutschen in der BIZ nach Gutdünken schalten und walten konnten oder jeden in der Tasche hatten. Die sture Ausnahme war ein Schwede, der in der BIZ von Anfang an eine Schlüsselfunktion übernommen hatte. Per Jacobsson war für die Wirtschaftspolitik der Bank zuständig, und er war es, der die BIZ und Basel ganz allein zu einem Ort gemacht hatte, an dem sich die mächtigsten Geldleute der Erde regelmäßig trafen, um ihre Herrschaft über das Geld der Welt und ihre Finanzen aufeinander abzustimmen. Jacobsson war ein zuverlässiger Antinazi und stand auf seiten der Angelsachsen. Seine Schwester war sogar mit einer Schlüsselfigur des britischen Militärs verheiratet, Sir Archibald Nye, der im Zweiten Weltkrieg den Posten des Vizechefs im Generalstab des Empires innehatte. Doch behielt Jacobsson seine Meinung für sich, besonders deswegen, weil er annahm, es sei in Anbetracht der Tatsache, daß er in der neutralen Schweiz »Gast« war, seine Pflicht. Also ermutigte er seinen dort tätigen Stab – Deutsche, Briten, Italiener, Amerikaner, Polen und Tschechen –, trotz des Krieges, der ihre Nationen spaltete, weiterhin miteinander zu arbeiten und zusammen zu essen, auch wenn sie leider nicht mehr in der Lage waren, zusammen Golf zu spielen, da sich der einzige Golfplatz Basels auf der anderen Seite der Grenze in Frankreich befand (wo es viel billiges Land gab), denn diese Grenze war seit September 1939 geschlossen.*

Die Bank befand sich in einem höchst unauffälligen Gebäude, einem ehemaligen kleinen Hotel, dem Basler Hauptbahnhof gegenüber. Gleich nebenan war eins der berühmtesten Caféhäuser der Stadt, das Café Frey. Es war allgemein bekannt, daß die BIZ-Mitarbeiter regelmäßig ins Café Frey gingen, um dort um 9 Uhr ihr Neunuhrbrot – den »Znyyni« – oder um 16 Uhr das Vesperbrot – den »Zvieri« – einzunehmen. Dies war auch der Ort, den Peter Burckhardt Nancy Reichman als Treffpunkt für den 16. Februar 1943, einen Dienstagnachmittag, vorgeschlagen hatte.

Nancy traf als erste ein. Sie setzte sich an einen Tisch, der sie auf die Centralbahnstraße hinausschauen ließ, und bestellte Tee und Schokoladengebäck. Minuten später kam Peter Burckhardt tief in Gedanken versunken herein. Er hatte die Nachmittagsausgabe der *Basler Nachrichten* bei sich. Dann sah er sie. Als er ihren Tisch ansteuerte, überzog ein breites Lächeln sein Gesicht.

»Sallü, Nancy«, sagte er, als sie aufstand und ihm die Hand schüttelte. »Nett, daß du gekommen bist.« Sie duzten sich seit ihrer Studienzeit.

Nancy beschloß, ins Englische zu wechseln. »Dein Anruf war eine nette Überraschung, Peter. Möchtest du auch eine Tasse Tee?«

»Nein, danke«, sagte er und verzog das Gesicht. »Ich kann das Zeug nicht ausstehen.« Er winkte der Kellnerin, bestellte Kaffee und Kirschwasser und erklärte letzteres mit den Worten: »Es ist saukalt draußen.«

Dann sagte er: »I noticed in the telephone book that you live on the Augustinergasse, Nancy. Wie schön.« Er ertappte sich bei seinem Sprachgemisch und fügte hinzu: »Verzeihung, aber irgendwie kommt es mir natürlicher vor, Schwyzerdütsch mit dir zu sprechen. An der Uni haben wir immer bewundert, wie schnell du es gelernt hast.«

»Du weißt doch, daß ich mich angestrengt habe«, erwiderte sie. Dann meinte sie: »Außerdem hat sich gezeigt, daß die Deutschen wirklich so schlimm sind, wie wir immer geglaubt haben.«

Burckhardt sagte nach kurzem Schweigen: »Aber doch nicht alle! Der Mann, der bei Professor Salin zum Essen war, ganz bestimmt nicht.«

Ihr fiel auf, daß er keinen Namen erwähnte. Interessant, dachte sie. Dann hakte sie nach.

»Hast du ihn seither wiedergesehen?«

»Nein. Aber ich habe gehört, daß er nächste Woche wieder in die Schweiz kommt. Zu einer Konferenz des deutsch-schweizerischen Ausschusses. Allerdings nach Bern, nicht hierher. Warum? Möchtest du ihn treffen?«

»Nein, nein. Zumindest jetzt noch nicht. Ich glaube, es wäre ungesund für ihn, sich mit einer Amerikanerin zu zeigen, die im Foreign Service arbeitet, auch wenn ich nur eine kleine Vizekonsulin bin.« Sie hielt inne. »Aber du hast meine Neugier geweckt. Du hast angedeutet, daß du ein Treffen organisieren könntest. Wie paßt die BIZ zu dem Herrn, über den wir reden?«

»Gar nicht, zumindest nicht direkt. Seine Verbindungen führen zu unserer Regierung. So wie im Augenblick auch meine. Ich habe nämlich im Oktober eine neue Stelle bei der BIZ angetreten, die ich der Tatsache verdanke, daß ich zu den wenigen Schweizern gehöre, die dort arbeiten. Ich meine, im Stab der Profis, nicht im Sekretariat oder so. Daß ich die Stelle überhaupt bekommen habe, verdanke ich Professor Salin. Jedenfalls bin ich nun zuständig für die Aufsicht der Beziehungen zwischen der BIZ und der Schweizerischen Nationalbank. Mithin bin ich über eine Menge Dinge, die in diesem Land vor sich gehen, viel besser informiert als früher.«

Dann fügte er hinzu: »Wahrscheinlich sollte ich dir all das gar nicht erzählen, Nancy. Du weißt doch, wie paranoid die Schweizer gegenwärtig sind. Alle sollen so tun, als wüßten sie von nichts. Und wenn sie doch etwas sehen, sollen sie zumindest keinem Ausländer davon erzählen.«

»Wie es auf dem Plakat steht«, warf Nancy ein und deutete durchs Fenster auf die Wand des Bahnhofsgebäudes, an der ein Plakat hing, auf dem der riesige Schatten eines Soldaten mit Stahlhelm, einen Finger auf die Lippen gedrückt, auf drei einheimische Arbeiter hinabschaute. Die Warnung war deutlich. Halt die Klappe, sonst setzt es was. Und die Autorität, die hinter dieser Warnung stand, war ebenso klar: Man erinnerte wieder einmal daran, daß die Schweiz unter Kriegsrecht stand. Wenn die Bürger nicht taten, was das Militär verlangte, fanden sie sich hinter Stacheldraht wieder.

Burckhardt schaute plötzlich auf die Uhr.

»Es ist halb fünf«, sagte er. »Draußen wird es schon dunkel. Hör mal, ich habe eine Idee. Laß uns ins Kino gehen. Im Rex läuft ein neuer Thriller mit Jean Gabin. Ich glaube, die erste Vorstellung fängt um fünf Uhr an. Gehst du mit?«

»Aber gern!«

Fünf Minuten später zahlten sie getrennt, zogen ihre Mäntel an, legten Schals um und verließen die Wärme des Cafés. Als sie auf die Centralbahnstraße hinaustraten, fing es leicht an zu schneien.

»Wir könnten die Straßenbahn nehmen oder zu Fuß gehen. Es sind nur zehn Minuten.«

»Laß uns gehen«, erwiderte Nancy.

Sie gingen zur Margarethenstraße, dann den Berg hinunter zur Heuwaage und über den kleinen Platz zur Steinenvorstadt, der Straße, in der alle Basler Erstaufführungskinos lagen.

»Weißt du, wie ich diese Straße genannt habe, als wir noch Studenten waren?« fragte sie. »Broadway. Wenn alle Kinos mit Neonreklame beleuchtet waren, sah es hier aus wie in einer amerikanischen Innenstadt. Hier liefen sogar die gleichen Filme.«

»Sie laufen noch immer«, sagte Burckhardt, »obwohl die amerikanischen Filme jetzt länger brauchen, bis sie hier ankommen. Aber wie der Broadway sieht es nicht mehr aus, oder?«

»Nein. Schade. Aber wahrscheinlich ist es notwendig.«

Der Grund dafür: Strom war, wie alles andere, äußerst knapp in der Schweiz. Bei Fleisch oder Brot lag es daran, daß die Schwierigkeiten zugenommen hatten, die Schweiz aus ihren traditionellen Quellen zu versorgen: mit Rindfleisch aus Argentinien, Getreide aus den USA und Kanada. Was jedoch den Strom betraf, so hatte die Knappheit einen anderen Grund. Die Schweiz verfügte zwar über beträchtliche Eigenvorräte wassererzeugten Stroms aus großen Kraftwerken unterhalb der alpinen Staudämme und am Rhein, doch nun exportierte man riesige Mengen nach Deutschland, wo der Schweizer Strom wichtig für die Aluminiumherstellung war, die wiederum das Kernstück der deutschen Kampfflugzeug- und Bomberproduktion bildete. Solche Exporte waren »notwendig«, da sie einen von vielen ähnlichen Gründen bildeten, Nazideutschland klarzumachen, daß es sinnvoll war, die Schweiz in Ruhe zu lassen, statt zu versuchen, das Land gewaltsam ins Dritte Reich einzugliedern. Denn dadurch hätte man die goldene Gans – Schweizer Rüstungsbetriebe, Elektrizitätswerke, Chemiewerke und Maschinenfabriken – verloren, die ein für die Nazi-Kriegsführung strategisch bedeutsames Exportgeschäft betrieb. Doch Peter Burckhardt ging nicht näher darauf ein. Er war zwar, wie viele seiner Landsleute, äußerst erbost über diese Dinge, doch das Risiko einzugehen, so etwas öffentlich auszusprechen, hätte bedeutet, von jenen denunziert zu werden, die ihren Kotau vor der Insistenz der Regierung machten, alles zu verschweigen, was die Nazis hätte provozieren können.

Es war zwar erst zehn vor fünf, als sie am Rex ankamen, doch schon hatte sich eine lange Menschenschlange um Karten angestellt. Und nicht nur vor dem Rex. Vor dem Capitol, auf der anderen Straßenseite, tat sich das gleiche. Wohin sonst konnte man als Schweizer gehen, wenn man der harschen Realität entfliehen wollte, die einen umgab? Man war nun seit über drei Jahren in einem winzigen Land eingeschlossen, und die Grenzen waren in allen Richtungen versiegelt. Das einzige Fenster zur Außenwelt war die Kinoleinwand. Dort stand einem trotz des Krieges die ganze Welt noch offen: Man konnte Clark Gable und Betty Grable in Filmen sehen, die in den Hollywoodstudios entstanden waren, oder britische aus den Studios im ländlichen Buckinghamshire, in denen der junge Laurence Olivier auftrat; Filme, die über die Achse Lissabon/

Genua/Genf ins Land kamen. Auch deutsche Filme mit Zarah Leander und anderen standen zur Verfügung; sie kamen auf dem direkten Weg, der Basel immer noch mit Deutschland verband, über die reguläre Eisenbahn ins Land. Filme, die dem Naziregime nicht nur die dringend benötigten Franken einbrachten, sondern in den Augen des Goebbels-Ministeriums auch großen Propagandawert bei den deutschsprachigen Schweizern hatten. Auch die Bahnverbindung Basel/Paris war noch intakt. Über sie kamen in der Regel französische Krimis in die örtlichen Kinos; Filme, die während der Kriegszeit außerordentlich populär waren, möglicherweise deswegen, weil sie puren Eskapismus boten. Der gerade laufende Streifen *Moontide* war typisch für das Genre; er zeigte Jean Gabin in der Rolle eines Seemanns, der nach einer Sauftour irgendwo aufwachte und sich in einen Mordfall verwickelt fand.* Wenn sich die Leinwand in einem Kino der Steinenvorstadt erst einmal erhellte, konnte man sogar vergessen, daß das bösartige Nazireich kaum fünf Kilometer entfernt war. Deswegen waren die Kinos jeden Abend gerammelt voll.

Um 19 Uhr war der Film zu Ende, und als Burckhardt und Nancy gingen, sahen sie sich draußen in der Steinenvorstadt der nächsten Menschenschlange gegenüber, obwohl es regnete und kalt war. Sie wartete auf den Anfang der nächsten Vorstellung. Als sich die beiden einen Weg durch die Menge bahnten, nahm Burckhardt zum ersten Mal Nancys Arm.

»Ich habe noch eine Idee. Kennst du das Lokal der Witwe Hunzinger?«

»Nein.«

»Ein kleines Restaurant in der Altstadt, das einer alten Dame gehört. Da gibt's nur Wein und Brot, aber für besondere Gäste – und *nur* für sie – das beste Entrecôte der Stadt. Hast du Lust?«

Sie hatte zwar Lust, aber sie fragte: »Brauchen wir keine Reservierung?«

»Eigentlich nicht. Frau Hunzinger kennt uns.«

Sie warf ihm einen ziemlich scharfen Blick zu. Doch sie sah keine Arroganz, auch wenn das »uns«, das Peter Burckhardt meinte, vielleicht den Eindruck erwecken konnte, seine Familie gehörte zur höchsten alteingesessenen Gesellschaftsschicht der Stadt und des Kantons Basel-Stadt, die in der gesamten Schweiz für ihren Hochmut bekannt war. Im Basler Dialekt bezeichnete man sie auch als »Daig«, was auf Hochdeutsch »Teig« bedeutet: die Oberschicht. »Sie« gehörten den Familien an, denen die Privatbanken der Stadt sowie die führenden Anwaltskanzleien gehörten: Familien, die seit Jahrhunderten die auserlesenen Grundstücke und das Land angesammelt hatten, das die Stadt umgab. Die Macht der Familien erstreckte sich sogar auf das Militär. Von den Söhnen erwartete man, daß sie im Heer mehr als nur ihre Pflichtzeit abdienten, daß sie freiwillig die Offiziersschule besuchten und es zu den höchsten Rängen brachten – in einer Armee, die nur über wenige Berufssoldaten verfügte, fast gänzlich aus Wehrpflichtigen bestand und nach einem allumfassenden Zwangsdienst organisiert war, laut dem jeder männliche Schweizer vom zwanzigsten bis zum fünfzigsten Lebensjahr periodisch zu Wehrübungen einberufen wurde, ob es ihm paßte oder nicht. Kriegsdienstverweigerer aus Gewissensgründen wurden nicht toleriert, sondern einfach ins Gefängnis gesteckt.

Eine andere Besonderheit des Basler Stadtpatriziats waren ihre Namen. Es gab in der Schweiz zwar massenhaft Burkhards, aber zur Basler Elite gehörten nur jene Familien, die sich mit »ck« und »dt« schrieben. Ähnlich war es mit den Fischers. Es gab Hunderte von Familien dieses Namens, doch nur die, die sich mit »V« schrieben, gehörten zum Patriziat.

Dann gab es zum Beispiel noch die Merians, eine seit dem 16. Jahrhundert berühmte Kartographenfamilie. Peter Burckhardts Großmutter war eine Sarasin, die ebenfalls zum »Daig« gehörten. Die Oberschicht bildete eine Clique. Sie beschützte einander, und Eheschließungen zwischen den Familien waren seit Jahrhunderten an der Tagesordnung.

Sie waren allerdings auch im positiven Sinn eine Elite. Die Oper – eine der besten provinziellen Opern Europas – war ebenso ihre Schöpfung wie das Ballett. In Basel und einigen anderen Städten blühte die Kammermusik. Das Kunstmuseum war prächtig. Und die 1456 gegründete Basler Universität gehörte zu den ältesten der Welt und kam vom Alter her gleich nach den Universitäten von Bologna, Prag, Oxford, Cambridge und der Sorbonne. Trotzdem bestand der »Daig«, der all dies stützte, in der Stadt, die eine Viertelmillion Einwohner hatte, zahlenmäßig aus nur wenigen tausend.

All dies war Nancy Reichman bekannt. Und am Abend des 27. Dezember 1942 konnte sie nicht anders, als sich zu fragen, was Peter Burckhardt vorhatte, indem er eine Amerikanerin – nein, eine jüdische Amerikanerin –, die zudem noch offiziell mit einer Regierung verbunden war, die zu den Haupthandlungsträgern eines Krieges gehörte, mit dem die Schweiz nichts zu tun hatte, zum Essen in ein Restaurant einlud, das für den »Daig« mehr oder weniger Privatbesitz war.

Die Antwort – beziehungsweise einen Teil der Antwort – erhielt sie, kurz nachdem sie das winzige Lokal auf dem Spalenberg betreten hatten. Und sie hatte mit zwei weiteren Charakteristika des »Daig« zu tun: Die waren sture Protestanten und Anglophile.

Das Schwarzbrot und eine Karaffe Dôle waren automatisch an den Tisch gebracht worden, der gleich neben dem gußeisernen, fast rotglühenden Kohleofen stand. Nancy Reichman und Peter Burckhardt trugen, wie jedermann in der Schweiz, dicke Pullover, denn laut amtlicher Vorschrift durfte die Temperatur in Wohnungen, Büros und sogar Kinos 20 Grad nicht überschreiten. Sie beschlossen fast gleichzeitig, sie auszuziehen. Nancy merkte, wie ihr Begleiter dabei ihre Figur ausgiebig in Augenschein nahm. Er selbst, fiel ihr auf, war nicht weniger ansehnlich. Im Gegensatz zu den meisten Schweizern war er groß – mindestens einsachtzig –, schlank und muskulös. Er hatte blondes, leicht gewelltes Haar und eine Haltung, die seinen Patrizierstatus unterstrich. Während ihrer Studienzeit in Stanford hätten die Mädchen einen Mann wie ihn, wäre sie mit einem ausgegangen, hinterher im Studentinnenwohnheim einen »duften Typ« genannt und schrecklich gekichert. Das war eins der Probleme, wenn man in der Schweiz lebte: Niemand schien hier je zu kichern. Das andere Problem waren Rendezvous: Nancy hatte, seit sie als Vizekonsulin nach Basel zurückgekehrt war, kein einziges gehabt. In den zwei Jahren ihres hiesigen Studiums waren Rendezvous kein Problem gewesen, da sie selbst eine »dufte Biene« gewesen war und es gewußt hatte. Wieso also kam Peter Burckhardt so plötzlich auf sie zurück?

»Nancy, darf ich dich etwas fragen, was mit deiner gegenwärtigen Tätigkeit zu tun hat?«

»Klar.« Jetzt kommt es, dachte sie.

»Stehst du mit den Führungskräften eurer Botschaft in Bern in regelmäßigem Kontakt?«

Sie dachte nach.

»Nein. Eigentlich nicht. Es sei denn, etwas Ungewöhnliches macht es erforderlich.«

»Was, zum Beispiel?«

»Wenn ich für irgendeinen Lokalmatador, der es eilig hat, ein Visum beschaffen muß. Oder wenn mir irgendeine ungewöhnliche Information zu Ohren kommt.«

»Wie etwa der Besuch von ... « Diesmal, in der privaten Atmosphäre von Witwe Hunzingers Restaurant, die so etwas wie seine eigenen vier Wände waren, sprach er den Namen aus. » ... Doktor Sommer?«

»Vielleicht.« Nun bekam sie Angst, sie könnte sich auf gefährlichen Boden begeben. »Ich habe mich wirklich gefragt«, fügte sie dann hinzu, »warum Professor Salin mich zu diesem Essen eingeladen hat.«

»Ich kenne den Grund. Weil wir keine Direktverbindung zu den Briten oder Amerikanern haben. Wir sind hier in Basel viel isolierter, als du vielleicht glaubst.«

Sie dachte darüber nach.

»Du weißt aber ebensogut wie ich, wo unsere Botschaften sind, Peter«, meinte sie dann. Da ihr das ziemlich sarkastisch vorkam, sagte sie rasch: »Ich hoffe, es hat nicht so geklungen, wie ich es annehme.«

Peter grinste. »Es klang amerikanisch. Aber ich kann dir die Frage ganz offen beantworten. Wenn man einen Schweizer wie mich – oder in diesem Fall gar Professor Salin – dabei sehen würde, wie er die britische oder amerikanische Botschaft betritt, würden bald Leute auftauchen, die ihn nach dem Grund befragen.«

»Und was ist, wenn man dich mit mir sieht?«

»Du bist etwas anderes. Schließlich ... «

Dann hielt er inne.

Also beendete sie den Satz für ihn. »Schließlich bin ich nur eine Frau, nicht wahr?«

Er machte einen äußerst peinlich berührten Eindruck. »Du weißt doch inzwischen, wie wir sind, Nancy. Ich meine die Schweizer Männer. Wir erlauben unseren Frauen nicht mal, wählen zu gehen. Der Platz einer Schweizerin ist immer noch zu Hause; und zu Hause ist sie verpflichtet, ihrem Ehemann in allen Dingen zu gehorchen. Tut sie es nicht, steht ihm das Recht zu, sie zu bestrafen. Man erwartet von ihr, daß man sie sieht, aber nicht hört. Wie auch die Kinder in unserem Land. Deswegen nimmt man sie nicht ernst, wenn es um politische Dinge geht. Ich schätze, am besten paßt wohl das Wort ›harmlos‹, um zu beschreiben, wie wir unsere Frauen in der Gesellschaft sehen.«

»Und obwohl ich Amerikanerin bin, hält man mich für ebenso ›harmlos‹ wie alle anderen Frauen?«

»Ich fürchte, ja.«

»Tausend Dank! Aber eins laß dir gesagt sein, Peter Burckhardt: Ich bin es nicht!«

»Das weiß ich.« Er wechselte abrupt das Thema und fragte: »Kennst du Mr. Allen Dulles? Persönlich?«

Da sie die Frage total überraschte, wußte sie sofort, daß ihre Reaktion alles verriet.

»Was weißt du über ihn?«

»Wir haben in der Zeitung über ihn gelesen, wie alle anderen auch. Um zu erklären, warum ich seinen Namen ins Spiel bringe, laß mich dir zunächst sagen, daß es hier einige Leute gibt, die nicht glücklich darüber sind, wie die Schweiz sich in diesem Krieg verhält. Wir wissen von Dingen, von denen auch der Rest der Welt etwas erfahren sollte. Trotzdem sind wir zum Schweigen verurteilt, weil uns eine Regierung dazu zwingt, die stark unter dem Einfluß von Männern steht, die dem Faschismus von Anfang an ambivalent gegenübergestanden haben. Du weißt sicher, wer sie sind. Um nur zwei zu nennen: Marcel Pilet, unser Außenminister, und Otto Rottemund, der Chef der Fremdenpolizei. Für meine Familie und die meisten unserer Freunde ist dieses Verhalten unmoralisch. Verachtenswert. Manche tun es aus reinen Glaubensgründen, der Rest, weil ihr Verhalten in absolutem Widerspruch zu unserem politischen Erbe steht. Wir sind schließlich eine Demokratie. Zumindest waren wir eine, bevor der Krieg ausbrach. Wir waren schon eine, bevor sich die Angelsachsen zu einer entwickelten.«

Burckhardt hörte schlagartig zu reden auf, als er bemerkte, wie laut er geworden war. Er schaute sich in dem kleinen Raum um, doch niemand nahm Notiz von ihnen. Also fuhr er fort, doch nun in einer Lautstärke, die kaum mehr als ein Flüstern war.

»Tut mir leid, wenn ich mich habe gehenlassen. Ich komme gleich zur Sache. Einige von uns haben Informationen über das, was in Deutschland passiert, weil wir persönliche und andere Verbindungen mit Menschen aufrechterhalten haben, die in Deutschland Schlüsselpositionen einnehmen. Einige dieser Informationen und einige dieser Menschen könnten potentiell hilfreich sein, eine Niederlage des Faschismus herbeizuführen – vorausgesetzt, wir kommen an diese Informationen und können unsere Kontaktleute mit den Alliierten zusammenbringen. Wir haben entschieden, daß du möglicherweise genau die Strippe bist, nach der wir gesucht haben.«

Strippe? Als Strippe hatte man sie noch nie bezeichnet.

»Und wer, um konkreter zu werden, sind ›wir‹?« fragte Nancy.

Nach einer kurzen Pause fuhr er fort: »Wie du vielleicht weißt, untersteht der Schweizer Geheimdienst dem Heer. Das Heer teilt sich die Verantwortung für die Gegenspionage mit verschiedenen Einheiten der Politischen Polizei unseres Landes. Diese Aufgaben wurden insbesondere der Sektion 5 des Generalstabes übertragen. Das ist eine sehr kleine Gruppe, der kaum hundert Mann angehören. Einigen, nicht allen, gefällt das Verhalten unserer Regierung nicht. Sie möchten sich der Sache der Alliierten anschließen, den Briten und Amerikanern, und helfen, wo sie können, doch unter der Voraussetzung, daß ihre erste und vorderste Loyalität der Schweiz gehört, um die demokratische Tradition, die christliche Ethik und die grundsätzliche Neutralität zu wahren. Sie möchten es aus reinem Prinzip tun, hoffen aber, daß man sich als Nebeneffekt – nicht als Bedingung – daran erinnert. Besonders dann, wenn die Russen unserem Land in diesem Krieg oder wenn er endlich vorbei ist, Ärger bereiten sollten. Verstehst du?«

Sie nickte. Und meinte es ernst.

»Ich arbeite für diese Leute, manchmal haupt-, manchmal nebenberuflich. Sie haben mich vor etwa einem Jahr angesprochen, weil sie meine Einstellung kennen und mir vertrauen. Sie glauben zudem, daß meine Position in der BIZ eventuell nützlich sein könnte. Du kannst dich darauf verlassen, daß sie uns – und dich –, sollten wir nach dem heutigen Gespräch weitermachen, nach besten Kräften beschützen werden. Nun aber auf das zurück, womit ich angefangen habe – zu eurem Mr. Dulles. Wir, und besonders die beiden Offiziere, die unseren Geheimdienst leiten – Oberstbrigadier Masson und Hauptmann Waibel, mein direkter Vorgesetzter –, möchten direkt mit ihm in Kontakt treten. So schnell wie möglich. Sie müssen freilich äußerst vorsichtig vorgehen. Zwar haben meine Vorgesetzten in Bern ein direktes Vorgehen erwogen, doch es wurde abgelehnt. Wenn Außenminister Pilet herausbekäme, daß die leitenden Herren unseres Geheimdienstes direkt mit Dulles in Bern verhandeln, könnte er die gesamte Organisation auflösen und mit seinen Leuten eine neue aufziehen. Bern ist ein Dorf. Deswegen haben wir gedacht, es wäre besser, über Basel einen *indirekten* Kontakt mit ihm herzustellen.«

»Womit Nancy Reichman auf den Plan tritt.«

»Genau. Du bist möglicherweise der Anfang der Lösung, nach der wir gesucht haben. Es kommt allerdings darauf an, wie gut du Mr. Dulles kennst.«

»Ich kenne ihn recht gut.«

Burckhardt ließ ihre Antwort auf sich einwirken. »Dann bist du also bereit und in der Lage zu helfen?«

»Natürlich.« Sollte sie ihm erzählen, wie ironisch das Ganze war? Daß *sie* diejenige war, die sich *seiner* Dienste versichern sollte? Nein, entschied sie.

Dann fragte sie: »Habt ihr – Professor Salin und du – mich zufällig *deshalb* zu dem Essen eingeladen?«

»Es war meine Idee, nicht die von Salin. Er hat keine Verbindung zu uns. Er hilft, aber er gehört nicht dazu.«

»Trotzdem, Peter – könntest du nicht in ernstliche Schwierigkeiten kommen, wenn du so etwas tust?«

»Möglicherweise. Aber darum geht es doch nicht.«

»Und du vertraust mir ganz und gar?«

»Und *ob* ich dir vertraue. Was die angeht, die hinter – beziehungsweise über – dir stehen … Tja, da können wir nur hoffen, nicht wahr?« Schließlich fügte er mit einem Grinsen hinzu: »Ich glaube, hinter der kleinen Nancy Reichman steckt mehr, als wir vermutet haben.«

Er schaute auf die Uhr. »Laß uns zwei große Entrecôtes bestellen. Dann bringe ich dich nach Hause. Danach hänge ich mich ans Telefon und rede mit meinen Vorgesetzten in Bern. Ich nehme an, du wirst das gleiche tun.«

»Na klar.«

»Gibt's noch irgend etwas, das wir besprechen sollten?« fragte Burckhardt dann.

»Da ist noch eine Kleinigkeit, die man mich zu überprüfen gebeten hat. Wir haben ein paar verwirrende Geschichten gehört, laut denen die Nazis riesige Goldmengen in die Schweiz verlagern, möglicherweise mit Hilfe der BIZ. Kannst du das irgendwie bestätigen?«

Burckhardt fand eindeutig keinen Gefallen an dem, was er gerade gehört hatte.

»Das ist schwierig. Denn das führt direkt ins Zentrum des Dilemmas, in dem wir uns befinden: Wie wir euch helfen können, ohne der Schweiz zu schaden.«

»Ich nehme doch an, du meinst die *wahre* Schweiz. Nicht die der herrschenden Clique in Bern«, erwiderte sie.

»Touché.« Er nickte grimmig. »Na schön, ich werde mich darum kümmern. Aber jetzt wollen wir die ganze Sache für eine Weile vergessen.«

Eine Stunde später brachte er sie nach Hause, und als sie sich verabschiedeten, gab er ihr einen leichten Kuß auf die Wange.

Fünf Minuten später war Nancy Reichman am Telefon und hinterließ eine Nachricht für Allen Dulles. Als sie auflegte, fragte sie sich, wer hier eigentlich wen manipulierte. Hatte Dulles irgendwie vom Verlangen des Schweizer Geheimdienstes erfahren, mit ihr in Verbindung zu treten? Hatte er die ganze Situation bewußt herbeigeführt? Nein, vielleicht waren er und die Schweizer nur gleichzeitig auf die Idee der Basler Verbindung gekommen. Das hatte zu Burckhardts »gründlicher Prüfung« beim Salin-Essen, dann zu seinem Telefonanruf und nun zu seinem Vorschlag geführt. Hatte Dulles' Interesse an dem Gold und der BIZ von Anfang an als geplante Entschuldigung dafür herhalten müssen, weil man wußte, daß einer ›ihrer‹ dort tätigen Männer auf sie zukommen würde?

Im Morgengrauen des nächsten Tages erhielt sie einen Anruf, der besagte, daß Mr. Dulles nicht erreichbar sei. Er halte sich außerhalb der Stadt auf, komme erst Anfang der nächsten Woche zurück, und man erwarte sie am Dienstag, dem 23. Februar, zur üblichen Zeit am üblichen Ort.

5. Kapitel

An diesem Nachmittag rief Nancy Reichman Peter Burckhardt an. Diesmal lud sie ihn zum Kaffee ein – in ihrem Lieblingslokal, dem Café Spillmann, das sich am Rhein neben der Mittleren Rheinbrücke befand. Es wurde, ebenso wie das Café Frey, von BIZ-Leuten frequentiert und galt als der Ort, an dem sich die Damen der Basler Gesellschaft nachmittags zum Kaffee oder Tee trafen. Eigenartigerweise war es auch der Ort, den die reichen Basler Jüdinnen regelmäßig aufsuchten – was Nancy aus vielerlei Gründen gefiel, denn damit war klar, daß die Besucher des Cafés sicherlich nicht mit den Nazis sympathisierten.

Diesmal war Burckhardt als erster zur Stelle. Obwohl das US-Konsulat nur zwei Häuserblocks entfernt in einem modernen Gebäude an der Ecke Spiegelgasse/Blumenrain lag, kam Nancy sogar eine halbe Stunde zu spät. Das Konsulat befand sich zufällig neben dem Gebäude, in dem die berüchtigte Fremdenpolizei Quartier bezogen hatte, jene Behörde, die mit der Kontrolle und der Beobachtung aller Ausländer beauftragt war. Und es war diese Polizeieinheit gewesen, die ihre Verspätung verschuldet hatte. In ihrem Gewahrsam befand sich eine Jüdin, der es von Österreich aus gelungen war, die Grenze zu überqueren, und die dann irgendwie in Basel gelandet war. Sie hatte offenbar seit Monaten bei einer einheimischen jüdischen Familie gewohnt, sich die meiste Zeit in einer Dachkammer versteckt und war nur abends hin und wieder an die frische Luft gegangen. Eine Nachbarin, die sie zweimal hatte ins Haus schleichen sehen, hatte der Polizei den Tip gegeben, »weil sie weder wie eine Schweizerin aussah noch so gekleidet war«.

Offenbar wußte die Geflohene, was die Schweizer mit ihr vorhatten: Man wollte sie sofort über die Grenze nach Österreich abschieben. Deswegen hatte sie in ihrer Verzweiflung behauptet, Verwandte in Amerika zu haben, die für ihre Auswanderung aufkommen würden, wenn die Schweizer Behörden dazu bereit seien, sie ausfindig zu machen. Die Fremdenpolizei, die nicht aus Sympathie, sondern nach den Vorschriften handelte, hatte die amerikanische Vizekonsulin an diesem Nachmittag telefonisch über die Lage in Kenntnis gesetzt.

Nancy Reichman war persönlich nach nebenan gegangen und hatte der Polizei versprochen, sich um alles zu kümmern, was in ihrer Macht stand, wenn man ihr alle Einzelheiten, einschließlich der Namen und Adressen der amerikanischen Verwandten der Frau, gab. Die Sache diente nur dazu, Zeit zu gewinnen; sie war sich völlig darüber im klaren, daß die Frau keine Chance hatte. Die amerikanische Regierung hatte vor der jüdischen Emigrationswelle die Tore fast ebenso brutal zugeschlagen wie die Schweiz. Irgendwann, wahrscheinlich in ein paar Wochen, würde man die Frau an der Grenze den österreichischen Behörden übergeben, und nach allem, was Nancy auf dem Rücksitz von Professor Salins BMW gehört hatte, wußte sie, was danach passierte.

Deswegen war sie ziemlich niedergeschlagen, als sie das Café Spillmann betrat.

»Probleme?« fragte Burckhardt, kaum daß sie Platz genommen hatte.

Sie schüttelte den Kopf, aber ihm fiel auf, daß ihre braunen Augen voller Tränen standen.

»Wenn ich helfen kann ... «, fuhr er fort.

Sie schüttelte erneut den Kopf. Burckhardt streckte eine Hand aus und berührte die ihre. Dann kam die Kellnerin und nahm die Bestellung auf.

»Was die Sache mit dem Gold angeht ... «, begann er, als sie wieder verschwunden war. »Das ist eine äußerst heikle Angelegenheit.«

»Nein, nein«, sagte sie sofort. »Ich habe Mr. Dulles gestern abend wie versprochen eine Nachricht zukommen lassen. Er ist momentan nicht da, aber ich fahre nächsten Dienstag nach Bern, um ihn zu treffen. Ich dachte, du solltest es wissen ... Deswegen habe ich dich angerufen.«

»Ich gebe es sofort weiter«, erwiderte er. Und dann, äußerst zögerlich: »Es gibt da noch ein Treffen, das ich gern arrangieren würde.«

Nancys Gesicht deutete an, daß sie damit nicht gerechnet hatte. Burckhardt fiel ihre Betroffenheit sofort auf.

»Nein, es hat mit der Sache absolut nichts zu tun. Ich möchte dich gern meinen Eltern vorstellen.«

Nancy war absolut sprachlos. In der Schweiz wurde man von *niemandem* eingeladen, irgendwelchen Eltern vorgestellt zu werden!

Dann reichte er ihr einen kleinen Zettel. »Aus diesem Plan ersiehst du, wie man zum Haus unserer Familie in Riehen kommt.« Riehen war ein kleiner Basler Vorort, in dem die Villen vieler Angehöriger der Oberschicht standen.

»Es war im Grunde die Idee meiner Eltern. Sie möchten dich für nächsten Montag gern zum Abendessen einladen.«

Und dann, ebenso verlegen wie sie, wechselte er das Thema. Sie blieben noch eine dreiviertel Stunde im Café Spillmann, sprachen über Skilaufen, das Leben in Kalifornien und den neuesten Remarque-Roman – über alles, was nichts mit dem Krieg zu tun hatte. Ein beiläufiger Beobachter des Paares hätte sehen können, daß das, was sie zusammenbleiben ließ, ihr deutliches Interesse aneinander war – zwei junge Leute, die sich allmählich inmitten einer Welt, die die Bedeutung dieses Wortes vergessen zu haben schien, ineinander verliebten.

Das Grundstück der Burckhardts war zweieinhalb Hektar groß. Außer dem Hauptgebäude gab es Ställe, Personalquartiere, einen Tennisplatz und – für die Schweiz sehr ungewöhnlich – ein Schwimmbecken.

Als Nancy Reichman am Montagabend des 22. Februar 1943 um halb acht in ihrem winzigen Fiat Topolino, der das CC-Schild trug, das sie als Angehörige des Corps Consolaire auszeichnete, dort ankam, war sie eine ziemlich nervöse junge Dame.

»Guten Abend, Fräulein. Darf ich Ihnen den Mantel abnehmen?« Das Dienstmädchen, das die Tür geöffnet hatte, sprach nur mit Schwierigkeiten Hochdeutsch. Als sie Nancys Mantel nahm, tauchte eine äußerst elegant gekleidete Frau von Mitte Fünfzig auf. Ihr Kleid konnte nur aus einer Pariser Boutique der späten dreißiger Jahre stammen. Ihr Haar war vorzüglich frisiert; die Perlenkette, die bis in ihr ziemlich tiefes Dekolleté hinabhing, war die Perfektion selbst.

»Wie nett von Ihnen, daß Sie gekommen sind«, sagte die Frau in makellosem Oxford-Englisch. »Ich bin Peters Mutter. Er sagt, Sie seien eine wunderschöne junge Frau, und er hat recht. Darf ich Sie Nancy nennen?« Dann fuhr sie, ohne auf eine Antwort zu warten, fort: »Gut.« Sie nahm Nancys Arm. »Und jetzt lassen Sie uns etwas trinken.«

Sie schritten zusammen über den Marmorboden der Eingangshalle und betraten den Salon. Die beiden Männer, die vor dem Kamin saßen, erhoben sich sofort. Peter begrüßte sie formell mit einem Händeschütteln, dann sagte er: »Nancy, ich möchte dir meinen Vater vorstellen.«

Dr. Maximilian Burckhardt-Von der Mühll, hochgewachsen wie sein Sohn und so perfekt gekleidet, wie es sich für den Vorstandsvorsitzenden einer der größten Schweizer Handelsbanken – dem Schweizerischen Bankverein – geziemte (sein Nadelstreifenanzug mußte aus der Savile Row stammen, die dunkelrote Seidenkrawatte war zweifellos italienisch), musterte sie sehr gründlich von oben bis unten. Dann trat er vor, streckte die Hand aus und sagte: »Es ist uns eine Ehre, eine Amerikanerin bei uns zu Hause zu haben.« Sein Händedruck war kräftig, seine grauen Augen blickten warm.

»Und nun«, sagte er, »schlage ich zur Feier Ihrer Anwesenheit vor, daß wir uns einen trockenen Martini genehmigen. Ist es Ihnen recht?«

»Gerne«, antwortete Nancy.

Peters Vater nahm ein Silberglöckchen von einem der Tische und läutete. Sekunden später tauchte ein Diener auf – der Butler, mit dem Nancy vor ihrer Ankunft mit großer Beklommenheit gerechnet hatte. Doch nun waren ihre Ängste völlig verschwunden, und als Peter vorschlug, sie solle sich zu ihm aufs Sofa setzen, nahm sie den Platz neben ihm zuversichtlich ein.

Nun ergriff Peters Mutter das Wort. »Peter hat uns erzählt, daß Ihre Familie in Palo Alto lebt. Wir waren dort – in welchem Jahr war es doch gleich, Schatz?« Ohne die Antwort ihres Mannes abzuwarten, fuhr sie fort: »1938, glaube ich. Wir haben im September im Mark Hopkins in San Francisco gewohnt und sind dann nach Süden gefahren. Der Campus von Stanford hat uns gefallen. Wie Peter sagt, lehrt Ihr Vater dort.«

»Ja, Ökonomie. Um genauer zu sein: die Geschichte des ökonomischen Denkens.«

Und so ging es weiter, beim Cocktail und beim opulenten Abendessen, das mit geräucherter Forelle begann, mit Wildbret fortgesetzt – beides stammte aus einem Jagdrevier, das die Familie in den Bergen des Jura unterhielt – und zuerst von einem 1939er Meursault und dann von einem 1933er Lynch Bages begleitet wurde. Es endete mit einem Grand-Marnier-Soufflé.

Sie gingen alle in die Bibliothek, um Kaffee und Cognac zu trinken, und, im Falle von Vater und Sohn, kubanische Zigarren zu rauchen. Dann, pünktlich um 21 Uhr, erhob sich Burckhardt senior und entschuldigte sich mit einem langen Tag in der Bank, was für Peters Mutter das Zeichen war, es ihm gleichzutun. Sie sagten Nancy gute Nacht und drückten ihre Hoffnung aus, dieser Abend möge nur der erste von vielen sein, die noch kommen sollten. Schließlich saßen Peter und Nancy allein vor dem Kamin, um den sich gerade ein Dienstmädchen gekümmert hatte.

»Deine Eltern sind absolut wunderbar.«

»Du hast ihnen sehr gut gefallen, und zwar von Anfang an«, erwiderte Peter.

Dann schwang die Tür der Bibliothek wieder auf. Herein stürzte eine junge Frau von Mitte Zwanzig, die noch einen Skianorak trug. Peter Burckhardt schaute überrascht auf, dann erhob er sich mit dem Grinsen, das ihn auch Nancy so sympathisch machte, und stellte den Eindringling vor. »Meine Schwester Felicitas. Und dies, liebe Schwester, ist Nancy Reichman.«

»Ich wollte nicht stören, Peter«, sagte Felicitas, »aber ich mußte einfach... ich mußte einfach wissen, wie deine geheimnisvolle amerikanische Freundin aussieht. Sie ist umwerfend!«

Das wäre auch der passende Ausdruck gewesen, sie selbst zu beschreiben. Im Gegensatz zur dunkelhaarigen, zarten Schönheit der Amerikanerin war Peters Schwester hochgewachsen, blond und blauäugig – wie er selbst – und strahlte Wärme und einen Enthusiasmus aus, der in der zurückhaltenden, beherrschten Schweiz eine Seltenheit war.

»Würden Sie irgendwann mal mit mir essen gehen?« fragte sie.

»Aber gern«, erwiderte Nancy, der die junge Frau auf Anhieb gefiel.

»Dann kann ich Ihnen Peters sämtliche Geheimnisse erzählen«, sagte Felicitas. Sie hauchte Peter einen Kuß zu und verschwand.

»Ich wußte gar nicht, daß du eine Schwester hast«, sagte Nancy, sobald die Tür der Bibliothek sich wieder geschlossen hatte. »Was macht sie denn?«

»Sie studiert an der Uni«, erwiderte Peter. »Physik. Nur habe ich das Gefühl, daß sie sich dabei langweilt. Ich glaube, sie würde lieber Dinge tun wie du. Aber wir sind ja hier in der Schweiz...«

»Du magst sie, nicht wahr?«

»Aber ja. Vielleicht könntest du sie ein wenig aufmuntern.«

Das überraschte Nancy. »Sie sieht aber nicht so aus, als müßte man sie aufmuntern.«

Peter zuckte die Achseln. »Geh bald mal mit ihr essen. Sie wird es zu schätzen wissen. Möchtest du noch einen Cognac?«

Nancy schaute auf die Uhr. »Ich würde gern noch einen trinken, Peter, aber es wird spät. Und du weißt, daß die Verdunkelung um zehn anfängt. Außerdem muß ich morgen früh den Zug nach Bern erwischen.«

Seine Enttäuschung war ihm deutlich anzusehen, aber er holte trotzdem pflichtschuldig ihren Mantel.

Als er ihr hineinhalf, meinte er: »Übrigens, wenn du Mr. Dulles triffst, könntest du ihm sagen, daß wir von seinem Hintereingang durch den Weinberg wissen. Er ist also kaum der Mühe wert.«

»Mach' ich«, erwiderte sie und registrierte, daß sie wieder beim geschäftlichen Teil waren.

»Ich nehme an, du kommst morgen aus Bern zurück?«

»Ja.«

»Dann rufe ich dich um ... sagen wir ... sieben Uhr abends an. In deiner Wohnung?« Er hielt ihr die Tür auf.

»Ja. Aber jetzt fahre ich lieber los, Peter.«

Er begleitete sie zum Wagen, und nachdem er die Tür geöffnet hatte, war der Gutenachtkuß, den er ihr auf die Wange drückte, kaum wahrnehmbar. Als Nancy langsam über die dunkle, leere Straße nach Basel zurückfuhr, konnte sie nicht anders, als sich zu sagen: »Vielleicht ist es an der Zeit, daß du aufhörst, das Berufliche und die Lust miteinander zu verbinden, Mädchen. Beim nächsten Mal bleibst du bei der Lust.«

Als sie in dieser Nacht zu Bett ging, dachte sie an Peter Burckhardt.

Am nächsten Morgen in Bern brauchte Nancy Reichman kaum zwanzig Minuten, um die Unterhaltung zu beschreiben, die sie eine Woche zuvor im Lokal der Witwe Hunzinger geführt hatte. Allen Dulles fiel ihr nicht einmal ins Wort.

»Ausgezeichnet«, sagte er, als sie schließlich geendet hatte. »Ich nehme an, Sie verstehen, wie heikel dies ist. Sollte jemand von der Regierung in Bern davon erfahren, wird man Sie zur Persona non grata erklären und innerhalb weniger Tage aus dem Land jagen. Und das wäre dann wohl das Ende Ihrer Karriere im Foreign Service.«

»Ich verstehe vollkommen, Sir.«

»Gut. Was Burckhardt Ihnen über die Sektion 5 erzählt hat, stimmt alles. Ich habe aus anderen Quellen genau die gleiche Information. Oberstbrigadier Masson und Hauptmann Waibel sind die Drahtzieher. Waibel und Burckhardt sind uns besonders wichtig, da sie zu der Einheit gehören, die in der Sektion 5 zuständig ist für alle die Achsenmächte betreffenden Informationsbeschaffungen. Sagen Sie Burckhardt also, daß ich bereit bin, Masson zu jeder Zeit zu treffen, die ihm genehm ist, und zwar an jedem Ort, den er auswählt, da er in dieser Hinsicht mehr Probleme haben dürfte als ich. Und regen Sie an, Waibel und Peter Burckhardt sollen dabei sein. Burckhardt möchte ich besonders gern kennenlernen.«

Dann meinte Dulles mit einem Blick auf die Uhr: »In ein paar Minuten muß ich jemanden treffen. Setzen Sie mich sofort in Kenntnis, wenn Burckhardt sich wieder bei Ihnen gemeldet hat. Soll ich Ihnen ein Taxi rufen?«

»Nein. Ich glaube, ich gehe zu Fuß.«

»Bevor Sie gehen, junge Dame, möchte ich Ihnen

noch etwas sagen: Sie haben großartige Arbeit geleistet!«

Sie erzählte Dulles, daß die Schweizer von dem Hintereingang durch den Weinberg wußten, und verließ das Haus, ziemlich selbstzufrieden, durch die Haustür, die zur Herrengasse führte. Sie wäre möglicherweise weniger fröhlich gewesen, hätte sie gewußt, daß ihr Kommen und Gehen von *zwei* Männern beobachtet worden war, von denen nur einer für Oberstbrigadier Masson arbeitete. Der andere war Mitglied einer Organisation, die der Schweizer Geheimdienst unter dem Namen »Rote Kapelle« kannte. Der Leiter dieser Organisation in der Schweiz war ebenfalls Offizier, und zwar Oberst. Er stand in Diensten des NKGB.*

ZWEITER TEIL

6. Kapitel

An diesem Abend rief Peter Burckhardt pünktlich um 19 Uhr an.

»Hast du schon gegessen?« fragte er sofort.

Obwohl das nicht der Fall war, sagte sie aus irgendeinem Grund ja.

»Dann laß uns ins Drei Könige gehen. Wir können uns unterhalten, etwas trinken und vielleicht tanzen. Das Orchester Lothar Löffler spielt jeden Abend dort, außer sonntags, und es ist das beste, das wir in Basel haben.«

Sie zögerte.

»Na schön«, sagte sie dann. Und fügte hinzu: »Aber daß es nicht zu spät wird!«

»Ich hole dich pünktlich um acht ab, dann bist du um elf wieder zu Hause. Okay?«

»Ich warte unten auf dich. Augustinergasse 11.«

»Ich weiß.«

Als sie ihre aus einer weißen Bluse, einem grauen Rock und einer blauen Jacke bestehende Dienstkleidung auszog, begann sie die Vorzüge der beiden einzigen Kleider abzuwägen, die sie besaß und von denen sie annahm, daß sie zum Tanzengehen taugten. Und während sie dies tat, wurde ihr bewußt, daß sie so nervös war wie eine Schülerin vor der ersten High-School-Tanzveranstaltung.

»Reiß dich zusammen, Mädchen«, sagte sie zu dem

mannshohen Spiegelbild, vor dem sie in Büstenhalter und Höschen stand. Der Körper, den sie im Spiegel sah, gehörte freilich eindeutig nicht zu einem Schulmädchen. Sie fing ernsthaft an, an ihrem Make-up zu arbeiten.

Peter Burckhardt tauchte auf, als die Glocken des nur zweihundert Meter entfernten uralten Basler Münsters gerade die achte Stunde schlugen. Er fuhr einen schwarzen Mercedes. Als er aus dem Wagen stieg, begrüßte er sie mit einem festen Händedruck. Diesmal gab es keinen Kuß.

Als sie abfuhren, dachte Nancy: Wenn der Abend schon wieder rein beruflich werden soll, warum kommen wir nicht gleich zur Sache?

»Solange wir im Wagen sind, laß mich erzählen, was ich heute erreicht habe. Ich war, wie schon gesagt, heute morgen in Bern und habe eine kurze Zeit mit Mr. Dulles verbracht.«

»Wissen wir. Dreiundzwanzig Minuten.«

Sie war wirklich überrascht. Dann fiel es ihr wieder ein.

»Richtig. Ihr wißt ja von der Herrengasse 23.«

»Ich bezweifle zwar, daß wir sie ständig im Auge haben, doch in diesem Fall war Oberstbrigadier Masson sehr daran interessiert, wie ernst ihr es meint. Du und Mr. Dulles.«

Daß ihr diese Bemerkung nicht sonderlich gefiel, zeigte sich am veränderten Tonfall ihrer Antwort. »Dann kannst du deinem Oberstbrigadier Masson erst einmal sagen, daß Mr. Dulles es *sehr* ernst meint und bereit ist, ihn – ich zitiere – bei erstbester Gelegenheit zu treffen.«

»Wo?«

»Das überläßt er euch, da Masson, wie er es ausdrückt, zweifellos mehr Probleme dabei hat als er. Mr. Dulles hat allerdings noch eine Bitte. Er hat zwar nicht gesagt, daß es zwingend ist, doch wenn ihr euch darauf einlaßt, könnte es... auf lange Sicht... hilfreich sein.«

»Was will er?«

»Daß Hauptmann Waibel dabei ist. Und du.«

Nun war Peter an der Reihe, Verblüffung zu zeigen.

Und so fügte Nancy hinzu: »Ich glaube, er will dich auch gern beschnuppern...«

»... wie wir dich im letzten Monat beschnuppert haben. Von mir aus... Aber du solltest ihm sagen, daß das nur Oberstbrigadier Masson entscheiden kann.«

Inzwischen hatten sie das Drei Könige erreicht und hielten an. Das erste Hotel Basels lag im Zentrum der Stadt am Südufer des Rheins. Über dem Haupteingang am Blumenrain ragten Statuen der biblischen drei Könige auf.

Sie hatten die Hotelhalle gerade betreten, als ein Bär von einem Mann auf sie zukam.

»Peter«, sagte er, »was für eine Überraschung!« Dann bemerkte er Nancy neben Burckhardt und wechselte auf der Stelle ins Englische über, wobei er einen deutlichen Akzent sprach. »Sie sind also die hübsche amerikanische Vizekonsulin, was? Vielleicht erinnern Sie sich noch an mich – von einem Essen bei Professor Salin. Per Jacobsson ist mein Name.«

»Natürlich erinnere ich mich an Sie, Sir. Ich heiße Nancy Reichman.«

Er nahm ihre Hand, deutete eine Verbeugung an und sagte: »Wie schön, Sie mal wiederzusehen.«

Burckhardt, der all dies beobachtete, wirkte etwas durcheinander und schien nicht zu wissen, was er tun sollte. Doch sein Chef von der Bank für Internationalen Zahlungsausgleich nahm ihm das Problem ab.

»Nun machen Sie sich mal keine Sorgen«, sagte Jacobsson. »Ich habe nicht vor, Sie noch länger aufzuhalten. Ich gehe zu Bett; ich muß nämlich, wie Sie wissen, Peter, den Morgenzug nach Berlin erwischen. Wenn dem nicht so wäre«, – und er drehte sich zu Nancy um – »hätte ich Sie bestimmt um einen Tanz gebeten. Vielleicht ein anderes Mal?«

»Aber gern«, erwiderte Nancy.

»Vielleicht ergibt sich die Gelegenheit, wenn ich von der Reise zurückkomme«, fügte Jacobsson hinzu und warf Burckhardt dabei eine Seitenblick zu. Dann sagte er gute Nacht und verschwand über die Hoteltreppe nach oben.

Peter Burckhardt bemerkte den leicht verwirrten Ausdruck in Nancys Gesicht. »Irgend etwas beschäftigt dich«, sagte er, als sie sich in Richtung Hotelbar bewegten, die links von der Empfangshalle lag.

»Zwei Dinge. Was macht er hier, und was hat er mit seiner letzten Bemerkung gemeint?«

»Er wohnt jetzt hier im Hotel. Er ist der Meinung, seine Familie sei in Schweden sicherer; und nachdem sie abgereist ist, hat er seine Wohnung aufgegeben und ist ins Drei Könige gezogen.«

»Wann ist all das passiert?«

»Vor zehn Tagen.«

»Ist das nicht ziemlich eigenartig?« fragte sie.

»Was meinst du damit?«

»Warum sollte er das Gefühl haben, daß seine Familie hier bedroht ist? Und wieso gerade jetzt?«

»Laß uns zuerst etwas trinken. Dann erkläre ich es dir.«

Sie ließen ihre Mäntel an der Garderobe, und als der Oberkellner sie fragte, ob sie lieber an einem Tisch oder an der Bar sitzen wollten, schlug Burckhardt einen Tisch am Fenster vor, von dem aus man auf den Rhein sah. Ein Kellner war sofort bei ihnen und nahm ihre Getränkebestellung auf: eine Flasche Veuve Clicquot.

Erst dann kam Burckhardt auf Nancys Fragen zurück. Und als er es tat, beugte er sich weit über den Tisch und sprach mit äußerst leiser Stimme. »Zweifellos aus dem gleichen Grund, aus dem Oberstbrigadier Masson so schnell wie möglich deinen Freund aus Bern treffen will. Gerüchten zufolge planen sie etwas.«

Sie sagte nichts, sondern wartete darauf, daß er sich näher erklärte.

»Wir haben gehört, daß Hitler den Plan gutgeheißen hat, im März in die Schweiz einzumarschieren. Oder anders ausgedrückt: in ein paar Wochen.«

»Von wem habt ihr das gehört?« fragte sie in dem Wissen, schwerlich eine Antwort erwarten zu können. Und sie hatte recht.

»Spielt doch keine Rolle. Ich brauche wohl nicht hervorzuheben, daß wir es von einem Informanten haben, der den Bonzen in Berlin ziemlich nahesteht.«

»Warum sollten die Deutschen gerade jetzt in die Schweiz einmarschieren?«

»Weil sich die strategische Gesamtlage für sie geändert hat. Noch im letzten September sah es so aus, als seien sie kurz davor, den Krieg zu gewinnen. Ihre 6. Armee hatte gerade den Don überquert und näherte sich dem Stadtrand von Stalingrad. Wäre Moskau gefallen, hätte Hitler Europa vom Atlantik bis zum Ural beherrscht. Die letzte Bastion Europas, die Schweiz, wäre unter diesen Umständen bloß ein Detail gewesen, um das man sich jederzeit hätte kümmern können; möglicherweise sogar in der Freizeit.

Doch dann, am 8. November, kam die Landung der

Amerikaner und Briten in Nordafrika, die die Deutschen laut unseres Berliner Informanten extrem überrascht hat. Ihr Gegenschlag erfolgte am 11. November, als sie Vichy-Frankreich besetzten, um die nun offene europäische Südflanke am Mittelmeer zu schützen.

Doch jetzt hat Hitler seine erste militärische Niederlage hinnehmen müssen. Die gesamte 6. Armee hatte keine andere Wahl, als sich den Russen Ende Januar in Stalingrad zu ergeben. Das Ergebnis ist, daß sich die gesamte Dynamik des Krieges drastisch verändert und sich die Rolle der Hauptkämpfer umgekehrt hat: Von nun an gehen die Rote Armee in Osteuropa und die Amerikaner und Briten in Nordafrika in die Offensive. Was bedeutet, daß sich die Wehrmacht seit September 1939 zum ersten Mal in der *Defensive* befindet. Was das deutsche Oberkommando bereits dazu gezwungen hat, eine neue militärische Gesamtstrategie zu formulieren. Laut unseren Informanten haben sie auch schon einen Namen dafür: Festung Europa. Damit ist die strategische Wichtigkeit der Schweiz plötzlich nach vorn und ins Zentrum gerückt. Wenn die Alliierten eine Invasion auf Sizilien oder Sardinien beginnen, und dazu wird es unweigerlich sehr bald kommen, wird ganz Italien zum Schlachtfeld. Heute kontrollieren die Nazis den österreichischen Brennerpaß, die einzige direkte Verbindung zwischen Deutschland und Italien. Da er äußerst verletzlich für Bombenangriffe ist, könnte er bei einer Invasion Italiens von den Alliierten leicht ausgeschaltet werden. Das könnte Hitler ›zwingen‹, einen Präventivschlag gegen die Schweiz zu führen, um unsere Nordsüd-Eisenbahntunnels, den Gotthard und den Simplon, in seine Gewalt zu bringen. Aber auch unsere Alpenpässe und die über sie führenden Wege, um dafür zu sorgen, daß die in Italien kämpfenden deutschen Truppen nicht vom Nachschub abgeschnitten werden. Wir haben gehört, daß man dies momentan im Führerhauptquartier in Ostpreußen ernsthaft in Erwägung zieht.«

»Und was hat das mit Mr. Dulles zu tun?«

»Wir brauchen seine Hilfe.«

»Kannst du etwas deutlicher werden?«

»Ich kann sogar *sehr* deutlich werden. Wir interessieren uns für alle Truppenbewegungen in Deutschland. Alles, was auf eine zunehmende militärische Kräftekonzentration im deutschen Süden hinweist, würde das Gerücht untermauern. Wir interessieren uns besonders für ungewöhnliche Verlegungen von Truppen- und Güterzügen, sofern sie in großer Anzahl unter Tarnnetzen fahren. So transportieren die Deutschen nämlich ihre Panzer und Panzerfahrzeuge an die Front. Falls sie plötzlich nach Süden statt an die russische Front verlegt werden, wissen wir, daß der Schweiz ernsthafte Gefahr droht. Die Amerikaner und Briten beobachten diese Bewegungen ständig aus der Luft. Wir sind leider nicht in der Lage, Deutschland aus der Luft zu beobachten. Aber am Boden sind wir recht gut, vielleicht sogar besser als ihr, da die meisten Verlegungen dieser Art nachts stattfinden, wenn Luftaufnahmen nichts bringen. Wenn ihr uns also helfen könntet, wäre es zwar äußerst nützlich, aber im Moment nicht von entscheidender Wichtigkeit.

Von entscheidender Wichtigkeit allerdings ist eine sehr spezielle Information, die wir so schnell wie möglich brauchen. Damit du mich besser verstehst, laß mich zuerst etwas über den Hintergrund sagen. Wenn Geheimdienste, und besonders militärische, eine Schlüsselfunktion haben, dann die, militärische Überraschungen abzuwenden. Wie damals, am 22. Juni

1941, als Hitlers Angriff auf Rußland Stalin völlig überraschte. Oder das, was euch Amerikanern am 7. Dezember des gleichen Jahres passierte, als die Japaner Pearl Harbor bombardierten.

Um zu verhindern, daß uns so etwas passiert – die möglichen Daten für eine große Überraschung dieser Art sind der 6. oder der 25. März –, hat unser Geheimdienst das bestmögliche Frühwarnsystem gegen einen deutschen Angriff auf unser Land aufgebaut. Wenn es einen Haupthinweis für die militärischen Absichten der Nazis gegenüber der Schweiz gibt, sind wir davon überzeugt, daß man ihn am Standort jener Sondereinheiten der Wehrmacht erkennt, die speziell für den Gebirgskampf ausgebildet sind. Sie werden ziemlich sicher bei einer Invasion unseres Landes die Kerntruppe bilden. Wenn die Nazis aus dem Norden angreifen, wissen sie ganz genau, und du bestimmt auch, daß die grundlegende militärische Reaktion unseres Oberkommandierenden General Guisan darin bestehen wird, sich über das relativ flache Land auf der südlichen Rheinseite in unser Réduit – die Alpen-Bergfestung – zurückzuziehen, die auf dem Gotthard-Paß und unter ihm liegt. Dort werden sich unsere Truppen einigeln und bis zur letzten Patrone kämpfen. Glaub mir.«

Burckhardt legte eine Pause ein und schaute sich kurz im Raum um. Es trafen immer mehr, meist junge Menschen ein, doch bis jetzt hatte noch niemand an den Tischen in ihrer Umgebung Platz genommen.

»Nun aber zurück zu meinem Chef, Per Jacobsson. Er hat vor einer Woche von seinen Informanten in Stockholm gehört, Gerüchten zufolge seien eine beträchtliche Anzahl der an der finnisch-russischen Front konzentrierten Truppen ›verschwunden‹ Die Schweden vermuten natürlich, sie könnten zu ihnen unterwegs sein. Die Wehrmachtseinheit, um die es geht, ist die 20. Gebirgsarmee unter dem Kommando von General Dietl. Wo ist sie geblieben? Ist das die Antwort auf die Frage, die wir alle so verzweifelt suchen? Bitte, frag Mr. Dulles, ob er uns helfen kann. Mein Chef, Oberstbrigadier Masson, hätte ihm diese Frage zwar gern persönlich gestellt, aber die Zeit drängt. Wir sind von dir abhängig, Nancy. Wenn du ...«

Während er sprach, hatte das Orchester Lothar Löffler seine Plätze auf der Bühne vor der Tanzfläche des Restaurants eingenommen und spielte ein Stück von Glenn Miller.

Nancy war überwältigt. »Die »Moonlight Serenade!« rief sie aus. Es war das 27jährige amerikanische Mädchen in seinem besten Kleid, das 9.600 Kilometer von zu Hause und einsam war, aus dem diese Worte hervorsprudelten. Als sie sich, nun wieder die amerikanische Vizekonsulin, mit den Worten »Oh, tut mir leid, ich habe dich unterbrochen« entschuldigte, war es Peter Burckhardt hoch anzurechnen, daß er sofort aufstand und ihr die Hand reichte. Sie waren das erste und eine Zeit lang auch das einzige Paar, das sich auf der Tanzfläche drehte.

Sie brauchten zwar ein paar Sekunden, um einen gemeinsamen Rhythmus zu finden, doch danach richteten sich die Blicke aller Anwesenden auf die eleganten Bewegungen des großen, blonden aristokratischen Schweizers und der erhitzten, dunkelhaarigen Amerikanerin – sogar die des Bandleaders. Und als sein Orchester dazu überging, »String of Pearls«, »In the Mood« und »Tuxedo Junction« zu spielen, schien es, als strömten alle im Raum aufs Tanzparkett. Bei diesen Klängen glitten Nancy und Peter Burckhardt noch enger in ihre gegenseitige Umarmung. Er spürte die

Schlankheit ihrer Taille und die Fülle ihrer Brüste. Sie wußte es. Und sie drängte sich noch fester an ihn. Nun spielte das Orchester »At Last«, und Nancy wünschte sich, es würde niemals aufhören.

Doch plötzlich versteifte sich Burckhardt und zog sich zurück. Als das Orchester schließlich eine Pause einlegte, steuerte er wieder ihren Tisch an.

»Was ist denn?« fragte sie, als sie Platz genommen hatten.

»Die beiden Männer, die sich eben an die Bar gesetzt haben. Schau jetzt nicht hin.«

Sie hielt sich zurück.

»Wer sind sie?«

»Ich habe nur einen erkannt, einen Deutschen. Er ist Sturmbannführer der Waffen-SS. Sein Name ist Hans Wilhelm Eggen. Er beobachtet uns, und das gefällt mir nicht.«

»Vielleicht ist es nur Zufall.«

»Kann sein. Vielleicht aber auch nicht.«

»Was tut denn ein SS-Mann in Basel?«

»Er ist ein hohes Tier beim Beschaffungsamt der Waffen-SS. Das Beschaffungsamt arbeitet unter der Tarnung eines Unternehmens, das ihm insgeheim gehört – der Warenvertrieb GmbH in Berlin. Eggen ist ihr Geschäftsführer. Er war 1940 zum ersten Mal hier, um ein Versuchsgeschäft über eine große Anzahl neuer Schweizer Maschinengewehre abzuschließen. Es ist ihm aber nicht gelungen, und er mußte sich schließlich mit 250 MGs im Tausch für 200.000 Liter Benzin zufriedengeben. Bei seinem nächsten Geschäft ging es um militärische Unterkünfte. Eggen hat vor zwei Jahren einen Vertrag mit der Basler Firma Extroc S. A. gemacht, bei dem es um die Lieferung von zweitausend Holzbaracken für die Wehrmacht ging.* Eggen taucht regelmäßig hier auf, um dafür zu sorgen, daß alles nach Plan verläuft. Wir haben erfahren, daß er gegenwärtig über tausend neue Baracken verhandelt. Allerdings glaubt niemand, daß dies alles ist, was er macht, wenn er sich in unserem Land aufhält. Vor achtzehn Monaten hat jemand versucht, den britischen Botschafter umzubringen, und in der Nacht, in der es passierte, war Eggen auch in der Stadt.«

Burckhardt lächelte plötzlich. »Schon wieder ein Neuankömmling an der Bar. Aber diesmal ein positiver. Er gehört zu uns. Ist aus Luzern.«

Trotz seiner Warnung drehte Nancy sich um.

»Wenn ich nicht den Falschen angeschaut habe«, sagte sie, »sah es so aus, als hätten sie sich gerade miteinander unterhalten.«

Fünf Minuten später standen die Deutschen auf und verließen die Bar. Das Orchester fing wieder an zu spielen, die Pause war offenbar zu Ende.

»Eigenartig«, sagte Peter Burckhardt. »Unser Mann ist auch gegangen.«

»Sollte er nicht?«

»Doch.« Dann meinte er: »Aber daß er zuvor mit ihnen geredet hat, ist schon reichlich seltsam, oder?«

»Vielleicht gibt es einen besonderen Grund.«

»Zum Beispiel?«

»Der gleiche, aus dem wir uns miteinander unterhalten.«

Das Erschrecken auf Burckhardts Gesicht zeigte ihr deutlich, daß ihre Bemerkung ins Schwarze getroffen hatte.

»Ich glaube, wir brechen lieber auf, Nancy«, sagte er. Nachdem er die Rechnung beglichen hatte, gingen sie an die Garderobe und ließen sich ihre Mäntel geben.

Während sie warteten, trat ein Mann von hinten an

Burckhardt heran und packte ihn mit festem Griff am Arm. »Wenn Sie uns bitte für einen Augenblick entschuldigen würden?« sagte er auf englisch zu Nancy.

Die beiden Männer traten in die gegenüberliegende Ecke der Empfangshalle und begannen ein, wie es schien, hitziges Gespräch. Nach etwa drei Minuten endete ihre Unterhaltung, und der Eindringling wandte sich zum Gehen. Bevor er aber verschwand, feuerte er noch eine letzte verbale Salve auf Burckhardt ab und drohte ihm mit dem Zeigefinger.

Als Burckhardt zurückkehrte, war sein Gesicht rot vor Zorn. »Laß uns abhauen, zum Teufel«, sagte er und faßte nun seinerseits Nancy mit festem Griff am Arm.

»Wer ... «, setzte sie an, als er sie zur Hoteltür hinausführte.

»Die Polizei«, erwiderte er. »Der Chef der Politischen Polizei im Kanton Basel. Unglaublich! Er wollte wissen, was es zu bedeuten hat, daß ›wir‹ uns auf Schweizer Boden heimlich mit Nazis verbrüdern. Nach dir hat er sich auch erkundigt. Er will mich um Punkt acht in seinem Büro sehen und erwartet eine umfassende Erklärung. Sonst kostet es mich angeblich den Kopf.«

»Was hast du ihm erzählt?«

»Daß er sich verpissen soll!« Er hielt inne. »Entschuldige. Ist mir so rausgerutscht.«

Dann fuhr er fort: »Bevor er ging, hat er noch etwas gesagt: Seine Leute haben verschiedene Gruppen hiesiger Nazi-Sympathisanten unterwandert. Dabei haben sie gehört, daß man sich deinetwegen seit einigen Tagen Fragen stellt. Er hat mich gewarnt: Wenn dir etwas zustoßen sollte und die US-Regierung denen hier die Hölle heiß macht, wird man mich persönlich dafür zur Verantwortung ziehen. Eggens Anwesenheit in der

Schweiz, sagt er, sei äußerst übel, was schon der britische Botschafter vor eineinhalb Jahren beinahe zu spüren bekommen hätte.«

Inzwischen hatten sie den Mercedes erreicht. Fünf Minuten später waren sie vor Nancys Wohnhaus angelangt. Burckhardt stieg mit aus, ließ den Motor jedoch laufen.

»Ich gehe mit rauf.«

Sie hatte nichts dagegen. Nachdem sie die Tür aufgeschlossen hatte, betraten sie gemeinsam die Wohnung. Er schaltete das Licht ein und suchte den Raum ab. »Laß uns auch die anderen Räume überprüfen«, sagte er. Sie gingen zuerst ins Schlafzimmer, dann ins Bad.

»Alles in Ordnung, Peter«, meinte Nancy schließlich.

»Na schön. Sei trotzdem vorsichtig, Nancy. Und erzähl Mr. Dulles sofort von der Sache.«

»Mach' ich. Ich berichte ihm auch vom Rest unseres Gesprächs. Gleich morgen früh, als erstes.«

Sie brachte ihn zur Tür, und als er sich umdrehte, um ihr gute Nacht zu sagen, wußte sie, daß es diesmal weder einen Händedruck noch einen Kuß auf die Wange geben würde. Sie küßten sich zuerst zaghaft, dann heftig. Als er sich schließlich zurückzog und die Treppe hinunterging, stellte Nancy fest, daß sie am ganzen Körper zitterte.

Aus der Dachkammer eines Hauses auf der anderen Rheinseite, das der Augustinergasse 11 genau gegenüberlag, beobachtete ein Mann all dies durch ein Fernglas. Er sah auch, wie Nancy sich wenige Minuten später entkleidete. Dann fiel ihr plötzlich ein, daß die Verdunkelung vor mindestens einer Stunde eingesetzt hatte, und sie zog die Vorhänge zu.

7. Kapitel

Trotz seiner großspurigen Worte vom vergangenen Abend betrat Peter Burckhardt das Büro des Leiters der Politischen Polizei von Stadt und Kanton Basel fünf Minuten vor der angegebenen Zeit. Dr. Wilhelm Lützelschwab, der nicht nur diese Position besetzte, sondern auch Staatsanwalt war, empfing ihn sofort.

»Nehmen Sie bitte Platz, Herr Doktor«, sagte Lützelschwab anstelle einer Begrüßung.

»Danke, Herr Doktor«, war Burckhardts Antwort. Sie hatten beide zur selben Zeit an der Universität studiert und im gleichen Jahr den Doktor gemacht – Lützelschwab als Jurist, Peter als Ökonom.

»Ich komme direkt zum Kern der Sache«, sagte Lützelschwab. »Was habt ihr Pappnasen von N1 mit einem Mann zu schaffen, der direkt dem Verbrecher Heydrich unterstellt ist und der außerdem die rechte Hand von Walter Schellenberg sein soll, der – verflucht noch mal – Chef des SS-Sicherheitsdienstes ist?«

Die Nachrichtensammelstelle N1, auf die er sich bezog, war jene Einheit des Schweizer Geheimdienstes, deren Zentrale sich unter dem Decknamen »Rigi« im Hotel Schweizerhof in Luzern befand und in der sämtliche gegen Deutschland gerichtete Spionage ihren Anfang nahm. N1 war dem D-Bureau unter Hauptmann i. Gst. Alfred Ernst unterstellt. In Basel selbst war die Außenstelle »Pfalz« von N1 tätig.* Die Beschaffung des nachrichtendienstlichen Materials unterstand Hauptmann Waibel, Burckhardts direktem Vorgesetzten, der sämtliche Erkenntnisse an Oberstbrigadier Masson weitergab, den Chef aller Schweizer Spionagedienste.

»Seid ihr eigentlich verrückt geworden? Und dann auch noch in *meinem* Revier! Ich hätte euch alle auf der Stelle im Drei Könige verhaften und ins Gefängnis stecken lassen sollen!« Die Hauptfunktion der politischen Sektion der Polizei, der über hundert Sonderagenten angehörten, bestand in der Gegenspionage.

»Und was, in Gottes Namen, hatte die junge Amerikanerin da zu suchen? Sie ist Vizekonsulin der Vereinigten Staaten! Muß ich Ihnen wirklich klarmachen, daß das fragliche Konsulat in *meinem* Revier liegt und *ich* dafür verantwortlich bin, daß sie am Leben bleibt? Das ist schon schwierig genug in einer Stadt, die mir manchmal so vorkommt, als wäre sie voll mit verdammten Deutschen und kommunistischen Sympathisanten. Als wenn das nicht reichen würde! Aber ihr könnt ja offenbar den Hals nicht voll kriegen, holt noch einen Sturmbannführer der Waffen-SS her, damit er zuschauen kann, wie Sie das Tanzbein schwingen. Haben Sie vielleicht irgend etwas mit der Dame vor? Ich dachte, die Amerikaner wären unsere Freunde und die Deutschen unsere Feinde. Sollte ich da eventuell etwas verwechselt haben?«

»Jetzt reicht's aber«, rief Burckhardt schließlich. »Ich hatte mit Eggens Anwesenheit gestern abend an der Bar absolut nichts zu tun. Außerdem war der andere Mann genaugenommen keiner von unseren Leuten. Er arbeitet in Luzern und untersteht, soweit ich weiß, direkt Oberstbrigadier Masson.«

»Wollen Sie damit andeuten, daß die linke Hand in Basel nicht weiß, was die rechte in Luzern tut?«

»Das kann doch mal vorkommen.«

»Wissen Sie, daß die drei sich später in einem Zimmer im Hotel Euler getroffen haben?«

»Nein. Übrigens, wer war der Mann in Eggens Begleitung?«

»Ein einheimischer Anwalt namens Rudolf Widmer. Unserer Meinung nach ein ziemlich übler Bursche. Der Grund für diese Meinung ist ein angezapftes Telefon, mit dem wir ihn überwachen – sowohl in seinem protzigen Büro in der Innenstadt als auch in seiner schicken Wohnung im Gellertquartier.«

»Ist er Deutscher oder Schweizer?«

»Schweizer. Er ist angeblich Eggens hiesiger Anwalt. Berät ihn bei Verträgen, wie bei dem für die Militärbaracken, die sie bei uns gekauft haben. Wißt ihr darüber Bescheid?«

»Was die Baracken angeht? Ja. Über Widmer wissen wir nichts. Sollten wir?«

Lützelschwab zuckte die Achseln. »Überlaßt ihn uns«, sagte er dann. »Wir wollen wissen, was Eggen vorhat. Damit wir entscheiden können, ob es sich lohnt, ihn festzunehmen. Außerdem möchte ich, daß Sie das wortwörtlich nach Luzern weitermelden. Habe ich mich verständlich ausgedrückt?«

»Mal sehen, was ich machen kann. Bis dahin würde ich das an Ihrer Stelle allerdings für mich behalten, Herr Kollege. Damit möchte ich andeuten, daß sich vielleicht etwas auftun könnte, was unser nationales Sicherheitsinteresse betrifft. Vielleicht war der Mann aus Luzern deswegen hier. Ich schlage also vor, daß Sie sich da raushalten, besonders aus dem Fall Eggen, bis Sie von jemandem Bescheid erhalten, der genau weiß, was da vor sich geht.«

Die beiden schauten einander nur an, bis Burckhardt sich von seinem Stuhl erhob.

»Weiß eigentlich Ihr Vater, was Sie momentan so treiben?« fragte Lützelschwab, als Burckhardt zum Ausgang schritt. Doch statt zu antworten, ging er einfach weiter.

Nachdem Burckhardt den Spiegelhof verlassen hatte, in dem die Politische Polizei Basels residierte, wußte er zunächst nicht genau, was er tun sollte. Dann dachte er nach und ging rasch den Hügel hinunter zu einer Telefonzelle. Hauptmann Waibel, sein Chef, nahm sofort ab, und Burckhardt erklärte, was gerade geschehen war. Waibel sagte, er wolle sich sogleich mit Luzern in Verbindung setzen und sich anschließend um Lützelschwab kümmern. Aber er klang nicht ganz überzeugend. Statt nach dem Telefonat mit der Straßenbahn zur Bank für Internationalen Zahlungsausgleich zu fahren, wie er es vorgehabt hatte, ging Burckhardt nun die Freie Straße hinauf. Ein paar Minuten später stand er vor der Zentrale des Schweizerischen Bankvereins. Lützelschwabs letzte Bemerkung hatte ihn auf eine Idee gebracht.

Nachdem er sich am Eingang beim Pförtner angemeldet hatte, nahm er den Privataufzug in den vierten Stock, wo ihn ein weiterer uniformierter Portier in Empfang nahm und zum Büro seines Vaters, des Vorstandsvorsitzenden, geleitete. Burckhardt senior stand auf, um ihn zu begrüßen.

»Was für eine nette Überraschung! Komm, setz dich her. Ich lasse uns einen Kaffee bringen.« Der alte Burckhardt ging an den Schreibtisch zurück, sprach durch die Gegensprechanlage ein paar Worte mit seiner Sekretärin und gesellte sich zu seinem Sohn an den Kaffeetisch.

»Ich kann nur kurz bleiben«, sagte Peter. »Ich möchte dich um zwei Gefallen bitten.«

»Nur zu.«

»Erstens: Könntest du Lützelschwab drüben bei der Polizei anrufen? Sag ihm, daß wir uns gerade unterhalten haben und du es zu schätzen wüßtest, wenn er die Dinge im Augenblick mal so laufen ließe.« Seine Bitte erwuchs aus dem Wissen, daß sein Vater großen politischen Einfluß in Basel hatte – nicht nur wegen seiner Position in der Bank, sondern auch deswegen, weil er einer aus einem Dutzend Männern bestehenden Gruppierung mächtiger Bankiers und Industrieller angehörte, die dem Geheimdienst unter der Hand oft mit Ratschlägen halfen. Die Gruppierung hatte Kontakte zu den höchsten Kreisen in Berlin, Rom, Paris, London und New York und nutzte sie, um Informationen zu sammeln und *beiden* Seiten ständig zu versichern, daß die Schweiz die Absicht hatte, streng neutral zu bleiben und ihre Neutralität auch mit Waffengewalt zu verteidigen, wenn es nicht anders ging. Da diese Leute in regelmäßigen Abständen vom Außenministerium und den Militärs in Kenntnis gesetzt wurden, waren sie normalerweise sehr gut informiert.

Doch in diesem Fall hatte man sie allem Anschein nach im ungewissen gelassen, was Dr. Maximilian Burckhardt-Von der Mühll zwang, seinen Sohn zu fragen: »Darf ich erfahren, was du mit den ›Dingen‹ meinst?«

»Mehr brauchst du ihm nicht zu sagen.«

Burckhardt senior lächelte. Dann sagte er: »In Ordnung. Aber kannst du es mir trotzdem sagen?«

»Ja. Es hat mit meiner zweiten Bitte zu tun. Könnten wir entweder morgen oder übermorgen unser Benkener Haus für eine ziemlich private Konferenz verwenden?« Das »Haus«, auf das Peter Burckhardt sich bezog, war ein mittelalterliches Schloß in der Nähe des Dorfes

Benken und lag zehn Kilometer südlich von Basel an der französischen Grenze. Die Burckhardts hatten es vor vierzig Jahren erworben und restauriert.

»Gewiß. Ich schicke gleich ein paar Leute hin, die dafür sorgen, daß alles in Ordnung gebracht wird. Außerdem können sie die Kamine anheizen. Es ist kalt in dieser Jahreszeit. Bleibt irgend jemand über Nacht?«

»Ich weiß nicht genau. Aber falls doch, könnte man vier oder fünf Schlafzimmer für sie vorbereiten. Und natürlich das Herrenzimmer im Turm.«

»Und für wen soll das alles sein?«

»Wenn alles klappt, für Allen Dulles.«

Burckhardt senior stieß einen leisen Pfiff aus.

»Und aus welchem Grund?«

»Wir haben von einem erstklassigen Informanten erfahren, daß Hitler sich offenbar mit dem Plan trägt, uns im März anzugreifen. Wir möchten, daß die Amerikaner uns herausfinden helfen, ob es stimmt.«

Das Gesicht seines Vaters wurde grimmig, aber er sagte nichts.

»Da fällt mir noch etwas ein«, sagte Peter. »Kannst du herauskriegen, wer hinter einer Firma namens Extroc S. A. steckt?«

»Was stellt sie her?«

»Fertigbaracken. Sie werden an die deutsche Wehrmacht verkauft.«

Burckhardt senior stieß erneut einen Pfiff aus. »Du platzt ja heute vor Neuigkeiten, Peter. Wenn die Firma ein Konto bei uns hat, kann ich es dir in ein paar Minuten sagen.«

Er kehrte an seinen Schreibtisch zurück, nahm das Telefon ab und gab seine Anweisungen. Minuten später klopfte ein Mann an die Tür. Er trat mit einem Dossier ein, das er seinem Chef reichte, dann ging er ohne ein

Wort wieder hinaus. Der Bankier Burckhardt blätterte das Dossier schnell durch.

»Sie arbeiten mit uns. In diesem Jahr haben sie zwölf Millionen Franken Umsatz gemacht. Und einen anständigen Profit. Hier steht zwar, daß sie sich mit dem Bau von Fertigbaracken beschäftigen, aber daß sie an die Nazis verkauft werden, ist nirgendwo zu ersehen.« Er las weiter. Dann hielt er plötzlich mit dem Lesen inne.

»Falls du Ärger gesucht hast, mein Sohn – du hast ihn gefunden. Rat mal, wer dort im Aufsichtsrat sitzt? Der Sohn unseres Oberkommandierenden, General Guisan... Der Sohn des Mannes, der dafür verantwortlich ist, daß die Nazis uns vom Hals bleiben. Gott, wenn das herauskommt, könnte unser Land in eine ungeheure politische Krise stürzen.« Dann fragte er: »Soll ich Lützelschwab deswegen anrufen?«

»Ja. Weil der Mann, der für den *Kauf* dieser Holzbaracken zuständig ist, ein Sturmbannführer der Waffen-SS namens Eggen, gestern abend in der Stadt war. Und Lützelschwab hat einen unserer Leute dabei beobachtet, wie er ihn in der Bar des Hotels Drei Könige getroffen hat.«

»Woher weißt du das alles?«

»Weil ich zufälligerweise ebenfalls im Drei Könige war. Allerdings nur zum Tanzen. All das hat Lützelschwab dazu gebracht, mich heute morgen aufs Revier zu laden und zu drohen, uns samt und sonders ins Gefängnis zu stecken.«

»Mach dir keine Sorgen. Sobald wir fertig sind, kümmere ich mich um ihn.« Dann: »Was, zum Teufel, geht hier eigentlich vor?«

»Ich weiß es zwar noch nicht genau, aber ich komme immer mehr zu dem Schluß, daß unsere Leute in Luzern mit Hilfe von Guisans Sohn und der persönlichen Rückendeckung des Generals im Begriff sind, eine Direktleitung zu hohen Nazis aufzubauen. Und zwar zu Nazis in den allerhöchsten Kreisen.«

»Zum Beispiel?«

»Ich könnte mir vorstellen, daß es um den Chef des Sturmbannführers – um Heinrich Himmler geht.«

»Glaubst du, der General würde sich *tatsächlich* mit Himmler treffen?«

Peter Burckhardt zuckte die Achseln. »Wenn man alles zusammenzählt, sieht es so aus, als wäre das ihr Ziel.«

»Und wo?«

»Vielleicht irgendwo in der Schweiz. Ich glaube nicht, daß der General oder unsere Leute so dumm sind, sie auf ihrem eigenen Grund und Boden zu treffen.«

Das Gesicht seines Vaters nahm nun noch grimmigere Züge an. »Und Lützelschwab, der Puritaner, hat Wind davon bekommen und will das unterbinden. Wahrscheinlich hat er sogar recht. Gott im Himmel, sie spielen mit dem Feuer! Wenn der General es ernst meint ... « Er hielt inne. »Nein, das kann nicht sein. Er ist bestimmt nicht darauf aus, ein Geschäft zu machen. Doch nicht jetzt, wo man die Wehrmacht endlich gestoppt hat.«

»Im Gegenteil, Vater. Genau das könnte nämlich der Grund sein, *warum* Masson und der General dieses Risiko eingehen: um an jemanden heranzukommen, der direkten Zugang zu diesem Irren Hitler hat, damit der ihm klarmacht, daß er mit einer höllischen Schlacht rechnen muß, wenn er versucht, Mitteleuropa zu ›konsolidieren‹, indem er eine Invasion der Schweiz ins Auge faßt.«

Burckhardt senior dachte darüber nach, dann sagte

er: »Wenn der General die Invasionsgerüchte *so* ernst nimmt, sollte ich deine Mutter und deine Schwester vielleicht aus dem Land schicken.«

»Sie würden sowieso nicht gehen«, sagte Peter. »Das weißt du doch.«

In diesem Augenblick steckte die Sekretärin seines Vaters den Kopf durch die Tür und gab ihm zu verstehen, er solle auf die Uhr schauen. Peter stand auf. Nachdem Burckhardt senior sich vergewissert hatte, daß die Tür fest ins Schloß gefallen war, sprach er ein letztes Wort.

»Bevor du gehst, möchte ich dir etwas vorschlagen. Sag deinen Leuten, daß sie jederzeit über das Schloß in Benken verfügen können, auch kurzfristig, wenn sie einen privaten Tagungsort für das andere Treffen brauchen. Dort kommen nicht mal Lützelschwab und seine Wachhunde rein. Ich weiß freilich nicht genau, ob es ratsam wäre, Dulles und Himmler am gleichen Wochenende dorthin zu bringen.«

»Ich gebe es noch heute weiter. Und danke, Papa.«

Als Peter Burckhardt kurz nach neun Uhr sein Büro in der Bank für Internationalen Zahlungsausgleich betrat, fand er zwei Nachrichten vor. In der ersten wurde er gebeten, seine Tante anzurufen ... das vereinbarte Signal, sich bei Hauptmann Waibel zu melden. Die andere stammte von Nancy Reichman. Er rief sie zuerst an.

»Es geht um das Treffen«, kam sie nach dem Hallo sofort zur Sache. »Wir schlagen morgen abend 19 Uhr vor. Ihr könnt den Ort bestimmen. Die andere Angelegenheit habe ich ebenfalls weitergegeben.«

Gleich darauf rief Burckhardt seinen Vorgesetzten an, setzte Hauptmann Waibel in Kenntnis und erwähnte, man könne den Besitz seiner Familie in Benken als

Tagungsort benutzen. Waibel erwiderte, er wolle Oberstbrigadier Masson sofort kontaktieren. Des weiteren bat er Burckhardt, später in seinem Büro vorbeizukommen. Gegen 11 Uhr informierte Burckhardt seine Sekretärin, er sei für die nächste Stunde nicht zu erreichen, da er zum Zahnarzt müsse.

Die Außenstelle »Pfalz« war in ziemlich luxuriöser Umgebung in einem aus dem 18. Jahrhundert stammenden herrschaftlichen Wohnhaus am Petersplatz untergebracht, dem Park und dem neuen Gebäude mit den Hörsälen der Universität gegenüber. Sie war kaum einen halben Häuserblock von der Universitätsbibliothek entfernt, die auch einer der Gründe für ihren Standort war. Peter Burckhardt fuhr in seinem Mercedes hin und wurde nach kurzem Warten von Hauptmann Waibel empfangen.

»Sie haben es geschafft, in ein Wespennest zu stechen«, lauteten dessen erste Worte, die jedoch von einem Grinsen begleitet wurden. Er war ein gutaussehender Mann Ende Dreißig und trotz seines Hauptmannsranges ein sehr lockerer und unmilitärischer Typ. Jahre später würde man ihn zum Militärattaché in Washington ernennen, wo er als »Un-Schweizer« galt, was ihn allerdings nicht im geringsten störte. Diese ihm später übertragene Aufgabe hatte durchaus mit den Ereignissen von Anfang 1943 zu tun, die sich gerade zu entwickeln begannen. »Aber bevor ich in die Einzelheiten gehe, möchte ich Sie offiziell davon in Kenntnis setzen, daß Oberstbrigadier Masson einverstanden ist, sich morgen abend an dem von Ihnen vorgeschlagenen Tagungsort mit Mr. Allen Dulles zu treffen.«

Peter Burckhardt warf einen Blick auf die Uhr.

»Wenn ich Ihr Telefon benutzen darf, werde ich es der amerikanischen Vizekonsulin gleich bestätigen.«

Nachdem er etwa zwanzig Sekunden lang mit Nancy Reichman gesprochen hatte, legte er auf und wählte eine andere Nummer. »Mein Vater«, erklärte er Waibel.

»Morgen abend sieben Uhr geht klar«, sagte er, sobald sein Vater abhob. Und dann: »Moment. Bleib mal dran.«

Er wandte sich an Waibel. »Wie viele von uns kommen? Und wie viele bleiben über Nacht?«

»Kann ich nicht genau sagen«, erwiderte Waibel. »Aber ich nehme an, daß wir zu dritt sind, Sie eingeschlossen. Vermutlich wird Masson nicht über Nacht bleiben. Ich schon. Schließlich wird man nicht jeden Tag ins Schloß Ihrer Familie eingeladen. Was die Amerikaner angeht, das müssen Sie klären.«

Burckhardt wandte sich erneut dem Telefon zu. »Drei von uns; zwei bleiben über Nacht. Und zwei von den anderen – Dulles und Nancy. Beide werden über Nacht bleiben.« Er hörte noch ein paar Sekunden zu, dann legte er auf.

»Wie sieht es mit Transportmitteln aus?« fragte Waibel dann.

»Wenn Sie nichts dagegen haben, kümmere ich mich um die Amerikaner«, antwortete Burckhardt.

»In Ordnung. Ich bin sicher, Masson wird dafür sorgen, von Benken aus gleich nach Luzern gefahren zu werden. Ich fahre selbst. Dann treffen wir uns also alle morgen abend um sieben dort.«

»Alles klar.«

»Gut«, sagte Waibel. »Nun zu Thema Nummer zwei. Das ist heikel, sehr heikel. Tatsächlich ist es so schwierig, daß ich nicht mal genau weiß, ob ich die Einzelheiten mit Ihnen besprechen soll. Aber ich werde es trotzdem tun.« Er grinste.

»Sturmbannführer Eggen, den Sie gestern abend im

Hotel Drei Könige gesehen haben, und Freund Lützelschwab leider auch, hat einen unserer Leute aus Luzern bei einer nachfolgenden Begegnung im Hotel Euler um etwas gebeten: Heinrich Himmler möchte sich so schnell wie möglich mit General Guisan in der Schweiz treffen.«

Peter Burckhardt sagte nichts.

»Sie sehen nicht sehr überrascht aus.«

»Bin ich auch nicht«, antwortete Peter. »Und wie lautet unsere Antwort?«

»Himmler? Unmöglich! Unser Mann hat ihm klargemacht, es wäre Guisans Untergang, wenn es je herauskäme. Er hatte das Gefühl, Eggen hätte irgendwie mit dieser Antwort gerechnet, da er sofort einen Alternativvorschlag unterbreitete: Obergruppenführer Walter Schellenberg – Himmlers rechte Hand, der Chef ihrer Aufklärung. Und er hat klargemacht, daß die Deutschen äußerst sauer reagieren werden, wenn man sich auch dieser Bitte verweigert. Also hat man ... angesichts der umgehenden Gerüchte nachgegeben.«

»Wann?«

»Das steht noch nicht fest.«

»Wo?«

»Die Deutschen haben Arosa vorgeschlagen. Oder Davos. Der liebe Obergruppenführer Schellenberg läuft offenbar gern Ski. Wir haben abgelehnt, weil wir unbedingt verhindern müssen, daß die Öffentlichkeit davon erfährt. Die Presse würde uns lynchen. Als ich Masson heute morgen – gleich nach Ihrem Telefonat – anrief, haben wir uns ausführlich darüber unterhalten. Er hat erklärt, er fühle sich verpflichtet, mich auf dem neuesten Stand der Dinge zu halten, da Deutschland immerhin in erster Linie mein Aufgabengebiet ist, was ich sehr großzügig von ihm fand. Aber abgesehen davon… Als die Frage des Tagungsorts für das eventuelle Treffen mit Schellenberg aufkam – wir reden jetzt über ein *Vorgespräch* ohne General Guisan –, habe ich vorgeschlagen, Masson könne möglicherweise auch diesmal das Schloß Ihrer Familie in Benken verwenden. Er hat gesagt, er werde es vorher überprüfen. Und das wird er morgen abend tun.«

»Was ist mit Lützelschwab? Er wird an die Decke gehen, wenn er herauskriegt, daß ein SS-Obergruppenführer im Begriff ist, Schweizer Boden zu betreten. Ein *Sturmbannführer* wie Eggen war für ihn schon schlimm genug. Doch jetzt Schellenberg?«

»Also ehrlich, grundsätzlich bin ich auf Lützelschwabs Seite. Sie doch gewiß auch, oder?«

Burckhardt nickte.

»Ich habe heute morgen ebenfalls mit Lützelschwab gesprochen und ihm klargemacht, daß sämtliche Vorgänge von gestern abend nicht von uns, sondern von Luzern aus veranlaßt worden sind. Ich glaube, er hat auch kapiert, daß die Leute im Bureau D, speziell Sie und ich, glauben, daß Masson und der General hinters Licht geführt werden sollen. Er hat übrigens auch diese Amerikanerin erwähnt und gefragt, wieso Sie gestern abend mit ihr im Drei Könige waren.«

»Was haben Sie ihm erzählt?«

»Daß es nichts mit uns zu tun hatte. Daß Sie einfach nur ein Rendezvous mit ihr hatten.«

»Hat er Ihnen geglaubt?«

»Ich bezweifle es. Was mich an etwas erinnert: Hat sie unsere Bitten an Dulles weitergeleitet?«

»Ja.«

»Ich werde es Masson sofort mitteilen. Sie haben gute Arbeit mit ihr geleistet, und wir sind Ihnen alle sehr dankbar. Sie könnte möglicherweise zu einem unserer wichtigsten Aktivposten werden.«

»Dann sollten unsere Leute sie lieber gut im Auge behalten, besonders bei Nacht und an den Wochenenden, wenn sie sich nicht im Konsulat aufhält.«

»Daran habe ich längst gedacht und die entsprechenden Vorkehrungen getroffen.«

8. Kapitel

Sie hatten wirklich alle Vorkehrungen getroffen. Doch nicht die Schweizer. Nancy wurde seit Wochen von anderen Augen aus dem obersten Stockwerk eines Hauses beobachtet, das ihrer Wohnung in der Augustinergasse exakt gegenüberlag – jedoch nicht auf der anderen Straßen-, sondern auf der anderen Rheinseite. Das dazu verwendete Haus stand in der Rheingasse 37 und war ein dreistöckiges Gebäude aus dem 15. Jahrhundert, das eine Menge Geld wert gewesen wäre, hätte es sich auf der jenseitigen Rheinseite, in Großbasel, befunden. Doch es stand in Kleinbasel. Hier war das städtische Vergnügungsviertel mit seinen Bars, Nachtlokalen und Restaurants, in denen man statt Entrecôte Würstchen aß und statt Burgunder Warteck-Bier trank. Oder, wie der Mann, der das Haus bewohnte, es ausgedrückt hätte, das Viertel, in dem man das Proletariat hielt, damit die am anderen Ufer lebenden Reichen es nicht zu Gesicht bekamen. Denn hier war der Rhein ungefähr vierhundert Meter breit – gerade weit genug, um mit bloßem Auge wenig Konkretes wahrnehmen zu können.

Augen, die ein nachttaugliches Zeiss-Fernglas zu Hilfe nahmen, konnten die Dinge und Ereignisse, die sich auf der anderen Seite taten, freilich bei Tag und Nacht bis ins kleinste Detail beobachten. Wenn der Beobachter in erster Linie an Religion oder Architektur interessiert gewesen wäre, hätte er das Fernglas zweifellos auf das Basler Münster gerichtet, eine mittelalterliche Kathedrale aus rotem Sandstein. Sie war nur von außen interessant, da die Einwohner Basels, die sie im 16. Jahrhundert eingenommen hatten, ihr Inneres in einer Demonstration protestantischer Frömmigkeit – beziehungsweise Heuchelei, je nach Sicht der religiösen Überzeugung des Beobachters – bis aufs Gerippe ausgeschlachtet hatten. Im Fall jener Personen, die sich im Winter 1943 eines Fernglases bedienten, spielte aber weder die Religion noch die Architektur in der Wahl ihres Objekts eine Rolle. Sie hatten für Religion nichts übrig, weil sie ihrer Meinung nach Opium fürs Volk darstellte, und sie hatten auch wenig architektonischen Geschmack, wie man an dem Gebäudetyp eindeutig erkennen konnte, der ihrem obersten Führer Josef Stalin der liebste war. In der Rheingasse 37 befand sich nämlich das Basler Hauptquartier der Roten Kapelle, einer Spionageorganisation, die die Russen ein Jahrzehnt vor dem Ausbruch des Zweiten Weltkriegs in ganz Mitteleuropa aufgebaut hatten. Der Besitzer des Hauses gehörte zu den letzten Überresten dieser Organisation, da die meisten seiner Genossen von der SS-Gegenspionage unter der Leitung von Obergruppenführer Walter Schellenberg inzwischen zur Strecke und zum Schweigen gebracht worden waren.*

Der Name des Mannes, dem das Haus Rheingasse 37 gehörte, lautete Werner Lentz. Er war 1929 als Heimkehrer aus Rußland, wohin ihn seine in der Schweiz geborenen Eltern, ein Uhrmacherehepaar, mitgenommen hatten, nach Basel zurückgekehrt. Trotz der zunehmend schwieriger werdenden Zeiten in ihrer neuen Heimat hatten die Eltern nach der Revolution unbedingt in Leningrad bleiben wollen. Dort war es ihnen nicht schlecht ergangen, auch wenn seit 1919 nur sehr wenige neue Schweizer Uhren den Weg nach Rußland gefunden hatten: Wer eine solche besaß, hütete sie wie einen Schatz und trachtete danach, sie in gutem Zustand zu erhalten. 1929, zwei Jahre nachdem die Eltern von Werner Lentz bei einem Zugunglück ums Leben gekommen waren, hatte der inzwischen zum jungen Mann Herangewachsene beschlossen, sich des Vorteils seines Schweizer Passes zu bedienen und in die alte Heimat zurückzukehren. Da er von seinem Vater das Uhrmacherhandwerk gelernt hatte, gab es keine Probleme, bei der Firma Seiler am Barfüßerplatz, einem der besten Basler Juweliere, eine Stellung zu finden. 1935 hatte sich Lentz mit einem Juweliergeschäft in Kleinbasel selbständig gemacht. 1939, kurz vor Kriegsausbruch, hatte er das Haus am Rhein für die seinerzeit stolze Summe von 8.000 Franken gekauft.

In Wirklichkeit jedoch war Werner Lentz Oberst des NKGB und arbeitete unter dem dienstlichen Alias »Igor Tschitowsky«. Wie viele andere im Europa der späten zwanziger und frühen dreißiger Jahre hatten ihn die Sowjets mit einer ausgeklügelten Legende versehen. Tschitowsky hatte diesen Auftrag bekommen, weil er – wie der echte Werner Lentz – in einer dreihundert Kilometer von Stalingrad entfernten Wolga-Kleinstadt ebenfalls bei einem deutschsprachigen Uhrmacher in die Lehre gegangen war. In der Stadt und im gesamten Umland sprach jedermann Deutsch, da die Einwohner ausnahmslos von deutschen und Schweizer Kolonisten abstammten, die Katharina die Große in den sechziger Jahren des 18. Jahrhunderts eingeladen hatte, sich in dieser Region anzusiedeln. Anfang des 20. Jahrhunderts waren die Kolonisten auf fast eine halbe Million Menschen angewachsen, und ihr Beitrag zur Entwicklung Rußlands war so großartig gewesen, daß sie trotz der Tatsache, sich stets vom Rest des Landes abgesondert und ihre Muttersprache, ihre Bräuche und sogar ihre Religion beibehalten zu haben, von Lenin den Status einer Republik innerhalb der neugegründeten Union der Sozialistischen Sowjetrepubliken erhielten: der Wolga-Republik. Die Ahnen von Tschitowskys Mutter waren 1776 zusammen mit 153 anderen aus der Ostschweiz eingewandert und hatten im August des folgenden Jahres ein neues Wolgadorf namens Schaffhausen gegründet, nach der Grenzstadt am Rhein, die ihnen allen gut bekannt war. Sehr zum Verdruß ihrer Familie hatte sie jemanden von »außerhalb« der Gemeinschaft geheiratet, einen zum örtlichen Militärkommando gehörenden Russen namens Hauptmann Wladimir Derschawin. Der Verdruß wäre noch größer gewesen, hätte man gewußt, daß er auch für das NKWD arbeitete. Ihr Sohn Nikolai, dank seiner Mutter zweisprachig aufgewachsen, war dem kommunistischen Regime in Moskau genau wie sein Vater hundertprozentig treu ergeben. Unter diesen Voraussetzungen war es dem Vater nicht schwergefallen, ihn nach Abschluß der Lehre in der sowjetischen Geheimpolizei unterzubringen. Als sich aufgrund des Zugunglücks bei Leningrad eine Möglichkeit für seine »Inbetriebnahme« ergab, hatte man den für diesen Beruf wie geborenen Nikolai einer gründlichen Ausbildung unterzogen, wobei auch seine Kenntnisse des alemannischen Dialektes vervollkommnet wurden, den seine Mutter gesprochen hatte und der nicht nur in den meisten Kantonen der Schweiz, sondern auch in Teilen Süddeutschlands und dem französischen Elsaß gesprochen wurde. Als er mit den manipulierten Papieren des einzigen Sohnes des verunglückten Uhrmachers in die Schweiz gekommen war, hatte es keine Probleme gegeben, als Einheimischer anerkannt zu werden. Was den echten Werner Lentz anging, so war dieser ebenso tot wie seine Eltern. Er war allerdings nicht bei einem Zugunglück ums Leben gekommen, sondern durch einen fünfzehn Jahre zuvor auf ihn abgefeuerten Genickschuß.

Tschitowskys alias Lentz' Hauptaufgabe war militärische Spionage, sein Zielgebiet hieß Deutschland. Meist ging es dabei äußerst gemächlich zu. Er und seine drei Leute, die ausnahmslos Schweizer Kommunisten waren (der erste arbeitete als Barkeeper im Hotel Drei Könige, der zweite als Nachtportier im Hotel Schweizerhof und der dritte, der die Rolle des Funkers einnahm, als Verkäufer in dem Lentz/Tschitowsky gehörenden Juweliergeschäft in Kleinbasel), beobachteten Militärtransporte der Nazis durch die Schweiz, indem sie ein Zeiss-Fernglas, gewöhnlich ein Nachtglas, einsetzten, um Zahl und Typ der Güterwaggons zu zählen, die aus Deutschland kommend den Badischen Bahnhof passierten, den deutschen Bahnhof in Basel, der knapp zehn Häuserblocks von seinem Haus entfernt lag. Lentz wußte, daß die fast endlosen Züge Rüstungsgüter transportierten (seine Leute brachen regelmäßig in die Waggons ein, um ihren exakten Inhalt festzustellen) und daß sie dazu dienten, Nachschub nach Italien und Nordafrika zu bringen. Warum man dies beobachtete? Die Genossen in Moskau gingen davon aus, daß die an der Ostfront gegen die Sowjets kämpfenden deutschen Armeen um so weniger bekamen, je mehr Rüstungsgüter durch die Schweiz nach Süden gingen.

Informationen dieser Art waren leicht zu beschaffen, das beinhaltete kein großes Risiko. Doch was 1943 viel mehr zählte und viel schwieriger zu bekommen war, waren Angaben über militärische Verlegungen innerhalb Deutschlands: Truppen, Panzer und sonstige Güter. Aufgrund der Dezimierung ihrer Agenten durch Schellenbergs Leute hatten die Sowjets Anfang 1943 nur wenige »Aktivposten« auf deutschem Boden, die zudem immer öfter geschnappt und umgebracht wurden. Das hatte die Sowjets gezwungen, sich nach alternativen Informationsquellen umzusehen. Jemand in Moskau war auf die geniale Idee gekommen, einen oder mehrere der in der Schweiz operierenden ausländischen Geheimdienste zu unterwandern, die noch immer über zahlreiche auf deutschem Boden tätige Mitarbeiter verfügten – etwa die Nachrichtendienste der Briten und Schweizer oder, was unter Umständen noch mehr versprach, das neue Agentennetz, das Allen Dulles gerade von seiner Operationsbasis in Bern aus aufbaute. Die Zentrale in Moskau, die Dulles für einen blutigen Amateur hielt, meinte, es müsse relativ leicht sein, einen Doppelagenten in sein Umfeld einzuschleusen. Das sollte geschehen, sobald die Sowjets wußten, was Dulles in der Schweiz vorhatte, und das hatte man wenige Wochen nach seiner Ankunft bereits in Erfahrung gebracht. Noch mehr erhoffte man sich allerdings vom Umdrehen eines Dulles-Agenten in einen Informanten der Sowjets. Doch dazu mußten Dulles' Leute zuerst identifiziert werden. Und deswegen beschattete die Rote Kapelle alle Menschen, die Dulles' Wohnung betraten und verließen. Daraus hatte sich auch die Beschattung von Dulles' »Mann« in Basel ergeben, eines regelmäßigen Besuchers seines Hauses in der Berner Herrengasse 23. Der »Mann« war, wie sich herausgestellt hatte, eine Frau namens Nancy Reichman.

Es gab jedoch Probleme bei der Beschattung von Dulles, die hauptsächlich von Agenten aus der Lausanner Basis der Roten Kapelle durchgeführt wurde, obwohl auch Tschitowskys Leute gelegentlich daran teilnahmen: Trotz der Produktivität in Sachen Erkennung potentieller Kandidaten – der Besucherstrom in der Herrengasse 23 war reichlich – hatte die Überwachung der Wohnung Nancy Reichmans außer einem jungen Schweizer Aristokraten, der für die Bank für Internationalen Zahlungsausgleich arbeitete und damit ein ebenso wahrscheinlicher Kandidat für eine Rekrutierung durch die Amerikaner war wie auch die Vizekonsulin, noch niemanden erbracht. Trotzdem, so sagte man sich, mußte sich in der Augustinergasse 11 eines Tages irgend etwas ergeben. Und so hatte man die Beschattung beibehalten. Am Abend des 25. Februar zog man um 17.30 Uhr das große Los in Gestalt keines Geringeren als Allen Dulles höchstpersönlich.

Dies ließ die Maschinerie der Roten Kapelle die zweite Nacht hintereinander mit Volldampf laufen. Dies würde erneut zu einem hastigen Austausch von Funksprüchen zwischen Basel und Moskau führen, einem Funkverkehr, der nach Oberst Tschitowskys Beschluß, seinen Vorgesetzten sofort zu melden, was seine Agenten nach der Rückkehr von der Arbeit gesehen hatten, in dieser Woche schon gefährliche Dimensionen angenommen hatte. Seine Spitzel, die er bereits vor Jahren an strategisch wichtigen Horchposten in den beiden ersten Basler Hotels untergebracht hatte, hatten nämlich in der Nacht zuvor erfahren, daß sich ein SS-Sturmbannführer in Basel aufhielt, und zwar in Gesellschaft von Männern, die eindeutig Agenten oder Vertreter der Schweizer Regierung waren – entweder hochrangige Militärs oder Geheimdienstler. Der Barkeeper hatte ein paar Worte des an der Theke geführten Gesprächs gehört und dem Nachtportier im Schweizerhof sofort mitgeteilt, daß sich ein paar besondere Gäste auf dem

Weg zu ihm befanden. Eine Viertelstunde später hatten die Männer dort einen Zimmerschlüssel in Empfang genommen, und dem Mann von der Roten Kapelle im Schweizerhof war aufgefallen, daß keine geringere Behörde als das Hauptquartier General Guisans die Reservierung vorgenommen hatte.

Die Frage, die es nun zu lösen galt, lautete: Hatten die Ereignisse miteinander zu tun? Wenn ja, war irgend etwas im Busch? Herrschte zwischen den Amerikanern, Schweizern und Nazis eine Komplizenschaft, um die strategischen Ziele der Sowjetunion zu unterminieren?

Allen Dulles war an diesem Abend um 17.05 Uhr am Basler Hauptbahnhof eingetroffen. Nancy Reichman und Peter Burckhardt hatten ihn abgeholt. Nachdem Nancy die Männer einander vorgestellt hatte, gingen sie zu Burckhardts Wagen, der direkt gegenüber dem Bahnhof vor der Bank für Internationalen Zahlungsausgleich geparkt war. Dulles hatte einen kleinen Reisekoffer mitgebracht; er bestand darauf, ihn selbst zu tragen.

»Soll ich ihn für Sie in den Kofferraum legen, Sir?« fragte Burckhardt, als sie an seinem Mercedes angekommen waren.

»Bitte.« Als Burckhardt den Koffer verstaute, trat Dulles zurück und warf einen Blick auf das Bankgebäude. »Wußten Sie eigentlich, daß meine Schwester Eleanor ein Buch über die BIZ geschrieben hat?« fragte er Burckhardt, als dieser den Kofferraum schloß und sich anschickte, die Wagentüren zu öffnen. »Eigentlich war es ihre Dissertation. Sie hat sie in Radcliffe geschrieben.« *

»Nein, Sir. Davon habe ich nichts gewußt.«

»Vielleicht werfen Sie gelegentlich einen Blick hinein und sagen mir Ihre Meinung dazu. Ich habe übrigens gehört, Sie arbeiten direkt unter Per Jacobsson.«

»Ja, das stimmt.«

»Ich würde ihn sehr gern kennenlernen. Ist er in der Stadt?«

»Nein, Sir. Er ist gerade in Stockholm... nach einem kurzen Zwischenstop in Berlin. Aber er will nächsten Montag wieder in Basel sein.«

»Könnten Sie ihn vielleicht wissen lassen, daß ich ihn gleich nach der Rückkehr anrufe?«

»Mach' ich. Ich glaube, er brennt ebenso darauf, Sie kennenzulernen.«

»Gut. Dann schlage ich vor, wir gehen zusammen essen. Was ist sein Lieblingsrestaurant?«

»Bestimmt das Schützenhaus. Es war früher ein Forsthaus, aber jetzt zählt es zu den besten Restaurants der Stadt.«

Dulles wandte sich Nancy zu, die schweigend dastand und zuhörte, als die beiden Männer sich bekannt machten. »Könnten Sie das arrangieren?«

»Gewiß.«

»Dann halten wir doch mal den nächsten Dienstag oder Mittwoch fest.« Dulles drehte sich wieder zu Burckhardt um. »Wie sieht der Plan für heute abend aus?«

»Wir sollen Oberstbrigadier Masson um 19 Uhr treffen. Auf dem Landsitz meiner Familie, außerhalb der Stadt.«

»Hat Nancy mir erzählt. Wie lange brauchen wir bis dorthin?«

»Eine halbe Stunde.«

Dulles schaute auf seine Armbanduhr. »Dann haben wir noch etwas Zeit.«

»Wie wäre es mit einem Kaffee in meiner Wohnung?« meinte Nancy.

»Ausgezeichnete Idee«, erwiderte Dulles. »Ich kann etwas zum Aufwärmen gebrauchen.«

Als sie in der Wohnung waren und sich ihrer Mäntel entledigt hatten, ging Nancy in die Küche, um Kaffee zuzubereiten. Die beiden Männer standen vor der Balkontür, die zu einer Terrasse führte, von der man über den Rhein hinwegsehen konnte. Es war schon dunkel, und die Lichter der Stadt – die Vorverdunkelungsbeleuchtung – spiegelten sich unter ihnen auf dem Wasser. Dann kam nach und nach ein großer, schwach beleuchteter Frachtkahn in ihr Blickfeld, dem kurz darauf ein zweiter und ein dritter folgten.

Dulles schaute schweigend zu, er wirkte fasziniert. Dann fragte er: »Was transportieren sie?«

»Höchstwahrscheinlich Kohle.«

»Ist das jeden Abend so?«

»Ja, Sir.«

»Wo kommt die Kohle her?«

»Deutschland. Aus dem Ruhrgebiet. Die Kähne, die Sie da sehen, wurden wahrscheinlich vor fünf Tagen in Duisburg beladen. Sie fahren nur nachts und sind nur beleuchtet, wenn sie die kurze Strecke durch Basel nehmen, wo beide Rheinufer zur Schweiz gehören. Wie man sich vorstellen kann, bilden sie bei ihrer Größe und dem Tempo, mit dem sie sich bewegen, leichte Ziele für alliierte Flieger in dieser Gegend, und zwar für Bomber und Jäger. Deswegen fahren sie nachts. In der Morgendämmerung legen sie außerhalb der Ortschaften an irgendwelchen vorgeschriebenen Plätzen an und verbringen dort unter großen Tarnnetzen den Tag.«

»Und welchen Hafen in Süddeutschland steuern sie an?« fragte Dulles, eindeutig verwirrt.

Peter Burckhardt wirkte ebenso verwirrt – über die Frage.

»Es sind Schweizer Kähne, Sir. Sie sind hier registriert, gehören Einheimischen und tragen die Schweizer Flagge. Sie sind zu Schweizer Häfen unterwegs. Die meisten löschen ihre Ladung flußabwärts im Basler Rheinhafen.«

Dulles zeigte nicht das geringste Anzeichen von Verlegenheit. »Ich hätte selbst darauf kommen können, nicht wahr? Die Kohle ist offenbar ein Teil der Ausgleichsabkommen, auf die sich Ihre Regierung gelegentlich mit den Deutschen einläßt, stimmt's? Kohle im Tausch gegen ...« Er ließ den Satz unbeendet, um den jungen Schweizer nicht in Verlegenheit zu bringen.

Doch daß seine Nachsicht unnötig war, zeigte sich, als Peter Burckhardt den Satz für ihn beendete. »Kohle im Tausch gegen die Benutzung unserer Bahnstrecken«, sagte er. »Aufgrund eines Handelsabkommens, das kurz vor dem Auslaufen steht.«

»Tatsächlich?« meinte Dulles. »Wie interessant.« Es war offenbar ein Versuch, mehr von seinem Gegenüber zu erfahren, aber Peter Burckhardt blieb stumm. Also versuchte Dulles es noch einmal. »Hat es irgend etwas mit dem zu tun, was wir heute abend mit Oberstbrigadier Masson besprechen werden?«

»Vielleicht.«

Dulles nickte nur. »Erzählen Sie mir etwas anderes, wenn Sie können, Dr. Burckhardt. Oder darf ich Sie Peter nennen?«

»Aber natürlich, Sir.«

»Gut. Die Frachtkähne ... Kehren sie leer nach Deutschland zurück?«

»Meist schon. Obwohl sie manchmal irgendwelche Schweizer Exportwaren mitnehmen. Stückfracht, wie Zement.«

»Aber auch dann fahren sie nachts und legen tagsüber an?«

»Ja, Sir.«

»Verstehe. Und was ist mit den Kontrollpunkten?«

»Normalerweise halten sich die Frachtkähne unterwegs von allen Hafenanlagen fern, weil sie fast immer bevorzugte Bomberziele sind.«

»Verständlich.«

Nancy war zwar ein paar Minuten zuvor mit einem vollen Tablett ins Wohnzimmer zurückgekehrt, hatte aber noch kein Wort gesprochen. Jetzt mischte sie sich ein. »Es wird spät, Sir. Vielleicht ... «

»Natürlich«, erwiderte Dulles. »Wie unaufmerksam von uns.« Als sie den Kaffee einschenkte, setzten sie sich sofort zu ihr an den Tisch.

Zwanzig Minuten später waren sie wieder unterwegs. Nancy ging als letzte hinaus. Sie löschte das Licht und schloß die Tür zweimal sorgfältig ab. Der Mann auf der anderen Rheinseite, der sie die ganze Zeit über beobachtet hatte, warf einen Blick auf die Uhr. Auch wenn die Zeit knapp war: Bevor sie abfuhren, war Oberst Tschitowsky sehr wahrscheinlich schon auf der anderen Rheinseite. Nachdem der Beobachter Allen Dulles' Gesicht erkannte, hatte er ihn sofort telefonisch im Juweliergeschäft alarmiert.

Er sollte sich nicht täuschen.

9. Kapitel

Da sich die Augustinergasse fünfzig Meter hinter Nancy Reichmans Wohnung zu einem Fußgängerweg verengte, war sie für Autos eine Sackgasse. Deswegen mußte Peter Burckhardt mehrere Manöver ausführen, um seinen Mercedes zu wenden, bevor er die hundert Meter zum Kathedralenvorplatz zurücklegen konnte. Dadurch wurde der Fahrer des Opels, der – wenn auch erst kurz – vor der Kathedrale parkte, hellwach. Die Dunkelheit machte es Oberst Tschitowsky zwar unmöglich, genau zu bestimmen, ob es sich dabei um das Fahrzeug handelte, das Allen Dulles von der Wohnung der amerikanischen Vizekonsulin zum nächsten Termin fuhr – zu jenem Treffen, das zweifellos der Grund seiner Reise nach Basel gewesen war. Doch da sich seit Tschitowskys Ankunft vor fünf Minuten in der Augustinergasse und auf dem Kathedralenvorplatz sonst nichts getan hatte, ging er davon aus, daß die Chancen eindeutig für den Mercedes sprachen. In dem Gefühl, sich dicht an ihn hängen zu können, ohne ungebührlichen Verdacht zu erregen, da die Verdunkelungsvorschriften erst um 22 Uhr in Kraft traten und es bis dahin, zumindest nach Schweizer Verhältnissen, auf den städtischen Straßen noch eine Menge Verkehr geben würde, nahm er sofort die Verfolgung auf.

Doch zehn Minuten später schwand seine Zuversicht, und je weiter sie in die Basler Außenbezirke kamen, desto weiter blieb er zurück. Er ließ sich erst von einem, dann von einem zweiten Wagen mit militärischen Insignien überholen. Nun wurde er immer sicherer, daß er dem richtigen Fahrzeug folgte. Als sie die Stadtgrenze erreichten, war er so weit hinter den Mercedes zurückgefallen, daß er dessen Rücklichter kaum noch sah. Glücklicherweise war die Nacht klar. Und ein ebensolches Glück war es, daß sich der Mond nur als Silbersichel am Nachthimmel zeigte, was bedeutete, daß sein Auto im Rückspiegel der Fahrzeuge vor ihm fast unsichtbar blieb.

Sie waren nun in den Vororten, passierten die Dörfer Binningen und Bottmingen, und drei Kilometer weiter Oberwil. Einer der Wagen zwischen dem Mercedes und Tschitowskys Opel war bei Bottmingen abgebogen; der zweite, das Militärfahrzeug, war bei Oberwil an den Straßenrand gefahren. Hinter Oberwil begann das Land, und während der folgenden sieben Kilometer waren die einzigen noch sichtbaren Lichter die der beiden übriggebliebenen Autos, die sich sehr schnell voranbewegten, obwohl die Straße zunehmend schmaler, das Gelände hügeliger und die Kurven immer zahlreicher wurden. Dann kam ein Ortsschild, das anzeigte, daß man in die nächsten, zusammengewachsenen Dörfer Biel und Benken einfuhr. Plötzlich leuchteten die Bremslichter des Mercedes auf, was Tschitowsky, der einen halben Kilometer hinter ihm fuhr, fest auf die Bremse treten ließ und ihn zwang, auf den Randstreifen zu fahren, wo er die Lichter seines Opels ausschaltete. Von seinem Aussichtspunkt aus konnte er das weitere Vorankommen des Mercedes leicht verfolgen, der nun nach rechts von der Hauptstraße abbog und sich anschickte, einen Weg hinaufzufahren, der in die finsteren Hügel westlich von Biel-Benken führte. Nun stieg

Tschitowsky aus dem Wagen – am Straßenrand lag eine frische Schneeschicht, die unter seinen Stiefeln knirschte –, hob sein Zeiss-Glas an die Augen und suchte den westlichen Horizont ab. Und dort, auf einem etwa vierhundert Meter hohen Hügel, genau in der Richtung, die auch der Mercedes nahm, war ein Licht. Minuten später schienen beide Lichtquellen miteinander zu verschmelzen.

Mr. Allen Dulles, so schien es, hatte sein Ziel erreicht.

Oberst Tschitowsky war kaum in seinen Wagen gestiegen, als im Rückspiegel die Scheinwerfer eines weiteren Fahrzeugs auftauchten. Als es an ihm vorbeikam, drosselte es das Tempo. Es war das Fahrzeug mit den militärischen Insignien, das zwei Dörfer zuvor am Straßenrand stehengeblieben war – wahrscheinlich deswegen, weil der Fahrer eine Karte zu Rate ziehen mußte. Einen halben Kilometer weiter blitzten seine Bremsleuchten auf, und es schien, als sei das Fahrzeug erneut an den Straßenrand gefahren. Die Lichter blieben an. Drei Minuten später setzte sich der Wagen wieder in Bewegung, bog von der Hauptstraße nach rechts ab und nahm den gleichen Weg, den zuvor der Mercedes genommen hatte. Das war also die »andere« Gruppe. Kamen etwa noch mehr? Tschitowsky blieb weitere zwanzig Minuten in der Dunkelheit in seinem Wagen sitzen. Aus beiden Richtungen kam sonst niemand mehr an ihm vorbei.

Er startete den Opel, schaltete die Beleuchtung ein, fuhr langsam nach Biel und dann nach Benken hinein. In der Ortsmitte von Benken befand sich eine Kreuzung, und an der nächsten Ecke gab es einen Gasthof. Auf dem nur matt beleuchteten Schild, das über dem Eingang hing, stand »Zum Rössli«. Tschitowsky hielt genau davor an und schaute auf die Uhr. 19.22 Uhr. Bis zur Verdunkelung hatte er noch eine Menge Zeit.

Es war ein typisches Schweizer Landgasthaus mit uralten, an der Decke entlanglaufenden Balken, Holzfußboden, Zinntellern und Bierkrügen, die als Dekoration an den Wänden hingen. Im vorderen Teil der Gaststube gab es ein Dutzend gedeckte Tische. Doch nur einer war besetzt. Im hinteren Teil des Raumes standen noch einmal fünf Tische, doch ohne Tischtücher, und der letzte, der ganz an der Wand stand, war groß genug, um mindestens einem Dutzend Gästen Platz zu bieten. Es war ohne Zweifel der Stammtisch der Einheimischen. Als Tschitowsky die Gaststube betrat, knallte einer der sieben am Stammtisch versammelten Gäste gerade triumphierend eine Spielkarte auf den Tisch. Die Partie war zu Ende; die Karten wurden eingesammelt, gemischt und neu ausgeteilt. Die Männer zündeten ihre Pfeifen und Zigaretten an. Die nächste Runde konnte beginnen. Sie ging freilich erst los, nachdem sämtliche sieben Anwesenden verstohlen den Fremden gemustert hatten. Während sie ihn beobachteten, nahm er an einem Tisch im hinteren Teil der Gaststube Platz und nickte ihnen zu. Niemand erwiderte seinen Gruß. Die in eine blauweiße Arbeitstracht gekleidete Kellnerin kam sofort an seinen Tisch.

»Guten Abend, Fräulein«, sagte Tschitowsky. »Ich hätte gern ein Bier und ein Paar Würstchen.« Aus ihm sprach nun Werner Lentz, und zwar in einem Dialekt, wie er in Basel gesprochen wurde. Er sprach ihn fehlerlos. Besucher wie er waren im »Rössli« von Biel-Benken nichts Neues, da die Basler Bürger seit Jahrhunderten in diese Gegend kamen, um sich eine gute Bauernmahlzeit schmecken zu lassen. Die Stammtischpause endete. Die nächste Kartenrunde begann. Und ebenso nahmen die Spieler ihre Gespräche wieder auf. Der Fremde war schon vergessen.

Die Kellnerin kehrte sofort mit dem Bier zurück. Sie servierte es ihm mit einem ziemlich einladenden Lächeln, denn Tschitowsky war ein gutaussehender Mann. Ein schneller Blick auf seine rechte Hand hatte ihr gezeigt, daß er keinen Ehering trug.

»Die Wienerli kriegen Sie in fünf Minuten«, sagte sie und fügte hinzu: »Falls es Ihnen nichts ausmacht ... «

»Natürlich nicht. Ich habe sowieso keine Eile.« Er erwiderte ihr Lächeln. »Hier ist es wenigstens schön warm. Draußen haben wir bestimmt zehn Grad unter Null.«

»Ich hab' vor ein paar Minuten aufs Thermometer gesehen«, meinte sie. »Es ist sogar zwölf unter Null. Ich hab' gar keine Lust, heute abend nach Hause zu gehen.«

»Sie wohnen hoffentlich nicht weit weg?«

»Ach, nein. Es sind nur ein paar hundert Meter. Benken ist ja nicht Basel.«

»Seien Sie froh darüber.«

»Das sagen alle. Aber seit der Krieg angefangen hat, ist es hier sehr still geworden. Selbst an den Wochenenden. Wegen der Benzinrationierung, wissen Sie.«

»Das ist verständlich. Dann wird es hier wohl manchmal sehr einsam ... Allerdings hatte ich zwei Autos vor mir. Und beide sind hier abgebogen.«

»Ja, die wollten zum Schloß. Die Leute da oben haben nichts mit uns zu tun.«

»Ach so. Wem gehört es denn?«

»Einer reichen Familie aus Basel. Sie wissen schon, von den oberen Zehntausend.«

»Den Sarasins? Oder den Von der Mühlls?« Während er diese Worte sprach, imitierte er den hochnäsigen Tonfall der städtischen Aristokratie.

Die Kellnerin lachte leise. »Sie mögen sie wohl auch nicht ...«

»Sie sind nicht gerade beliebt.«

»Also, die Leute, denen das Schloß gehört, sind die Burckhardts.«

»Welche?«

»Er – der Alte – ist ein reicher Bankier. Sie haben doch bestimmt schon von ihm gehört.«

»Aber sicher. Er leitet – manche sagen, er beherrscht – den Schweizerischen Bankverein.«

»Ja, den meine ich.« Dann sagte sie: »Wissen Sie, das ist wirklich komisch. Es ist heute abend bereits das zweite Mal, daß ich darüber rede. Kurz bevor Sie reinkamen, war schon mal jemand hier und hat sich nach dem Weg zum Schloß erkundigt. Ein hohes Tier vom Militär. Ich glaube, ein Oberst. Da geht bestimmt irgend etwas vor. Vielleicht ein Festbankett. Ich habe zwei der Dienstmädchen heute morgen Lebensmittel im Laden einkaufen sehen. Das ist auch ziemlich ungewöhnlich. Normalerweise ist nämlich in den Wintermonaten niemand da oben. Jetzt muß ich mich aber um Ihre Würstchen kümmern.«

Die Würstchen kamen mit Kartoffelsalat und einer Tube Senf.

Als Tschitowsky fertig war, warf er der Kellnerin, die ihn fast während der ganzen Zeit von ihrem Platz hinter der Theke aus beobachtet hatte, einen auffordernden Blick zu. Sie kam sofort zu ihm.

»Ich glaube, ich nehme jetzt mal ein Glas Wein. Sie wissen ja – Wein nach Bier, das rat' ich dir. – Was schlagen Sie vor?«

»Etwas aus der Gegend?«

»Ja. Und bringen Sie sich doch auch ein Glas mit. Es sieht nicht so aus, als würden Sie heute abend noch viel zu tun bekommen. Das heißt, falls der Wirt nichts dagegen hat.«

»Er ist nicht da.« Sie warf einen Blick zum Stammtisch hinüber. »Und die da sind für eine Weile versorgt. Sicher, warum eigentlich nicht?«

Im Verlauf der nächsten halben Stunde erfuhr er bei einem leicht sauren, doch genießbaren Baselbieter Riesling & Silvaner, daß sie Liselotte hieß. Daß sie siebenundzwanzig Jahre alt war. Daß sie aus einer Bauernfamilie stammte, die seit Generationen einige Landparzellen in der Umgebung von Benken bearbeitete. Sie besaßen Kühe, Hühner und ein paar Kirschbäume – ihr Vater stellte jeden Herbst Kirschwasser her –, und sie kellnerte nicht nur sechs Tage in der Woche im »Rössli«, sondern man erwartete auch von ihr, daß sie der Familie zu Hause zur Hand ging. Und dies schloß ebenso das Melken der dämlichen Kühe ein wie das Ausmisten des ekelhaften Hühnerstalls.

Außerdem bemerkte er, als sie sich zunehmend näher zu ihm beugte, ohne daß ihr Redefluß aufhörte, daß sie nicht nur ein sehr hübsches Gesicht hatte (was ihm schon beim Betreten des Lokals aufgefallen war), sondern daß sich unter der Tracht auch herrlich gerundete Formen verbargen: ein Körper, der für eine Runde heftiger animalischer Aktivitäten, die mit Kühen und Hühnern rein gar nichts zu tun hatten, wie geschaffen schien.

Dem ersten Glas Wein folgte ein zweites, und als sie weiterredete – über ihren Bruder, einen faulen Herumtreiber; ihre drei noch zur Schule gehenden Schwestern; die Stadt Basel, die sie sehr liebte und in die sie am liebsten sofort ziehen würde, wenn sie dort nur irgendeine Arbeit finden könnte –, berührte sie Werner Lentz' Hand, um das Erzählte zu bekräftigen. Ihre

Hand war unglaublich heiß... und wurde noch heißer, als er einfließen ließ, daß er in Basel ein kleines Juweliergeschäft besitze und irgendwann vielleicht – nur vielleicht – eine Hilfe brauchen würde. Die Stelle sei nichts Großartiges, zumindest nicht am Anfang. Er könne vielleicht jemanden brauchen, der im Verkauf aushalf und am Abend saubermachte; Dinge dieser Art eben. Eventuell.

Um 21 Uhr leerte sich das Lokal. Ein paar Stammgäste beäugten Lentz, als sie gingen, mit Blicken, die andeuteten, daß sie wußten, worauf er aus war, und daß sie sein Vorhaben ganz und gar mißbilligten. Doch dann waren sie allein. Lentz schaute auf seine Armbanduhr.

»Tja, Liselotte«, sagte er, »ich muß zurück nach Basel, bevor die Verdunkelung beginnt.« Bei diesen Worten schaute er ihr in die Augen. »Und obwohl ich nichts lieber täte, als hierzubleiben, muß ich jetzt um die Rechnung bitten.«

Als sie zurückkam, legte er zwei Zehn-Franken-Scheine auf die Rechnung und stand auf, um seinen Mantel zu holen. Der hing an der Garderobe neben der Tür, die zur Küche führte. Als sie mit dem Wechselgeld – neun Franken – kam, winkte er ab.

»Werde ich mal wieder von Ihnen hören?« fragte sie, während er in seinen Mantel schlüpfte. »Irgendwann in nächster Zeit?«

»Ganz sicher«, sagte er mit dem Gedanken, daß er sich diese Chance nicht entgehen lassen konnte. »Vielleicht könnten wir zusammen ins Kino gehen. In Basel. Ich könnte Sie abholen. An einem Sonntag. Vielleicht kommenden Sonntag?«

»Nichts wäre mir lieber, Herr Lentz.«

»Werner... Wollen wir uns nicht duzen?«

Sie gingen zusammen zur Tür, und als er in die Finsternis hinaustrat, folgte sie ihm.

»Du wirst dich erkälten!« protestierte er.

»Ich möchte mich nur für den Wein bedanken. Und dir sagen, wie sehr ich den Sonntag herbeisehne... Werner.«

Er machte einen zögernden Schritt auf sie zu und küßte sie auf die Wange. Sie warf sich ihm sofort an den Hals. Jetzt küßte er sie fest auf den Mund. Darauf drückte sie sich noch fester an ihn. Seine Hand fuhr über ihren Rücken. Und dann über ihren Busen.

Liselotte war reif. Tschitowsky schätzte, daß er nicht viel mehr zu tun brauchte, um sie am nächsten Sonntag, nach dem Kino, ins Bett zu kriegen. Sie würden ein eigenartiges Paar abgeben.

Als Bonus hatte Oberst Igor Tschitowsky nun einen weiteren »Mann« im Einsatz... direkt zu Füßen des Hügels, der zum Schloß der Burckhardts hinaufführte, in dem in diesem Moment wahrscheinlich noch viel seltsamere Paare zum Essen Platz nahmen.

10. Kapitel

Das Benkener Schloß, wie es allgemein hieß, existierte mindestens seit dem 13. Jahrhundert. Zum ersten Mal erwähnt wird es 1292 im Zusammenhang mit dem Verkauf an das Basler Adelsgeschlecht Schaler. 1526 dann wurde das Schloß samt Biel und Benken an die Stadt Basel weiterverkauft. Im späten 18. und 19. Jahrhundert blieb das Schloß lange Zeit unbewohnt und zerfiel in weiten Teilen. 1903 erwarb es Peter Burckhardts Urgroßvater mitsamt großer Landstriche, die sich bis nach Frankreich erstreckten. Der größere Teil des Besitzes wurde als Jagd genutzt, doch auf einem kleinen, etwa zwanzig Hektar großen Abschnitt hatte man Trauben angepflanzt, wie schon in den Jahrhunderten davor. Auch der Baselbieter Riesling & Silvaner, die Hausmarke im Gasthof Zum Rössli, wurde aus den Trauben gekeltert, die auf dem Besitz der Burckhardts wuchsen.

Es hatte fast zehn Jahre gedauert, das Schloß komplett zu restaurieren. Danach hatte es der Familie Burckhardt seit Ausbruch des Ersten Weltkriegs als Sommerresidenz gedient. Aus diesem Grund hatte Peter Burckhardt auch einen großen Teil seiner Kindheit und Jugend dort verbracht.

»Wie ich dich darum beneide«, sagte Nancy Reichman, als die Führung endete, auf der Peter ihr und Allen Dulles einen Einblick in die Geschichte des Schlosses gegeben hatte.

Bei ihrer Rückkehr in das große Wohnzimmer – die ehemalige Eingangshalle, die von einem Kamin beherrscht wurde, in dem dicke Holzscheite knisternd brannten – erhoben sich die beiden Schweizer Offiziere, die vor dem Feuer gesessen und sich offenbar ernsthaften Gesprächen gewidmet hatten, aus den Sesseln. Die Begrüßungsformalitäten lagen bereits seit zwanzig Minuten hinter ihnen, denn die Schweizer und Amerikaner waren hintereinander in einem Abstand von fünf Minuten eingetroffen.

Peter Burckhardt nahm seine gastgeberischen Pflichten wieder auf. »Wenn alle einverstanden sind, schlage ich vor, daß wir jetzt zum Essen Platz nehmen.«

Der Speisesaal schien geradewegs einem Museum zu entstammen. In der Mitte stand ein gewaltiger Eichentisch, doch als sie eintraten, wurde ihre Aufmerksamkeit sofort auf die zahlreichen Wandgobelins und die mehr zweckdienlich als dekorativ wirkenden mittelalterlichen Armbrüste und Hellebarden gelenkt. Es war, als reise man ins 15. oder gar 14. Jahrhundert zurück.

Der Mittelteil der riesigen Tafel war für fünf Personen gedeckt. Peter Burckhardt übernahm es, seinen Gästen ihre Plätze zuzuweisen. Allen Dulles setzte er zwischen sich und Nancy Reichman; Oberstbrigadier Roger Masson und Hauptmann Max Waibel, die beiden Schweizer Militärs, nahmen ihnen gegenüber Platz. Sie hatten sich kaum gesetzt, als ein Diener eintrat und Weißwein in die Bakkarat-Kristallgläser goß, die geschmackvoll mit dem blauen Meißener Porzellan auf seinen Zinnuntertellern und den Jetzler-Bestecken harmonierten. Zwei Dienstmädchen, die geräucherte Forellen und elsässische Gänseleberpastete auftrugen, folgten ihm auf dem Fuße. Zwar fragten sich sämtliche Gäste, wie all dies in einer solchen Zeit möglich war, da die Grenzen zum restlichen Europa für den normalen Verkehr in alle Richtungen gesperrt waren, doch niemand wagte, danach zu fragen – nicht einmal Allen Dulles.

Nachdem das zufriedene Gemurmel verstummte, das die Ankunft des ersten Ganges begleitete, war Dulles derjenige, der als erster das Wort ergriff.

»Es ist mir eine große Freude und Ehre, Sie kennenzulernen, Sir«, begann er zu Oberstbrigadier Masson gewandt, »und ganz besonders in dieser herrlichen Umgebung. Ich weiß, wie schwierig es für Sie gewesen sein muß, sich von Ihren Pflichten zu befreien, um heute abend, und besonders jetzt, hier zu sein, deswegen möchte ich Ihnen sagen, wie sehr ich es zu schätzen weiß. Ich persönlich bin hier, um Ihnen zu versichern, daß Amerika, wenn es Ihnen helfen kann, die Neutralität und Unabhängigkeit der Schweiz zu wahren, dies mit großem Enthusiasmus tun wird. Ich bin seit vielen Jahren ein Freund der Schweiz – und zwar schon seit meinem ersten Besuch hier im Ersten Weltkrieg, deswegen kann ich Ihnen versichern, daß meine Worte von Herzen kommen.« Allen Anwesenden war klar, daß Dulles' überaus herzlicher Ton darauf abzielte, mit dem Leiter des Schweizer Nachrichtendienstes auf eine persönliche Ebene zu gelangen.

Massons großspurig in französischer Sprache geäußerte Erwiderung verdeutlichte sofort, daß er plante, vorsichtiger zu verfahren. Nancy, die wußte, daß Dulles nicht fließend Französisch sprach, nahm sofort eine Simultanübersetzung ins Englische vor und murmelte, während Masson redete, in Dulles' Ohr.

»Wir schätzen Ihre Meinung sehr hoch ein, Mr. Dulles, und ich fühle mich persönlich geehrt, Sie heute abend hier zu sehen. Auch wir empfinden großen Respekt für Ihr Land – und, wie ich hinzufügen möchte, auch für Sie. Als langjähriger Beobachter der Schweiz wissen Sie natürlich, daß wir unsere Neutralität sehr ernst nehmen und die Absicht haben, sie – falls nötig – gegen jeden Aggressor zu verteidigen. Die nicht auszuschließende Möglichkeit, daß man uns in nächster Zukunft ein solches Verhalten aufzwingt, hat mich dazu veranlaßt, dieses Zusammentreffen vorzuschlagen.«

Und nicht etwa das Verlangen nach einer Busenfreundschaft mit euch Amis, waren die Worte, die zwar unausgesprochen blieben, doch in seiner Rede mitschwangen. Jeder im Raum wußte es.

Als sich daraufhin Schweigen breitmachte, warf sich Peter Burckhardt in die Bresche. Er sprach Englisch, und dies nicht weniger großspurig. »Ich kann Ihnen im Moment zwar nur einen bescheidenen Baselbieter Riesling & Silvaner anbieten, aber wenn alle einverstanden sind, schlage ich vor, daß wir unsere Gläser zur Feier der Freundschaft erheben, die immer zwischen den beiden ältesten Demokratien der Welt geherrscht hat – der Schweiz und den Vereinigten Staaten.«

Als die fünf Gläser halb geleert waren, endete auch das Schweigen. Nancy begann in makellosem Französisch ein Gespräch mit Oberstbrigadier Masson, das mit den üblichen Banalitäten darüber begann, wie gut die Schweizer mit den Härten der Kriegszeit in Sachen Rationierung und Verdunkelung zurechtkamen. Doch dann wandte sie sich ernsthafteren Dingen zu – wie der Rolle des Schweizer Roten Kreuzes, das sich um die Kriegsgefangenenlager in Deutschland kümmerte, in denen zahlreiche abgeschossene US-Flieger festgehalten wurden, und wie sehr die amerikanische Regierung dies zu schätzen wußte. Man sprach auch darüber, welchen guten Einfluß dies auf die beiderseitigen Beziehungen hatte. Masson, selbst ein recht gutaussehender

Mann, der ein Auge für hübsche Frauen hatte, schien ihre Beachtung zu schmeicheln, und so entspannte er sich nach und nach. Auch das Auftragen des Rotweins, eines ausgezeichneten 1938er Pomerol, trug dazu bei. Der Hauptgang bestand aus mariniertem Wildschwein, Kartoffelbrei und Möhren. Dann wurde auch schon die zweite Flasche Pomerol angebrochen. Als man den Nachtisch servierte – Schwarzwälder Kirschtorte –, hatte sich die Atmosphäre entspannt, und unter den Gästen schien absolute Geistesverwandtschaft zu herrschen.

Um 21 Uhr warf Peter Burckhardt einen Blick auf seine Armbanduhr, dann sagte er zu seinem ihm gegenübersitzenden militärischen Vorgesetzten: »Wenn Sie einverstanden sind, schlage ich vor, daß wir uns in die Bibliothek zurückziehen und zum ernsthaften Teil des Abends kommen.«

Oberstbrigadier Masson nickte zustimmend. Sobald sich Nancy als einzige Frau am Tisch erhoben hatte, folgten die beiden US-Diplomaten und die Schweizer Offiziere Burckhardt in die Bibliothek des Benkener Schlosses. Als sie den von einem großen Kamin erwärmten Raum betraten, stand schon ein Diener mit einem silbernen Tablett bereit, auf dem sich Cognac und Kirschwasser befanden. Die Männer entschieden sich für den Kirsch. Nancy lehnte ab, doch sie akzeptierte gerne das ihr angebotene Glas Champagner.

Der Raum wurde von Gegenständen beherrscht, die in Leder gebunden waren: In den uralten Eichenregalen befanden sich Hunderte von Büchern, und die schweren Möbel waren in drei Gruppen auf einem riesigen Perserteppich angeordnet, der den ursprünglichen Steinboden teilweise verdeckte. Peter Burckhardt führte die Gruppe zu fünf im Halbkreis vor dem Kamin stehenden Sesseln. Dulles und Nancy nahmen ihre Plätze auf der linken Seite des Halbkreises ein, so daß sie den beiden Uniformierten gegenübersaßen. Burckhardt setzte sich in die Mitte. Nachdem die Reviere nun verteilt waren, richteten sich alle Blicke auf den Oberst, von dem jeder wußte, daß er den nächsten Schritt tun mußte.

Masson, ein leicht korpulenter Mann mit freundlichem Gesicht, glich einem englischen Schauspieler, der bald bei den Kinogängern in aller Welt bekannt sein würde: Alec Guinness. Masson stammte aus der französischsprachigen Schweiz und war Berufsoffizier in einer Armee, die fast ausschließlich aus Reservisten bestand. Auch die Mehrheit des Offizierskorps bestand aus Reservisten; ihnen stand nur eine kleine Gruppe von Berufssoldaten gegenüber, zu der auch Masson gehörte. Er hatte seine militärische Ausbildung in der Tradition der französischsprachigen Schweizer in den zwanziger Jahren an der Ecole supérieure de Guerre in Paris erhalten. 1936 war er zum Oberst i. Gst. befördert worden und hatte den militärischen Geheimdienst übernommen, der damals nur aus zwei Personen bestanden hatte – aus ihm und seiner Sekretärin. Schon zwei Jahre später, im Februar 1938, wenige Wochen vor der Annexion Österreichs durch die Nazis, hatte der Geheimdienst eine – zumindest nach schweizerischen Maßstäben – »radikale« Aufwertung erfahren. 1941 wurde der Nachrichten- und Sicherheitsdienst eine selbständige Gruppe des Armeestabs mit Oberstbrigadier Masson als Unterstabschef. Anfang 1943 bestand der Geheimdienst aus 130 Berufsoffizieren, die sich um nichts anderes kümmerten. Die geringe Anzahl der Mitarbeiter untertrieb die Fähigkeiten des Dienstes allerdings stark, denn in den achtzehn Monaten zwischen der Reorganisation und dem Kriegsausbruch im September 1939 hatte Massons Organisation viele Hunderte von Teilzeitinformanten und Auslandsagenten eingestellt, meist Schweizer Staatsbürger, die als Architekten, Ärzte, Lehrer und Hausfrauen in den die Schweiz umgebenden Ländern lebten und arbeiteten: Frankreich, Italien, Österreich und Deutschland. Das Agentennetz war hauptsächlich in einer Zone aktiv, die sich hundert Kilometer rings um die Landesgrenzen erstreckte. Am besten war man in Süddeutschland vertreten. Der Mann, der diese Agenten befehligte und darüber hinaus die gegen Deutschland gerichtete Spionage organisierte, war Hauptmann Max Waibel.

Auf dieses Agentennetz spielte Oberstbrigadier Masson an, als er sich nun Dulles zuwandte. Auch diesmal sprach er Französisch. Nancy Reichman beugte sich erneut vor und übersetzte für ihren Chef.

»Sie wissen sehr wahrscheinlich«, begann Masson, »daß die Aufdeckung potentieller militärischer Überraschungsangriffe auf unser Land die Hauptaufgabe für den Schweizer Geheimdienst ist. Wir haben Grund zu der Annahme, daß ein solcher Überraschungsangriff in diesem Augenblick vorbereitet wird. Unser Problem hat mit der Tatsache zu tun, daß wir diese Annahme nicht mehr so ohne weiteres verifizieren können, wie es vor dem Ersten Weltkrieg möglich war, als die Truppen sich noch zu Fuß bewegten und die Artillerie meist von Pferden gezogen wurde. Damals hätte man vor jedem Angriff in relativer Nähe des anzugreifenden Landes massive militärische Streitkräfte aufmarschieren lassen müssen. Ich wiederhole: Wäre dies auch heute noch so, säßen wir jetzt nicht hier. Doch leider hat sich – wie sich seit dem Herbst 1939 durch die Blitzkrieg-Angriffe der Wehrmacht auf Polen, Frankreich und Rußland wiederholt gezeigt hat – die Natur der Kriegführung in den vergangenen dreißig Jahren derart verändert, daß ein Angriffsheer am Tag hundert Kilometer zurücklegen kann. Was bedeutet: Wenn die Nazis beabsichtigen, die Schweiz einzunehmen, können sie ihre geballte Streitmacht außerhalb der geographischen Reichweite unserer in vorderster Linie tätigen Geheimdienstmitarbeiter sammeln, die im allgemeinen nur in einem Umkreis von hundert Kilometern außerhalb unserer Grenzen aktiv sind.

Allerdings verfügen wir über Informationskanäle, die nichts mit dem Agenten- und Spitzelnetz in unserer näheren Umgebung zu tun haben. Informanten in hohen Positionen. Ich brauche wohl nicht hervorzuheben, daß ich nicht mehr dazu sagen kann. Zwei dieser Informanten – ich sollte vielleicht erwähnen, daß es sich bei ihnen um einwandfreie Quellen handelt – haben uns informiert, daß man entweder für den 6. oder 25. März eine Invasion plant.«

Massons letzter Satz ließ Hauptmann Waibel leicht die Stirn runzeln, doch außer Nancy schien es niemand zu bemerken.

Masson fuhr fort, wobei er Allen Dulles direkt anschaute. »Um die Wahrheit zu sagen, Mr. Dulles – und ich bin stolz darauf, dies immer zu tun –, waren wir nicht in der Lage, diese Meldung von einem dritten Informanten bestätigen zu lassen. Und so befinden wir uns in einer verzwickten Lage. Wenn wir – damit meine ich den Generalstab unter General Guisan, der mich persönlich autorisiert hat, heute abend hierherzukommen – diese Bedrohung ernst nehmen, haben wir keine andere Wahl, als eine allgemeine Mobilmachung anzuordnen, und zwar ungefähr in einer Größenordnung wie zu Anfang des Krieges in Europa. Damals haben wir eine halbe Million Mann eingezogen, obwohl unser Land nur eine Bevölkerung von fünf Millionen hat. Es ist wohl klar, daß die Kosten, die das Verteidigungsministerium tragen mußte, ungeheuer waren. Es geht nicht nur um das bare Geld, noch schlimmer sind die Verluste am Bruttosozialprodukt, wenn sämtliche kampffähigen Männer eines Landes Fabriken, Bauernhöfe und Büros verlassen, um sich ihren militärischen Einheiten im Feld anzuschließen. Im Moment beträgt unsere Truppenstärke einhunderttausend Mann. Wenn wir eine volle Mobilmachung anordnen müssen, hätte die wirtschaftliche Lähmung, die sich daraus ergäbe, viel ernstere Konsequenzen für die Bevölkerung. Wie Ihnen sicher bewußt ist, sind wir heute viel schwächer als 1939 oder 1940. Unsere Lage ist dort, wo es Lebensmittel und Brennstoff betrifft, sehr kritisch. Unsere Vorräte sind schon gefährlich geschrumpft. Müßte jetzt eine totale Mobilmachung erfolgen, wären unsere Flüssigtreibstofflager fast gänzlich erschöpft, denn es erfordert riesige Treibstoffmengen, um unsere Truppen und Waffen an Ort und Stelle zu bringen. Wenn wir die Bauern zur Zeit der Frühjahrsaussaat einziehen, könnten die Auswirkungen der Mobilmachung auf die zukünftige Nahrungsmittelversorgung ebenso katastrophal ausfallen. Aber wenn wir nicht mobilisieren, wäre dies gleichbedeutend mit dem Strecken der Waffen.«

Er hielt inne. Sobald Nancy mit der Übersetzung fertig war, machte Dulles einen Versuch, Masson zu unterbrechen. Doch erfolglos.

»Außerdem müssen wir noch eine weitere Gefahr bedenken. *Wenn* sich die Information bezüglich der Invasionspläne der deutschen Wehrmacht am Ende als falsch erweisen sollte, und wir haben mobilisiert, bevor wir eine weitere Bestätigung dieser Meldung bekommen, könnte unser Vorgehen von den führenden Köpfen Deutschlands als ernsthafter Akt der Provokation ausgelegt werden. Und das vielleicht mit Recht. Schließlich ist uns wiederholt versichert worden, daß man keine Absichten hat, unsere Neutralität zu verletzen, solange sie sich streng auf *alle* in diesem Konflikt betroffenen Parteien erstreckt. Eine jetzige Mobilmachung könnte man nach Ihren kürzlich erfolgten Siegen in Nordafrika und der Niederlage der Deutschen bei Stalingrad als Reaktion auf eine Änderung unserer Einschätzung hinsichtlich des möglichen Kriegsausgangs deuten. Dies könnte den Führer zu einem Präventivschlag gegen uns verleiten. Dann hätten wir am Ende eine sich selbst verwirklichende Prophezeiung.«

Masson legte erneut eine Pause ein, doch nur sehr kurz. »Nun zur Sache, Mr. Dulles. Wir brauchen jetzt, und zwar sofort, mit Ihrer oder sonst jemandes Hilfe, eine akkurate, verläßliche Information über die deutschen Absichten bezüglich der Schweiz für die nächsten drei Wochen. Bekommen wir sie nicht, könnten wir einen tödlichen Fehler machen, der nicht zuletzt auch für Sie ernsthafte Konsequenzen haben würde, Mr. Dulles. Denn wenn die Deutschen aufgrund irgendwelcher in den nächsten Tagen und Wochen erfolgenden Fehlberechnungen unsererseits am Ende die Kontrolle über die gesamten Alpen erringen, können Sie jeden zukünftigen Versuch, von Süden her in Deutschland einzufallen, sofort aufgeben.« Masson hielt kurz inne und sagte dann: »Vielleicht ist es für jeden von uns an der Zeit, sich Gedanken darüber zu machen, wozu ein solches militärisches Patt in Mitteleuropa führen würde. Und was wir unternehmen können, um es – und die unweigerlich daraus entstehenden Konsequenzen – zu verhindern.«

Mit dieser rätselhaften Schlußbemerkung verstummte Oberstbrigadier Masson. Nun war Dulles an der Reihe. Er sprach Englisch, doch niemand übersetzte, da alle wußten, daß Masson diese Sprache fließend beherrschte.

»Sie haben mir die Lage bewundernswert verdeutlicht, Oberstbrigadier Masson. Wie Sie wissen, hat mich Leutnant Burckhardt über Miss Reichman um zwei spezielle Informationen gebeten. Erstens: ob unsere Luftüberwachung in Deutschland irgendwelche zunehmenden Truppenkonzentrationen oder Waffenverlegungen in die Landesmitte entdeckt hat – oder anders ausgedrückt: in den Landesteil, den Ihre Leute nicht abdecken können –, die man eventuell als Sammelpunkt für einen Angriff auf die Schweiz nutzen könnte. Zweitens: ob wir irgendwelche Informationen haben, die eventuell etwas über den Status der 20. Gebirgsarmee in Finnland aussagen.«

Dulles griff in die Innentasche seines Anzugjacketts und entnahm ihr einen braunen Umschlag. Er erhob sich aus dem Sessel, trat in den Halbkreis vor dem Kamin und übergab ihn Oberstbrigadier Masson. Masson öffnete ihn und zog den Inhalt heraus – zwei Blatt Papier. Als er anfing zu lesen, nahm Dulles, der an seinen Platz zurückgekehrt war, das Wort wieder auf.

»Das erste Blatt, das Sie gerade lesen, enthält einen Bericht unserer Luftüberwachung in Deutschland aus den letzten zweiundsiebzig Stunden, sofern sie Ihr spezielles Problem betrifft. Die Meldung wurde mir von Vizeadmiral Matthew Kelly von der RAF aus London persönlich übermittelt. Er kümmert sich dort um diese Dinge.«

Hauptmann Waibel mischte sich zum ersten Mal ein, seit der »offizielle« Teil des Abends begonnen hatte.

»Die zweiundsiebzig Stunden... Wann waren sie zu Ende?«

»Gestern bei Sonnenuntergang. Wäre seit heute morgen irgend etwas Neues von Bedeutung vorgefallen, hätte man mich noch vor heute nachmittag informiert. Ich habe mein Berner Büro um 15.25 Uhr verlassen.«

Dulles ließ Oberstbrigadier Masson nicht aus den Augen, und sobald dieser das zweite Blatt las, sagte er: »Nun zur 20. Gebirgsarmee. Wir haben die Russen nach ihr befragt. Schließlich sind sie – und die Finnen – diejenigen, die es mit den Deutschen an der russisch-finnischen Grenze zu tun haben. Wir neigen dazu zu vergessen, daß Finnland zwei Monate nach dem Angriff der Nazis auf Polen im November 1939 von den Russen angegriffen wurde und die Finnen, obwohl sie die Rote Armee hundertfünf Tage aufhielten, im März 1940 von den Sowjets einen demütigenden Friedensvertrag aufgezwungen bekamen. Das Ergebnis war, daß die Finnen mitmachten, als die Deutschen 1941 Rußland angriffen, was zu einer unheiligen militärischen Allianz zwischen ihnen und den Deutschen führte, die bis heute anhält. Wie dem auch sei, die besten Informationen über die Lage in diesem Teil der Welt kommen vom sowjetischen Militärgeheimdienst GPU. Er hat uns gestern darüber informiert, daß die 20. Armee, eine Eliteeinheit unter dem Kommando von General Dietl, ihren Dienst in Lappland versieht.«

»Und welchen Schluß ziehen Sie daraus?« fragte Waibel.

»Daß die Information über eine drohende Invasion der Schweiz, angeführt von Einheiten der 20. Gebirgsarmee, um das Alpen-Réduit zu knacken, woraufhin durch Truppen und Waffen, die sich in der Mitte Deutschlands sammeln, ein Angriff erfolgen soll, höchstwahrscheinlich nicht stimmt. Es ist falscher Alarm. Und es wäre töricht, wenn General Guisan jetzt eine allgemeine Mobilmachung anordnen würde.« Dulles richtete seine Aufmerksamkeit nun von Hauptmann Waibel auf Oberstbrigadier Masson und fügte hinzu: »Ebenso töricht wäre es, auf irgendein ›Geschäft‹ einzugehen, das die Nazis als Alternative zu einer solchen Handlung vorschlagen, die laut Ihren eigenen Worten zum militärischen Patt in Mitteleuropa führen würde. Wir glauben, daß jemand in Berlin diese Sache ausgekocht hat, um Sie hinters Licht und in eine Einbahnstraße zu führen, die nirgendwo endet, es sei denn in einem noch engeren wirtschaftlichen Würgegriff.«

Als Oberstbrigadier Masson Dulles' letzten Satz hörte, versteinerte sich sein Gesicht. Er faltete die beiden Blätter langsam und bedächtig zusammen und schob sie in den braunen Umschlag zurück. Dann stand er auf, reichte ihn Dulles und sagte in englischer Sprache:

»Danke, Mr. Dulles. Wir wissen Ihre Hilfe wirklich zu schätzen. Wir werden Ihre Informationen unmittelbar im Zusammenhang mit dem bewerten, was wir weiterhin aus anderen Quellen beziehen. Ich wäre Ihnen wirklich sehr dankbar, wenn Sie und Ihre Leute unser heutiges Gespräch geheimhalten würden – und natürlich ebenso die Tatsache, daß es überhaupt stattgefunden hat. Des weiteren möchte ich dringend empfehlen, daß Sie sich eines Kuriers bedienen, wenn Sie Ihren Vorgesetzten in Washington Meldung erstatten. Ihre anderen Übermittlungskanäle sind nämlich nicht sicher, Sir.«*

Darauf hielt er Dulles die Hand hin. Der überraschte Dulles sprang eilig aus seinem Sessel und drückte sie.

Nun standen alle im Raum Anwesenden auf. Oberstbrigadier Masson wandte sich an Hauptmann Waibel. Er sprach jetzt wieder Französisch. »J'aimerais bien que vous et Lieutenant Burckhardt m'accompagniez à ma voiture.«

Bevor er die Bibliothek verließ, küßte er als letztes Nancy Reichmans Hand und murmelte, es hätte ihn sehr gefreut, sie kennenzulernen. Dann verließen die Schweizer Offiziere den Raum und ließen Dulles und Nancy, die vor dem Kamin standen, allein zurück.

»Um was ging es überhaupt?« fragte sie schließlich.

»Ich glaube, ich habe dem Oberst Sand ins Getriebe geworfen«, antwortete Dulles. »Oder genauer gesagt: ins Ränkegetriebe irgendwelcher Leute in Berlin... Leute, die ›in hohen Positionen‹ sitzen, um Massons Ausdruck zu verwenden. Ich vermute, seine Absichten bestanden heute abend darin, mich dazu zu bewegen, Verhandlungen mit ihnen aufzunehmen. Aber als er erkannte, daß er es nicht geschafft hat, ist er offenbar einfach eingeschnappt.«

Dulles griff plötzlich in die Seitentasche seines Jacketts und entnahm ihr eine kleine Pfeife und ein Päckchen Tabak. »Sie haben doch nichts dagegen, meine Liebe?«

»Natürlich nicht«, erwiderte Nancy.

Dulles ließ sich mit dem Stopfen der Pfeife Zeit. Nach ein paar Zügen sagte er: »Das ist schon besser. Und jetzt möchte ich Ihnen erklären, was *meiner Meinung nach* hier los ist. Es gibt ein paar Nazis in Schlüsselpositionen, die im Begriff sind, der Schweiz die Daumenschrauben anzulegen. Dabei handelt es sich um Männer, die, nachdem sie gesehen haben, was in Stalingrad und Nordafrika passiert ist, widerwillig zu dem Schluß gekommen sind, daß sie den Krieg verlieren werden, wenn sie gleichzeitig gegen uns und die Russen kämpfen müssen. Also suchen sie nach einer diplomatischen Alternative, bei der ihnen die Schweiz als Vermittler dient. Um die Unterstützung der Schweiz zu gewinnen, treten sie in den klassischen Rollen des bösen und des guten Polizisten auf: Wenn die Schweizer mit dem guten Polizisten kooperieren, kann dieser den bösen vielleicht überzeugen, daß es besser wäre, die Finger von der Sache zu lassen.«

»Aber was genau wollen sie von den Schweizern?« fragte Nancy.

»Sie sollen ihre ›guten Beziehungen‹ einsetzen, um ein Geschäft zwischen den Deutschen und den Angelsachsen auszuhandeln. Wir sollen aufhören, uns gegenseitig bis zu einem Patt zu bekämpfen, und es den Deutschen erlauben, ihre ganzen Ressourcen dem einzigen Ziel zu widmen, Rußland zu schlagen. Um dafür zu sorgen, daß nicht ganz Europa unter den Einfluß der Bolschewiken gerät.«

»Aber das ist doch absurd!«

»Nicht in den Augen von Außenminister Marcel Pilet. Er hat unseren Botschafter Leland Harrison, Ihren offiziellen Chef, tatsächlich gestern nachmittag im Büro angerufen, um über eben diese Sache zu sprechen. Allem Anschein nach hat ihn Otto Karl Köcher, der hiesige deutsche Botschafter, dazu gebracht.* Das war ihre Initiative über den offiziellen Kanal. Ich habe das Gefühl, Masson hatte heute abend die Absicht, den Versuch zu machen, einen zweiten Kanal zu öffnen, einen ›schwarzen‹ Kanal, der alle drei Nachrichtendienste umfaßt: das OSS, den Sicherheitsdienst der SS und mittendrin die Sektion 5 des Schweizer Militärs. Oder, um genauer zu werden: Bevor ich seine Theorie von der bevorstehenden Invasion abschoß, indem ich andeutete, sie könne von den Nazis erfunden worden sein, war er, glaube ich, beinahe soweit, mir ein Treffen mit einem der Männer vorzuschlagen, die hinter der ganzen Sache stehen: Obergruppenführer Schellenberg. Wir wissen, daß Masson ihn schon zweimal getroffen hat – einmal im letzten November, direkt hinter der Grenze, in Waldshut, und dann, im Januar, in der Schweiz, bei Schaffhausen. Was mich an die mysteriöse Beobachtung erinnert, die Sie kürzlich abends im Hotel Drei Könige gemacht haben: Wir nehmen an, sie waren im Begriff, ein drittes Treffen vorzubereiten. Wahrscheinlich hier in der Nähe. Und es findet zweifellos sehr bald statt, ob ich nun dabei bin oder nicht.«

»Aber warum sollte Masson sich so intim mit den Nazis beschäftigen?«

»Aus Naivität, meine Liebe. Und aus einem gründlichem Mißtrauen vor den sowjetischen Absichten, wenn der Krieg zu Ende ist... Ein Mißtrauen, sollte ich vielleicht hinzufügen, das ich voll und ganz mit ihm teile.«*

»Aber was ist, wenn die Russen von alldem erfahren?«

Dulles zuckte nur die Schultern, denn genau in diesem Moment ging die Tür der Bibliothek wieder auf. Burckhardt und Waibel kehrten zurück.

11. Kapitel

Waibel kam sofort auf Dulles zu. »Entschuldigen Sie Oberstbrigadier Massons Benehmen. Meine einzige Erklärung ist, daß er unter äußerst starkem Streß steht.«

»Macht doch nichts. Uns geht es nicht anders.«

»Ganz meine Meinung«, sagte Peter Burckhardt. »Ich glaube, die Lage verlangt eindeutig nach etwas Stärkendem, wie etwa einer kräftigen Dosis Cognac. Ach, übrigens, Sie bleiben doch nach wie vor über Nacht, oder?«

»Natürlich«, erwiderte Dulles. »Wir bleiben bestimmt über Nacht und sind auch bestimmt an Ihrem Cognac interessiert.« Er nahm wieder vor dem Kamin Platz und zündete seine Pfeife neu an.

Der Cognac kam kurze Zeit später, und diesmal akzeptierte auch Nancy Reichman ein Glas. Erst dann nahm Waibel zum ersten Mal ausführlicher das Gespräch auf.

»Wenn Sie nichts dagegen haben, Sir, würde ich gern noch einmal auf das Thema zurückkommen, das wir besprochen haben. Um Ihnen zu verdeutlichen, daß meine Ansichten denen von Oberstbrigadier Masson nicht unbedingt immer entsprechen. Aber darf ich Ihnen, bevor ich in die Einzelheiten gehe, zunächst eine Frage stellen?«

»Sicher«, erwiderte Dulles.

»Was haben Sie gemeint, als Sie sagten, man wolle uns ›hinters Licht führen‹?«

»Vielleicht kann ich Ihre Frage besser beantworten, indem ich darauf hinweise, wer hier die Fäden zieht. Wir nehmen an, es ist Obergruppenführer Walter Schellenberg im Auftrag Heinrich Himmlers.«

Waibel nickte und schaute grimmig drein. »Er war der erste ›verläßliche‹ Informant.«

»Ich habe das Gefühl, daß Ihnen die Sache nicht schmeckt«, sagte Dulles.

»Ich und mein gesamter Stab mißbilligen es gründlich, daß Masson sich mit Leuten wie Schellenberg abgibt«, erwiderte Waibel. Dann fragte er: »Wieviel wissen Sie über Masson und Schellenberg?«

»Genug. Aber erlauben nun Sie mir eine Frage, Hauptmann Waibel.«

»Max.«

»In Ordnung, also Max. Wer ist der ›verläßliche‹ Informant Nummer zwei?«

»Das werde ich mit ins Grab nehmen. Aber soviel kann ich Ihnen sagen: Es steht zweifelsfrei fest, daß es sich bei ihm um den besten und verläßlichsten Informanten handelt, den wir für streng geheime Sachen in Deutschland haben.«

»Meine britischen Kollegen haben mir erzählt, daß Sie diesem Informanten einen Decknamen gegeben haben. Sie nennen ihn ›Wikinger‹.«*

»Der britische Geheimdienst irrt sich nur selten.« Waibel verfiel einen Moment lang in Schweigen. »Na schön, da Sie heute abend mit dem, was Ihre Dienste herausgefunden haben, so offen waren, will ich Ihnen etwas erzählen. Der Wikinger ist sehr oft in die Überlegungen des deutschen Generalstabs eingeweiht. Manchmal auch in die aktuellen militärischen Entscheidungen, die in Berlin und – was noch wichtiger ist – in Hitlers ostpreußischem Kommandostand Wolfsschanze, in dem er nun die meiste Zeit verbringt, gefällt werden. Obwohl ich *jeder* Information gründlich mißtraue, die über die Leitung Himmler/Schellenberg kommt, habe ich *vollstes* Vertrauen in alle Informationen, die über den Wikinger kommen. Ich wiederhole: Bisher haben wir von ihm keine Falschmeldungen erhalten.«

»Ich nehme an, daß der Wikinger zu Ihren persönlichen ›Konten‹ gehört.«

»So ist es. Und so wird es auch bleiben.«

»Okay. Bezüglich dessen, was Oberstbrigadier Masson gesagt hat – können Sie Genaueres über die Informationen sagen, die Sie von dem Wikinger erhalten haben? Wann haben Sie sie bekommen?«

»Am 16. Januar habe ich zum ersten Mal davon gehört. Und danach ist die Meldung zweimal bestätigt worden.«

»Einzelheiten«, verlangte Dulles.

»Sollte es zu einer Invasion oder der ernsthaften Drohung einer Invasion Süditaliens kommen ... ich zitiere nun die genauen Worte, die der Wikinger übermittelt hat ... wird man die Schweiz in zwei Wellen angreifen, da das Schweizer Heer wie ein Schild agieren und die angelsächsischen Truppen beschützen wird, wenn sie sich auf uns zubewegen. Die Kampfpläne wurden von General Dietl ausgearbeitet, der unter Hitlers direktem Befehl steht. Seine 20. Gebirgsarmee soll den Angriff anführen, indem sie bei Nacht mit Fallschirmen abspringt und mit Segelgleitern landet, um die Gotthardlinie abzusichern. Weitere Truppen sollen im nördlichen Alpenvorgebirge abspringen. Die erste Welle soll hunderttausend Mann umfassen. Gleichzeitig will man massive Bombenangriffe auf die größten nördlich der Alpen liegenden Städte der Schweiz fliegen: Zürich, Basel, Bern, Luzern und Schaffhausen. Eine Stunde nachdem Dietl bestätigt hat, daß sein Angriff hinter unserer Hauptverteidigungslinie erfolgreich war, soll eine Panzerkolonne, die fünfhundert Kilometer nördlich unserer Grenze stationiert ist, sich mit siebzig Stundenkilometern nach Süden in Bewegung setzen. Diese Einheiten sollen die dichtbewohntesten Zentren abriegeln. Direkt danach folgen motorisierte Einheiten der Waffen-SS. Sobald sie Schweizer Boden erreicht haben, besteht ihre Hauptaufgabe darin, in die bevölkerungsreichsten Zentren vorzudringen und jeden Schweizer, der nach dem Ende der Invasion Partisanenaktivitäten organisieren könnte, zu eliminieren, egal ob Soldat oder Zivilist. Die Hauptstreitmacht der Invasion, die der Waffen-SS über den Rhein folgt, soll die neue ›Südarmee‹ der Wehrmacht sein. Sie wird gerade aufgestellt und soll aus einer Million Soldaten bestehen. All dies soll am 6. März beginnen.«

»Und das glauben Sie?«

»Ja, Sir. Vielleicht nicht, was das genaue Datum angeht, aber im Prinzip schon.«

»Wir aber nicht. Wir waren, offen gesagt, von Anfang an unterrichtet und bereits sehr skeptisch, *bevor* ich die neuesten Informationen erhielt, die ich Oberstbrigadier Masson gegeben habe.« Dulles griff erneut in die Brusttasche seines Jacketts und förderte ein weiteres Dokument zutage. »Lesen Sie. Es handelt sich um eine Meldung, die Captain Legge, unser Militärattaché, nach Washington übermittelt hat. Sie ist per Kurier zu mir zurückgekommen. Legge und ich reden nicht oft miteinander, da der Leiter unserer hiesigen Vertretung sich alle Mühe gibt, mich von der Botschaft fernzuhalten.«*

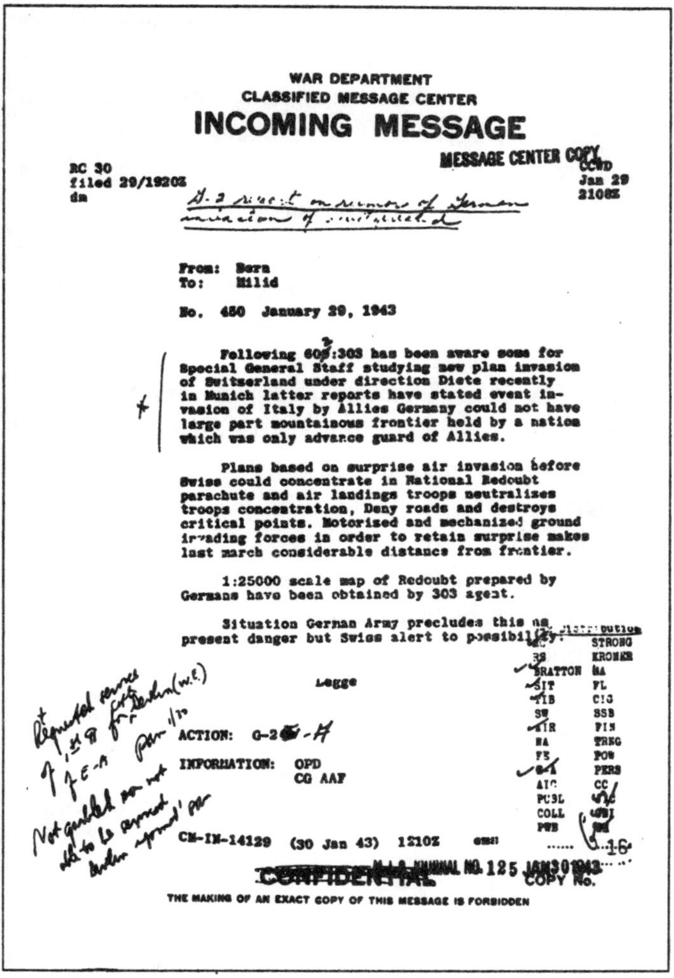
WAR DEPARTMENT
CLASSIFIED MESSAGE CENTER
INCOMING MESSAGE

MESSAGE CENTER COPY

RC 30
filed 29/1920Z
dm

CCWD
Jan 29
2108Z

From: Bern
To: Milid

No. 450 January 29, 1943

Following 602:303 has been aware some for Special General Staff studying new plan invasion of Switzerland under direction Diete recently in Munich latter reports have stated event invasion of Italy by Allies Germany could not have large part mountainous frontier held by a nation which was only advance guard of Allies.

Plans based on surprise air invasion before Swiss could concentrate in National Redoubt parachute and air landings troops neutralizes troops concentration, Deny roads and destroys critical points. Motorised and mechanized ground invading forces in order to retain surprise makes last march considerable distance from frontier.

1:25000 scale map of Redoubt prepared by Germans have been obtained by 303 agent.

Situation German Army precludes this as present danger but Swiss alert to possibility.

Legge

ACTION: G-2

INFORMATION: OPD
CG AAF

CM-IN-14129 (30 Jan 43) 1210Z

Distribution: STRONG, KRONER, BRATTON, MA, SIT, FL, TIB, CIG, SW, SSB, FIR, FIN, MA, TREG, FE, POW, PERS, AIC, CC, PUBL, COLL, PUB

CONFIDENTIAL

COPY No.

THE MAKING OF AN EXACT COPY OF THIS MESSAGE IS FORBIDDEN

Waibel studierte die Nachricht. Er wirkte erschüttert, obwohl seine nächsten Worte zeigten, daß er trotz allem keinesfalls bereit war, an seinem Wikinger zu zweifeln.

»Ich weiß nicht, wie Legge davon erfahren hat. Aber das Wort des Wikingers ist mir hundertmal mehr wert als seins.«

Als Reaktion auf Waibels letzte Worte zuckte Dulles die Schultern. »Ich schätze, Sie können nicht anders. Wir werden Sie jedenfalls auf dem laufenden halten, falls sich in unserer nachrichtendienstlichen Einschätzung irgend etwas ändert. Das heißt, wenn Sie den Kontakt aufrechterhalten wollen.«

»Natürlich will ich das. Ich kann Ihnen gar nicht sagen, wie gern. Im Augenblick möchte ich allerdings vorschlagen, daß wir Masson aus der Sache heraushalten.«

»Einverstanden. Darf ich außerdem vorschlagen, daß unsere Miss Reichman und Ihr Leutnant Burckhardt weiterhin als Vermittler fungieren?«

»Gerne.«

»Gut. Und falls unser Arrangement in Sachen ›März-Alarm‹ funktioniert, könnte man es vielleicht auch in anderer Hinsicht anwenden.«

»Zum Beispiel?«

»Bei irgendwelchen gemeinsamen Unternehmungen. In Gebieten, in denen unsere Interessen sich überschneiden.«

»Warum nicht? Denken Sie an irgend etwas Besonderes?«

»Ja, und ich will ganz offen sein, Max. Wir sind daran interessiert, mit jemandem Kontakt aufzunehmen, der dem Führer sehr nahe ist – so wie Sie es mit dem Wikinger getan haben. Oberflächlich betrachtet scheint es, als verfolgten wir unterschiedliche Absichten. Sie hatten einzig und allein die Absicht, Informationen zu sammeln, die Ihnen dabei behilflich sind, die Unabhängigkeit und Neutralität der Schweiz zu wahren und aufrechtzuerhalten. Wir verfolgen eine aktivere und weniger freundliche Mission. Wir suchen deutsche Verschwörer, die den Krieg so schnell wie möglich beenden wollen. Ich möchte jedoch darauf hinweisen, daß wir im großen und ganzen dem gleichen Ende zustreben: dem Sieg über Nazideutschland. Geheimdienste wie der Ihre und der unsere, Max, sind ideale Transportmittel zur Begünstigung von Verschwörungen, die den Tag der Niederlage schneller herbeiführen und das Leben von Millionen retten können. Stimmen Sie mir zu?«

»Ja.«

»Irgendwelche Vorschläge, wie wir so was deichseln können?«

Peter Burckhardt legte nach einem ermunternden Zunicken von Waibel seine neutrale Rolle als Gastgeber zum ersten Mal an diesem Abend ab.

»Ich hätte da zwei Vorschläge. Haben Sie je von der Berliner Mittwochsgesellschaft gehört? Oder vom Kreisauer Kreis in Ostdeutschland?«

»Von der ersten noch nicht, vom zweiten ja, aber nur vage.« Was nicht hundertprozentig stimmte: Dulles wußte zwar alles über den Kreisauer Kreis, hatte aber große Schwierigkeiten, mit ihm in Kontakt zu kommen.*

»Beides sind Diskussionsgruppen jener Art, wie man sie im allgemeinen nur in Mitteleuropa findet. Die Mittwochsgesellschaft wurde Mitte des 19. Jahrhunderts gegründet und war stets auf sechzehn Mitglieder beschränkt, die sich wöchentlich – natürlich mittwochs – in Berlin zum Essen treffen ... Es ist ihr Ziel, Wissenschaftler und Intellektuelle zusammenzubringen, obwohl im Moment auch ein Wehrmachtsgeneral dazugehört, der, wie ich gehört habe, nur wegen seines militärischen Geschichtswissens Zutritt hat.«*

Dulles wurde plötzlich sehr wachsam.

»*Wissenschaftler* und Intellektuelle haben Sie gesagt?«

»Ja.«
»Fahren Sie bitte fort.«
»Der Kreisauer Kreis hat seinen Namen vom Landsitz des Grafen Helmuth von Moltke im oberschlesischen Kreisau, wo die Gruppe sich trifft. Sie umfaßt einflußreiche Männer aus vielen Lebensbereichen – Amtsträger, Kirchenleute, militante Sozialisten, Rechtsanwälte. Ihnen allen ist der Glaube an die christliche Ethik zu eigen. Und was beide Gruppierungen verbindet, ist ihre totale Opposition zum Naziregime.«
»Weiter«, drängte Dulles.
»Vielleicht können wir dazu beitragen, daß Sie mit ihnen in Kontakt kommen.«
»Und das könnte hier in der Schweiz geschehen?«
»Sogar mitten in Basel. Vorausgesetzt, wir können uns die Mitarbeit von zwei Vermittlern sichern.«
»Und wer könnte das sein?«
»Der Theologe Karl Barth. Und mein Chef, Per Jacobsson. Ich habe den starken Verdacht, daß manche seiner Berliner Bankkontakte – er besucht die Stadt regelmäßig und hat die Absicht, in ein paar Tagen wieder hinzufahren – mit einigen Mitgliedern der Mittwochsgesellschaft bekannt sind.«
»Das überrascht mich nicht, wenn man Jacobssons politische Neigungen kennt. Aber wieso Barth?«
»Weil er ein vehementer Gegner der Nazis ist und starke Bindungen zu Kollegen der Bekennenden Kirche in Deutschland pflegt, die seine Ansichten teilen. Besonders ein lutherischer Pastor in Berlin; er heißt Dietrich Bonhoeffer. Bonhoeffer hat Verbündete unter den Theologen und Pastoren in Freiburg im Breisgau – was nicht weit von hier ist, wie Sie wissen. Zudem ist uns bekannt, daß Bonhoeffer in dieser Hinsicht mit einigen Schweden in Kontakt steht, speziell mit der Ban-

kiersfamilie Wallenberg. Ich nehme an, Jacobsson kann Ihnen viel mehr darüber sagen, wenn Sie ihn treffen.«

»Und wie nehme ich mit Barth Kontakt auf, falls es nötig wird?«

»Darf ich vorschlagen, daß Sie dazu die Reichman/Burckhardt-Schiene benutzen?«

Dulles lachte. »Das gefällt mir. Bevor ich ins Bett gehe, möchte ich aber noch etwas sagen: Sie haben angedeutet, daß es unter den hohen Tieren der deutschen Wissenschaft möglicherweise eine Opposition gegen Hitler gibt. An diesen Leuten sind wir besonders interessiert.«

»Es sind höchstwahrscheinlich Chemiker«, sagte Burckhardt. »Obwohl ich sagen muß, daß wir einen erneuten Gaskrieg der Deutschen für unwahrscheinlich halten.«

»Ich neige zur gleichen Ansicht. Trotzdem wäre uns jeder Kontakt zu Chemikern höchst willkommen. Auch zu Physikern. Ja, zu Physikern ganz besonders.« Dulles schaute auf seine Armbanduhr. »Jetzt muß ich aber ins Bett.«

Er erhob sich aus seinem Sessel, und die drei jüngeren Leute taten es ihm automatisch gleich.

»Ich zeige Ihnen Ihr Zimmer, Sir«, sagte Burckhardt.

Dulles schüttelte zuerst Nancy und Waibel die Hand, dann sagte er: »Gehen Sie vorsichtig mit diesem Schellenberg um, Max. Er neigt dazu, jeden, der mit ihm zu tun hat, in Schwierigkeiten zu bringen. Und das wäre jetzt, wo die Dinge allmählich interessant werden, einfach schade. Amerika braucht Ihre Hilfe. Und ich glaube, Sie können die unsere gebrauchen. Ein letzter Vorschlag: Achten Sie darauf, daß Sie keinen Ärger mit den Russen kriegen. Sie lieben die Schweiz nämlich nicht gerade.«

Sobald Dulles und Burckhardt den Raum verlassen hatten, nahmen Waibel und Nancy wieder auf den Sesseln vor dem Kamin Platz.

»Er gefällt mir«, sagte Waibel. »Obwohl ich nicht immer genau verstehe, wovon er eigentlich redet. Was, zum Beispiel, bedeutet sein Interesse an Physikern? Und was wollte er mit der Bemerkung über die Russen sagen?«

»Wenn ich das wüßte...«, erwiderte Nancy. Sie meinte es ernst.

Minuten später kehrte Peter Burckhardt zurück. Sie nahmen noch einen letzten Drink – eisgekühlten Champagner –, dann beschlossen auch sie, daß es an der Zeit war, zu Bett zu gehen. Nachdem Peter Nancy vor der Tür ihres Schlafzimmers einen Gutenachtkuß gegeben hatte, sagte er leise: »Hoffentlich frierst du nicht. Ich habe zwar dafür gesorgt, daß du das dickste Federbett im Haus bekommst, aber trotzdem...«

»Wenn es mir zu kalt werden sollte, rufe ich dich«, erwiderte sie.

»Unmöglich«, sagte er. »Wo unsere Chefs gleich nebenan schlafen. Aber vielleicht ein anderes Mal. Bald. Schließlich sind wir jetzt offiziell das Reichman/Burckhardt-Team.«

»Vielleicht«, sagte sie. Sie küßte ihn noch einmal und schloß dann die Tür.

12. Kapitel

Am nächsten Morgen, es war Freitag, der 26. Februar, wurde jedem einzelnen Gast um sieben Uhr das Frühstück auf dem Zimmer serviert, und um Punkt acht Uhr begann der Abzug aus dem Benkener Schloß. Hauptmann Waibel reiste als erster ab; er fuhr mit einem Militärfahrzeug zur Außenstelle des Geheimdienstes am Basler Petersplatz. Dann folgte Peter Burckhardt, der die beiden Amerikaner in seinem Mercedes mit nach Basel nahm. Er setzte Dulles am Hauptbahnhof ab, wo diese um neun Uhr den Zug nach Bern nahm. Nachdem Burckhardt Nancy vor ihrer Wohnung in der Augustinergasse 11 abgesetzt hatte, fuhr er zu seinem Büro in der Bank für Internationalen Zahlungsausgleich. Eine Stunde später verließ auch das Personal das Benkener Schloß; es legte die Strecke zum Dorf zu Fuß zurück und nahm den Bus, der genau vor dem Gasthof Zum Rössli hielt. In Basel angekommen, stieg es in die Straßenbahn um, die es in den Vorort Riehen und zu seinem Quartier im dortigen Burckhardt-Haus brachte.

Peter Burckhardt hatte an diesem Morgen kaum hinter seinem Schreibtisch Platz genommen, als das Telefon klingelte. Es war Oberstbrigadier Masson, und er schien im Gegensatz zu Burckhardts Erwartungen bester Laune zu sein. »Ich hatte eigentlich gar nicht damit gerechnet, Sie schon im Büro anzutreffen«, sagte er.

»Offenbar waren Sie früher im Bett, als ich angenommen habe. Übrigens, wie ist der Abend denn zu Ende gegangen?«

»Sehr gut. Mr. Dulles war wohl sehr zufrieden damit, wie alles gelaufen ist. Er ist ein paar Minuten nach Ihrer Abreise schlafen gegangen. Ich habe ihn vor einer halben Stunde am Bahnhof abgesetzt. Das einzige, worüber wir heute morgen gesprochen haben, war seine wiederholte Bitte, daß ich für den nächsten Dienstag oder Mittwoch ein Treffen mit Jacobsson arrangiere ... wenn er aus Stockholm zurück ist.«

»Ich nehme an, Sie werden als erstes mit Jacobsson reden. Um zu erfahren, ob er etwas Neues über die Lage in Finnland gehört hat.«

»Jawohl, Herr Oberstbrigadier. Wir erwarten ihn Montag nachmittag zurück. Ich rede mit ihm, sobald ich kann.«

»Und erstatten mir danach sofort Meldung, so spät es auch sein mag.«

»Jawohl, Herr Oberstbrigadier.«

»Gut. Was ich noch sagen wollte ... Die Vorbereitungen, die Sie für das gestrige Treffen mit Mr. Dulles getroffen haben, waren absolut perfekt. Der Tagungsort hat für völlige Privatsphäre gesorgt, und die Atmosphäre hätten nicht besser sein können. Ich möchte es wiederholen. Nächsten Dienstag.«

»Das gleiche Verfahren?«

»Ja. Rechnen Sie damit, daß die Gäste gegen 18 Uhr in Benken eintreffen. Wir erwarten zwei, und bestimmt auch einen zweiten Wagen mit Sicherheitspersonal. Zwei Angehörige meines Stabes holen sie an der Grenze ab. Ich komme mit meinem Fahrer in einem separaten Fahrzeug. Wenn Sie nichts dagegen haben, werden alle die Nacht im Schloß verbringen.«

»Kein Problem, Herr Oberstbrigadier. Was ist mit den Fahrern?«

»Die sollen sich um sich selbst kümmern.«

»Möchten Sie, daß ich zugegen bin, Herr Oberstbrigadier?«

»Natürlich. Obwohl ich glaube, daß unsere Gäste sich gewiß wohler fühlen, wenn Sie sich zurückziehen, bevor die Gespräche ernsthaft werden.«

»Ich verstehe.«

»Gut. Ich höre von Ihnen, nachdem Sie Montag mit Jacobsson gesprochen haben?«

»Jawohl, Herr Oberstbrigadier.«

»Dann wünsche ich Ihnen ein schönes Wochenende.«

»Vielen Dank, Herr Oberstbrigadier.«

Burckhardt brauchte gar nicht erst zu fragen, wer die Gäste waren. Die Tatsache, daß Waibels Anwesenheit mit keiner Silbe erwähnt worden war, erklärte alles. Es mußte sich um Schellenberg handeln. Wer war der zweite Mann? Entweder Schellenbergs Chef oder einer seiner treuen Untergebenen ... Also Heinrich Himmler oder Sturmbannführer Eggen, der allem Anschein nach behilflich gewesen war, die Sache nach dem Treffen mit Massons Mann am Sonntagabend in der Bar des Hotels Drei Könige anzuleiern. Masson mußte schon seit Tagen wissen, daß sie kommen würden. Was auch sein höchst skeptisches Verhalten Dulles gegenüber erklärt, dachte Burckhardt. Alles, was Dulles sagte, mußte maßgeblich aus Sekundärquellen stammen. Masson jedoch hatte Zugriff auf die Primärquellen. *Zu Männern, die zur Rechten des Führers sitzen, verdammt noch mal.* Zu Männern, die Hitlers Absichten nicht nur *aus erster Hand* kannten (vielleicht sogar seine die Schweiz betreffenden Pläne), sondern auch in der Lage waren, ihn bei der Ausführung dieser Pläne zu beeinflussen. Oder bei der Nichtausführung.

Es ist das Risiko wert, dachte Burckhardt trotz der warnenden Worte, die Dulles am vergangenen Abend ausgesprochen hatte.

Dann rief er seinen Vater an, um ihn wissen zu lassen, daß man das Benkener Schloß noch einmal brauchte, da am nächsten Dienstag »einige Besucher aus dem Norden« in Basel erwartet wurden.

Burckhardt senior verstand sofort.

»Ich möchte, daß *alles* perfekt ist«, sagte er. »Damit dieser Abschaum sieht, wie man ein zivilisiertes Land regiert. Um ganz sicherzugehen, schicke ich unsere Leute am Sonntag voraus.«

»Aber sie sind doch gerade erst mit dem Bus nach Basel zurückgekommen.«

»Tja, Pech für sie. Dann müssen sie eben sofort wieder zurückfahren. Übrigens fahre ich Sonntag selbst nach Benken hinaus, um dafür zu sorgen, daß jeder Bescheid weiß. Du darfst nicht vergessen, Peter, daß diese Nazis ausnahmslos üble primitive Kerle sind. Schläger. Hätte ihr Chef nicht durch Einschüchterung die Macht an sich gerissen, wären diese Typen nie im Leben auf irgendein Schloß eingeladen worden. Jetzt haben wir die Chance, *sie* einzuschüchtern.«

»Wenn du meinst, Vater ...« Peter klang nicht ganz überzeugt.

»Und ob ich das meine!«

Zwei Tage später, am Sonntag, dem 28. Februar, holte Igor Tschitowsky alias Werner Lentz Liselotte Maurer um Punkt 13 Uhr vor dem Gasthof »Zum Rössli« ab. Liselotte trug ihr Sonntagskleid, sprudelte vor Begeisterung und war redselig. Kaum hatte sie ihren Platz auf dem Beifahrersitz neben Lentz eingenommen, legte sie auch schon los.

»Ach, war das ein Morgen!«

»Was ist denn passiert?« fragte Lentz, der den Wagen vor dem Gasthof wendete und den Rückweg nach Basel einschlug.

»Zuerst wären wir beinahe zu spät in die Kirche gekommen, weil zwei unserer Kühe ausgerissen waren. Sie sind über die Landstraße gelaufen, und wir – Mutti, Vati, meine Schwestern und ich, schon fertig angezogen – mußten sie einfangen und in den Stall zurückbringen. Und dann, in der Kirche, mußte der Pfarrer plötzlich mitten in der Predigt niesen, und meine jüngste Schwester fing an zu lachen, und ich auch. Mutti hätte uns am liebsten umgebracht! Und dann, nach der Kirche, als wir auf dem Nachhauseweg am ›Rössli‹ vorbeikamen, kam der Wirt raus und hat mich gefragt, ob ich aushelfen könnte – bloß für einen Moment. Im ›Rössli‹ ist nämlich sonntags immer viel los. Ausgerechnet heute kam dann auch noch ganz unerwartet der Bankier Burckhardt, der Alte, dem das Schloß gehört, und wollte bei uns essen. Er war mit seiner Frau da, und die hat erzählt, später würde mit dem Bus noch eine ›separate Gruppe‹ kommen. Wir sollten für sie ein besonderes Essen machen und die Rechnung aufs Schloß schicken. Also habe ich in der Küche ausgeholfen, Kartoffeln geschält und Möhren geschnitten und so was.« Ein wenig atemlos hielt sie inne und fuhr dann fort: »Jetzt rat mal, wer die ›separate Gruppe‹ war? Sie ist nämlich im Moment im Lokal.«

»Wer denn?«

»Die Dienerschaft der Burckhardts! Die Dienstmädchen, der Diener, der Chauffeur und zwei Gärtner! Kannst du dir das vorstellen? Aber wenn man's sich richtig überlegt – ist es nicht nett von den Burckhardts? Die Leute sagen immer, er ist unheimlich hochnäsig und redet mit keinem aus Benken. Daß er einfach kommt und geht, wie ein englischer Lord. Aber ich wette, englische Lords laden sonntags ihr Hauspersonal bestimmt nicht zum Essen ein.«

»Was wollen die denn alle in Benken?«

»Na ja, das gleiche habe ich auch Heidi gefragt... Sie gehört zu den Dienstmädchen und ist die Cousine einer alten Schulfreundin von mir. Sie war früher oft in den Sommerferien hier, da hab' ich sie kennengelernt... Also, Heidi sagt, es ist unglaublich. Sie sagt, sie sind alle erst vor ein paar Tagen im Schloß gewesen, zu einem großen Essen, am Donnerstagabend... Weißt du noch, an dem Abend, an dem du auch hier warst? Da waren ein paar hohe amerikanische Tiere da, sagt sie, die am Freitag wieder nach Basel gefahren sind, und jetzt müssen sie schon wieder hin, um etwas für andere Gäste vorzubereiten, die sie für Dienstag erwarten.«

»Aber warum sind sie dann schon heute gekommen?«

»Weil der alte Burckhardt gesagt hat, er will, daß das Schloß, der Garten und alles andere in einem perfekten Zustand ist. Weil er den ›Kaibe Schwoobe‹, die am Dienstag herkommen, zeigen will, wie es hier in der Schweiz zugeht. Tja, und dann hat Heidi gesagt: ›Und da du weißt, wie sehr wir die Deutschen hassen, Liselotte, kannst du dir bestimmt vorstellen, daß wir uns alle Beine ausreißen, damit alles perfekt ist. Besonders nach dem Essen, das der Herr Doktor und seine Frau uns ausgegeben haben!«

Nun gehörte Liselotte Lentz'/Tschitowskys ungeteilte Aufmerksamkeit. »Kaibe Schwoobe, hm? Deutsche

Schweinehunde direkt hier in Benken! Das ist ja ein Ding.«

Nachdem Liselotte ihren Bericht über die aufregenden Ereignisse losgeworden war, machte sie es sich auf dem Sitz des Opels bequem, der nun der Stadt Basel entgegenfuhr. Doch sie schwieg nicht lange.

»Du, Werner, in was für einen Film gehen wir denn?«

»Es sollte eine Überraschung werden. Aber ich sag's dir trotzdem. Wir gehen überhaupt nicht ins Kino.«

Er schaute sie bei diesen Worten an und bemerkte, daß sie langsam eine Flappe zog.

»Aber ...«, setzte sie an.

»Wir gehen in die Oper.«

Ihre ansatzweise Flappe verwandelte sich in ein Stirnrunzeln.

»Keine Bange. Es ist eine Operette. *Die lustige Witwe.*«

»Oh, Werner!« rief sie aus. »Ich mag diese Musik!« Und um ihm zu zeigen, daß sie es ernst meinte, fing sie mit ihrem Kleinmädchensopran an, die ersten Zeilen der Operettenmelodie zu singen ... die ersten beiden, weil sie danach den Text nicht mehr wußte. Was sie aber nicht davon abhielt, den Rest vor sich hin zu summen. Während sie das tat, rutschte sie auf dem Sitz herum, bis ihr Schenkel den seinen berührte. Und als er seine rechte Hand darauf legte und dort behielt, machte sie keinen Versuch, sie wegzuschieben. Ganz im Gegenteil. Während sie durch Biel und Oberwil fuhren, kuschelte sie sich noch enger an ihn. Und als sie das Basler Stadtzentrum erreicht hatten, lag ihre Hand auf seinem Oberschenkel – eine rundliche Bauernhand, die fest zupacken konnte. Was Werner Lentz auf den Gedanken brachte, die gottverdammte Operette einfach sausen zu lassen und gleich zur Sache zu kommen.

Lentz bekam einen halben Häuserblock vor der Oper einen Parkplatz. Er eilte sofort mit Liselotte los und schloß sich der Menge an, die in das Gebäude strömte. Die Menge war für Sonntagnachmittag typisch: zahlreiche Mütter mit kleinen Kindern, aber auch viele Halbwüchsige und junge Leute von Anfang Zwanzig. Alle waren ordentlich gekleidet, und die Stimmung wurde fast festlich, als es auf 14 Uhr zuging. Man wußte, man würde einen Kunstgenuß erleben. Basel verfügte über eine der besten provinziellen Operngesellschaften Mitteleuropas, die äußerst gut mit Mozart und Puccini umzugehen verstand. Aber auch über Lehár oder Strauß war sie nicht erhaben, besonders nicht bei sonntäglichen Matineevorstellungen. Und da die Akteure wußten, daß das Publikum eher gekommen war, um sich zu amüsieren, statt sich kulturell zu bilden, legten sie sich mit besonderem Elan ins Zeug, was die ansonsten sturen Schweizer wahrlich zu schätzen wußten.

Sobald der Saal sich verdunkelte und die Ouvertüre begann, tastete Liselotte nach seiner Hand, doch diesmal achtete Lentz kaum darauf. Sein Geist war über den Augenblick hinaus längst auf Reisen und konzentrierte sich auf die Wichtigkeit der in der Wortflut des Bauernmädchens enthaltenen Informationen.

Es war völlig klar, daß das anstehende Treffen im Benkener Schloß, von dem sie erzählt hatte, das direkte Resultat jener Gespräche war, die seine Leute zwischen dem Schweizer Geheimdienst und Oberst Eggen von der Waffen-SS beobachtet hatten – zuerst an der Bar des Hotels Drei Könige, dann in dem Zimmer im Schweizerhof. Doch laut Liselotte sollten diesmal *zwei*

Nazis anwesend sein. Einer mußte Eggen sein. Und der andere... Eggens Chef.

Schellenberg!

Es gab keinen Menschen, den die Rote Kapelle mehr fürchtete und verabscheute. Obergruppenführer Schellenberg leitete die Gegenspionage der SS und hatte persönlich die Jagd und die ihr folgende Hinrichtung von Dutzenden von Tschitowskys Männern in Deutschland, Belgien, Holland und Frankreich überwacht – eine so gnadenlose und erfolgreiche Menschenjagd, daß sich nun fast alles, was noch vom Spionageapparat der Sowjetunion übriggeblieben war, in der Schweiz aufhielt.

Es gab keinen Zweifel: Der Hauptgrund für Schellenbergs angekündigten Besuch bestand darin, die hiesige Polizei, die laut Tschitowskys Ansicht ebenso schlimm wie die Nazi-Gestapo war, dazu aufzuhetzen, auch noch die letzten Reste der Roten Kapelle zu vernichten. Er wußte, daß die Schweizer sich der Aktivitäten seiner Organisation in ihrem Land vollauf bewußt waren. Er wußte ebenfalls, daß sie ihre Funksprüche aus Genf und Lausanne immer öfter abhörten. Ebenso wußte er, daß sie irgendwann auch seine Funksprüche aus Basel abhören und dann den Ort ausfindig machen würden, von dem sie kamen. Er vermutete, daß sein Haus in der Rheingasse unter Beobachtung stand, vielleicht sogar in diesem Moment, wenn auch nur aus dem Grund, daß seine Akte bei der Fremdenpolizei eine komplette Dokumentation seiner – bzw. Werner Lentz' – sowjetischen Herkunft enthielt, die schon für sich ein Grund zum Argwohn war. Er wußte allerdings auch dies: Selbst wenn sich bei den hiesigen Behörden ein solcher Argwohn verdichtete, sie würden – im vollen Bewußtsein der Gefahr, in der ihre Neutralität schwebte – nicht übereilt reagieren, und schon gar nicht jetzt, wo das Kriegsglück sich zu wenden schien. Es sei denn, die Deutschen konnten im Tausch etwas anbieten, das ungeachtet dessen, was an der Ostfront geschah, für die Schweiz eine noch viel größere Hebelwirkung hatte als die Sowjetunion. Einen Hebel, den nur ein Mensch von hohem Rang in Deutschland anbieten konnte, ein Mensch wie Schellenberg.

Was bedeutete, daß er nun etwas unternehmen mußte, und zwar etwas Ausschlaggebendes. Eine solche Gelegenheit würde sich ihm so bald nicht wieder bieten.

Er würde Schellenberg Dienstag umbringen und dann verschwinden. Die Lage in Benken war für beides perfekt. Ein Hinterhalt; dann eine sofortige Flucht über die Grenze nach Frankreich, wo er beim Widerstand zweifellos Unterschlupf finden würde. Dann brauchte er nur noch das Ende des Krieges abzuwarten und konnte als der Held nach Moskau zurückkehren, der Obergruppenführer Walter Schellenberg umgebracht und den Naziführern einen Schlag versetzt hatte, der nur noch mit dem vor einem Jahr in Prag durchgeführten Attentat auf das zweite Symbol der SS-Elite verglichen werden konnte: dem Mord an Reinhard Heydrich, dem SS-Obergruppenführer und Reichsprotektor der Tschechoslowakei. Und was die Sache noch schöner und runder machte: Schellenberg war Heydrichs Protektionskind! Heydrich war selbst nach Maßstäben der Nazis eine Bestie gewesen. Man hatte ihn ›Schlächter von Prag‹ genannt, und er war noch stolz darauf gewesen. Nach seinem Tod war die SS am 9. Juni 1942 zu rasenden und wüsten Massakern ausgezogen – am Tag seiner Beerdigung in Berlin. Hitler hatte Heydrichs Tod mit einer verlorenen Schlacht verglichen, und Himmler hatte erklärt: »Es ist unsere heilige

Pflicht, ihn zu rächen.« Zuerst hatte es dreitausend Juden getroffen. Am Morgen des 9. Juni hatte ein mit den Buchstaben *AaH* (Attentat auf Heydrich) markierter Zug Prag verlassen und tausend tschechische Juden in die Mordfabriken der SS gebracht. Diesem waren zwei weitere Transporte aus einem Getto in Theresienstadt gefolgt. Und am gleichen Abend hatte die Waffen-SS die völlige Vernichtung und *Einebnung* des tschechischen Dorfes Lidice in Angriff genommen und fast alle Einwohner ermordet. Dem war die Festnahme und Exekution Tausender nichtjüdischer Einwohner Prags gefolgt, von denen viele als angebliche Spione zur Strecke gebracht wurden. Andere hatte man einfach willkürlich ergriffen. Wie alle Mitglieder der Roten Kapelle wußte Tschitowsky nur allzu gut von diesen Ereignissen, denn im Zuge der Aktion war auch mindestens ein Dutzend seiner Genossen ums Leben gekommen.*

Diesmal würden die Schweizer ihrer Rache zum Opfer fallen. In der ganzen Stadt machten Gerüchte über eine deutsche Invasion die Runde. Wenn Schellenberg in der Schweiz ums Leben kam – wer wußte denn schon, durch welche Hand? –, war es mit Hitlers Unentschlossenheit gewiß aus. Dieser Wahnsinnige würde sofort angreifen! Dann konnte Igor Tschitowsky von seinem sicheren Versteck in Frankreich aus zuschauen, wie die Schweizer Heuchler und Betrüger in den Flammen umkamen! Dem deutschen Angriff auf die Schweiz mußte zweifellos ein Kommandoeinsatz der Waffen-SS vorausgehen. Dann würde das, was sie im Sommer 1942 nach dem Attentat auf Heydrich dem tschechischen Dorf angetan hatten, nichts im Vergleich zu dem sein, was einem Dutzend Schweizer Dörfer im Winter 1943 nach der Ermordung des SS-Bonzen Walter Schellenberg blühte. Tschüs, Binningen, Biel und Benken! Adolf Hitler und Josef Stalin würden *beide* ihre Freude haben!

Denn es würde die Sowjetunion sein, die davon am meisten profitierte. Ein deutscher Angriff auf die Schweiz würde wenigstens eine Million Soldaten von der Ostfront abziehen – und das zu einer Zeit, in der der Ausgang des Nazikrieges gegen Rußland in der Schwebe hing. Ohne Verstärkung mußte der Niederlage der 6. deutschen Armee in Stalingrad nun ein allgemeiner Rückzug an der gesamten deutschen Ostfront folgen. Dann konnte die Sowjetunion *ohne* die Hilfe der kapitalistischen Mächte, die zwar ständig versprachen, eine zweite Front in Europa aufzubauen, doch ihr Versprechen nie erfüllten, den Sieg über das Dritte Reich erringen.

Nun, da er darüber nachdachte, wurde ihm klar, daß die Ermordung von Obergruppenführer Walter Schellenberg eventuell noch weiterreichende Konsequenzen hatte. War es nicht möglich, beziehungsweise war es nicht *wahrscheinlich*, daß zwischen den beiden Treffen, die der Schweizer Geheimdienst im Benkener Schloß organisiert hatte, ein Zusammenhang bestand? Daß sie das Ziel hatten, den Weg für ein *drittes* Treffen zu ebnen – zwischen Schellenberg und Dulles? Zu welchem Zweck, war eindeutig: Sie wollten ein Geschäft machen und einen Separatfrieden zwischen den westlichen Alliierten und den Nazis schließen, um es diesen zu erlauben, ihre gesamte Kriegsmaschinerie auf Mütterchen Rußland loszulassen, das Heim ihres gemeinsamen Gegners, den Kommunismus. Der Kommunismus war nicht nur der Feind der Deutschen, sondern auch der Amerikaner, Briten und nicht zuletzt der ultrakapitalistischen Schweiz. Kein Wunder, daß Bankier Burckhardt die ganze Verschwörung in seinem Benkener Schloß im wesentlichen mitfinanzierte!

Aber aus all dem würde nichts werden!

Die Ungeheuerlichkeit der Verwüstung, die Tschitowsky/Lentz persönlich anrichten wollte, trug ihn dermaßen davon, daß sein Griff um Liselottes Hand ungewollt fest wurde und sie sich vor Schmerzen und – ja – Lust krümmte. Genau in diesem Moment senkte sich der Vorhang nach dem ersten Akt, und im Saal gingen die Lichter an.

»Isch daas nit toll gsyy«, rief Liselotte aus.

»Wunderbar«, sagte er. »Ich brauche eine Zigarette.«

Sie standen auf und gingen ins Foyer, wo er sich eine Gitane ansteckte und an die Bar trat, um sich ein Warteck-Bier und Liselotte einen Tee zu bestellen. Liselotte war schweigsam, sie genoß es, sich inmitten der Menge aufzuhalten und in der Großstadt zu sein. Er, stets wachsam, musterte das Theaterpublikum. Und plötzlich verharrte sein Kopf in der Bewegung. Drüben, auf der anderen Seite des Foyers, stand ein ebenfalls rauchender Mann. Gehörte er nicht zu Lützelschwabs Leuten? Was suchte ein Mann von der *Politischen Polizei* in der sonntäglichen Matineevorstellung des Stadttheaters? Sollte er nicht im Fußballstadion sein, in das Polizisten umsonst hineinkamen, zumal doch der FC Basel heute gegen seinen Erzrivalen, die Grasshoppers Zürich, antrat? Er wäre am liebsten selbst ins Stadion gegangen, wäre da nicht...

Tschitowsky wagte nicht, den Gedanken in Gegenwart des Polizisten zu Ende zu denken. Er saugte nervös am Stummel seiner Zigarette und zündete sich sofort eine neue an. Selbst Liselotte fiel es auf.

»Stimmt was nicht?« fragte sie.

»Nein, nein. Es wird nur ein bißchen stickig hier.

Gehen wir wieder hinein.« Er leerte sein Bierglas, drückte die zweite Zigarette im Aschenbecher aus, wartete ungeduldig ab, bis sie mit ihrem Tee fertig war, und führte sie dann zu den Plätzen zurück.

Als der Vorhang sich zum zweiten Akt gehoben hatte und die Menge still wurde, überschlugen sich Tschitowskys Gedanken. Angenommen, man beschattete ihn aus irgendeinem Grund... Was sollte er jetzt tun? War es möglich, daß zwischen der Anwesenheit der Polizei und seinen zwei Fahrten nach Benken eine Verbindung bestand? Nein, dachte er. Unmöglich. Beim ersten Mal war niemand dort gewesen – nur die einheimischen Kartenspieler. Hätte jemand beim ersten wie beim zweiten Mal das kürzlich erfolgte Kommen und Gehen in Benken von außerhalb beobachtet und irgendwelche Fragen nach ihm oder seinem Wagen gestellt, wäre Liselotte mit einbezogen worden und hätte ihm alles erzählt. Das war es also nicht. Aber welche Möglichkeit gab es sonst noch? Eine ganz gewiß: der Funkverkehr dieser Woche aus der Dachkammer seines Hauses in der Unteren Rheingasse. Aber war es auch wahrscheinlich? In anderen Wochen hatte er nicht weniger oft gefunkt. Die wahrscheinlichste Erklärung für die Anwesenheit des Lützelschwab-Mannes bestand in der Beschattung eines anderen. Immerhin hatten sie nun allein in Basel hundertzwanzig Mann in diesem Unternehmen eingesetzt! Um diese Streitmacht zu rechtfertigen, mußten sie Hunderte überwachen, nein, Tausende. Und natürlich – wer konnte das schon wissen? – bestand auch noch die Möglichkeit, daß der Mann tatsächlich ein Polizist war, der Fußball nicht ausstehen konnte und lieber in Operetten ging. Auch wenn das wahrscheinlich nur Wunschdenken war.

Es gab nur eine Möglichkeit sicherzugehen, und sie

bestand darin, die Probe zu machen. Er mußte früher gehen – zwar nicht jetzt, aber mitten im dritten Akt. Bevor man in der Menge untertauchen konnte. Um zu sehen, ob er derjenige war, der hier beschattet wurde. Wie einfach. Er konnte sogar eine doppelte Probe machen: die erste, indem er Liselotte mit nach Hause nahm, und dann, hinterher, indem er sie nach Benken zurückfuhr. Wenn man ihn wirklich beschattete, würde er es merken. Er war schließlich Profi und hatte es nur mit einer Bande dämlicher Schweizer Polizisten zu tun.

In der Mitte des dritten Aktes, als die lustige Witwe gerade im Begriff war, sich an den Mann ihrer Träume zu hängen, beugte sich Tschitowsky zu Liselotte hinüber, teilte ihr mit, daß er frische Luft brauche, und meinte, es sei wohl das beste, wenn sie gingen. Da sie am Gang saßen, konnten sie zu ihrer großen Erleichterung hinaus, ohne unbotmäßiges Aufsehen zu erregen. Nach der morgendlichen Episode in der Kirche wollte sie um keinen Preis noch mehr Beachtung auf sich ziehen – besonders nicht in Basel.

Minuten später hatten sie ihre Mäntel an der Garderobe abgeholt und befanden sich auf der Theaterstraße. Es war nun 16 Uhr, und obwohl die Sonne noch schien, wurde es schon sehr kalt. Als sie zum Wagen gingen, schaute Liselotte Tschitowsky besorgt an. »Geht's dir besser, Werner?«

»Ein bißchen. Aber ich glaube, je eher ich etwas Starkes zu trinken bekomme, desto besser.«

»Einen Kirsch«, schlug sie vor. »Mutti trinkt es auch immer, wenn sie sich unwohl fühlt. Suchen wir uns ein Lokal.«

»Ich habe eine bessere Idee«, sagte er. »Fahren wir doch zu mir. Es ist nicht weit, und da ist es viel gemütlicher als in einem Lokal.«

Liselotte war sofort einverstanden. Als sie am Wagen standen, öffnete er ihr die rechte Tür und prüfte die Theaterstraße in beide Richtungen. Aus dem Gebäude, das wußte er, war ihnen niemand gefolgt. Und auf der Straße hielten sich nur zwei Fußgänger auf: ein junges Paar spazierte Arm in Arm auf sie zu. Als sie an ihnen vorbeikamen, schätzte Tschitowsky ihr Alter auf höchstens achtzehn Jahre. Von denen drohte keine Gefahr.

Sobald er in den Wagen gestiegen war, warf er einen Blick in den Rückspiegel und fuhr durch die Theaterstraße, ohne sie aus dem Blickfeld zu lassen. Nichts. Er bog nach rechts zum Steinenberg ab; immer noch nichts; einen Block weiter kam er nach links in die Freistraße. Da dies die Hauptstraße der Basler Innenstadt war, wurde der Verkehr gleich viel stärker. Nach drei weiteren Querstraßen kamen sie über den Marktplatz, wo ihm der Anblick eines dort haltenden schwarzen Citroën mißfiel, der sich nun plötzlich an seine Fährte heftete.

»Du, Werner«, sagte Liselotte in diesem Augenblick und deutete aus dem Fenster an ihrer Seite. »Schau dir mal die Auslage im Schaufenster des Globus-Ladens an. Ist das nicht ... «

»Halt die Klappe, ich muß fahren«, knurrte er und bedauerte es im gleichen Moment. Er durfte sie sich um keinen Preis entfremden.

Eine Minute später waren sie auf der Mittleren Rheinbrücke, die sie nach Kleinbasel brachte. Der schwarze Citroën war noch immer hinter ihnen. Dann kam der kritische Moment. An der ersten Kreuzung hinter der Brücke bog Tschitowsky nach rechts in die Rheingasse ab, dann steuerte er sofort den Bordstein an, blieb stehen und schaltete den Motor aus.

Nichts. Kein schwarzer Citroën. Überhaupt kein Verkehr. Eine Minute verging. Zwei Minuten.

»Darf ich jetzt endlich was sagen?«

Tschitowsky war so erleichtert, daß er laut auflachte, dann beugte er sich zu Liselotte hinüber und zog sie fest an sich. »Du kannst alles sagen, was du willst, meine Liebe«, sagte er.

»*Endlich!* Das erste, was ich sagen will: Mir wird allmählich kalt! Warum, um alles in der Welt, stehen wir hier herum?«

»Weil wir hier aussteigen. Mein Haus ist nur fünfzig Meter weiter.«

»Und warum halten wir dann *hier?*«

»Weil... ich gerne unter einer Straßenlaterne parke. Jetzt laß uns aussteigen und einen Kirsch trinken.«

Als sie, nun Arm in Arm, die Rheingasse hinaufgingen, achtete Tschitowsky noch immer auf alles Ungewöhnliche: einen parkenden Wagen, der normalerweise nicht in dieser Straße stand; einen sich bewegenden Vorhang; auf Fahrzeuge, die in die Straße einbogen und dort anhielten. Immer noch nichts. Es war also falscher Alarm gewesen. Wenigstens kam es ihm bis jetzt so vor.

Als sie vor der Tür der Rheingasse 37 standen, schaute Liselotte erstaunt zu, als er eine ziemlich lange Schlüsselkette aus der Tasche zog und dazu ansetzte, drei Schlüssel in drei verschiedene Schlösser zu stecken. Dann erst konnte die Tür geöffnet werden. Daheim in Benken hatten sie nur an der Haustür ein Schloß, das aber nie abgeschlossen wurde. Aber diesmal sagte sie nichts.

Weiteres Unbehagen machte sich in ihr breit, als sie sich hinter der Tür befand. Obwohl die Dunkelheit draußen gerade erst einsetzte, war der Raum, den sie betraten, pechschwarz. Als Tschitowsky schließlich das

Licht einschaltete, sah sie den Grund: Sämtliche Fenster des Wohnzimmers waren mit dicken, undurchdringlichen Vorhängen versehen. Der dritte Moment der Überraschung kam, als auf der vom Wohnzimmer in den zweiten Stock führenden Treppe plötzlich ein schwarzgekleideter Brillenträger auftauchte. Er schien nicht weniger überrascht zu sein als sie.

»Verzeihung«, stieß er hervor, als er den deutlich verärgerten Tschitowsky sah. »Ich habe nicht geahnt, daß du sie mitbringst.«

»Ich muß mit dir reden«, lautete Tschitowskys Antwort. »Und zwar sofort!« Er drehte sich zu Liselotte um und sagte: »Erlaube mir, daß ich dir den Mantel abnehme, meine Liebe.«

Sie gab nach. Zögernd. Dann zog er seinen Mantel aus und hängte beide an die Garderobe.

»Mach's dir gemütlich. Ich bin in ein paar Minuten wieder da.«

Mit diesen Worten ging Tschitowsky die Treppe hinauf und verschwand mit dem Fremden in der Finsternis der zweiten Etage.

13. Kapitel

Minuten nachdem Tschitowsky hinter seinem Funker auf der Treppe verschwunden war, kam es in einem knapp zweihundert Meter östlich von dem Haus in der Rheingasse im abgeschlossenen Hof des Basler Waisenhauses abgestellten Lieferwagen zu plötzlichen Aktivitäten. In Inneren des Fahrzeugs hockte inmitten einer Menge technischer Geräte der mit Kopfhörern ausgestattete Oberinspektor Dieter Wenger von der Politischen Polizei Basels vor einem Abhörgerät.

»Sie legen wieder los«, flüsterte er einem zweiten Polizisten – einem Inspektor – zu, der neben ihm saß und eine andere Frequenz überwachte. Dann preßte Wenger die Kopfhörer mit beiden Händen fest an seine Ohren.

Im gleichen Augenblick öffnete jemand die Hecktür des Lieferwagens. Wenger winkte, ohne sich umzudrehen, wild mit der Hand in die Richtung des Eindringlings, was nichts anderes bedeutete, als daß er jetzt keine Unterbrechung duldete. Danach nahm er einen Block und einen Stift und bereitete sich darauf vor, Notizen zu machen.

Sekunden später legte er den Block beiseite und nahm die Kopfhörer ab. Der Eindringling warf ihm einen bestürzten Blick zu.

»Ist was schiefgegangen?« fragte er.

Nun endlich sah Wenger, wer in den Wagen gestiegen

war. »Entschuldigen Sie, Herr Doktor«, stammelte er, »ich wußte nicht, daß Sie es sind.«

Lützelschwab ignorierte die Entschuldigung und wiederholte einfach seine Frage. »Was ist schiefgegangen?«

»Nichts. Sie sind wieder dabei, wie wir erwartet hatten. Aber es ist verdammt frustrierend. Sie senden pausenlos, und wir hören sie ab und zeichnen alles auf. Nur haben wir keine Ahnung, was sie da durchgeben.«

»Wann hat die Sendung angefangen?«

»Als Sie die Tür aufmachten. Ein kurzes Signal, dann war es auch schon wieder zu Ende.«

»Was hat das zu bedeuten?«

»Nur eins: Sie melden Moskau, daß sie heute abend ausführlicher berichten.«

»Auf derselben Frequenz?«

»Das hoffe ich jedenfalls, wenigstens am Anfang. Wie Sie wissen, Herr Doktor, haben wir sie seit dem letzten Monat, als unsere Abhörmannschaft den Sender in der Rheingasse ausfindig gemacht hatte, auf sechs Frequenzen reduziert. Nun schalten sie in Intervallen von zwei Minuten hin und her. Wir hören alle Frequenzen ab, sechs pro Wagen. Sie haben gerade auf 8.750 Kilohertz gesendet, und es war reiner Zufall, daß ich sie heute überwacht habe. Da ich ihr Vorgehen kenne, schätze ich, sie werden heute abend zwischen dieser Frequenz und 10.365 Kilohertz hin- und herschalten.«

»Wann heute abend?«

»Tja, wenn sie dem alten Muster folgen, fangen sie um Punkt 23.20 Uhr an zu senden.«

Dann fragte Wenger: »Sind wir beim Dechiffrieren der Signale endlich weitergekommen, Herr Doktor?«

»Nein, aber wie Sie wissen, sind wir genau darüber im Bilde, wer da sendet: die Basler Zelle der Roten Kapelle. Und wir nehmen an, daß gewisse, für heute abend geplante Aktionen, sollten sie durchgeführt werden – nicht in Basel, muß ich hinzufügen –, uns eventuell in die Lage versetzen, ihre Meldungen zu dechiffrieren. Vielleicht schon morgen abend. Deswegen ist es auch so wichtig, daß Sie und Ihre Männer in den anderen beiden Wagen alle Sendungen genau aufzeichnen.«

Die anderen Fahrzeuge mit dem vertrauten Firmenzeichen und den Farben der PTT waren in einem Dreieckmuster rings um die Quelle in Position gegangen. Der zweite Wagen parkte auf der anderen Rheinseite an der Kathedrale und konnte über den Fluß und das andere Ufer hinwegsehen. Der dritte stand auf dem Claraplatz in Kleinbasel. Das Haus Rheingasse 37 bildete den genauen Mittelpunkt des Dreiecks. Auf diese Weise waren beide Rheinseiten ›abgedeckt‹. Wenn der Sender sich bewegte, würden sie es ebenfalls tun, damit die Funksprüche auch weiterhin im Dreieck blieben.

»Was steht für heute abend an, Herr Doktor?«

»Ich möchte, daß Ihre Leute sich Zeit zum Essen nehmen und etwas ausruhen. Aber sie müssen pünktlich um 23 Uhr wieder auf dem Posten sein. Ich möchte, daß Sie von da an bis um 23.30 Uhr alle sechs Frequenzen, von denen wir wissen, daß sie momentan von der Roten Kapelle benutzt werden, ständig überwachen.«

»Und wenn bis dahin nichts passiert ist?«

»Dann werden Ihre Leute sich auf die Hinterbeine stellen, wie verrückt die Frequenzen absuchen, so schnell wie möglich in die Zehntausendkilohertzbänder wechseln und hoffentlich jene erwischen, auf die die Leute in der Rheingasse 37 eventuell umgeschaltet haben. Ich möchte aber, daß Sie auf 8.750 Kilohertz bleiben – für den Fall, daß sich der Beginn der Sendung aus irgendeinem Grund über die normale Zeit hinaus verzögert. Mit unserem begrenzten Budget können wir, wie Ihnen sicher bewußt sein dürfte, nicht alle Kontingente abdecken, Oberinspektor. Wir müssen hoffen, daß diese Leute heute abend nach ihrem üblichen Muster verfahren.«

»Vielleicht geht es mich ja nichts an, Herr Doktor, aber einige meiner Leute haben sich gefragt, warum wir nicht einfach dort reingehen und den Laden dichtmachen.«

»Wenn wir sicher wären, daß wir damit alle erwischen, würden wir auf der Stelle reingehen. Aber wir wissen nicht genau, wie viele Leute in der Sache drinstecken. Vielleicht haben sie anderswo noch einen Schlupfwinkel, von dem wir nichts wissen. Schließlich sind wir erst vor einem Monat auf ihre Spur gekommen. Wir haben Grund zu der Annahme, daß sie etwas ausbrüten – irgend etwas, was hier und in Deutschland über das simple Sammeln militärischer Nachrichten, die sie nach Moskau weitergeben, hinausgeht. Solange wir durch unsere Abhöraktionen nicht erfahren, was sie vorhaben, können wir sie auch nicht aufhalten. Ihr Funkverkehr wird uns alles sagen, was wir wissen wollen, denn in ihrer Organisation tut keiner etwas, ohne vorher grünes Licht aus der Moskauer Zentrale bekommen zu haben.«

Nach kurzem Schweigen fuhr er fort: »Eins kann ich Ihnen allerdings sagen: Ich habe schon jetzt eine ziemlich gute Vorstellung von dem, was sich da anbahnt. Doch bevor ich Gegenmaßnahmen einleiten kann, brauche ich eine Bestätigung. Und aus diesem Grund, Oberinspektor, werden Sie und Ihre Kollegen die nächsten Nächte in diesem Lieferwagen verbringen.«

Dann meinte er: »Ich muß noch etwas anderes erledigen. Vielleicht komme ich vor Mitternacht noch einmal bei Ihnen vorbei.« Damit stieg er aus der Hecktür des PTT-Lieferwagens und saß kurz darauf auf dem Beifahrersitz eines schwarzen Citroën, der nur zehn Meter entfernt geparkt war.

»Wir verlassen jetzt den Hof«, sagte er zu seinem Fahrer, einem ebenfalls in Zivil gekleideten Polizisten. »Und parken Sie dann bitte an *diesem* Ende der Rheingasse. Ich habe das bestimmte Gefühl, daß sich das Puzzle allmählich zusammensetzt.«

Ende Dezember 1942 hatte die Einheit von Oberinspektor Wenger als Ergebnis konstanten willkürlichen Absuchens des Kurzwellenbandes die Existenz eines starken illegalen Kurzwellensenders in der Region Basel entdeckt. Am 24. Januar 1943 hatte seine mobile Kurzwellen-Abhörtruppe den genauen Standort des Senders ausgemacht. Daraufhin war man aufgrund der verwendeten Signale zu dem Schluß gekommen, man habe es mit einer Gruppe der Roten Kapelle zu tun. Seither hatten Lützelschwabs Leute jede Bewegung in und um das Haus Rheingasse 37 von einem Platz in der Dachkammer des Hauses gegenüber observiert. Was den Besitzer der Rheingasse 37 anging, einen gewissen Werner Lentz, ging die Beschattung noch weiter, denn seine Polizeiakte hatte die Geschichte seiner Familie sofort enthüllt: die Emigration nach Rußland, seine spätere Rückkehr; Fakten, die ihn automatisch zum Hauptverdächtigen machten. Aufgrund mangelnder Einsatzkräfte konnte man ihn zwar schwerlich rund um die Uhr im Auge behalten, doch war natürlich jeder Angehörige der Basler Polizei mit Lentz' Eigenheiten gründlich vertraut: Man kannte sein Heim, sein Ladengeschäft, sein Auto und sein Gesicht. Deswegen auch der Telefonanruf aus dem Foyer des Stadttheaters vor einer knappen Stunde, mit dem sich einer von Lützelschwabs Leuten, der aus völlig anderen Gründen dort war, im Polizeipräsidium Spiegelhof gemeldet und aus purer Langeweile angezeigt hatte, er habe »den roten Lentz« an einem sehr unwahrscheinlichen Ort in höchst unwahrscheinlicher Gesellschaft gesehen. Lützelschwab, der sich wochentags wie auch an Wochenenden gegen 16 Uhr im Präsidium meldete, war routinemäßig über den Anruf informiert worden und hatte – purer Instinkt – beschlossen, Lentz auf der Stelle und unter seiner persönlichen Leitung einer gründlichen Beschattung zu unterziehen. Ein schwarzer Citroën seiner Abteilung, in dem Lützelschwab neben dem Fahrer saß, hatte Lentz zwanzig Minuten später gesichtet, als er, nur Minuten vom Präsidium entfernt, über den Marktplatz gefahren war. Er war vom Theater aus zur Rheingasse unterwegs gewesen, und nachdem Lentz auf der anderen Brückenseite in die Rheingasse eingebogen war, hatte Lützelschwab den Häuserblock umrundet und war, Minuten vor dem Anfang der Funkübertragung, auf den Hof des Waisenhauses gefahren.

Kaum setzte sich der Citroën befehlsgemäß wieder in Bewegung, überlegte Lützelschwab es sich plötzlich anders.

»Halt«, sagte er zu dem Fahrer. »Es besteht nicht der geringste Zweifel daran, daß Lentz ein Profi ist. Also ist es auch wahrscheinlich, daß er uns bemerkt hat. Fahren Sie zum Spiegelhof zurück.« Lützelschwab schaltete den Kurzwellensender des Polizeiwagens ein und ordnete an, eine Ersatzmannschaft mit einem anderen Fahrzeug – egal welches, nur kein schwarzer Citroën – solle in fünfzehn Minuten an Ort und Stelle sein.

Kaum hatte Lützelschwab im Präsidium den Mantel ausgezogen, setzte er sich ans Telefon und rief seinen Kollegen im Kanton Genf an.

Er kam sofort zur Sache. »Hier ist Lützelschwab, Basel. Steht die Razzia, von der Sie mir letzte Woche erzählt haben, für heute abend noch an?«

Die Antwort war positiv.

»Haben Sie etwas dagegen, wenn ich einen unserer Leute morgen früh zu Ihnen nach Genf schicke? Wenn Sie Glück haben, erwischen Sie alles, was wir brauchen: Funkfrequenzen, Rufzeichen, und was das Wichtigste ist: das Kodebuch der Roten Kapelle.«

Auch diesmal fiel die Antwort bejahend aus.

»Er heißt Rudolf Sarasin und ist unser örtlicher Rätselknacker. Ich gehe davon aus, daß er mit Marc Payot aus Ihrer Truppe zusammenarbeitet. Erwarten Sie ihn gegen Mittag in Genf. Merci bien et au revoir.«

Lützelschwab legte mit zufriedener Miene auf. Dann schlug er das auf dem Schreibtisch liegende Telefonverzeichnis auf und wählte eine andere Nummer. Frau Dr. Sarasin, Rudolfs Mutter, nahm ab. Sie zögerte, ihren Sohn zu rufen – immerhin war es Sonntag! –, da sie sich immer noch nicht an die Tatsache gewöhnt hatte, daß ihr Junge sich ungeachtet der Tageszeit seinen Pflichten unterordnen mußte. Denn Rudolf war ein Akademiker, der zur Polizei gegangen war. Diese eigenartige Metamorphose konnte direkt zu einer vor eineinhalb Jahren erfolgten Intervention Dr. Lützelschwabs zurückverfolgt werden. Damals hatte Rudolf an der Universität Basel im achten Semester Mathematik und Philologie studiert, zwei Disziplinen, die ausgezeichnet zum Entschlüsseln von Geheimcodes taugten, was sein Steckenpferd geworden war. Lützelschwab, der Sarasins Vater, einen bekannten, zum »Daig« gehörigen

Basler Rechtsanwalt, kannte, hatte Wind davon bekommen und eines Abends bei einem Essen der Sarasins geäußert, daß Rudolf seinem Land besser dienen könne, wenn er sein Steckenpferd für die Dauer des Krieges hauptberuflich ausführte, statt zu studieren und bei der Schweizer Armee als Infanterist zu dienen. Rudolf, der die periodischen Übungen beim Militär leidenschaftlich haßte, brauchte keine weitere Überredung, als man ihn darauf hingewiesen hatte, man würde ihn von jeder weiteren Übung dieser Art freistellen. Sein Vater hatte darauf bestanden, man müsse ihm bei der Politischen Polizei Basels mindestens den Rang eines Inspektors verleihen, was wiederum seine Mutter überzeugt hatte, ausnahmsweise einzuwilligen, auch wenn die Existenz eines Polizisten eine Stufe im Leben darstellte, von der man kaum erwarten konnte, daß ein Sarasin sich zu ihr hinunter begab, auch nicht in Kriegszeiten. Doch trotz alledem blieb ihr keine andere Wahl, als auch diesmal nachzugeben und Rudolf zum Telefon zu rufen, was Lützelschwab in die Lage versetzte, ihrem lieben Jungen seinen Marschbefehl zu geben.

Nachdem dies getan war, nahm sich der pedantische Lützelschwab – der wie die meisten Basler Lützelschwabs, die beinahe unausweichlich bei der Post, der Feuerwehr, in der Verwaltung oder, in seinem Fall, bei der Polizei arbeiteten – vor, seine Position und das festzuhalten, wohin all dies möglicherweise noch führen würde. Er schrieb:

1. Sturmbannführer Eggen trifft einen von Massons Leuten in der Bar des Hotels Drei Könige. Wird dabei von mir, Burckhardt, der amerikanischen Vizekonsulin und dem Barmixer beobachtet, der regelmäßig in der Rheingasse 37 zu Gast ist.

Er las das gerade Niedergeschriebene und nickte zufrieden.

2. Eggen und Massons Kontaktmann gehen ins Hotel Euler. Werden dabei von uns und dem Nachtportier beobachtet, der regelmäßig in der Rheingasse 37 zu Gast ist.

Lützelschwab legte eine Pause ein.

3. Frage: Wozu dient dieses Treffen?
Antwort: Zur Vorbereitung eines anderen Treffens zwischen unserem und dem Geheimdienst der Nazis, aber auf viel höherer Ebene. Zweck? Die Festlegung der Rahmenbedingungen für eine zukünftige Zusammenarbeit mit dem SS-Geheimdienst.

Lützelschwab schüttelte vor Abscheu den Kopf.

4. Wer? Wo? Wann?

Dann schrieb er die Antworten:

5. Schellenberg + Himmler?? Masson + Waibel?? + Burckhardt?? In der Schweiz? In Basel bzw. in der Nähe von Basel??
Sehr bald.

Und fügte hinzu:

6. Wer weiß davon?
Antwort: Unser Geheimdienst: Masson/Waibel??/ Burckhardt??
SS: Eggen, Schellenberg/Himmler???

Rote Kapelle: Lentz + wenigstens 2 andere. Aber wieviel?
Amerikaner??: Vizekonsulin/Dulles?? Wieviel?
Politische Polizei: Lützelschwab.

Und schließlich:

7. Plant die Rote Kapelle etwas gegen Eggen/Schellenberg/Himmler???
Antwort liegt in abgehörten Funksprüchen. Macht unbedingt erforderlich, *daß wir sofort dechiffrieren (Genf). Falls Bestätigung erfolgt, zwei Optionen: a) intervenieren. b) nicht intervenieren.*

8. Doch zuerst müssen wir wissen: Wo? Und wann?

Nachdem Lützelschwab seine Aufzeichnungen mehrmals studiert hatte, zog er eine Streichholzschachtel aus der Jackentasche, entnahm ihr ein Streichholz, zündete das Blatt mit seinen Notizen an, warf es in den Aschenbecher und schaute zu, wie es verbrannte. Es blieb nur wenig Asche übrig.

Er nahm den Telefonhörer wieder ab und wählte die hausinterne Nummer, die ihn mit dem Wachleiter vom Dienst verband.

»Hier ist Lützelschwab. Ich habe eine Beschattung für Lentz angeordnet... für Lentz von der Roten Kapelle. Ich gehe jetzt nach Hause. Falls irgendeine ungewöhnliche Meldung von meinen Leuten eingeht, rufen Sie mich sofort an. Egal um welche Uhrzeit.«

Der Gegenstand des inzwischen heftigen Interesses der Politischen Polizei war ganze zwanzig Minuten im oberen Stock des Hauses in der Rheingasse 37 geblieben; erst dann gesellte er sich wieder zu Liselotte Maurer in das dunkle Wohnzimmer im Parterre. Liselotte war inzwischen stinkwütend, empfand aber auch zunehmende Angst. Wäre ihr dies in Benken passiert – sie wäre einfach aus dem Haus und heimgegangen. Aber sie war hier in Basel und befand sich im Haus eines Fremden. Und was noch schlimmer war: Sie befand sich *allein* im Haus des Fremden. Niemand wußte, wo und mit wem sie zusammen war. Weder Vati noch Mutti, und schon gar nicht der Wirt des »Rössli«.

Als Werner Lentz schließlich auftauchte und ihr den vor langer Zeit angekündigten Cognac anbot, war sie in einem Stadium angelangt, in dem sie einfach in Tränen ausbrach und verlangte: »Ich will jetzt heim! Und zwar sofort!«

Sie unterstrich ihr Ansinnen, nach Hause gebracht zu werden, indem sie auf die Toilette ging, ihren Mantel von der Garderobe nahm, ihn anzog und dabei pausenlos vor sich hin schniefte. Lentz/Tschitowsky hatte keine Lust, mit ihr zu streiten. Das letzte, was er jetzt brauchen konnte, war ein hysterisches Mädchen, das ihm Sand ins Getriebe warf und eine Arbeit verhinderte, die man gerade erst unwiderruflich begonnen hatte. Die Moskauer Zentrale war über die Tatsache in Kenntnis gesetzt worden, daß heute abend um 23.30 Uhr eine Meldung von höchster Priorität eintreffen würde. Lentz hatte dem Funker im oberen Stock sogar schon den Text der Meldung diktiert. Nun war der im Begriff, sie zu verschlüsseln. Deswegen hatte er sich so lange dort oben aufgehalten.

»Liselotte«, sagte er, »laß es mich erklären. Du weißt doch, daß ich mich nicht wohl gefühlt habe. Deswegen mußte ich einige Zeit im... Bad verbringen. Du weißt doch, wie das ist.« Er brachte es tatsächlich fertig, einen peinlich berührten Blick aufzusetzen.

Liselotte hörte auf zu schniefen. Doch die Stellung ihres bäuerischen Kinns ließ eindeutig erkennen, daß sie ihren Entschluß zu gehen nicht rückgängig machen würde. Lentz/Tschitowsky, dessen Gedanken sich nun mit wichtigeren Dingen beschäftigten, war eigentlich erleichtert, sie loszuwerden. Wenn es ihm gelungen wäre, sie ins Bett zu locken, hätte sie wahrscheinlich ohnehin nicht gewußt, was sie tun sollte. Wenn sie jetzt schon hysterisch reagierte, mochte nur Gott wissen, wie ihre Reaktion ausgefallen wäre, wenn er sie im oberen Stock herangenommen hätte. Es war nur noch eine Frage von Tagen, bevor er die öde Schweiz verließ und nach Frankreich ging... Dort gab es massenhaft willige Mädchen, die wußten, wie man sich verhielt. Wer brauchte da noch das zweifelhafte Vergnügen einer Liselotte?

Also nahm Lentz/Tschitowsky seinen Mantel vom Haken, griff nach Liselotte Maurers Arm, führte sie zur Tür hinaus und ging, nachdem er alle drei Schlösser gesichert hatte, mit ihr über die Straße zu seinem Wagen... und wurde während der ganzen Zeit von einem Agenten Lützelschwabs auf dem Dachboden der anderen Seite der Rheingasse 37 beobachtet. Während der Agent zuschaute, nahm er den Hörer des genau vor dem Fenster stehenden Telefons ab und wählte eine Nummer, die ihn mit dem Hauptquartier der Politischen Polizei verband.

»Hier ist Roth«, sagte er. »Lentz von der Roten Kapelle geht gerade zu seinem Wagen. Er hat ein Mädchen bei sich. Die Jungs oben an der Straße sollten es sofort erfahren.«

Sekunden später hörten zwei in Zivil gekleidete Insassen eines gerade angekommenen, einen Häuserblock entfernt haltenden grauen Peugeot die Meldung aus ihrem knisternden Kurzwellenempfänger. Sie standen dort, wo die Rheingasse in den Lindenberg überging. Eine halbe Minute später kam der Opel aus der Gegenrichtung an ihnen vorbei. Er fuhr ziemlich schnell. Der Fahrer des Peugeot wendete sein Fahrzeug so rasch wie möglich, doch da war der Opel schon außer Sichtweite. Dieser Teil Basels war ein Labyrinth mittelalterlich schmaler Gassen, und die Polizisten wußten, daß sie Lentz hier leicht verlieren konnten ... falls er ihnen nicht schon entwischt war.

»Laß es uns an der Wettsteinbrücke versuchen«, schlug der zweite Polizist dem Peugeot-Fahrer vor. Die Brücke, die er meinte, war ein modernes Bauwerk aus Beton und Stahl.

Und siehe da, kaum waren sie rechts in die Wettsteinstraße abgebogen, die zu eben dieser Brücke führte, sahen sie Lentz' Fahrzeug auch schon hundert Meter südlich vor sich auf der Brücke. Von nun an ging es leicht. Der Opel hielt Kurs nach Süden, fuhr durch die Dufourstraße zum Aeschenplatz, dann über den Aeschengraben zum Bahnhof, wo er rechts abbog, um dann, drei Querstraßen weiter, nach links in die Oberwilerstraße einzubiegen. Es wurde allmählich dunkel. Zehn Minuten später war den Polizisten im Peugeot, die bisher ein gutes Stück hinter dem Opel geblieben waren, klar, daß sie in Kürze die Scheinwerfer einschalten mußten. Sie wußten auch, daß sie sich dem Stadtrand näherten, wo der Verkehr stark nachlassen würde. Also meldeten sie sich per Funk, erklärten ihre Lage und ihren Aufenthaltsort – sie waren in Bottmingen und näherten sich mit hoher Geschwindigkeit Oberwil – und baten um Instruktionen. Der Wachleiter im Präsidium behielt sie in der Leitung und rief Lützelschwab zu Hause an.

»Dr. Lützelschwab sagt, Sie sollen die Beschattung sofort abbrechen«, lautete die überraschende Direktive. Dann suchte der Wachleiter rasch sieben Telefonnummern heraus und gab sie an seinen Chef weiter.

Als der Opel zwanzig Minuten später vor dem Gasthof »Zum Rössli« in Benken anhielt, wurde er von einem Mann auf einem Fahrrad genauestens beobachtet. Es handelte sich um Benkens einzigen Polizisten. Eine Viertelstunde zuvor, er hatte gerade bei Bratwurst und Rösti gesessen, hatte er völlig unerwartet einen Anruf vom Chef der Politischen Polizei in Basel erhalten. Dieser hatte ihn angewiesen, sofort auf die Straße hinauszugehen und nach einem Opel mit der Nummer BS 49672 Ausschau zu halten. Wenn er ihn sah, sollte er zurückrufen. Dann hatte Lützelschwab ihm seine Privatnummer gegeben und abrupt aufgelegt. Der Anruf hatte gerade zwanzig Sekunden gedauert. Der Polizist in Biel hatte einen ähnlichen Anruf erhalten, und ebenso seine Kollegen in den Dörfern Bättwil, Therwil, Ettingen und Witterswil. Alle hatten daheim beim Essen gesessen, denn es war Sonntagabend. Und nun waren alle Möglichkeiten abgedeckt: Die Richtung, die Lentz nahm, führte geradewegs in eine Einbahnstraße, denn westlich der Dörfer lag die französische Grenze... und die war luftdicht verschlossen. Lentz mußte also in eins der sieben Dörfer fahren. Und sobald Lützelschwab den letzten Anruf getätigt hatte, kam er zu der Überzeugung, daß es nur eines sein konnte – sein *mußte*: Benken, oder genauer gesagt: das Schloß in Benken, das der Familie Burckhardt gehörte. Was bedeutete, daß sein alter Argwohn gegen Peter Burckhardt – er hatte ihn schließlich im Hotel Drei Könige gesehen – voll und ganz gerechtfertigt war. Er steckte zusammen mit Masson bis über beide Ohren in dieser Sache drin!

Doch wie, um alles in der Welt, hatte die Rote Kapelle von diesem Ort erfahren?

Vielleicht konnte das Mädchen ihnen helfen. Vorausgesetzt, man bekam heraus, wer sie war. Über sie könnte man vielleicht sogar eine Antwort auf die letzte noch offene Frage bekommen: Wann?

Um das in Erfahrung zu bringen, wäre es natürlich am einfachsten, Peter Burckhardt und seinen Chef mit den Tatsachen zu konfrontieren. Doch dann würde Oberstbrigadier Masson, durch den Fakt alarmiert, daß er sein Spielchen mit den Nazis nicht mehr im geheimen spielen konnte, wahrscheinlich alles absagen und einen neuen Termin und einen neuen Ort für das oder die Treffen anberaumen; einen Ort, der zweifellos weit von Basel entfernt war und damit außerhalb seiner Jurisdiktion lag... im Territorium eines Polizeichefs, der willig beide Augen zudrückte, wenn der Geheimdienstchef und sein gehorsamer Diener Peter Burckhardt sich mit dem faschistischen Feind verbrüderten!

Nein, nein. Dieser Weg kam nicht in Frage. Hier mußte mehr als nur ein paar Leuten eine Lektion erteilt werden. Er, Lützelschwab, hatte die feste Absicht, dabei die Rolle des Einpeitschers zu übernehmen. Und falls nötig, auch die des Henkers.

Der verschlagene Geist des Geheimpolizisten lief nun auf vollen Touren.

Plötzlich klingelte das Telefon. Es war der Dorfpolizist aus Benken. Der Opel hatte vor dem Gasthof »Zum Rössli« angehalten. Dann hatte er gewendet und war nach Basel zurückgefahren. Am Steuer saß ein Mann von Mitte Vierzig. Ein Mädchen? Ja, ja. Ein Mädchen war aus dem Wagen gestiegen und direkt in den Gasthof gegangen. Ob er ihren Namen kenne? Natürlich. Sie hieß Liselotte Maurer. Eine Einheimische, die im »Rössli« bediente. Ein nettes Mädchen. Er hatte sie immer für völlig harmlos gehalten. Alle mochten sie. Sie war kaum der Typ, der sich in etwas einließ, was das Interesse der Politischen Polizei fand. Wenn er ihrem Vater davon erzählte, würde der Teufel los sein, soviel war sicher.

Das war der Moment, an dem Lützelschwab unerbittlich wurde. Kein Wort zu Liselottes Vater – sonst setzte es was. Kein einziges Wort. Verstanden? Sonst ...

Dann wurde Lützelschwab etwas freundlicher. Er dankte dem Landgendarmen für seine Hilfe und sagte, er werde sich bald wegen weiterer Unterstützung an ihn wenden. Vielleicht schon am nächsten Tag.

Nachdem Lützelschwab aufgelegt hatte, beschloß er, für heute Schluß zu machen ... jedenfalls so lange, bis sich der Mann bei ihm melden würde, der die Nacht mit den Kopfhörern auf den Ohren im Hof des Waisenhauses verbrachte.

Um Punkt 23.30 Uhr klingelte sein Telefon erneut. Es war Oberinspektor Wenger. Er hatte gerade einen langen Funkspruch aus der Rheingasse 37 aufgefangen.

»Gut, sehr gut!« lautete Lützelschwabs Antwort. »Jetzt können Sie Feierabend machen. Aber geben Sie Ihre Mitschrift auf dem Rückweg bei Inspektor Sarasin ab. Er fährt morgen früh nach Genf. Ich möchte, daß er sie mitnimmt. Er wohnt bei seinen Eltern in der Bruderholzallee 26. Und danken Sie Ihren Leuten für die ausgezeichnete Arbeit, Wenger.«

Eine halbe Stunde später machte die Genfer Polizei zwei mitternächtliche Razzien. Die erste in einer Villa

– einem abgelegenen Privathaus – an der Route de Florissant 192, die einem einheimischen Ehepaar namens Olga und Edmond Hamel gehörte; die zweite in einer Wohnung in der Rue Henri Mussard 8, die von einer Schweizerin namens Margrit Bolli gemietet war, die unter dem Decknamen Rosa arbeitete. Der Leiter beider Razzien war Inspektor Charles Knecht von der Politischen Polizei des Kantons Genf. Wilhelm Lützelschwab hatte sich am früheren Abend bereits mit Knechts Chef unterhalten.

Der Grund für die Razzien: Man wollte zwei der nun vier bekannten Sender ausschalten, die von der Roten Kapelle in der Schweiz betrieben wurden – zwei in Genf, der dritte in Lausanne und der vierte in Basel in der Rheingasse 37. Zwei Wochen zuvor hatte man mit der gleichen Methode wie in Basel die Standorte der Genfer Sender festgestellt. Zwei Tage später waren Polizisten, als Mitarbeiter der Genfer Elektrizitätswerke getarnt, in beide Häuser eingedrungen.

Sie hatten die Aufgabe, den Grundriß beider Gebäude festzustellen und alle möglichen Fluchtwege zu identifizieren. Denn bei den Razzien sollten nicht nur die Sender lahmgelegt, sondern auch alle festgenommen und in Geheimgewahrsam genommen werden, die sich in den beiden Häusern aufhielten. Im Anschluß daran sollten beide Basen, zumindest für einige Tage, für jeden zur Falle werden, der sich dort zeigte. Dieses Vorgehen war in ganz Europa zum Standardverfahren der Gestapo geworden, und die Schweizer Polizei lernte eifrig und schnell, wenn es um solche Dinge ging.

Aufgrund der Abgelegenheit der Villa konnte die Polizei einen Großeinsatz wagen. Zwei Dutzend Bewaffnete, die Hälfte von Polizeihunden begleitet, hatten das Grundstück um 23.45 Uhr umstellt, und exakt fünf

Minuten vor Mitternacht war Inspektor Knecht, von vier Polizisten flankiert, in die Villa eingedrungen. Nachdem sie das Erdgeschoß verlassen vorgefunden hatten, waren sie leise die Treppe in den zweiten Stock hinaufgestiegen, hatten den Korridor durchquert und waren durch die erste Tür rechts geradewegs ins Schlafzimmer der Hausbesitzer gestürmt. Und dort hatte Olga Hamel tatsächlich im Nachthemd vor einem Funkgerät gesessen. Denn während Lentz/Tschitowsky in Basel seinen Funkspruch nach Moskau stets pünktlich um 23.30 Uhr absetzte, sendete Olga Hamel, wie Inspektor Knechts Überwachungsaktivitäten in den vergangenen zwei Wochen ergeben hatten, immer genau um 24 Uhr. Offenbar war der Genfer Sender der *primus inter pares* der Schweizer Zellen der Roten Kapelle. Daher war ihm diese Sendezeit vorbehalten.

Olgas Gatte lag wie üblich im angrenzenden Bett und schlief, während sie im Begriff war, sich zum Nutzen ihres adoptierten Vaterlandes abzuplacken. Sie war Mitglied der »Partei der Arbeit«, der kommunistischen Partei der Schweiz. Doch mit all dem war es nun vorbei, denn bald standen beide in Handschellen da und mußten zusehen, wie die Suche und Beschlagnahme von Beweisen ihrer verräterischen Aktivitäten fortgeführt wurde. Die Aktion erwies sich als außergewöhnlich produktiv, denn vor der auch in der Wahl ihres Nachthemdes ziemlich freizügigen Olga hatte alles offen ausgebreitet gelegen. Unter den beschlagnahmten Gegenständen befand sich ein großes Notizbuch, das den Text früherer Funksprüche enthielt. Und das Allerwichtigste: eine Liste sämtlicher Rufzeichen, drei Dechiffriertabellen und zwei Kodebücher.

Die Razzia in der Wohnung Margrit Bollis war weniger erfolgreich. Der Besuch der Arbeiter des Elektrizitätswerks hatte sie möglicherweise argwöhnisch gemacht. Sie war nicht anwesend, und auch der Sender war verschwunden, obwohl man verschiedene Radios und zwei Kodebücher fand, von denen sich eins im nachhinein als identisch mit dem in der Villa an der Route de Florissant gefundenen erwies. Glücklicherweise hatte die Genfer Polizei die Dame in den vergangenen zwei Wochen beschattet und herausgefunden, daß sie einen Freund deutscher Nationalität hatte, einen Friseur namens Hans Peters. Eine Stunde später weitete man die Razzia auf seine Genfer Wohnung aus und erwischte die beiden im Bett. Der Sender befand sich im Schlafzimmerschrank. Um 3 Uhr früh waren alle vier aus dem Verkehr gezogen und ins Genfer St. Antoine-Gefängnis eingeliefert worden.

Damit waren in der Schweiz nur noch zwei Sender der Roten Kapelle intakt: einer in Lausanne, der andere in Basel. Aber nicht für lange.

14. Kapitel

Vierzehn Stunden später, am Montag, dem 1. März, genau um 17 Uhr, verließ der letzte D-Zug, der an diesem Tag nach Basel fuhr, den Genfer Bahnhof. Die einzigen Passagiere eines Erste-Klasse-Abteils im zweiten Waggon waren zwei Kryptologen: Marc Payot, ein Zivilist, der als Berater der Genfer Polizei tätig war, und Inspektor Rudolf Sarasin. Sie hatten sich gegen Mittag im Genfer Präsidium getroffen. Es hatte einer vierstündigen Verhandlung und mindestens fünf Telefongesprächen mit Basel bedurft, um die Genfer Behörde zu bewegen, einen Teil des während der mitternächtlichen Razzia auf die Genfer Zellen der Roten Kapelle erbeuteten Materials wenigstens zeitweilig in den offiziellen Gewahrsam von Dr. Lützelschwab, Sarasins Chef, zu überstellen. Nach weiteren Diskussionen hatte man Marc Payot die Erlaubnis erteilt, die Beute zusammen mit Sarasin im nächsten Zug nach Basel zu begleiten. Sarasin hatte den Zugschaffner dazu gebracht, ein Reservierungsschild an ihre Abteiltür zu hängen. Dann hatte er aus dem Speisewagen zwei Tassen Kaffee besorgt, das Rollo vor die Tür und die Scheiben gezogen und sich und seinen Kollegen so vor den Blicken der anderen Reisenden abgeschirmt.

Als erstes öffnete Payot den mitgebrachten Koffer und entnahm ihm die Bögen mit kodierten Nachrichten, zwei Exemplare eines obskuren, vor Jahrzehnten in Frankreich erschienenen Thrillers sowie das Notizbuch, das die unverschlüsselten Texte der Funksprüche enthielt. Er legte sie auf die Tischplatte, die er vor dem Abteilaußenfenster hochgeklappt hatte. Inspektor Sarasin, der ihm auf der anderen Seite des Tischchens gegenübersaß, konnte den Blick zwar nicht von den »Beweisen« abwenden, die nun nacheinander vor ihm ausgebreitet wurden, doch das Protokoll zwang ihn, die Hände bei sich zu behalten. Immerhin handelte es sich noch immer um die alleinige Jagdbeute der Polizei eines anderen Kantons... solange man ihm nichts Gegenteiliges sagte.

Als Payot ihm diese Genehmigung gab, lag fast die halbe Strecke nach Lausanne, dem ersten Halt auf der Strecke Genf–Basel, hinter ihnen.

»C'est tout à vous«, sagte er mit einem ironischen Lächeln zu Sarasin, in Anerkennung des streng bürokratischen Verhaltens, das in den Deutsch sprechenden Kantonen üblich war und an dem der Kollege trotz der Tatsache, daß der Zug noch immer durch den französischsprachigen Kanton Waadt fuhr, stur festhielt.

Erst als er Payots Worte vernahm, öffnete der reservierte, asketisch aussehende Basler Inspektor die neben ihm liegende Aktentasche. Nun packte er eine Reihe von Dokumenten aus – Abschriften der Signale, die der Basler Sender der Roten Kapelle in den vergangenen dreißig Tagen gefunkt hatte, bisher völlig nutzlose Abschriften, da sie nichts anderes als Zahlenreihen und Zahlenblöcke enthielten. Sie waren durch winzige Abstände getrennt und stellten, in Ermangelung eines Dechiffriermittels, nichts anderes als unverständliches Gekritzel dar.

Doch das würde sich nun ändern.

Sarasin entnahm dem kleinen Stapel zwei Dokumente, von denen er eins – eine Kopie – seinem Kollegen aus Genf reichte und das Original selbst behielt. Dann kam er sofort zur Sache.

»Dies ist eine Abschrift des letzten Funkspruches nach Moskau. Wir sind uns wohl einig, daß die Rote Kapelle die traditionelle russische Geheimschriftmethode aufgegeben hat und statt dessen auf beiden Seiten Bücher von obskurer Herkunft verwendet. Es werden Chiffren übermittelt, die auf bestimmte Buchstaben- oder Zahlengruppen auf den Buchseiten hinweisen und beim Zusammenfügen die Klartextnachricht ergeben.«

»Ganz meine Meinung.«

»Gut. Dann stimmen wir wahrscheinlich auch überein, daß die Identifikation von Schlüsselworten oder -sätzen und ein wenig Glück beim Finden von Übereinstimmungen der kodierten Nachrichten mit Absätzen aus diesen Romanen ausschlaggebend für unseren Erfolg oder Mißerfolg sind.«

Auch diesmal war Payot mit ihm einig.

»Wir haben zwei Exemplare des gleichen Kodebuches, die an zwei Orten in Genf gefunden wurden. Irgendwie müßte es uns doch gelingen, eine Übereinstimmung zu finden, die uns einen Einstieg in die ganze Sache ermöglicht. Meinen Sie nicht auch?«

»Ja.«

»Dann lassen Sie uns mit einer Nachricht anfangen, die wir klartextlich gefunden haben, und uns durch das Kodebuch arbeiten, bis wir eine Übereinstimmung finden. Finden wir eine, ist dies die Bestätigung, daß wir mit dem richtigen Kodebuch arbeiten. Am besten fangen Sie vorn an. Ich nehme es mir von hinten vor. So brauchen wir nicht alles doppelt zu machen. Wenn einer von uns etwas findet, können wir uns die kodierten

Meldungen vornehmen, die aus Basel gesendet wurden. In Ordnung?«

»Bien sur«, sagte Payot, als Sarasin fertig war, »et maintenant, au travail.«

Nun endlich streckte Sarasin die Hände aus und nahm die oberste kodierte Nachricht und eins der Kodebücher an sich, das kaum fünfzehn Stunden zuvor in aufgeschlagenem Zustand nur wenige Zentimeter vor der völlig erstarrten Olga Hamel gelegen hatte. Marc Payot griff nach dem anderen Exemplar des Kodebuches. Man hatte es in der Genfer Wohnung »Rosas« gefunden. Er legte es offen neben das Dokument, das er gerade von Inspektor Sarasin bekommen hatte.

Die Männer arbeiteten in absoluter Stille, blätterten die Seiten um, blätterten wieder zurück und schlugen dann und wann in Kopien früherer Genfer Funkmeldungen nach, die zuerst klar abgefaßt und dann verschlüsselt worden waren. Sie machten sich während der ganzen Zeit Notizen. Nachdem der Zug in Lausanne kurz angehalten hatte, fuhr er mit höherer Geschwindigkeit weiter. Als er beschleunigte, fingen die Waggons hin und wieder an, ziemlich heftig zu schaukeln, da sie nun über die kurvenreiche Strecke der Hauptlinie zwischen Lausanne und Bern fuhren. Doch keiner der Männer achtete darauf. Sie waren wie Schachspieler – ganz und gar in eine intellektuelle Herausforderung versunken. Außerdem war jeder insgeheim von dem Verlangen motiviert, dem Mann auf der anderen Tischseite zuvorzukommen. Doch das höchste Ziel dieses Spiels, das da in dem durch die kriegsbedingt verdunkelte Nacht rasenden Zug stattfand, war das Schachmatt des unsichtbaren Gegners: die Ausschaltung der letzten noch tätigen Zelle der Roten Kapelle in Mitteleuropa.

Der Zug kam um 18.45 Uhr in Bern an und fuhr um 18.49 Uhr weiter.

Um 19.23 Uhr rief Inspektor Rudolf Sarasin plötzlich aus: »Ich habe eine!«

Marc Payot sprang auf und nahm neben ihm Platz.

»Hier«, sagte Sarasin und deutete auf den oberen Teil der Seite 185 des in Genf gefundenen »Kodebuches«, eine 1910 erschienene Ausgabe von Guy de Lacerfs *Le Miracle du Professeur Teramond.** Dann fügte er hinzu: »Jetzt passen Sie auf.«

Payot schaute zu, als Sarasin den Text einer kurzen kodierten Nachricht, die man in der Villa am Stadtrand von Genf gefunden hatte, zu dechiffrieren begann:*

RTO an KWT. 23/2. 2400. 19 wte. Nr. 363.
Informant: Emil
Zwei neue deutsche Giftgassubstanzen nun bei der IG-Farben-Niederlassung Lyon in Produktion.
1. Nitrosulfluorid. Formel HC2F. 2. Kakodylisocyanid. Formel (CH3)2AsNC.
Rado

Payot verglich dies mit dem ebenfalls in der Villa gefundenen Notizbuch, das die Klartext-Botschaften enthielt, die man dann vor der Sendung kodiert hatte. Sie stand offen unter der Nummer 363 und lautete:

RTO an KWT. 23/2. 2400. 19 wte. No. 363.
Informant: Emil
Zwei neue deutsche Giftgassubstanzen nun bei der IG-Farben-Niederlassung Lyon in Produktion.
1. Nitrosulfluorid. Formel HC2F. 2. Kakodylisocyanid. Formel (CH3)2AsNC.

Der einzige Unterschied war, daß die Klartext-Meldung keine Signatur des Absenders enthielt, was Payot sofort auffiel.

»Sie haben's *wirklich* geschafft!« rief er laut, als er die beiden Texte verglich. »Das beweist die Signatur, denn wir wissen, daß das Unternehmen in Genf von einem Ungarn geleitet wird, der unter dem Decknamen Rado arbeitet.« Er klopfte Sarasin auf die Schulter und sagte: »Herzlichen Glückwunsch!«

Sarasin jedoch blieb vorsichtig. »Immer langsam«, wehrte er ab. »Wii wissen nicht, ob man in Basel das gleiche Kodebuch verwendet hat. Was *das hier* betrifft ...« Er hielt inne, um auf die vor ihnen liegenden Papiere zu deuten. »... ist mir durch reines Glück aufgefallen, daß man bei diesem Buch nur die Seiten bis einschließlich 187 verwendet hat ... So was kann man an jedem Buch erkennen. Aber mehr nicht. Also braucht man nicht unbedingt ein Genie zu sein, um sich bis zu einer einen Sinn ergebenden Übereinstimmung nach vorn vorzuarbeiten. Ich habe sie schon nach zwei Seiten auf der Seite 185 gefunden.«*

»Trotzdem«, beharrte Payot, »*falls* die Basler Gruppe das gleiche Kodebuch verwendet hat, ist es nur eine Frage der Zeit – und höchstens von Tagen –, bis wir die passenden Übereinstimmungen finden, die es uns erlauben, die Dechiffrierung ihrer Meldungen in Angriff zu nehmen.«

»Einverstanden. *Falls.* Aber selbst wenn – vergessen Sie nicht, daß das Buch 286 Seiten hat und wir jede einzelne prüfen müssen, um den Abschnitt zu finden, der zu jeder Einzelnachricht paßt, die wir in Basel abgehört haben. Ein Plus ist allerdings die Tatsache, daß wir, zumindest momentan, nur an der Dechiffrierung einer einzigen Nachricht interessiert sind – an der, die gestern abend um 23.30 Uhr aus Basel abgesandt wurde. Sie haben eine Kopie davon vorliegen. Ich gebe Ihnen einige Hinweise, speziell Namen und Orte, von denen wir annehmen, daß sie sehr gut Schlüsselelemente der abgeschickten Meldung sein könnten.«

Während Sarasin dies tat, machte sich Marc Payot Notizen.

Als Sarasins Diktat beendet war, sagte er: »In Ordnung. Es hat beim letzten Mal funktioniert, vielleicht klappt es auch diesmal. Sie fangen vorn im Kodebuch an, ich hinten.«

Eine Stunde später, als die beiden Kryptologen auf den Bahnsteig des Basler Hauptbahnhofs traten, wurden sie von keinem Geringeren als Inspektor Sarasins Chef abgeholt. Ohne sie formell zu begrüßen, wandte sich Lützelschwab sofort an Sarasin.

»Hast du das Kodebuch bekommen?« Er duzte ihn, da er ihn schon als Kind gekannt hatte.

»Ja, hier. Hier drin.« Sarasin hob seine Aktentasche hoch.

»Und?«

»Es ist uns gelungen, eine Nachricht, die ein gewisser Rado aus Genf geschickt hat, mit einem Abschnitt aus dem Buch in Einklang zu bringen.«

Lützelschwab lächelte breit. »Rudolf«, sagte er, »ich habe deinen Eltern schon immer gesagt, daß du ein kluges Köpfchen bist!« Er verschwieg freilich, daß er Rudolf auch schon immer für etwas eigenartig gehalten hatte.

»Das muß aber nicht bedeuten, daß die Basler Zelle das gleiche Kodebuch verwendet hat«, fügte Sarasin hinzu.

Lützelschwabs Gesicht verfinsterte sich ebenso schnell, wie es sich Sekunden zuvor aufgehellt hatte.

»Aber es ist doch *wahrscheinlich*, oder?«

Seine Frage verlangte eine eindeutig bejahende Antwort, die ihm Rudolf Sarasin auch gab. Dann meinte er: »Doch ganz genau wissen wir es erst, wenn wir eine Übereinstimmung mit einer der Nachrichten aus Basel gefunden haben ... oder auch keine finden. Meinen Sie nicht auch?« Er drehte sich zum ersten Mal zu seinem Genfer Kollegen um.

Marc Payot nickte nur. Er hatte Lützelschwab bereits abgeschätzt und war zu der Schlußfolgerung gelangt, daß es am besten war, die Klappe zu halten.

Lützelschwab, der auf gesellschaftliche Umgangsformen wenig Wert legte, beschloß, die Existenz des Burschen aus Genf wahrzunehmen. Immerhin brauchte er ihn. Also streckte er die Hand aus.

»Lützelschwab«, stellte er sich vor.

»Payot«, kam die Antwort.

Sie schüttelten sich die Hand. Und damit hatte es sich. Nun wußte Payot genau, daß er sich in der deutschsprachigen Schweiz befand.

Als wolle er jeden noch bestehenden Zweifel in dieser Hinsicht aus dem Weg räumen, warf Lützelschwab einen Blick auf die Uhr und sagte: »Die Zeit drängt, wir müssen jetzt schnell und effizient vorgehen. Und mit äußerster Diskretion.« Bei der letzten Bemerkung starrte er Payot an, was andeutete, daß er jeden, dessen Muttersprache Französisch war, in Dingen, die mit dem Bewahren von Staatsgeheimnissen zu tun hatten, für äußerst suspekt hielt.

Bald wurde klar, daß der Chef der Politischen Polizei Basels außerdem beabsichtigte, das, woran die beiden Kryptologen arbeiteten, auch vor den neugierigen Augen und Ohren seiner eigenen Leute zu verbergen: Er hatte dafür gesorgt, daß die beiden außer Sichtweite in einem Zimmer in der Pension Erika unterkamen, die nicht weit vom Bahnhof entfernt in einem billigen Viertel lag. Nachdem er sich überzeugt hatte, daß sie ordentlich untergebracht waren, ließ er sie wissen, was er von ihnen erwartete: daß sie sich sofort wieder an die Arbeit machten. Falls sie etwas zu essen brauchten, das Bahnhofsrestaurant hatte die ganze Nacht geöffnet. Außerdem sollten sie ihn nur dann anrufen, wenn sie etwas Neues und Bedeutsames zu melden hatten.

Lützelschwab parkte seinen Wagen in einem nahen, doch weitaus teureren Viertel – hinter dem Hotel Schweizerhof, das dem Bahnhofsvorplatz gegenüberlag. Als er an dem Gebäude vorbeispazierte, mußte er unwillkürlich über das Schicksal des Nachtportiers nachdenken, der wahrscheinlich gerade jetzt seine Schicht antrat ... an den Mann, der das Haus in der Rheingasse regelmäßig aufsuchte.

Eins war gewiß: Wenn der junge, exzentrische Sarasin die Nuß knackte und seinen Verdacht bestätigte, mußte sich das Hotel Schweizerhof bald nach einem Ersatz für den betreffenden Mann umsehen.

15. Kapitel

Am nächsten Tag, Punkt 15.26 Uhr – es war Dienstag, der 2. März 1943 –, hatte der Wunderknabe endlich sein Erfolgserlebnis. Im zweiten Absatz auf Seite 219 des zur Kodierung benutzten Romans fand er eine Übereinstimmung mit der Meldung, die aus Basel am 28. Februar an die Moskauer Zentrale gefunkt worden war. Bewiesenermaßen war dies die vorletzte Meldung gewesen. Die letzte hatten sie am nächsten Abend durchgegeben.

Seither herrschte absolute Funkstille.

Diese Funkstille hatte Lützelschwab fast zur Weißglut getrieben. Denn er wußte, daß die daraus zu ziehende Schlußfolgerung eine äußerst unheilvolle war: Die Basler Zelle mußte irgendwie von den Razzien in Genf erfahren haben und wußte, daß es nur noch eine Frage der Zeit war, daß es auch ihr an den Kragen ging. Deshalb hatte sie ihren Sender einfach abgeschaltet und bereitete sich auf die Flucht vor. Außerdem bestand die Möglichkeit, daß sie in dem Wissen, ihre Kodebücher an die Behörden verloren zu haben, jede weitere Aktion auf Schweizer Boden eingestellt hatte. Sobald die Polizei ihren Kode geknackt hatte und anfing, die alten Meldungen nach Moskau zu dechiffrieren, würde sie sich verraten. Dies war die schlimmste Schlußfolgerung. Die zweitschlimmste war, daß niemand – weder in Basel noch in Lausanne oder Moskau – etwas Genaues über die Razzien, Festnahmen und Konfiszierungen wußte, zu denen es Anfang der Woche in Genf gekommen war. Daß die Rote Kapelle aufgrund des scheinbaren Ausfalls des Genfer Senders nur *annahm*, daß irgend etwas schiefgegangen war, und die Lausanner und die Basler Zelle nun als reine Vorsichtsmaßnahme beschlossen hatten, eine Weile stumm zu bleiben. Die allerbeste Interpretation war diese: Niemand besaß einen Fingerzeig auf die Ereignisse in Genf; die Basler Mitglieder der Roten Kapelle waren im Moment dermaßen damit beschäftigt, sich auf ein Unternehmen von größter Wichtigkeit vorzubereiten, daß sie zeitweise auf ihre üblichen Zusammenkünfte und Routinesendungen verzichteten.

Keine Frage, daß die letzte Möglichkeit Lützelschwab die liebste war. Und obwohl der Anruf von Rudolf Sarasin übel begann, bestätigte er schließlich, daß er richtig optiert hatte.

»Guten Tag, Herr Doktor«, kam es durch die Leitung. »Hier ist Rudolf Sarasin.«

»Rudolf! Wo steckst du? Und warum, in Gottes Namen, habe ich seit zwei Tagen kein Wort von dir gehört?« Lützelschwab war mittlerweile ein Nervenbündel.

»Ich bin noch immer in der Pension Erika. Sie haben deswegen noch nichts von mir gehört, weil Sie gesagt haben, ich soll Sie nur stören, wenn ich etwas zu melden habe.«

»Na, dann melde mal!«

»Ich hab's.«

Lützelschwab legte eine Pause ein, als traue er sich nicht, etwas zu sagen.

»Soll das heißen, Rudolf, du bist in der Lage...«

An dieser Stelle wurde er von Sarasin unterbrochen.

»...die beiden letzten Meldungen aus der Rheingasse 37 zu dechiffrieren? Und ob!«

Lützelschwab sagte langsam und leise: »Und du bist absolut – ich wiederhole: absolut – sicher?«

»Ja, Herr Doktor.«

»Du hast die Meldungen schriftlich niedergelegt?«

»Natürlich.«

»Dann hör auf zu reden und bring sie her!« donnerte Lützelschwab in die Sprechmuschel.

Doch Sekunden später schlug er einen anderen Kurs ein. »Rudolf«, rief er, »bist du noch da?«

»Ja, Herr Doktor.«

»Ich möchte, daß du etwas für mich tust. Wir machen heute mal eine Ausnahme, auch wenn sie gegen alle Regeln unserer Branche verstößt.«

»Gut, Herr Doktor.«

»Lies mir die Meldungen vor. Auf der Stelle.«

»Ich muß sie erst holen. Sie liegen auf dem Bett, hinten im Zimmer.«

»Hol sie, Rudolf. Ich warte.« Lützelschwabs Stimme war nun leise, fast liebevoll.

Dreißig Sekunden später: »Da bin ich wieder.«

»Los, Rudolf. Lies sie mir vor.«

»Die Nachricht, die am 28. Februar 1943 um 23.20 Uhr gesendet wurde, hat folgenden Wortlaut:

TSC an KWT 28/2 23.20 52 wte. Nr. 176.
Zu Händen: Direktor
Informant: Igor
Absolut zuverlässige Information, daß Schweizer Geheimdienst Treffen mit SS in der Schweiz bei Basel für den Abend des 2. März – wiederhole: 2.3. – arrangiert hat. SS-Gruppe umfaßt höchstwahrscheinlich Schellenberg, vielleicht auch Himmler. Genauer Tagungsort be-

kannt. Empfehle Aktion, um beide zu eliminieren und die Schweiz dann nach Frankreich zu verlassen. Bitte um Anweisung.
Tschitowsky

Das ist alles. Soll ich es wiederholen?«

»Nicht nötig, Rudolf.« Lützelschwabs Stimme klang äußerst beherrscht. »Lies mir nun den Text der zweiten Nachricht vor.«

»Ja, Herr Doktor. Sie lautet folgendermaßen:

TSC an KWT 1/3 23.20 32 wte. Nr. 177.
Zu Händen: Direktor
Informant: Igor
Verfahre am 2.3. wie angewiesen. Bestätige Lucy, daß ich versuche, sie am 3.3. in Belfort zu kontaktieren. Melde dann Ergebnisse der Aktion an Sie. Dies ist unsere letzte Sendung. Schließen laut Anweisung.
Tschitowsky

Das erklärt die Funkstille, war Lützelschwabs erster Gedanke. Die Signatur beider Meldungen bestätigte außerdem seinen Verdacht, daß Werner Lentz, der mutmaßliche Leiter der örtlichen Zelle, ein Profi war. Er war Russe, sein Name war Tschitowsky. Er mußte sich an die Genfer Kollegen wenden, um herauszukriegen, ob sie nach der Sichtung der ihnen bei den Razzien am Sonntagabend in die Hände gefallenen Unterlagen mehr über ihn wußten. Rudolf wartete inzwischen geduldig und schweigend in der Pension Erika am anderen Ende der Leitung auf weitere Instruktionen.

Er bekam sie sofort. »Zieh aus der Pension aus und komm herüber. Ich brauche wohl nicht zu betonen, daß dort kein Papierschnipsel zurückbleiben darf. Übrigens, ist dieser Payot noch bei dir?«

»Ja, Herr Doktor.«

»Hat er die Sache nach Genf gemeldet?«

»Nicht, daß ich wüßte, Herr Doktor.«

»Dann sag ihm, er soll es nicht tun, sonst geht's ihm an den Kragen. Bring ihn mit. Er wird den Rest des Tages bei uns verbringen, ob es ihm paßt oder nicht.«

Nachdem Lützelschwab sich von seinem Kryptologen verabschiedet hatte, wählte er die Nummer der Sektion 5 des Generalstabs im Oberkommando der Schweizer Armee. Er nannte seinen Namen, fragte nach Oberstbrigadier Masson und deutete an, daß es sich um eine Sache von höchster Dringlichkeit und größter Wichtigkeit handelte. Nachdem er über eine Minute gewartet hatte, meldete sich eine andere Telefonstimme, die ihn darüber in Kenntnis setzte, daß Oberstbrigadier Masson nicht erreichbar sei.

»Ich bestehe darauf!« röhrte Lützelschwab in die Sprechmuschel und legte seine gesamten 1,87 Meter und 102 Kilo in das Gebrüll. Denn es war höchst wichtig, daß er so schnell wie möglich erfuhr, wann und wo das Treffen zwischen dem Geheimdienst und der SS stattfand. Wenn er schon dabei war, konnte er ebenso den Tagungsort rückbestätigen, obwohl in seinem Kopf nicht einmal der Schatten eines Zweifels bestand, daß man plante, sich im Benkener Schloß zu treffen.

»Ich bitte um Vergebung, Herr Doktor«, kam die Antwort. »Aber ich habe meine Anweisungen.« Und bevor Lützelschwab den Namen und den Dienstgrad des Offiziers erfragen konnte, mit dem er sprach, legte der einfach auf.

»Sauhund!« bellte Lützelschwab. Aber es war zu spät. Die Leitung war tot.

»Na schön«, murmelte er vor sich hin, »wenn Masson es so haben will, soll er es auch so kriegen. Jeder nach seiner Fasson. Und jeder nach seinen eigenen Regeln.«

Während der nächsten Viertelstunde saß Lützelschwab schweigend hinter dem einfachen Holzschreibtisch in seinem Büro im vierten Stock des unter dem Namen Spiegelhof bekannten Gebäudes, das sämtlichen Polizeieinheiten Basels als Hauptquartier diente. Da er schon immer ein bedächtiger Mensch gewesen war, durchdachte er seinen Schlachtplan, bevor er weitere Befehle ausgab. Sein Nachdenken wurde unterbrochen, als das Telefon klingelte und er sich versucht fühlte, nicht abzuheben. Dann tat er es doch und bereute es im gleichen Moment, in dem sich der Anrufer zu erkennen gab. Es war der Leiter des Verkehrsbüros, das sich im Parterre des Hauses befand und für die Führerscheinausgabe und das Erteilen von Strafzetteln verantwortlich war. Dort meldeten die Bürger Basels auch ihre Fahrzeuge an und holten ihre Nummernschilder ab.

»Salü, Hans«, sagte Lützelschwab und fügte sofort hinzu: »Ich wäre dir dankbar, wenn du es kurz machen könntest. Ich bin sehr beschäftigt.«

Der Anrufer dachte offenbar nicht daran, sich an diese Mahnung zu halten, was aber auch für Lützelschwab galt, denn in den nächsten zwei Minuten saß er einfach nur da und hörte zu. Der Hörer klebte ihm am Ohr, und er bemühte sich, den Mann nicht zu unterbrechen. Er lauschte in der Tat einer erstaunlichen Geschichte.

Vor etwa zehn Minuten, gegen 16.40 Uhr, eine Viertelstunde nach Sarasins Anruf, waren drei große Automobile – ein Mercedes und zwei BMWs –, die ausnahmslos Standarten des Dritten Reiches und der Waffen-SS trugen, auf der deutschen Seite der Grenze in Lörrach angekommen, einem Grenzübergang, der vor Kriegsausbruch ziemlich belebt gewesen, doch nun für den normalen Verkehr gesperrt war. Die einzige Ausnahme bildete der offiziell von beiden Regierungen sanktionierte Grenzverkehr, der per Lastwagen Waren transportierte, auf die man sich speziell unter jenen bilateralen Handelsabkommen geeinigt hatte, die periodisch zwischen Berlin und Bern geschlossen wurden. Die Grenzbeamten auf beiden Seiten wurden stets weit im voraus informiert, wann solche Transporte ankamen, deswegen war es verständlich, daß das unerwartete Erscheinen der drei Fahrzeuge zuerst einen hohen Grad an Konsternierung und dann Besorgnis ausgelöst hatte, besonders als ein Sturmbannführer der Waffen-SS aus dem schwarzen Mercedes gestiegen war (die Heckscheibe war mit einem Vorhang versehen) und verlangt hatte, sie sollten die Schranke öffnen: Man werde auf der anderen Seite erwartet, und man werde durchfahren!

Der OvD auf der deutschen Seite der Grenze, ein Major, wenn auch von der Wehrmacht, war sofort am Ort des Geschehens aufgetaucht. Freundlich, aber standhaft, hatte er Papiere und Marschbefehle zu sehen verlangt. Und ebenso freundlich, und nicht weniger standhaft, hatte man sein Ansinnen abgelehnt. Dann war der SS-Mann zum Mercedes zurückgegangen, hatte die hintere Tür geöffnet und mit einer leichten Handbewegung angedeutet, der Wehrmachtsoffizier sei gut beraten, näherzukommen und sich zu demjenigen zu gesellen, der auf dem Rücksitz saß. Der Mann hatte es getan und war zwei Minuten später ziemlich blaß wieder ausgestiegen. Sekunden später war die Schranke hochgegangen.

In diesem Moment, genau um 16.25 Uhr, beziehungsweise fünf Minuten vor der verabredeten Zeit, war auf der Schweizer Seite der Grenze ein graugrüner Armee-Fiat vorgefahren. Zwei Leutnants waren ausgestiegen. Einer hatte den Wachhabenden – einen Unteroffizier der Infanterie – angebellt und die Schranke auf der Schweizer Seite hochgekurbelt.

Worauf die drei Wunderwerke deutscher Ingenieurskunst den Boden ihres Vaterlandes verlassen hatten und auf den der Schweizerischen Eidgenossenschaft gewechselt waren.

Aber sehr weit waren sie nicht gekommen. Die eben eingetroffenen Geheimdienstoffiziere, die den deutschen Besuchern als Eskorte dienen sollten, standen unter dem strengen Befehl von Oberstbrigadier Masson: Keinem Fahrzeug, das eine deutsche Standarte oder ein deutsches Nummernschild trug, durfte die Einreise gestattet werden. So hatte man die Standarten entfernt und die deutschen Nummernschilder durch schweizerische ersetzt.* Ein am hellichten Tag durch die Straßen Basels fahrender Mercedes mit deutschem Nummernschild hätte wie einer von Rommels Panzern in der nordafrikanischen Wüste gewirkt, und die heftigst gegen die Nazis eingestellten Journalisten der Stadt hätten trotz der massiven Zensur, der sie ausgesetzt waren, sofort den gesamten Prozeß der Nazi-Schweizerischen Wiederannäherung gefährdet, den der Geheimdienst – zumindest eine seiner Fraktionen – zu erringen versuchte.* Das Problem war, daß Massons aus Luzern kommende Leute nur zwei Fahrzeuge statt drei erwartet und deswegen auch nur zwei schweizerische Nummernschilder mitgebracht hatten, die zusätzlich zu den Registriernummern, denen ein LU voranstand, einen Löwenkopf trugen. Und die hatte die

Luzerner Polizei ihnen nur nach einem langen bürokratischen Zirkus ausgehändigt.

Woher sollten sie ein drittes nehmen? Luzern war mindestens zwei Stunden entfernt; da war also nichts zu machen. Und die Sache mußte schnell geschehen, sehr schnell. Also mußte das Polizeidepartement des Kantons ran, in dem sie nun in der Patsche saßen, die sich zweifellos zu einem absoluten Fiasko entwickeln würde. Es sei denn, man fand schnellstens eine Lösung. Darum also der Anruf an das Straßenverkehrsamt beim Spiegelhof um 16.30 Uhr am ersten Dienstag des März 1943. Und darum auch der Anruf vom Leiter des Straßenverkehrsamtes beim Leiter der Politischen Polizei Basels.

»Gib ihnen das Nummernschild«, lautete Lützelschwabs spontane Antwort. »Nein, Hans, warte ... Gib mir das Nummernschild! *Ich* bringe es ihnen. Ich komme sofort runter!«

16. Kapitel

Zur gleichen Zeit, als Dr. Lützelschwab – auf dem Beifahrersitz seines zivilen Polizeifahrzeugs, eines schwarzen Citroëns, lag ein Schild mit der Nummer BS 1147 – mit halsbrecherischem Tempo dem Grenzübergang zwischen Basel und Lörrach entgegenfuhr, lief der Nachmittagszug aus Bern in den Basler Hauptbahnhof ein. Als Allen Dulles das Raucherabteil in der ersten Klasse verließ, stand Nancy Reichman schon auf dem Bahnsteig und erwartete ihn.

»Läuft alles nach Plan?« fragte Dulles sofort, als er ihr die Hand schüttelte.

»Ja. Ich habe allerdings noch nicht persönlich mit Mr. Jacobsson sprechen können, da er seit der Rückkehr von der Reise nach Schweden ständig in irgendwelchen Konferenzen sitzt. Aber ich habe noch mal bei seiner Sekretärin angerufen – vor einer knappen Stunde. Sie hat mir Ort und Zeit bestätigt. Wir treffen Jacobsson wie verabredet im Schützenhaus, seinem Lieblingslokal. Dorthin lädt er immer die internationalen Zentralbankiers ein, wenn sie zu ihren regelmäßigen Treffen nach Basel kommen – jedenfalls tat er es *früher*, vor dem Krieg.«

»Ich habe nichts dagegen, solange Sie wissen, wo es ist.«

»Ich kenne die Gegend. Wir sind in fünfzehn bis zwanzig Minuten da.«

»Und was schlagen Sie bis dahin vor?«

»Sie zum Hotel zu bringen, Sir. Dann könnten wir vielleicht, wenn Sie Lust haben, auf einen Kaffee in meine Wohnung fahren. Ich möchte Ihnen gern von einigen eigentümlichen Gerüchten erzählen, die bei Basler Intellektuellen kursieren.«

Das interessierte Dulles sehr. Und als er sich ein paar Minuten später im Hotel Schweizerhof eintrug und, wie das Gesetz es verlangte, seinen Paß zur Prüfung hinüberreichte, war es sein Name, der das Interesse des Mannes am Empfang erregte. Denn dieser Angestellte arbeitete normalerweise nicht tagsüber, sondern hatte ausnahmsweise dafür gesorgt, daß er seine Nachtschicht mit der Tagschicht tauschen konnte – mit der Ausrede, er habe etwas Wichtiges vor, das er erst heute nach 17 Uhr erledigen könne. Kaum war Dulles in Begleitung eines Pagen im Aufzug verschwunden, als der Mann am Empfang zum Telefon griff. Nach siebenmaligem Klingeln hob am anderen Ende endlich jemand ab.

»Hier ist Rolf«, meldete er sich mit leiser Stimme. »Jetzt rat mal, wer sich gerade hier eingetragen hat. Mr. Allen Dulles höchstpersönlich! Und unsere kleine Amerikanerin ist auch bei ihm.« Während er sprach, beobachtete er Nancy, die in der Lobby in einem Sessel saß, lustlos in der Nachmittagsausgabe der *Basler Nachrichten* blätterte und auf die Rückkehr ihres Chefs wartete.

»Wie sie von nahem aussieht? Klasse – auch wenn sie jetzt ganz angezogen ist. Sie hat übrigens tolle Beine. Die haben wir bis jetzt noch nie gesehen, was?«

Wie auch immer die Antwort am anderen Ende ausfiel, die Reaktion des Mannes am Empfang war ein dreckiges Grinsen und die Worte: »Vielleicht kriegen wir heute abend beide eine Chance, Urs.« Dann sagte er: »Hör mal, du solltest Lentz lieber sofort von Dulles erzählen. Es könnte seine Pläne für heute abend ändern.«

Er legte auf. Minuten später kam Dulles in die Hotelhalle zurück. Gemeinsam mit der Amerikanerin verließ er das Hotel.

»Stimmt was nicht, Nancy?« fragte Dulles, als sie ins Freie traten.

Während sie langsam zu Nancys abgestelltem Wagen gingen, meinte sie zögernd: »Ich weiß nicht. Es war nur der Mann am Empfang. Als Sie oben waren, hat er mich die ganze Zeit über beobachtet.«

»Vermutlich arbeitet er für die Basler Polizei. Sie hat ihre Leute zwar überall, aber in den Hotels ganz besonders. Damit sie die ausländischen Gäste nicht aus den Augen verliert.«

»Indem sie einen mit lüsternen Blicken anstarren?« Nancy hatte es kaum ausgesprochen, als sie es auch schon bedauerte. »Verzeihung, Mr. Dulles. Ich bin wohl ein bißchen überempfindlich.«

»Schon gut, Nancy. In diesen Zeiten haben wir es alle nicht leicht. Und es ist auch nicht gerade hilfreich, wenn man hier allein und vom Rest der Welt abgeschnitten ist.«

Nach ein paar weiteren Schritten blieb Nancy neben ihrem Fiat Topolino stehen und sagte: »Hier steht Ihre Limousine!«

Dulles warf einen Blick auf das jämmerliche Wägelchen und lachte. Nachdem er sich in den winzigen Zweisitzer gequetscht hatte, schaute er zu, wie es ihr nach drei mißlungenen Versuchen endlich gelang, den Motor anzulassen und, nachdem sie Vollgas gegeben und wie verrückt geschaltet hatte, das Ding mit dreißig Stundenkilometern vorwärts zu bewegen.

»Ich habe das Gefühl, Sie glauben nicht, daß dies eins der großartigsten Autos der Welt ist«, sagte sie, »aber zu seiner Verteidigung muß ich darauf hinweisen, daß man das Verdeck im Sommer nach hinten schieben kann. Voilà, schon hat man ein Kabrio. Und dann ist es, als wäre man wieder daheim in Kalifornien.« Sie hielt inne. »Abgesehen vom Wetter, natürlich. Ich glaube, ich habe schon seit zwei Monaten keine Sonne mehr gesehen. Schlägt Ihnen sowas auch aufs Gemüt?«

»In Bern ist es noch schlimmer.« Dann wechselte Dulles das Thema. »Sagen Sie mal, wie geht es denn Ihrem jungen Freund Peter Burckhardt?«

Nancy errötete heftig und hoffte, daß es Dulles nicht auffiel. Es war das erste Mal, daß jemand Peter Burckhardt als ›ihren‹ Freund bezeichnete.

»Es geht ihm ausgezeichnet, danke. Er hat mich sogar über den neuesten Tratsch informiert.«

»Und der lautet?«

»Genau das, was Sie vermutet haben: Oberstbrigadier Masson trifft sich mit Walter Schellenberg. In der Schweiz. Heute.«

»Hat Burckhardt irgendwie damit zu tun?«

»Nur am Rande. Sie treffen sich in Benken ... wo Sie neulich auch waren. Deswegen muß er wieder Gastgeber spielen.«

Dulles nickte nur.

»Etwas anderes: Die Polizei hat die Rote Kapelle in Genf dichtgemacht. Man hat ihre Sender beschlagnahmt und drei oder vier Agenten aus dem Verkehr gezogen. Peter glaubt, daß Oberstbrigadier Massons goldenes Händchen mit im Spiel war. Daß er Druck auf die Genfer Polizei ausgeübt hat, damit sie endlich handelt, und daß es sich dabei um eine Geste des guten Willens Schellenberg gegenüber handelt. Die Deutschen versuchen schon seit vielen Monaten, die Schweizer in dieser Hinsicht zum Handeln zu bewegen ... Sie sollen die letzten Überreste des noch in Mitteleuropa operierenden sowjetischen Spionageapparates ausschalten. Und jetzt, kurz vor Schellenbergs Besuch, hat Masson ihnen geschenkt, was sie haben wollten. Und noch etwas anderes.« Sie hielt inne.

»Fahren Sie fort«, sagte Dulles.

»Irgend jemand vom Schweizer Geheimdienst hat geäußert, man hätte Sie in dieser Angelegenheit konsultiert – und Sie hätten es gutgeheißen.«

»Unsinn!« gab Dulles zurück. »Warum sollte ich so etwas tun?«

»Aus dem gleichen Grund, aus dem die Schweizer gehandelt haben. Um die Tür für Verhandlungen mit den Deutschen zu öffnen. Peter hat sogar jemanden andeuten hören, Sie würden heute abend möglicherweise an dem Treffen teilnehmen.«

»Und rein zufällig bin ich auch in Basel.« Dulles hielt inne, dann fuhr er fort: »Was die Frage aufwirft: Will man uns hereinlegen? Und wenn ja, wer? Wie Sie wissen, habe ich sowohl Burckhardt als auch Waibel davor gewarnt, mit diesem Gangster Schellenberg zu reden. Es war sogar das letzte, was ich am Ende unseres Abends vergangene Woche in Benken gesagt habe. Jetzt wird uns dieser Hurensohn – Verzeihung, Nancy – alle in irgendwelche Schwierigkeiten hineinziehen. Wenn die Russen davon hören, drehen sie durch. Schlimmstenfalls bestätigt es ihre übelsten paranoiden Mutmaßungen – soweit sie mich betreffen.«

Dulles und Nancy schwiegen, bis sie ein paar Minuten später vor dem Wohnhaus in der Augustinergasse anhielten.

Als sie aus dem Wagen stiegen, brach Dulles schließlich das Schweigen. »Wissen Sie was, Nancy? Ich glaube, ich nehme Ihr Angebot für einen Kaffee lieber nicht an. Vielleicht könnten wir beide einen Scotch vertragen. Vorausgesetzt, Sie haben welchen.«

Sie hatte welchen, und kurz darauf saßen beide in Nancys Wohnung im dritten Stock vor dem Kamin und genehmigten sich einen guten Schluck feinsten Scotch. Obwohl der Whisky ein großes Loch in Nancys Vizekonsulgehalt riß, kannte sie Dulles' Vorlieben und hatte am Tag zuvor eine Flasche gekauft. Da sie das Zeug nicht ausstehen konnte, trank sie es mit viel Wasser. Dulles trank den seinen pur.

»Wie lange wird Ihrer Meinung nach das Essen mit Jacobsson dauern?« fragte er dann.

»In Basel dauern solche Dinge selten länger als bis halb elf. Maximal elf.«

»Ich habe nämlich über alles nachgedacht, was Sie mir im Wagen erzählt haben. Und ich muß annehmen, daß Sie das alles von Peter Burckhardt wissen... Was mir sagt, daß er noch immer bereit ist, mit uns zusammenzuarbeiten. Da wir und er bei unserem jeweiligen Essen heute abend eine Menge Neuigkeiten erfahren werden, die sich in beiden Fällen auf Dinge von *gemeinsamem* Interesse beziehen, wäre es vielleicht eine gute Idee, wenn er sich zu einem Schlummertrunk mit uns treffen würde. Wir könnten, wie man so sagt, unsere Notizen vergleichen. Ich weiß zwar, daß es seine Rückkehr in die Stadt erforderlich macht, aber ich habe das Gefühl, es könnte die Sache wert sein. Vielleicht könnten Sie ihn anrufen und 23.30 Uhr vorschlagen. Hier.«

Trotz der höflichen Formulierung wußte Nancy, daß es ein Befehl war, kein Vorschlag. Also stand sie auf und trat ans Telefon. Das Telefon war, wie die meisten in der Schweiz, häßlich, schwarz und an der Wand befestigt, aber man konnte es dazu benutzen, jede Nummer im Land direkt anzuwählen – was mehr war, als man 1943 über das Telefonnetz aller anderen Länder der Welt sagen konnte, die Vereinigten Staaten eingeschlossen. Ein zusätzlicher Vorteil dieses Netzes bestand darin, daß normalerweise keine Gefahr des Mithörens durch neugierige Telefonistinnen bestand. Nancy wußte natürlich, daß ihre Lage alles andere als normal war. Aber sie wußte auch, daß ihr Telefon, wenn es angezapft war, wahrscheinlich von einem Kollegen des Mannes überwacht wurde, den sie anrufen wollte ... Mit dessen vollem Wissen und vollständiger Einwilligung.

Die Dinge waren 1943 äußerst kompliziert in Basel.

Während Nancy am Telefon stand und Peter Burckhardt Allen Dulles' Einladung nach Benken übermittelte, wo er sich schon seit dem frühen Vormittag aufhielt, um sich davon zu überzeugen, daß alles nach Plan lief, hielt Lützelschwabs schwarzer Citroën an dem Grenzübergang, der Basel von Lörrach trennte. Die beiden Geheimdienstoffiziere aus Luzern traten ihm in der gleichen Sekunde entgegen, in der er mit dem Nummernschild in der Hand aus seinem Fahrzeug stieg.

»Ich bin Leutnant Sannwald; dies ist mein Kollege Leutnant Holzer. Wir sind von der Sektion 5 im Generalstab. Da ich annehme, daß Sie von der Basler Polizei sind, wissen Sie wohl, was das bedeutet.«

»Ich bin tatsächlich von der Basler Polizei. Was genau geht hier vor?«

»Was hier vorgeht, braucht Sie nicht zu interessieren. Es ist eine militärische Angelegenheit. Eine Angelegenheit des militärischen Geheimdienstes. Wie ich sehe, haben Sie das Nummernschild mitgebracht. Geben Sie es mir, dann können Sie sich wieder um die Dinge kümmern, die Sie etwas angehen.«

»Ach ja? Aber vielleicht gehen sie mich *doch* etwas an. Mein Name ist Lützelschwab, Dr. Wilhelm Lützelschwab. Ich bin zufällig der Leiter der Politischen Polizei und im Kanton Basel-Stadt für *Gegenspionage* zuständig. Anders gesagt: Sie halten sich in *meinem* Territorium auf, und wenn ich Ihnen eine Frage stelle, Herr Leutnant, möchte ich, daß Sie sie auch beantworten. Ich mache also einen neuen Versuch: Was genau geht hier vor? Und wer sitzt in den drei Fahrzeugen dort?«

Lützelschwab hätte schwören können, ein Flackern der Erkenntnis gesehen zu haben, und sogar noch mehr als das, als der Leutnant seinen Namen vernahm. Zweifellos hatte Oberstbrigadier Masson im Laufe der Jahre auch dem letzten Mann der Sektion 5 mitgeteilt, daß die Politische Polizei der für ihren Liberalismus bekannten Stadt Basel knallhart gegen alles vorging, was auch nur ansatzweise auf Zusammenarbeit mit Deutschen hinwies. Die Basler Provinzschupos mußten dergleichen sofort für eine Zusammenarbeit mit den Nazis halten.

»Ich glaube, Sie verstehen nicht, Lützelschwab. Wir stehen unter dem direkten Befehl von General Guisan.«

Wenn man in der Schweiz des Jahres 1943 den Namen des Oberkommandierenden der Armee in den Mund nahm, war es in etwa so, als ob man die Autorität Jahwes im alttestamentarischen Israel anrief: Er verlangte sofortigen Gehorsam. Jeder Schweizer wußte und akzeptierte das. Nun ja, *fast* jeder Schweizer.

»Ach, wirklich?« sagte Lützelschwab. »Dann zeigen Sie mir doch mal seine Befehle.«

»Unmöglich.«

»Na schön. Versuchen wir's mal anders: Vor knapp einer Stunde bin ich in den Besitz einiger Informationen gelangt, die direkt mit dem zu tun haben, was hier passiert – oder auch nicht passiert. Wenn meine Informationen stimmen, bedeuten sie, daß die Pläne, die Ihr Chef Masson mit *diesen* Leuten hat ...« Als er ›diesen‹ sagte, war die Geringschätzung in seiner Stimme unüberhörbar. »... möglicherweise ernsthaft in Gefahr sind. Offen gesagt, es ist sogar möglich, daß diese Leute selbst in Gefahr sind. In körperlicher Gefahr. Haben Sie das verstanden?«

Keine Reaktion ... Nur ein flüchtiges Grinsen, das einen Gedanken tarnte, der möglicherweise folgendermaßen ging: Wen glaubt dieser Polizist mit einer solchen Geschichte eigentlich hereinlegen zu können?

»Na schön, ich mache Ihnen einen Vorschlag. Ich bin der Meinung, Sie sollten *entweder* dafür sorgen, daß ich mit Oberstbrigadier Masson telefonisch sprechen kann, und zwar sofort, *oder* Sie lassen mich mit denen reden, die dort in dem Mercedes mit dem Luzerner Nummernschild sitzen.«

Nun wurde der Leutnant wach. »Ich glaube, Sie verstehen nicht, Lützelschwab«, sagte er. »Beziehungsweise Sie *wollen* nicht verstehen. Also werde ich es Ihnen mal kristallklar verdeutlichen: Wenn Sie nicht sofort das Nummernschild rausrücken und wie der Blitz verschwinden, stelle ich Sie unter militärischen Arrest.«

Lützelschwabs Augen wurden zu schmalen Schlitzen. Dann riß er sich mit aller Gewalt zusammen, die er aufbringen konnte, reichte dem Leutnant die Nummernschilder, drehte sich auf dem Absatz um und stieg wieder in seinen schwarzen Citroën.

Als er abfuhr, schrie er nur ein Wort: »Schoofsèggel!«

Diese Beleidigung fand hauptsächlich in der Schweizer Arbeiterschaft Verwendung und beschrieb einen Teil der Schafsanatomie, den man in Damengesellschaft nie erwähnte.

Aber Lützelschwab fuhr nicht weit, denn schon kurz vor der Abzweigung Riehenstraße/Bäumlihofstraße bog er an den Randstein, weil er wußte, daß der Fahrzeugkonvoi, den er an der Grenze hinter sich gelassen hatte – die Armeeoffiziere waren fraglos noch damit beschäftigt, die Nummernschilder an dem zweiten BMW zu befestigen –, entweder die eine oder die andere Hauptstraße nehmen mußte, um in die Basler Innenstadt und an jene Orte zu gelangen, die dahinter lagen, beispielsweise das Benkener Schloß. Lützelschwab hatte vor, sie den ganzen Weg über ausgiebig observieren zu lassen, deswegen schaltete er auf der Stelle den Kurzwellenfunk seines Wagens ein.

»Hier ist Lützelschwab«, sagte er und gab dem Einsatzleiter seinen Aufenthaltsort bekannt. »Ich will, daß sofort vier Wagen mit je vier Mann Besatzung hier herauskommen. Alle müssen voll bewaffnet sein, automatische Gewehre und Handgranaten inklusive. Zwei Wagen beziehen an der Kreuzung Wettsteinallee und Schwarzwaldstraße Position, die beiden anderen an der Ecke Riehenstraße/Riehenring. Das Ziel der Übung: das Aufspüren von drei deutschen Automobilen, einem Mercedes und zwei BMWs, alle schwarz. Sie fahren in einer Kolonne und werden von einem – natürlich graugrünen – neutralen Schweizer Armeewagen angeführt. Wer sie zuerst sieht, erstattet den anderen sofort per Funk Meldung. Alle Fahrzeuge haben Schweizer Nummernschilder. Ich gebe die Nummern durch: der Mercedes – LU 24321; der erste BMW – LU 2131; der zweite BMW – BS 1147. Die Nummer des Armeefahrzeugs habe ich nicht. Alles klar? Setzt euch in Bewegung!«

Es war nun fast 17.15 Uhr, und Rolf Seiler, der Portier vom Schweizerhof, stieg gerade aus der Tram 6, die ihn über die Mittlere Rheinbrücke nach Kleinbasel gebracht hatte. Von der Haltestelle an der Kreuzung Greifengasse/Rheingasse ging er zu Fuß einen halben Häuserblock weiter zur Nummer 37. Als Werner Lentz Seiler die Haustür öffnete und ihn in das halbdunkle Wohnzimmer führte – die Vorhänge waren, wie immer, dicht zugezogen –, standen drei andere Männer auf und begrüßten ihn. Einer war der Barmixer aus dem Hotel Drei Könige, der sich ebenfalls für den Abend freigenommen und sich eine halbe Stunde zuvor mit ihm am Telefon unterhalten hatte. Die beiden anderen, die eine ziemlich üble Mischung aus schlechtem Deutsch und noch schlechterem Schweizerdeutsch sprachen, erwiesen sich als Bürger der französischsprachigen Schweiz. Sie gehörten zur Roten Kapelle in Lausanne. Nach den Vorkommnissen in Genf waren sie die einzige noch funktionierende Zelle in Mitteleuropa.

Rolf Seiler wollte sich still auf das Sofa setzen, um den vier Männern zu erlauben, ihr Gespräch wieder aufzunehmen, das sein Eintreten allem Anschein nach unterbrochen hatte, doch Lentz entschied anders.

»Nein, Rolf. Ich habe gehört, was du vor einer halben Stunde im Hotel gesehen hast. Mit größter Wahrscheinlichkeit sind die beiden in die Wohnung am anderen Flußufer gegangen. Ich möchte, daß du sofort mit dem Fernglas in die Dachkammer hinaufgehst und die Wohnung in der nächsten Viertelstunde nicht aus den Augen läßt. Wenn nichts passiert, kannst du wieder zu uns runterkommen.«

»Ja, Genosse Lentz. Aber ist es recht, wenn ich mir zuerst was zu essen aus der Küche hole? Das heißt, wenn etwas da ist.«

»Brot und Salami sind da. Und Bier. Bedien dich. Aber beeil dich dabei. Ich schlage vor, du nimmst alles mit nach oben.«

»Ja, Genosse.«

Sobald Seiler verschwunden war, nahm Lentz sein Gespräch mit den drei anderen Männern wieder auf.

»Ihr habt gefragt, ob ich wüßte, was in Genf vor sich gegangen ist«, sagte er, wobei er speziell seine Gäste aus Lausanne ansprach. »Ich muß gestehen, ich weiß es nicht. Ich kann nur annehmen, daß sie irgendwie von einer Razzia erfahren, von einer Stunde auf die andere alles abgebaut haben und geflüchtet sind.«

»Geflüchtet? Wohin denn?« fragte einer der Männer aus Lausanne.

»Nach Frankreich. Wohin denn sonst? Hätte man sie in Genf festgenommen, hätte die Presse längst darüber berichtet. Ihr wißt doch, wie die Journalisten in dieser Stadt sind. Dann hättet ihr in Lausanne sofort davon erfahren.«

Die beiden Männer aus Lausanne schauten skeptisch und besorgt drein – sehr besorgt. Lentz/Tschitowsky entging es nicht.

»Na schön. Hat jemand eine andere Erklärung? Was sagt denn Rado?« Tschitowsky meinte Alexander Rado, einen professionellen Spion ungarischer Herkunft, den die Sowjets in Moskau ausgebildet und 1930 in die Schweiz geschickt hatten, um die Rote Kapelle im französischsprachigen Teil des Landes aufzubauen und zu leiten. Deswegen war Rado der Mann, der über alle drei Sender in dieser Region gebot, den noch intakten in Lausanne inklusive. Zumindest war er heute morgen noch intakt gewesen, als die beiden Männer die Stadt verlassen hatten, um mit dem Zug nach Basel zu fahren.

»Rado macht sich schreckliche Sorgen. Er hat heute morgen, etwa zur gleichen Zeit, als wir nach Basel gefahren sind, den Zug nach Genf genommen. Er kriegt es entweder heute oder morgen heraus ... falls er nicht auch noch geschnappt wird.«*

Dann sagte Tschitowsky/Lentz: »Aber als ich gestern mit ihm gesprochen habe, um eure Reise nach Basel vorzubereiten, klang er noch nicht besorgt.«

»Wie lang war denn euer Gespräch?« fragte einer der Männer aus Lausanne.

»Natürlich sehr kurz.«

»Und sehr zurückhaltend. Wir waren nämlich dabei.«

Lentz' Einstellung schien sich nun zu ändern. »Vielleicht seid ihr gut beraten, wenn ihr euch aus der Sache heraushaltet, bis wir genau wissen, was eigentlich vor sich geht.«

Die Männer aus Lausanne stimmten bereitwillig zu, dann fragte der eine: »Können wir hierbleiben?«

»Nein. Hier kann niemand bleiben.«

»Wo dann?«

»Ich kümmere mich schon darum, keine Sorge.« Ob er es tat oder tun *konnte,* hing davon ab, wie sich das Spiel heute abend entwickelte. Doch das war das letzte, was Tschitowsky in diesem Augenblick zuzugeben bereit war.

Er schaute auf seine Armbanduhr. »Wir müssen los. Ich weise euch jetzt genau ein, was wir heute abend tun werden und welche Rolle jeder von euch zu spielen hat. Ich möchte, daß ihr mir sehr genau zuhört und Fragen stellt, wenn ihr etwas nicht versteht. Unser aller Leben hängt davon ab, daß jeder seinen Auftrag hundertprozentig erfüllt. Habe ich mich klar ausgedrückt?«

»Also schön«, sagte Tschitowsky, als er vom Sofa aufstand, »dann laßt uns jetzt ins Eßzimmer gehen. Ich habe meine Landkarten und ein paar Fotografien dort auf dem Tisch ausgebreitet.«

Er hatte kaum geendet, als von oben ein lauter Ruf ertönte. »Genosse Lentz! Du mußt raufkommen! Sofort!«

Als Lentz, nachdem er über die Leiter aus dem zweiten Stock in die Dachkammer gestiegen war, durch die offene Falltür kam, wurde ihm sofort ein Fernglas gereicht.

»Schau mal, Genosse. Wie du gesagt hast. Sie sind beide da.«

Lentz schaute durch das Fernglas, dann warf er einen Blick auf die Uhr. Es war fast 17.30 Uhr. »Also stecken auch die verfluchten Amerikaner mit drin. Sie *müssen* mit drinstecken – warum sollte Dulles sonst ausgerechnet jetzt in Basel auftauchen?« Seine Worte waren jedoch nicht an den neben ihm stehenden und ihn beobachtenden jungen Mann gerichtet. Sie galten ihm selbst, als sei er bemüht, sich davon zu überzeugen, daß seine schlimmsten Befürchtungen nun tatsächlich bestätigt wurden. Dann hob er das Fernglas wieder an die Augen.

»Sie sehen nicht gerade so aus, als würden sie gleich aufbrechen, wie?« Diesmal redete er mit Seiler.

»Nein, Genosse Lentz.«

Lentz/Tschitowsky sah erneut auf die Uhr. Dann traf er eine Entscheidung.

»Ich habe es mir anders überlegt, Rolf. Du kommst nicht mit. Du bleibst hier und behältst die Wohnung da den ganzen Abend im Auge. Es ist offensichtlich, daß Dulles sich mit Schellenberg treffen will – aber nicht in Benken. Ich kann mir einfach nicht vorstellen, daß er sich so vor den Schweizern kompromittieren würde.«

»Oder umgekehrt, meiner Meinung nach.« Rolf Seilers Meinung war trotz seines gegenwärtigen Angestelltenstatus in der Regel immer anhörenswert. Obwohl er keine Universität besucht hatte, war er als brillanter Schüler des Städtischen Humanistischen Gymnasiums unter den Einfluß eines heimlichen marxistischen Philologen geraten, der den jungen Mann bald überzeugt hatte. Als Seiler im letzten Jahr der Oberstufe zu Hause bei Tisch angefangen hatte, Phrasen über den dialektischen Materialismus zu dreschen, hatte dies seinen Vater – er war Kassierer der Kantonalbank, erzkonservativ und ein wütender Antikommunist – dermaßen abgestoßen, daß er sich stur geweigert hatte, seinem eigensinnigen Sohn eine höhere Bildung zu finanzieren. Der verbitterte Rolf war zuerst Kellner geworden und dann mit Hilfe seines marxistischen Mentors, der den Geschäftsführer kannte, an den Empfang im Hotel Schweizerhof aufgestiegen. Derselbe Lehrer hatte, wenn auch auf subtilere Weise, dafür gesorgt, daß sich Rolfs Weg mit dem eines einheimischen Juweliers namens Werner Lentz kreuzte. Sie alle haßten – wenn auch aus unterschiedlichen Gründen – das, was sie in der bourgeoisen Schweiz rings um sich sahen, und wollten ihr den Untergang bringen ... auch hier: jeder auf seine Weise. Rolf hatte ursprünglich mit seinem akademischen Mentor übereingestimmt, daß dies auf gewaltlose Weise vonstatten gehen müsse, doch es war Lentz/Tschitowsky im Laufe der Jahre gelungen, ihm derlei Illusionen schrittweise auszureden und ihn davon zu überzeugen, daß es am Ende Töten oder Getötetwerden hieß.

»Was allerdings nicht bedeutet, daß du heute abend jeden Spaß verpaßt, Rolf. Ich gehe inzwischen davon aus, daß der Spaß an zwei unterschiedlichen Orten stattfindet.«

»Möglicherweise an einem städtisch und an einem ländlich gelegenen Ort?« meinte Rolf.

Dies gefiel Tschitowsky. »Du bist ein kluger Kopf, Rolf«, sagte er und klopfte ihm lächelnd auf die Schulter. »Vielleicht könnte man die Arbeitsteilung passender so beschreiben: Wir kümmern uns zuerst um die Deutschen, dann um die Amerikaner. Immerhin scheinen wir jetzt ihr gemeinsamer Feind zu sein.«

Dann sagte er: »Dies sind deine Instruktionen, Rolf: Ich möchte, daß du die Wohnung keinen Moment aus den Augen läßt. Mach dir keine Sorgen, wenn sie für eine Weile weggehen. Damit ist zu rechnen. Schließlich müssen sie ja auch mal was essen. Aber ich bin davon überzeugt, daß sie Gesellschaft erwarten – entweder spät heute abend oder in den frühen Morgenstunden. Mit Gesellschaft meine ich die SS, aller Wahrscheinlichkeit nach einen SS-Obergruppenführer namens Walter Schellenberg. Hast du verstanden?«

»Woran erkenne ich den?«

»Wie schon gesagt, Rolf, du bist ein kluger Kopf. Er ist viel jünger, als man annehmen würde. Anfang Dreißig. Etwa einen Meter achtzig groß. Schlank. Für einen Deutschen sehr elegant. Und er legt Wert auf moderne Kleidung. – Und vergiß nicht, *wenn* er auftaucht, kommt er in Zivil.«

»Ja, Genosse Lentz. Aber angenommen, er taucht auf, was machen wir dann?«

»Ihn umbringen. Wenn die Amerikaner dabei getroffen werden, haben sie Pech gehabt. Sie haben es nicht anders gewollt. Wenn aber draußen in Benken alles gutgeht, ist jede weitere Aktion in dieser Hinsicht unnötig.«

»Wie erfahre ich davon?«

»Ich rufe entweder an oder übermittle die Nachricht persönlich. Keinesfalls später als 23 Uhr. Dir sollte aber absolut klar sein, Rolf, daß dies die letzte Nacht ist, die wir hier verbringen. Und was noch wichtiger ist – es ist wahrscheinlich die letzte Nacht, in der wir endlich etwas *wirklich* Entscheidendes für den Ausgang des Krieges tun können.«

»Das ist mir klar.«

»Wie schon gesagt: Egal, was passiert, ich werde mich um dich kümmern.«

»Auch das weiß ich. Aber nur für den Fall... Falls ich nichts von Ihnen höre... Der Professor hat gesagt, ich könnte bei ihm wohnen, wenigstens für eine Weile.«

»Gut. Aber ich werde mich bis 23 Uhr melden. Übrigens, ich lasse drei Waffen mit entsprechender Munition im Keller. Du weißt, wo. In Ordnung?«

Damit verschwand Lentz durch die Falltür. Es war nun 17.35 Uhr, und sie durften absolut keine Zeit mehr vergeuden.

Die drei restlichen Angehörigen der Roten Kapelle, möglicherweise die letzten noch lebenden aktiven Mitglieder des sowjetischen Spionageapparats in Mitteleuropa, warteten auf den NKGB-Oberst, als er nach unten zurückkehrte und ins Eßzimmer trat.

»Seht euch jetzt alle die Landkarte an. Es ist eine Vergrößerung der Westecke des Birsigtals. Das Tal wird von dem Fluß Birsig geformt, der in Frankreich entspringt und sich dann auf dem Weg zum Rhein seinen Weg durch die Schweiz bahnt. Hier.« Lentz'/Tschitowskys Finger fuhr am Flußlauf entlang, damit die beiden

Männer aus Lausanne, die mit der Topographie dieses Landesteils völlig unvertraut waren, eine Vorstellung bekamen.

»Das letzte Schweizer Dorf vor der französischen Grenze ist Benken. – Hier.« Wieder deutete sein Finger auf die Karte.

»Oberhalb von Benken, auf dem Grat des Kamms über diesem Tal, liegt das Benkener Schloß.« Er hatte die Stelle mit einem roten X markiert. »Hier wird die Zielperson die Nacht verbringen. Wie ihr seht, gibt es nur eine Straße, die dort hinaufführt. Eigentlich ist es eher ein Weg als eine Straße. Er ist einen halben Kilometer lang und führt größtenteils durch einen Wald. – Kommt mal an dieses Tischende. So sieht das Schloß von vorn aus.« Auch diesmal handelte es sich um eine Vergrößerung, doch nicht um eine Karte, sondern um ein Foto. »Wie ihr seht, ist es von einem Graben umgeben. Man betritt das Schloß über diese schmale Brücke. Das gewaltige Eichentor, der massive Steinbau des Schlosses und die sehr kleinen Fenster schließen jeden Versuch eines Frontalangriffs aus. Nicht mal Granaten würden etwas nützen. Also werden wir das gar nicht erst versuchen. Außerdem sind wir schließlich nur zu viert.«

Eins war Tschitowsky allerdings bewußt: Auch wenn sie ›nur‹ zu viert waren, die beiden Lausanne-Importe waren für paramilitärische Angriffe, ob sie nun frontal oder von sonstwo erfolgten, ausgezeichnet qualifiziert. Obwohl der eine Genosse im Zivilberuf Metzger und der andere Sportlehrer war, gehörten beide der Elite-Bergdivision der Miliz an und verbrachten jedes Jahr vier Monate im aktiven Dienst – der eine als Feldwebel, der andere als Unteroffizier. Tschitowsky war vielleicht jetzt nicht mehr in Form – aber auch er war seinerzeit in Rußland im Zuge seiner NKWD-Ausbildung in der Kunst des Guerillakrieges geschult worden. Der vierte Anwesende, der Barmixer aus dem Hotel Drei Könige, verfügte freilich über keine Qualifikation dieser Art. Deswegen hatte man ihn zum Fahrer bestimmt.

»Wir haben also nur zwei Optionen«, fuhr Tschitowsky fort. »Entweder überfallen wir das Fahrzeug der Zielperson auf der Hin- oder Rückfahrt zum Benkener Schloß und benutzen den Wald dabei als Deckung, oder wir versuchen irgendwie, heimlich in das Schloß hineinzukommen, und erledigen sie dort. Ich schlage vor, wir lassen beide Möglichkeiten offen und warten ab, wie sich die Lage entwickelt.«

»Du«, sagte er, an den jungen Barmixer gewandt, »bleibst in jedem Fall beim Wagen. Aber egal, was passiert, du rufst um 23 Uhr an, gibst Rolf Bescheid, der hier die Stellung hält, und informierst ihn über die Lage. Unter allen Umständen! Es gibt zwei öffentliche Telefonzellen, die du benutzen kannst – eine in Biel, eine in Benken; beide auf der Hauptstraße. Wenn wir daran vorbeikommen, zeige ich sie dir. Alles klar? Na schön.«

Tschitowsky wandte sich nun an die beiden Männer aus Lausanne. »Ich weiß zwar, daß ihr mit Waffen aller Art umgehen könnt, aber ich möchte hundertprozentig sicher sein, daß ihr auch mit denen vertraut seid, die wir heute abend einsetzen. Sie sind unten im Keller. Gehen wir runter und sehen sie uns an.«

Fünfundzwanzig Minuten später, um 18.10 Uhr, löste sich Werner Lentz' Lieferwagen vom Bordstein vor der Rheingasse 37. In ihm befanden sich vier Männer, drei Maschinenpistolen russischer Herkunft, vier deutsche Pistolen, zehn Pfund Munition und ein Dutzend in der Schweiz produzierte Handgranaten. Der in der

Dachkammer des gegenüberliegenden Hauses stationierte Beobachter der Politischen Polizei alarmierte sofort das Hauptquartier im Spiegelhof. Dort nahm man die Meldung zwar ordnungsgemäß entgegen, unternahm jedoch keine weiteren Schritte. Sämtliche der Abteilung zur Verfügung stehenden Fahrzeuge und Männer standen unter Dr. Lützelschwabs Kommando, um die Bewegungen des Obergruppenführers Walter Schellenberg und seiner Gefolgschaft zu beobachten, die immer weiter in die Schweiz hineinfuhren.

17. Kapitel

Obwohl die öffentliche Bürozeit des Deutschen Generalkonsulats in Basel – montags bis freitags von neun bis zwölf – längst vorüber war, herrschten im Innern des Gebäudes so hektische Aktivitäten, wie man sie seit dem Ausbruch des Krieges im Jahr 1939 nicht mehr erlebt hatte. An diesem Nachmittag war Otto Karl Köcher, der deutsche Botschafter in der Schweiz, um 17 Uhr aus Bern eingetroffen. Dann, eine Dreiviertelstunde später, war der Grund für seine Anwesenheit in Basel in Person keines Geringeren als des Obergruppenführers Walter Schellenberg aufgetaucht. Schellenberg war in Begleitung seines »Mannes in der Schweiz« gekommen, des Sturmbannführers Hans Eggen.

Als sich die beiden Hauptpersonen in der Bibliothek trafen, wo der Botschafter sie erwartete, wurde dem Generalkonsul, der nur während der gegenseitigen Vorstellung anwesend sein durfte, klar, daß der Obergruppenführer und der Botschafter sich von Anfang an mißtrauten. Dies überraschte ihn kaum, da sie aus völlig verschiedenen Welten stammten. Der Botschafter war ein Diplomat alter Schule und eher ein Produkt des neunzehnten als des zwanzigsten Jahrhunderts, ein Mann, der an die Spielregeln der Diplomatie glaubte, die man 1815 auf der Wiener Konferenz aufgestellt hatte. Er hielt sich auch 1943 noch an sie. Die Regeln waren fest in der Voraussetzung verankert, daß Regierungen durch bestehende diplomatische Kanäle miteinander verkehren sollten. Oder anders ausgedrückt: Wenn jene, die in Berlin das Sagen hatten, mit ihren Pendants in der Schweiz kommunizieren wollten, hatten sie es durch die Botschaft zu tun. Nach Ansicht des Generalkonsuls verhielt sich Otto Karl Köcher genauso wie sein amerikanischer Kollege in Bern, der Botschafter Leland Harrison. Keiner der beiden wollte anerkennen, daß die Welt, in der sie 1943 tätig waren, sich radikal von der des vergangenen Jahrhunderts unterschied, in dem sich eigentlich nie etwas geändert hatte. Doch nun hatte sich ein neues Element in die Staatsgeschäfte eingemischt, die Geheimdienste, ein schurkisches Element, das sich nicht im geringsten um die althergebrachten Spielregeln scherte. Das Kreuz, das der amerikanische Botschafter nun tragen mußte, bestand aus der Person des Geheimdienstoffiziers Allen Dulles... eines *Spions*, der vor vier Monaten in die Schweiz gekommen war und die Welt sofort hatte wissen lassen, daß er – nur er allein – über eine Direktleitung zu Präsident Roosevelt verfügte. Den Freunden und Feinden Amerikas war sehr bald klar geworden, daß sie sich an Dulles zu wenden hatten, wenn eine Sache anstand, die keinen Aufschub duldete. Danach war es nur noch eine Frage der Zeit gewesen, bis die von Dulles aufgebauten, über das OSS laufenden »schwarzen Direktleitungen« ins Weiße Haus die diplomatischen Kanäle abgelöst hatten, die via Leland Harrison ins Außenministerium führten. Harrisons Kanäle liefen allerdings meist in eine Sackgasse. Der Spion hatte den Diplomaten ersetzt.

Der deutsche Botschafter wußte, daß auch Obergruppenführer Schellenberg sich bemühte, dies zu erreichen: Er wollte die diplomatischen Kanäle umgehen und direkten Kontakt mit ausländischen Führern aufnehmen. Um dieses Ziel zu erreichen, hatte er sich der Hilfe seines Schweizer Geheimdienst-Gegenspielers Oberstbrigadier Masson versichert, der nun *ebenfalls* außerhalb jener akzeptierten Parameter operierte, die eine Einmischung des Militärs in politische Angelegenheiten verboten. Nun stand Köcher im Regen. Das Schlimme war, daß er nichts dagegen unternehmen konnte. Denn ebenso wie Roosevelts Ohr Dulles gehörte, hatte Schellenberg Zugang zu Hitlers Ohr. Einmal in der Woche erstattete der Leiter der deutschen Auslandsspionage dem Führer höchstpersönlich Meldung über den momentanen Stand der Dinge. Und um allem die Krone aufzusetzen, war Schellenberg kein Amtsarsch, sondern SS-Mann.

Trotzdem war er kein Produkt der Münchener Bierkneipen, wie so viele der Primitivlinge, die es innerhalb der SS zu Macht und Einfluß gebracht hatten. Er war eher ein Produkt deutschen Kleinbürgertums, ein Mann mit akademischer Bildung – Rechtsanwalt. Köcher hatte sich Schellenbergs »Akte« aus dem Berliner Dokumentenzentrum kommen lassen, um besser über ihn informiert zu sein. Schellenberg war das klassische Beispiel deutscher Prägnanz.

Sein *Personal-Bericht* hatte nichts Außergewöhnliches enthalten – er war Junggeselle, nicht vorbestraft und glaubte an Gott –, ausgenommen vielleicht die Tatsache, daß er erst 1910 in Saarbrücken geboren und damit für einen SS-Obergruppenführer etwas jung war. Doch in der zweiten Hälfte des Berichts, in dem seine Vorgesetzten ihn (ebenso wie jene, die ihn aufgrund des hochsensiblen Postens beobachteten, den er in der SS ausfüllte) beurteilten, war das Porträt eines Mannes erschienen, mit dem man rechnen und vor dem man sich in acht nehmen mußte. Dort stand:

Rassisches Gesamtbild: Rein nordisch.
Charakter: Offener, einwandfreier, lauterer Charakter. Er ist SD-Mann.

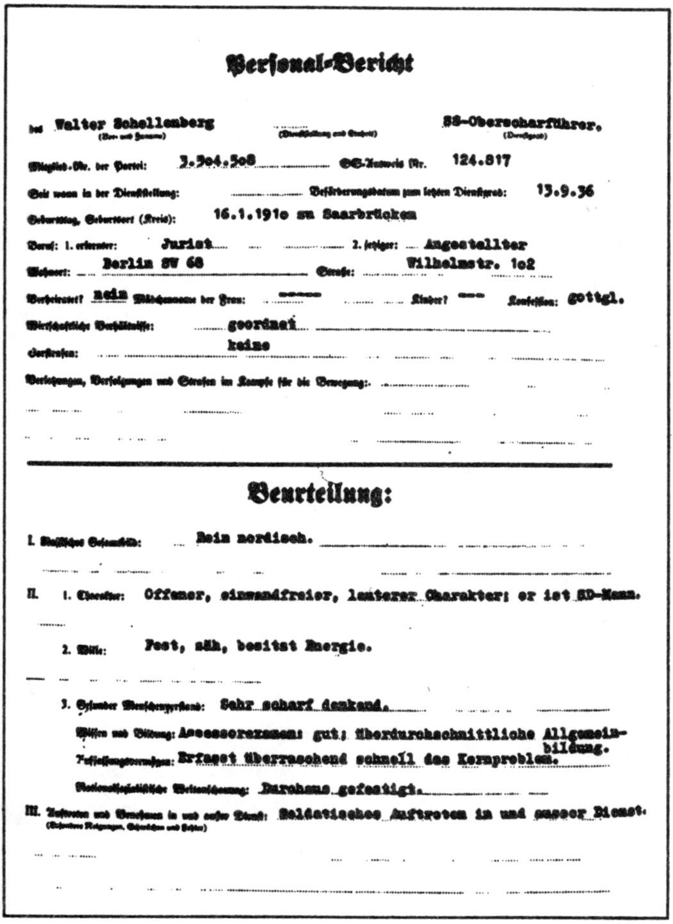

Personal-Bericht

des Walter Schellenberg — SS-Oberscharführer.

Mitglied-Nr. der Partei: 3.504.508 — SS-Ausweis Nr. 124.817

Beförderungsdatum zum letzten Dienstgrad: 13.9.36

Geburtstag, Geburtsort (Kreis): 16.1.1910 zu Saarbrücken

Beruf: 1. erlernter: Jurist — 2. jetziger: Angestellter

Wohnort: Berlin SW 68 — Straße: Wilhelmstr. 102

Verheiratet? nein — Mädchenname der Frau: — — Kinder? — — Konfession: gottgl.

Wirtschaftliche Verhältnisse: geordnet

Vorstrafen: keine

Verletzungen, Verfolgungen und Strafen im Kampfe für die Bewegung:

Beurteilung:

I. Rassisches Gesamtbild: Rein nordisch.

II. 1. Charakter: Offener, einwandfreier, lauterer Charakter; er ist SD-Mann.

2. Wille: Fest, zäh, besitzt Energie.

3. Gesunder Menschenverstand: Sehr scharf denkend.

Wissen und Bildung: Assessorexamen: gut; überdurchschnittliche Allgemeinbildung.

Auffassungsvermögen: Erfasst überraschend schnell das Kernproblem.

Nationalsozialistische Weltanschauung: Durchaus gefestigt.

III. Auftreten und Benehmen in und außer Dienst: Soldatisches Auftreten in und ausser Dienst.

Wille: Fest, zäh, besitzt Energie.
Gesunder Menschenverstand: Sehr scharf denkend.

Wissen und Bildung: Assessorexamen: gut; überdurchschnittliche Allgemeinbildung.
Auffassungsvermögen: Erfaßt überraschend schnell das Kernproblem.
Nationalsozialistische Weltanschauung: Durchaus gefestigt.
Auftreten: Soldatisches Auftreten im und außer Dienst.*

Und tatsächlich, man konnte nicht daran zweifeln, daß der hochgewachsene, fesche, äußerst gutaussehende Arier, der – wenn auch in Zivil – Anfang März 1943 im Mittelpunkt des Interesses in der Bibliothek des deutschen Konsulats in Basel stand, ein Mensch von hohem militärischem Rang war. Doch trotz dieses Eindrucks wußte Walter Schellenberg, wie er seinen Charme ausspielen mußte, was er auch sogleich tat.*

»Herr Botschafter«, begann er, nachdem der Konsul den Raum verlassen und die hochrangigen Nazis allein gelassen hatte, »obwohl unser Treffen notwendigerweise ein sehr kurzes werden muß, haben Sie mir die Ehre erwiesen, aus Bern anzureisen.«

Der Botschafter bestätigte dies mit einem Nicken.

»Nehmen wir auf dem Sofa dort drüben Platz, Herr Botschafter. Es wird sicher möglich sein, daß uns ein Kaffee gebracht wird.« Er wandte sich an Eggen. »Kümmern Sie sich bitte darum?« Es war offensichtlich, daß Schellenberg sein Gespräch mit dem Botschafter unter vier Augen abwickeln wollte.

Erst als Eggen den Raum verlassen hatte, sprach er weiter. »Zuerst möchte ich Ihnen die persönlichen Grüße des Führers übermitteln. Ich war gestern morgen bei ihm, und er hat mich ausdrücklich darum gebeten.«

Damit war das Eis gebrochen. Der Botschafter errötete sogar, so überrascht war er. »Ich fühle mich sehr geehrt, Herr Obergruppenführer. Ich hoffe, daß Sie dem Führer, wenn Sie ihn das nächste Mal sehen, ausrichten, wie sehr ich das Vertrauen zu schätzen weiß, das er fortwährend in mich setzt. Die einzige noch verbleibende Aufgabe meines Lebens wird darin bestehen, ihm und dem Reich mit all meinen Fähigkeiten zu dienen.«

»Ich bin sicher, daß ihn das sehr freuen wird«, erwiderte Schellenberg. Und dann: »Ich fühle mich zu erwähnen verpflichtet, daß sich der Führer in einem ziemlich aufgeregten Zustand befindet. Wie Sie wissen, laufen die Dinge an der Ostfront nicht gut, jedenfalls nicht im Augenblick. Er ist zunehmend besorgt über die Bloßstellung unserer Südflanke – besonders jetzt, da man in Sizilien oder Süditalien mit einer alliierten Landung rechnen muß. Dies hat zum Thema Schweiz geführt; was wir mit der Schweiz machen sollen. Wie Sie wissen, liebt der Führer dieses Land nicht besonders. Mir fällt ein, daß ich im Juni 1941 anwesend war, als er sich mit Mussolini traf und das Thema Schweiz besprochen wurde. Wir waren alle ziemlich erschreckt, wie feindselig, wie *gefühlsmäßig* feindselig er reagiert hat. Er hat die Schweizer als ›das niederträchtigste und erbärmlichste Volk‹ und als ›Todfeinde des neuen Deutschland‹ bezeichnet.* Mussolini war am meisten erschreckt, da er in den frühen zwanziger Jahren etwa ein Jahr in Basel verbracht hat und allem Anschein nach sehr gut behandelt wurde. Wie dem auch sei, der Führer ist momentan in einer solchen Gemütsverfassung, daß es nur der geringsten Provokation der Schweizer bedarf, um die Waagschale gefährlich in Richtung einer militärischen Intervention ausschlagen zu lassen. Diese zielt darauf ab, unsere Südflanke zu sichern, indem wir die Schweiz ins Reich integrieren und dann die Alpenfestungen als Bollwerk gegen jede Invasion nutzen, die die Angelsachsen eventuell von der italienischen Halbinsel aus gegen unser Vaterland planen. Im Führerhauptquartier redet man über dieses Thema schon unter dem Namen ›Aktion Schweiz‹.«

An dieser Stelle trat Sturmbannführer Eggen wieder ein; ihm folgte eine junge Frau, die ein Tablett mit Kaffee und einheimischem Gebäck trug.

Botschafter Köcher wartete, bis sie wieder gegangen waren, dann erwiderte er: »Ich bin mir dieser Gefahr voll bewußt. Vor einem knappen Monat habe ich sogar ein Gespräch mit dem Schweizer Außenminister geführt und angedeutet, daß es in unser aller Interesse liegen würde, wenn wir auf eine deutsch-amerikanische Entspannung hinarbeiten, bevor es zu spät ist. Weil die Alternative eine Bolschewisierung Gesamteuropas sein könnte. Minister Pilet stand dem Gedanken sehr aufgeschlossen gegenüber und hat, wie mir berichtet wurde, dieses Verlangen an den hiesigen amerikanischen Botschafter Leland Harrison weitergegeben, einen ausgezeichneten Diplomaten alter Schule, wie ich hinzufügen möchte.«*

»Wer hat Sie dazu autorisiert?«

»Staatssekretär Ernst von Weizsäcker.«*

»Und wie war die Reaktion der Amerikaner?«

»Negativ.«*

»Vielleicht haben Sie den Falschen angesprochen.«

»Was meinen Sie damit?«

»Vielleicht hätten Sie sich an Allen Dulles wenden sollen.«

»Er ist in diesem Land nicht akkreditiert«, kam sofort die hochmütige Antwort, in der deutlich mitschwang, daß dies auch für Schellenberg galt. Der Eindruck wurde durch die nächsten Worte des Botschafters noch verstärkt. »Und worin besteht, wenn ich fragen darf, Ihre hiesige Mission, Herr Obergruppenführer?«

»Sie ist der Ihren ähnlich. Ich soll die Schweizer warnen. Ihnen vorschlagen, daß es in ihrem Interesse liegt, mit uns zu kooperieren, besonders im ökonomischen und finanziellen Bereich. Daß sie dadurch auf konkrete Weise zeigen können, wie neutral sie wirklich sind. In Berlin gibt es im Umkreis des Führers Leute, die schon über ihre ›Angelsachsen‹-Neutralität reden. Himmler, zum Beispiel. Wenn man sie machen läßt, könnten sie den Führer vielleicht dazu bewegen, die ›Aktion Schweiz‹ sofort anlaufen zu lassen.«

Schellenbergs letzter Satz schien den Botschafter zu erschrecken. »Aber es wäre ein großer Fehler. Wir haben in diesem Land gute Freunde in den höchsten Positionen. Zum Beispiel Außenminister Pilet.«

»Und Oberstbrigadier Masson vom Schweizer Generalstab«, fügte Schellenberg hinzu.

»Dann werden Sie sich also mit ihm treffen?«

»Heute abend.«

»Seien Sie vorsichtig. Es gibt hier auch Leute in hohen und niedrigen Positionen – etwa in den Reihen der hiesigen Polizei –, die uns dermaßen hassen, daß sie sich eventuell irrational verhalten und die möglichen Konsequenzen völlig ignorieren. Man sollte sehr deutlich daran erinnern, was den Tschechen passiert ist, nachdem sie Ihren guten Freund Heydrich ermordet haben.«

»Ich weiß Ihre Besorgnis zwar zu schätzen«, sagte Schellenberg, »aber ich glaube, sie ist unnötig. Außer ein paar Offizieren im Oberkommando der Schweizer Armee weiß niemand, daß ich hier bin. Behalten Sie es unter allen Umständen für sich, Herr Köcher. Mein

Besuch ist von keinem Geringeren sanktioniert worden als von General Guisan. Wenn alles klappt, werde ich ihn morgen treffen.«

Der Botschafter war fassungslos. Das einzige, was er auf diese Nachricht erwidern konnte, war: »Herzlichen Glückwunsch, Herr Obergruppenführer.«

Schellenberg schaute auf die Uhr. »Bedauerlicherweise muß ich in ein paar Minuten gehen. Doch zuvor möchte ich Sie fragen, wie Ihre Verhandlungen mit den Schweizern bezüglich zukünftiger Lieferungen an unsere Verteidigungsindustrie vorankommen – speziell die in Sachen Strom, U-Boot-Turbinen, Flugzeug-Aluminium. Wir sind schrecklich knapp an diesen Dingen; selbst der Führer macht sich deswegen Sorgen. Zudem stellt sich die Frage nach Gold und Dollars. Wenn ich meine Unternehmungen rund um die Welt finanzieren soll, bin ich ständig auf beides angewiesen. Unsere einzige zuverlässige Quelle für solche Finanzierungen ist, wie Sie wissen, Herr Botschafter, die Schweizer Nationalbank. Wir können nicht zulassen, daß diese Quelle versiegt.«

»Sie können dem Führer versichern, daß ich mein Bestes tue, aber in diesen Kategorien kommen die Verhandlungen alles andere als gut voran. Der Hauptgrund ist, daß die Amerikaner allmählich Druck auf die Schweiz ausüben. In Roosevelts Kreisen gibt es Leute wie den Juden Henry Morgenthau, die der Schweiz ebenfalls schlimme Konsequenzen androhen, wenn sie weiterhin mit uns kooperieren. Der Schweiz mißfällt dieser Druck, besonders Außenminister Pilet. Männern wie ihm müssen wir den Rücken stärken. Aber wir müssen ihnen auch klarmachen, daß sie im Grunde keine andere Möglichkeit haben, als die bilaterale wirtschaftliche Zusammenarbeit nicht nur aufrechtzuerhalten, sondern noch auszubauen. Ich hoffe, Sie werden dies bei Ihrem Kollegen Oberstbrigadier Masson zur Sprache bringen, und auch bei General Guisan, wenn Sie ihm begegnen.«

»Jetzt, da Sie die Amerikaner erwähnt haben, erlauben Sie mir, auf Mr. Dulles zurückzukommen. Wie paßt er Ihrer Meinung nach in die ganze Sache hinein?«

»Wenn ich das nur wüßte! Er ist selbst den Schweizern ein Rätsel. Warum fragen Sie?«

»Ich habe den Eindruck, daß er eventuell ein vernünftiger Mensch ist. Ein Mensch, der die Ungeheuerlichkeit der sowjetischen Bedrohung versteht. Ein Mensch, mit dem man reden kann.«

»Haben Sie das vor?«

»Unter Umständen. Vielleicht könnten Sie mir in dieser Hinsicht behilflich sein, Herr Botschafter, indem Sie in Bern da und dort ein Wort verlauten lassen.«

»Unter Umständen ... «

Obergruppenführer Schellenberg wählte diesen Augenblick, um sich vom Sofa zu erheben. Die Audienz war beendet. Fünf Minuten später stiegen er und sein Adjutant, Sturmbannführer Eggen, in den Fond des großen schwarzen Mercedes, der zusammen mit den beiden BMWs und dem ziemlich bemitleidenswert aussehenden graugrünen Fiat vor dem Konsulat gewartet hatte. Als die Kolonne vom Bordstein losfuhr, wurde sie von insgesamt zwölf Polizisten aus drei verschiedenen Fahrzeugen beobachtet.

Schellenbergs heimlicher Besuch war weit weniger geheim, als er glaubte.

18. Kapitel

Und nicht nur die Schweizer Polizei wußte von diesem Geheimnis.

Es war nun 18.15 Uhr am Abend des 2. März 1943, und NKGB-Oberst Igor Tschitowsky alias Werner Lentz, der jedoch nichts von der drei Stunden zuvor erfolgten Ankunft des SS-Obergruppenführers auf Schweizer Boden wußte, ging von der Annahme aus, daß Schellenberg irgendwann im Verlauf des Abends im Benkener Schloß eintreffen würde. Tschitowsky hatte die Absicht, auf alle Eventualitäten vorbereitet zu sein. Dies wiederum erforderte noch mehr Arbeit in seinem Fachbereich: Aufklärung. Es war ein heikles Unternehmen, da die Informationsquelle, die er für die erfolgreiche Durchführung seiner Mission anzapfen mußte, Liselotte Maurer hieß und die junge Dame nicht über Gebühr von ihm angetan gewesen war, als sie sich nach ihrem Samstagsbesuch in der Operette voneinander verabschiedet hatten.

Als der vom Barmixer des Hotels Drei Könige gesteuerte Opel, in dem Tschitowsky und die beiden Genossen von der Roten Kapelle aus Lausanne saßen, den Ortsrand von Benken erreichte und dann kurz vor der durch den Wald führenden Abzweigung zum Schloß am Straßenrand hielt, dunkelte es bereits. Genau auf der anderen Straßenseite lag der Gasthof »Zum Rössli«. Die Lichter des Wagens erloschen. Die vier Insassen warteten in völliger Stille ab. Nirgendwo im Dorf rührte sich etwas. Dann gab Lentz einen knappen Befehl. Der Fahrer schaltete den Motor an, fuhr weiter und bog sofort in den Waldweg ein. Obwohl die Scheinwerfer ausgeschaltet waren – der Vollmond stand am Himmel –, hatte der Fahrer trotz der hohen Tannen auf beiden Seiten keine Schwierigkeiten, in der Spur zu bleiben. Dreihundert Meter weiter wurde ihm befohlen anzuhalten. Lentz und die beiden anderen sprangen ins Freie, öffneten die Hecktür des Opels und entluden, eins nach dem anderen, das dort verstaute Waffenarsenal: drei russische Maschinenpistolen, drei Pistolen, die gesamte Munition und zehn Handgranaten. Damit verschwanden sie links im Wald. Nach zehn Minuten waren sie wieder da, nun mit leeren Händen. Der Fahrer fuhr nun äußerst vorsichtig über den schmalen Weg zur Hauptstraße zurück. Dort angekommen, schaltete er, nachdem er sich überzeugt hatte, daß die Straßen nach wie vor leer waren, die Scheinwerfer ein und fuhr etwa zwanzig Meter weiter. Dort hielt er erneut an, diesmal vor dem »Rössli«. Kaum waren seine drei Passagiere zum zweiten Mal ausgestiegen, als er auch schon wendete und schnell davonfuhr. Er steuerte das Fahrzeug einen Kilometer die Straße entlang und bog dann in einen anderen Weg ein, den er von der Landkarte auf dem Küchentisch in der Rheingasse 37 her kannte. Er führte zum Ortsfriedhof. Dort schaltete er den Motor aus, warf einen Blick auf seine Armbanduhr und nahm sich vor, ein Nickerchen zu machen. Er mußte eine Menge Zeit totschlagen.

Tschitowsky hatte den Gasthof zögernd betreten. Arbeitete Liselotte heute abend? Und wenn ja, würde sie wieder so gesprächig sein wie üblich? Sie war nicht nur da, sie kam auch im gleichen Moment auf ihn zu, in dem sie ihn erblickte.

»Soso«, sagte sie. »Und ich dachte schon, ich hätte dich zum letzten Mal gesehen.«

»Du hast mir gefehlt«, sagte er. »Ich möchte mich entschuldigen, weil ich mich am letzten Sonntag so danebenbenommen habe. Und um dir zu beweisen, daß ich es ernst meine, habe ich dir eine Kleinigkeit mitgebracht.«

Er reichte ihr ein in elegantes Silberpapier eingewickeltes und mit einem roten Band verschnürtes Päckchen. Unter dem Band steckte diskret ein kleiner Umschlag. Liselotte nahm ihn sofort an sich, öffnete ihn, las die enthaltene Karte und errötete.

»Das ist zwar sehr lieb von dir, Werner«, sagte sie, »aber wir können nicht einfach hier rumstehen. Gehören die beiden Herren zu dir?«

»Ja.« Tschitowsky machte sich nicht die Mühe, sie vorzustellen.

»Wollt ihr bei uns essen, oder nur ... «

»Wir möchten hier zu Abend essen.«

»Ich kann euch leider nicht den besten Tisch geben, weil er schon reserviert ist. Aber der daneben ist eigentlich genauso gut.« Sie führte die Männer in einen Nischenbereich der Gaststube, der sich auf der linken Seite befand.

Nachdem sie ihre Plätze eingenommen hatten, fragte sie: »Kann ich Ihnen etwas zu trinken bringen?«

Tschitowsky bestellte eine große Karaffe des einheimischen Rieslings. Liselotte verschwand, um ihn zu holen. Sie trug das Päckchen in beiden Händen. Nachdem sich die Küchentür hinter ihr geschlossen hatte, trat sie an einen der dort befindlichen Holztische und löste das rote Band. Dann nahm sie sich die Verpackung vor, wenn auch sehr vorsichtig. Schließlich konnte man Band und Papier noch einmal benutzen. Nachdem beides entfernt war, faltete sie es ordentlich zusammen. Sie wagte kaum, sich die feine kleine Lederschachtel anzusehen, die sie ausgewickelt und vor sich auf den Tisch gelegt hatte. Schließlich nahm sie sie in die Hand, öffnete den Deckel und starrte den Ring an, den sie nun erblickte.

»Herrjee! Daas isch en ächte Päärlring!« Es war tatsächlich eine Perle in dem Ring, und eine ausgesprochen große noch dazu. Und ebenso wie Liselotte bei ihrem Anblick den Vater im Himmel angerufen hatte, war es unausweichlich, daß auch Tschitowskys Geist beim Verpacken des Rings heute früh in seinem Kleinbasler Juweliergeschäft in religiösen Gedanken geschwelgt hatte, nämlich in jenen, die man im Matthäusevangelium, Kapitel 7, Vers 6 nachlesen kann.* Was soll's, hatte er gedacht. Wenn die Behörden von den Dingen erfahren, die sich heute abend abspielen, geht der Laden ohnehin hoch, und dann wird alles, was er enthält, beschlagnahmt. Also konnte man einen Perlenring, den er einer Schweizerin schenkte, kaum für Vergeudung halten.

Liselotte steckte sich den Ring langsam und sogar ein wenig schüchtern an den Finger. Er paßte hundertprozentig! Ihre Freude über diese Entdeckung wäre vielleicht etwas weniger groß gewesen, hätte sie gewußt, daß Lentz den zweitgrößten Ring aus seinem Lager genommen hatte, weil er sich erinnerte, wie feist die Hand gewesen war, die kurz, doch sehr vielversprechend vor wenigen Tagen auf der Fahrt zur Oper auf seinem rechten Schenkel gelegen hatte. Liselottes erster Impuls bestand darin, den Ring dem Koch und dessen Gehilfen zu zeigen, doch die beiden waren beschäftigt:

der eine hackte an einem anderen Tisch Gemüse, der andere rührte über dem Holzfeuer Soße an. Lieber nicht. Der Koch kannte ihren Vater. Also nahm sie die hübsche kleine Schachtel, das Packpapier und das Band und schob alles vorsichtig in die Tasche ihres Wintermantels, der an der Wand neben dem Ofen hing. Der Ring jedoch blieb an ihrem Finger. Falls jemand ihn bemerkte und danach fragte, konnte sie sagen, er sei von... einer Tante. Von einer reichen Tante, die viele Jahre allein in Basel gelebt hatte und gerade gestorben sei.

Dann holte Liselotte die Karaffe Riesling & Silvaner. Mit dem Wein und drei Gläsern auf einem Tablett kehrte sie in die Gaststube an den Tisch zurück, an dem ihr Verehrer Werner Lentz mit seinen beiden Freunden saß.

Nachdem der Wein eingeschenkt war, streichelte sie kurz Lentz' Nacken, beugte sich vor und flüsterte ihm ins Ohr: »Du bist ein Schatz, Werner.« Dann fügte sie hinzu: »In etwa einer Stunde habe ich Pause. Vielleicht können wir uns für ein paar Minuten draußen treffen.«

Er nickte zustimmend. Sobald sie wieder weg war, schaute er auf seine Armbanduhr. In einer Stunde... Es war ihm recht. Wenn er herausbekam, was er wissen wollte, hatte er genügend Zeit, die Einzelheiten und besonders den Ablauf des Unternehmens entsprechend zu planen.

Zwanzig Minuten später verstummten plötzlich die Gespräche im inzwischen fast vollen »Rössli«. Allen Anwesenden war der ungewöhnliche Lärm aufgefallen – ungewöhnlich, weil Abend und Kriegszeit war: Das Motorengeräusch schwerer Fahrzeuge, die heruntergeschaltet wurden und dann, nach einer Pause, wieder auf Touren kamen, als sie sich langsam in Bewegung setzten. Die wie üblich neugierige Liselotte Maurer mußte einfach an die Wirtshaustür laufen und einen Blick auf die Straße werfen. Und dort, im grellen Licht der Scheinwerfer, sah sie den größten Mercedes, den sie im Leben je gesehen hatte. Er bog von der Hauptstraße in den zum Benkener Schloß hinaufführenden Waldweg ab. Ihm folgten zwei weitere Autos – es waren natürlich die BMWs, aber sie kannte die Marke nicht, weil sie in der Schweiz wenig gefahren wurde.

Nachdem sie die Tür geschlossen hatte, ging sie an Werner Lentz' Tisch, wo sie sich vorbeugte und ihm ins Ohr flüsterte: »Weißt du noch, was ich dir Sonntag erzählt habe? Über die Deutschen, die kommen? Ich glaube, sie sind da. Ich habe ihre Autos gesehen. Sind die groß!« Dann richtete sie sich auf und fragte mit normaler Stimme: »Möchten Sie die Speisekarte sehen, meine Herren?« Die Herren wollten. Fünf Minuten später bestellten sie das Abendessen – dreimal Rehschnitzel mit Spätzli – und noch eine Karaffe Wein, diesmal einen Dôle, der gut zum Wildbret paßte.

Ungefähr eine halbe Stunde später klingelte hinter der Theke das Telefon, und da Liselotte zufällig dort war, um für eine große, eben eingetroffene Gruppe Stammgäste Bier zu zapfen, hob sie ab. Nachdem sie wieder aufgelegt hatte, brachte sie den Gästen acht Krüge Warteck-Bier und trat dann gleich an jenen Tisch, der neben dem von den drei Männern der Roten Kapelle stand. Er war reserviert worden. Sie legte zwei weitere Gedecke auf. Auf dem Rückweg zum Tresen blieb sie kurz bei Werner Lentz stehen und flüsterte ihm zu: »Vier von denen da oben sind in fünf Minuten hier. Das bedeutet, ich kann erst später Pause machen, vielleicht erst in zwei Stunden. Kannst du so lange bleiben?« Als Lentz bejahend nickte, legte sie erneut ihre Hand auf seinen Nacken und streichelte ihn kurz. Dann war sie wieder weg.

Kurze Zeit später betraten zwei Männer und zwei Frauen den Gasthof »Zum Rössli«. Sofort wandten sich ihnen alle Köpfe zu, denn ihr Aussehen war reichlich ungewöhnlich: Die Männer waren beide groß, über einen Meter achtzig, und wogen sicher ihre neunzig Kilo. Doch noch auffallender war ihre Kleidung. Sie trugen lange schwarze Ledermäntel, und obwohl darunter normale Zivilanzüge sichtbar wurden, war eindeutig zu erkennen, daß sie eher an Uniformen gewöhnt waren. Als einer der beiden der Kellnerin Liselotte ungeduldig zuwinkte und sie dann mit lauter Stimme auf Hochdeutsch ansprach, gab es an der Art der Uniform keinen Zweifel mehr: die der deutschen Wehrmacht, grün und über der Brusttasche mit einem Hakenkreuz und einem Adler mit angelegten Schwingen verziert. Oder vielleicht noch schlimmer: schwarz und mit einem Abzeichen auf der Mütze, das einen Totenschädel mit gekreuzten Knochen zeigte und seinen Träger als Angehörigen der Nazi-Elite identifizierte. Solche Vermutungen lagen zwar nahe, waren aber kein Kompliment. Doch die beiden Männer, die gerade die kleine Gaststube betreten hatten, gehörten zwar tatsächlich zur militärischen Elite ihrer Heimat, aber keineswegs zur SS: Sie waren Fallschirmjäger, trugen normalerweise blaugraue Uniformen, und die Adlerschwingen auf ihren rechten Brusttaschen waren im Gegensatz zu den Offizieren des Heeres ausgebreitet und gebogen. Eins von Hitlers »Zehn Geboten« für Fallschirmjäger lautete: »Gegen einen offen auftretenden Gegner kämpft ritterlich, aber einem Guerilla gegenüber zeigt keine Gnade.«* Als Schellenbergs Leibwächter in einem zwar neutralen, aber feindseligen Land hielten sie sich eindeutig in Guerillagebiet auf.

Doch als Liselotte Maurer die vier neuen Gäste an ihren reservierten Tisch führte, waren es ihre Begleiterinnen, die bei den Einheimischen im Lokal noch mehr Aufsehen erregten.

Sie waren vierzig Minuten zuvor, um exakt 19 Uhr, mit dem aus vier Fahrzeugen bestehenden Konvoi an ihrem Bestimmungsort eingetroffen. Im Leitfahrzeug hatten die beiden Schweizer Offiziere der Sektion 5 gesessen. Sobald die Kolonne anhielt, waren sie ins Freie gesprungen, um den Mann zu begrüßen, der an der über den Burggraben zum Haupteingang des Schlosses führenden Zugbrücke stand. Das Schloß wurde von Scheinwerfern angestrahlt, die in regelmäßigen Abständen am Waldrand angebracht waren, um für Sicht und Sicherheit zu sorgen. Inmitten des Lichts stand Peter Burckhardt, der Sohn des Schloßherrn, und wurde mit einem Salutieren begrüßt, das der Tatsache Rechnung trug, daß er ein Offizierskollege der Schweizer Armee war. Wenn auch der Fakt, daß er ebenfalls zur Sektion 5 gehörte, nur wenigen bekannt war.

Gleichzeitig öffnete der Fahrer des großen schwarzen Mercedes die hinteren Türen des Fahrzeugs, und Obergruppenführer Walter Schellenberg und sein Adjutant Sturmbannführer Hans Eggen stiegen aus. Als Burckhardt auf sie zuging, knallten sie die Hacken zusammen, und zwei Schädel mit kurzgeschnittenem Haar nickten ihm unisono zu. Für den Bruchteil einer Sekunde sah es so aus, als wollten auch sie salutieren, doch dann tat Schellenberg einen Schritt vor und streckte nur die rechte Hand aus. Einen weiteren Sekundenbruchteil wirkte es, als zögere Burckhardt, dann aber griff er nach der ausgestreckten Hand und sagte: »Willkommen in der Schweiz, Herr Obergruppenführer.« Er schüttelte auch Eggens Hand und wandte sich nun an alle beide. »Mein Name ist Peter Burckhardt. Ich bin Ihr Gastgeber. Oberstbrigadier Masson ist bereits eingetroffen und hat mich gebeten, Ihnen auszurichten, daß er es kaum erwarten kann, Ihre Bekanntschaft zu machen. Wenn es Ihnen recht ist, treffen wir uns um 19.30 Uhr zum Abendessen. Bis dahin bringt Sie jemand vom Personal zu den für Sie vorbereiteten Räumen. Falls Sie irgend etwas brauchen, lassen Sie es mich bitte sofort wissen.«

Dann, als reagiere es auf irgendein Zeichen, öffnete sich der Haupteingang des Schlosses. Zwei Diener näherten sich ihnen, denen sechs Zimmermädchen folgten.

Schellenberg schien die vom Patriziat für ihn aufgebotene protzige Zurschaustellung völlig kaltzulassen. »Die Schweizer Gastfreundschaft ist wirklich überwältigend, Leutnant Burckhardt. Als Ihre Nachbarn und Freunde hoffen wir, daß die zwischen unseren Ländern schon immer engen Bande, die nicht zuletzt auch unsere Sprache mit einschließen, in der vor uns liegenden Zeit noch enger werden.«

Er knallte die Hacken zusammen und nickte noch einmal. In diesem Moment öffneten sich die hinteren Türen der beiden restlichen Fahrzeuge des Konvois. Aus dem ersten BMW stiegen zwei Musterbeispiele arischer Zucht und kamen sofort auf Peter Burckhardt zu.

»Diese Männer«, erläuterte Schellenberg, »sind meine ständigen Begleiter. Dies ist Major Gerhard von Göhler.« Von Göhler trat steif vor und schüttelte Burckhardts Hand. »Und dies ist Leutnant Reichardt.« Reichardt tat das gleiche. Dann öffneten sich zum ersten

Mal, seit er sich auf Schweizer Boden befand, die hinteren Türen des zweiten BMWs, und ihm entstiegen zwei Frauen, ebenfalls Musterexemplare der nordischen Rasse. Sie waren ebenso groß und gut gebaut wie die beiden Männer, wenn auch mit gewissen Unterschieden. Ihr Äußeres rief bei den sechs steif abwartenden, in schwarze Kleider und weiße Schürzen gekleideten jungen Schweizer Dienstmädchen ein nicht eben geringes Aufsehen hervor. Nie zuvor hatten sie solche Frauen gesehen, es sei denn auf der Kinoleinwand. Sie trugen keine Mäntel, dafür aber Seidenkleider – das eine rot, das andere hellgrün –, die ein gutes Stück unter dem Hals begannen und ein ebenso gutes Stück oberhalb der Knie endeten. Eine der Damen war blond, die andere hatte rotes Haar. Und beide waren absolut umwerfend.

Obergruppenführer Schellenberg erwies sich auch diesmal als Herr der Lage. »Darf ich vorstellen?« fragte er. »Diese Damen sind meine Sekretärinnen, obwohl sie in mancherlei Hinsicht mehr sind als das.« Ein leichtes Grinsen umspielte seine Lippen. »Ich glaube, sie würden sich heute abend ganz gern ein Zimmer teilen, falls es möglich ist.« Sie hießen Hannelore und Marlene, und als sie Burckhardt vorgestellt wurden, schauten sie ihn ziemlich dreist an.

»Da die beiden beim Abendessen nicht bei uns sein werden«, fuhr Schellenberg fort, »dachte ich, es würde ihnen vielleicht Spaß machen, unten im Dorf zu speisen. Mir ist dort ein sehr malerischer Gasthof aufgefallen. Ich bin sicher, daß Major von Göhler und sein Kollege so ritterlich sind, die Damen dorthin zu begleiten.«

»Da ich mit so etwas gerechnet hatte«, meinte Burckhardt, »habe ich mir die Freiheit genommen, im Gasthof ›Zum Rössli‹ für 19.30 Uhr einen Tisch zu reservieren.« Er hatte zwar nur für zwei Personen reserviert, aber das konnte man telefonisch leicht korrigieren. »Ist es Ihnen recht?« Er richtete die Frage an die rothaarige Hannelore.

Hannelore beugte sich vor, berührte seinen Arm und sagte mit heiserer Stimme: »Wie nett von Ihnen, Herr Burckhardt. Glauben Sie, wir können so gehen?« Ihre Frage beschwor in Burckhardt eine unbeabsichtigte, doch verständliche Reaktion herauf. Sein Blick richtete sich sofort auf das enge rote Kleid. »Natürlich«, sagte er. »Aber da heute eine schöne Mondnacht ist, schlage ich vor, Sie gehen zu Fuß durch den Wald. Allerdings wird es hier nachts ziemlich kühl, und Sie sollten vielleicht besser einen Mantel oder einen warmen Umhang über Ihr ... Kostüm ziehen.«

Und so kam es, daß die vier Deutschen eine halbe Stunde später von Liselotte Maurer an ihren Tisch geführt wurden – an den Tisch, der direkt neben dem der drei letzten aktiven Mitglieder des sowjetischen Spionagenetzes in Mitteleuropa stand. 1943 hätte es nur in wenigen Städten der Erde zu einer solchen Situation kommen können – wahrscheinlich nur in Lissabon, Istanbul, Genf und Basel. In diesen Städten und den sie unmittelbar umgebenden Gebieten hatten die Agenten sämtlicher kriegführenden Parteien die Freiheit, ihre Spielchen nicht nur ohne unpassende Störung durch die einheimischen Behörden zu spielen, sondern oft auch unter ihrem Schutz. Denn 1943 lag es im Interesse aller neutralen Staaten, sämtliche Vorkommnisse auf ihrem Boden abzuwehren, die sie zu einer direkten Einmischung in den blutigsten Krieg aller Zeiten gezwungen hätten. In so etwas wollten sie nicht hineingezogen werden.

Demgemäß stand auch das Kommen und Gehen am 2. März 1943 im Benkener Schloß und im Dorfgasthof »Zum Rössli« unter offizieller Beobachtung, die vom Leiter der Basler Politischen Polizei angeführt wurde. Lützelschwab und seine Leute waren nur wenige Minuten nach dem Konvoi in drei neutralen Polizeifahrzeugen angekommen. Zwei Polizisten waren angewiesen, den Gasthof zu beobachten; der Rest hatte sich rings um das Schloß verteilt und nutzte den Vorteil der Deckung, die der Wald ihnen bot.

Es konnte nur wenig Zweifel daran bestehen, daß Schellenberg und *seine* Leute sich der scharfen Beobachtung durch die Schweizer Behörden durchaus bewußt waren, denn Subtilität war noch nie die Stärke dieser Nation gewesen. Auch Gerissenheit war nicht eben ein auszeichnendes Kennzeichen der Polizei dieses Landes, wie die drei schwarzen Citroëns bewiesen, die man eingesetzt hatte, um die Spur der Deutschen seit dem Nachmittag zu verfolgen. Das erklärte vielleicht auch die untypisch lässige Haltung der beiden Fallschirmjäger im »Rössli«, als Wilhelm Lützelschwab das Lokal am Abend des 2. März 1943 gegen 20.30 Uhr betrat: Sie gingen davon aus, daß man rund um den Obergruppenführer, für dessen Sicherheit sie persönlich verantwortlich waren, eine dichte Abschirmung errichtet hatte – dies um so mehr, als Hitler selbst die Befürchtung ausgesprochen hatte, Schellenberg könne, wenn er zu dieser Zeit in die Schweiz fuhr, von britischen oder gar Schweizer Agenten im Solde der Amerikaner entführt werden. Der Führer hatte keine Lust, einen zweiten engen Vertrauten an den Feind zu verlieren, wie vor knapp zwei Jahren im Falle seines Stellvertreters und designierten Nachfolgers Rudolf Heß.* Der war im Alleingang nach Schottland geflogen und auf einer Mission, die geradezu auf gespenstische Weise mit der vergleichbar war, die Schellenberg nun unternahm – er wollte Kontakte zu einflußreichen Persönlichkeiten im Westen knüpfen, von denen er annahm, sie seien für einen Separatfrieden zu haben –, bei Glasgow mit einem Fallschirm abgesprungen.* Wie dem auch war, jedenfalls hatte Obergruppenführer Schellenberg persönlich darauf bestanden, daß sie diesen kleinen Ausflug mit den Damen machten – »um sie zu beschäftigen«, wie er es ausgedrückt hatte, denn er hatte an diesem Abend Wichtigeres zu tun.

Lützelschwabs Entschluß, den Gasthof zu betreten, hatte zwei Gründe. Der erste bestand darin, zu überprüfen, ob die Angehörigen der Basler Roten Kapelle, und speziell ihr Anführer Werner Lentz, sich auch wirklich dort aufhielten. Ihre Ankunft in Benken war vom Dorfgendarm beobachtet und eine Stunde zuvor ordnungsgemäß an Lützelschwabs Hauptquartier gemeldet worden. Da Lützelschwab den Gasthof gleich nach der Ankunft in Benken unter Beobachtung gestellt hatte, zweifelte er eigentlich nicht daran, daß sie noch drinnen waren. Trotzdem wollte er absolut sichergehen. Er erblickte Lentz sofort und ging rasch in den hinteren Teil des Raumes, bevor der Mann Gelegenheit hatte, ihn zu sehen und aller Wahrscheinlichkeit nach auch zu erkennen. Es erschreckte ihn, daß er keinen der beiden anderen Männer kannte, die mit Lentz am Tisch saßen. Lützelschwab hatte nach der Aussage des Gendarmen, drei Männer hätten den Gasthof um 18.45 Uhr betreten, angenommen, er habe es mit Lentz und seinen beiden Basler Genossen zu tun – dem Barmixer aus dem Hotel Drei Könige und dem Portier vom Schweizerhof. Doch wenn die beiden nicht hier waren, wo befanden sie sich dann? Und wo war Lentz' Opel? Wer waren die beiden Fremden? »Verflucht«, fauchte Lützelschwab leise vor sich hin. Er hatte geglaubt, die Sache hundertprozentig unter Kontrolle zu haben, und jetzt...

Der zweite Grund für seinen Auftritt im »Rössli« war die Überprüfung dessen, was ihm der Oberinspektor, der die Beobachtung des Lokals leitete, gerade mitgeteilt hatte: Zwei Männer, die wie Schellenbergs Leibwächter wirkten, hatten den Gasthof vor einer halben Stunde betreten. Das überraschte Lützelschwab nicht. Doch der Rest der Information war ungewöhnlich gewesen... Sie waren in Gesellschaft von Frauen... fragwürdiger Herkunft gekommen. »Zwai gueti Stugg« hatte der Oberinspektor in seinem alemannischen Dialekt gesagt, um dann auf französisch »deux poules de luxe« – »zwei Edelnutten« – hinzuzufügen.

Man mußte keine Adleraugen haben, um die fraglichen Damen auszumachen. In ihren knappsitzenden roten und grünen Kleidern konnte man sie kaum für zwei einheimische Hausfrauen halten. Außerdem war eindeutig, daß ihre Anwesenheit in der Schweiz nichts mit der geheimen Mission zu tun hatte, die der SS-Obergruppenführer hier durchzuführen gedachte – Schellenberg arbeitete die Einzelheiten vermutlich in diesem Moment mit Oberstbrigadier Masson im Schloß aus. Nein, schloß Lützelschwab, diese Frauen sind nur aus einem einzigen Grund hier. Und dem Basler Polizeichef, der jeden Sonntag in der ersten Bank der reformierten Kirche saß und stolz darauf war, nie auch nur daran gedacht zu haben, mit einer anderen als seiner Gattin Bertha zu schlafen, platzte plötzlich vor rechtschaffener Entrüstung beinahe der Kragen bei dem ungeheuerlichen Gedanken, daß ein Obergruppenführer der SS zwei Ausländerinnen ohne Papiere (er war sicher, daß sie weder Diplomatenpässe noch normale Reisepässe besaßen) zu unmoralischen Zwekken auf Schweizer Boden brachte. Einen winzigen Augenblick lang war er versucht, den Gasthof zu verlassen, seine Leute abzuziehen und die Dinge ganz einfach ihren Lauf nehmen zu lassen. Doch er verwarf den Gedanken, als die Kellnerin auf ihn zukam – die, wie er annahm, wahrscheinlich keine andere war als das Bauernmädchen, das einer seiner Leute am vergangenen Sonntag in Gesellschaft des sowjetischen Spions im Stadttheater gesehen hatte, und der nun, das wurde ihm plötzlich klar, kaum mehr als ein paar Meter von den Nazis entfernt saß.

»Möchten Sie essen, mein Herr?« fragte sie. Trotz seiner lebenslangen Treue zu Bertha entging Lützelschwab nicht, daß sie eine sehr attraktive junge Dame war. Vielleicht etwas plump, aber im Vergleich zu Bertha ...

»Nein«, erwiderte er. »Ich bin eigentlich nur auf ein Bier gekommen. Deswegen habe ich mich auch hier hinten hingesetzt.«

Lützelschwab bemühte sich, so unauffällig wie möglich zu bleiben, was ihm nicht leicht fiel, da er für einen Schweizer sehr groß war – ein gutes Stück über einen Meter achtzig, bei einem Gewicht von etwa zwei Zentnern. Doch jegliche Neugier der Kellnerin schwand, als er ein Warteck-Bier »temperiert« bestellte, was bedeutete, daß er es angewärmt haben wollte, bevor er es trank; eine typische Unart vieler Schweizer.

»Unauffällig« war freilich kaum das passende Wort, um das Verhalten der vier Deutschen zu beschreiben, die im Alkoven des Gasthofes am Tisch saßen: Genaugenommen wären laut, grob und großschnauzig die passenderen Adjektive für sie gewesen. Kein Wunder also, daß allmählich die Parole »typischi Schwoobe« unter den einheimischen Gästen die Runde machte. Doch diese Kritik hatte wahrscheinlich weniger mit dem Verhalten der Fremden zu tun als mit dem Neid auf das Talent der Deutschen, es sich gutgehen zu lassen. Und daß sie Spaß hatten, war für jedermann ersichtlich!

In der halben Stunde nach ihrer Ankunft, noch vor der Bestellung des Essens, hatten sie schon drei Karaffen Weißwein konsumiert. Und je mehr sie tranken, desto lauter wurden die Stimmen der witzereißenden Fallschirmjäger. Das Gekicher und Gekreisch der beiden Frauen wurde immer schriller. Und um die Sache auf die Spitze zu treiben, warfen sie auf eine Weise, die besagte, daß es ihnen völlig schnuppe war, was diese Bauern dachten, den anderen Gästen unverfrorene Blicke zu.

Es war der Anfang eines Abends, an den man sich im Dorf Benken noch lange Zeit erinnern würde.

Die Atmosphäre im Speisesaal des Schlosses hätte keinen größeren Kontrast bieten können. Am Tisch saßen sechs Männer, ausnahmslos Offiziere ihrer jeweiligen Streitkräfte: vier Schweizer und zwei Deutsche. Doch von der üblichen herzlichen Kameradschaft, die ungeachtet der Nationalität bei Versammlungen von Militärs typisch ist, war nichts zu bemerken. Man konnte die Stimmung am besten als gedämpft und reserviert beschreiben, wenn nicht gar als beherrscht, als hätten Bekannte aus Schul- und Studentenzeiten einander plötzlich nach vielen Jahren wiedergetroffen und würden sich Mühe geben, die Kluft zu überbrücken, die aufgrund der langen Trennungszeit zwischen ihnen entstanden war. Denn trotz der Tatsache, daß Deutsche und Schweizer eine gemeinsame, sich von Frankreich bis nach Österreich erstreckende Grenze hatten, waren beide Nationen seit dem Spätsommer 1939 völlig voneinander getrennt. Ein eiserner Vorhang war zwischen ihnen niedergegangen. Der normale Verkehr war auf Null reduziert. Während dieser Jahre war das deutsche Volk möglicherweise das mächtigste der Erde geworden. Es hatte ohne fremde Hilfe (die der Italiener wurde immer mehr zu einer Behinderung, wie die momentanen Ereignisse in Nordafrika zeigten) Europa vom Atlantik bis fast zum Ural erobert. Die Schweizer hingegen waren einfach aus der Geschichte verschwunden. Sie wurden nun seit über dreieinhalb Jahren im eigenen Land gefangengehalten und waren völlig abgeschnitten vom Hauptstrom der Weltereignisse. Die Tatsache, daß zwei ihrer Gefängniswärter hier in ihrer Mitte saßen, erhöhte die Spannung nur noch.

Als die Vierergruppe im Gasthof unter ihnen schon die dritte Weißweinkaraffe geleert hatte, ohne das Essen zu bestellen, beendeten die sechs Männer im Schloß gerade den ersten Gang – Forelle blau. Die Forellen entstammten einem Bach, der durch das Gelände um das Benkener Schloß und dann durch das darunterliegende Tal in die Birsig floß. Die Konversation hatte sich der Ostfront zugewandt, wofür Peter Burckhardt in seinem Bemühen gesorgt hatte, das Spielfeld für den heutigen Abend zu ebnen, indem er die Vorstellung einbrachte, daß ihre »Häscher« alles andere als unbesiegbar waren. Denn es war gerade erst einen Monat her, seit die Nazis ihre erste größere Niederlage hatten einstecken müssen: Feldmarschall Paulus und seine 6. Armee hatten sich den Russen am 31. Januar in Stalingrad ergeben. Als Oberstbrigadier Masson von Obergruppenführer Schellenberg nähere Einzelheiten über die momentane militärische Lage in Rußland wissen wollte, wurde bald deutlich, daß der SS-Mann im Grunde nicht darüber informiert war. Seine vagen Antworten waren nicht das Ergebnis seiner Zurückhaltung, sondern lagen eher an seiner Unfähigkeit, militärische Strategien und Taktiken auf intelligente Weise mit einem Berufssoldaten zu diskutieren. Die Schlußfolgerung, die er aus dem militärischen Fiasko in Stalingrad zog und die er nun den fünf anderen am Tisch sitzenden Offizieren mitteilte, bewies ohne jeden Zweifel, daß Schellenberg kein Militär, sondern Politiker war.

»Stalingrad«, sagte er gerade, »gehört eindeutig zu den Hauptgründen meines heutigen Hierseins, meine Herren. Daß es dort zu einer militärischen Katastrophe gekommen ist, will niemand bestreiten. Sie dient aber dazu, eine nun unausweichliche Wahrheit noch stärker hervorzuheben: Der Bolschewismus bedroht uns alle, die wir versuchen, unsere *gemeinsame* europäische Kultur zu erhalten. Sollte den russischen Barbaren erlaubt werden, Europa zu überrennen, wäre es das Ende des Abendlandes, wie wir es kennen und lieben. Wir Deutschen stehen bereit, Europa bis in den Tod zu verteidigen.« Dann fügte er hinzu: »Wir haben nur eine einzige Bitte: daß die anderen, die dieses europäische Erbe mit uns teilen, sich nicht schon wieder darauf vorbereiten, uns hinterrücks zu erdolchen.«

Das »Hinterrücks«, auf das er sich bezog, war die deutsche Südflanke, und der »Dolch« jener, der aus oder genauer gesagt durch die Schweiz kommen würde.

Nun wurde Schellenberg noch deutlicher: »Wie Sie wissen, Herr Oberstbrigadier, sind wir im Besitz gewisser Dokumente, die 1940 in La Charité-sur-Loire in die Hände unserer Truppen gefallen sind. Und sie sind sehr nachteilig, was die Behauptung Ihres Landes betrifft, es sei strikt neutral in diesem Konflikt. Wie Sie wissen, wurde dadurch am meisten Ihr Oberkommandierender, General Guisan, kompromittiert.«

Schellenberg bezog sich auf die Protokolle eines streng geheimen Militärpaktes, den General Guisan und der Generalstab der französischen Armee ausgearbeitet hatten. Sie waren in einem Eisenbahnwaggon voll hochbrisanter französischer Regierungsakten gefunden worden, die allem Anschein nach zu irgendeinem Versteck transportiert werden sollten. Doch auf unerklärliche Weise war der Waggon auf einem Abstellgleis in dem Dorf La Charité-sur-Loire, 150 Kilometer von Dijon, zurückgelassen und dort am 16. Juni 1940 von den vorrückenden deutschen Truppen bei ihrem Blitzangriff auf Frankreich sichergestellt worden. Die Protokolle dokumentierten die erstaunliche Tatsache, daß die gemeinsame französisch-schweizerische Militärplanung schon im Oktober 1939, direkt nach dem Ausbruch des Zweiten Weltkrieges, begonnen hatte, und daß bereits gegen Ende November genaue Details einer gemeinsamen militärischen Reaktion auf einen deutschen Angriff ausgearbeitet gewesen waren.

Phase eins hätte einen massiven gegen die einfallenden Deutschen gerichteten Artilleriebeschuß der Schweizer Armee in der Region Basel umfaßt. Phase zwei sollte drei bis vier Stunden nach Beginn des Artilleriebeschusses (der aus einer festen Betonbunkerstellung in den Hügeln um Basel kommen sollte, die die deutsch-schweizerische Grenze überblickten) vom Schweizer Oberkommando ausgelöst werden und dem französischen Militär garantieren, die Grenze überschreiten zu können. Laut Plan sollte dann eine komplette französische Division durch die Schweiz marschieren und den Gegenangriff auf die Deutschen aus einer völlig unerwarteten Richtung – nämlich *Süden*

– beginnen. Diese Taktik hätte den Franzosen erlaubt, den Endspurt auf die festen Ost-West-Verteidigungslinien zu gewinnen, die zu beiden Seiten der Maginot-Linie errichtet waren. In Phase drei sollte sich die gesamte französische Armee zusammen mit der schweizerischen unter gemeinsamem Kommando dem Gegner stellen. Die totale Evakuierung der Stadt Basel war eingeplant, da sie sich genau in der Mitte des Schlachtfeldes befand. Anfang 1940 hatte man die Einheiten der französischen Armee, die auf diese Weise aufmarschieren sollten, in die südlichste Region des Elsaß verlegt. Ironischerweise wäre die Marschroute, die sie über den »neutralen« Schweizer Boden hätten nehmen müssen, um sich in die Schlacht mit der Wehrmacht zu stürzen, die durch Biel/Benken und dann durch das Birsigtal nach Basel und darüber hinaus gewesen: der gleiche Weg – nur umgekehrt –, den Schellenberg und seine Leute gerade von der deutsch-schweizerischen Grenze aus genommen hatten.*

Doch dazu war es nie gekommen.

Denn am 17. Mai 1940, drei Tage nach der Kapitulation der Niederlande und dem Fall Sedans durch die anrückenden deutschen Truppen, hatte die bewaffnete und einsatzbereit an der Grenze stehende französische 8. Armee den Befehl erhalten, sich »so verstohlen wie möglich«* zurückzuziehen. An ihrer Stelle hatte man ein paar Bataillone zurückgelassen, damit die Schweizer nicht sofort bemerkten, was da vor sich ging. Die Schweizer Armee, und speziell General Guisan, wurde nie informiert.

Damit hatte das heldenhafte französische Militär seinem Ruf mal wieder alle Ehre gemacht und diesmal die Schweizer im Stich gelassen. Was, wie die Schweizer Armeeführer meinten, für sich allein schon schlimm genug gewesen war. Doch nun, *auf Schweizer Boden*, durch einen Obergruppenführer der SS, der dienstgradmäßig einem General entsprach, vor niedrigeren Offizieren, die natürlich nichts von der Angelegenheit wußten, mit dieser streng geheimen, äußerst gefährlichen und dokumentierbaren Enthüllung konfrontiert – schnappte Oberstbrigadier Masson nach Luft... besonders, als Walter Schellenberg hinzufügte: »Falls ich den Führer nicht überzeugen kann, daß General Guisan mit den Amerikanern und Briten keine ähnlichen Pläne schmiedet, um den Alliierten Zutritt und freien Durchgang durch Ihr Territorium zu dem Zweck zu erlauben, Deutschland von Süden anzugreifen, dann wird er, fürchte ich, einen Präventivschlag führen – und zwar bald.«*

Nun kam es offen zur Sprache: das Gespenst der »Aktion Schweiz«!

Als Schellenberg sein Ultimatum gestellt hatte, gab Masson Leutnant Burckhardt ein Zeichen – das vorher abgesprochen gewesen sein mußte, da Burckhardt sofort aufsprang und den Vorschlag machte, sich mit seinen Offizierskollegen und Sturmbannführer Eggen zu Nachtisch und Kaffee in die Bibliothek zurückzuziehen. Die Angesprochenen erhoben sich sogleich und verließen nach angemessenem Gemurmel und Gesten in Richtung ihrer Vorgesetzten den Speisesaal.

Sobald sie allein waren, wandte sich Oberstbrigadier Masson an Schellenberg und sagte: »Lassen Sie uns nun von Soldat zu Soldat reden, Herr Obergruppenführer.« Womit er andeutete, daß die Angelegenheit zu ernst geworden war, um sie allein den politischen Führern zu überlassen.* »Zuerst möchte ich Ihnen sagen, daß General Guisan bereit ist, sich morgen mit Ihnen zu treffen, um Ihnen persönlich zu versichern, daß unser Land und unser Militär trotz aller Schlußfolgerungen, die Ihre Regierung möglicherweise aus den bei Charité-sur-Loire gefundenen Unterlagen gezogen hat, beabsichtigt, absolute und strikte Neutralität in den Beziehungen mit *allen* kriegführenden Parteien einzuhalten. Mit *allen!*«

»Ich freue mich, daß dieses Treffen arrangiert werden konnte, Oberstbrigadier Masson«, erwiderte Schellenberg, »weil ich sicher bin, daß Sie sich meiner tiefsten Verehrung für Ihr Land und meines Verständnisses für die Notlage, in der Sie sich momentan befinden, bewußt sind. Sie können versichert sein, daß ich alles in meiner Kraft Stehende tun werde, um den Führer zu überzeugen, daß er über die *gegenwärtige* Haltung und Absichten der Schweizer Armee falsch informiert wurde und daß es äußerst unklug wäre, mit der ›Aktion Schweiz‹ fortzufahren.«

Als er diese beiden Worte aussprach, entging ihm der Ausdruck auf Oberstbrigadier Massons Gesicht nicht. »Ich sehe, der Deckname ist Ihnen bekannt, geschätzter Kollege ... trotz der Tatsache, daß man ihn in Berlin als streng geheim eingestuft hat. Glückwunsch.«

Nachdem er demonstriert hatte, wie leicht es war, seinen Gegenspieler zu der Enthüllung zu bringen, daß sein Nachrichtendienst eine Direktleitung in den innersten Zirkel des Nazi-Oberkommandos in Berlin hatte, übte Schellenberg weiteren Druck aus.

»Aber wenn ich Ihnen und Ihrem Land helfen soll, Herr Oberstbrigadier, muß ich ein paar handfeste Dinge nach Berlin mitnehmen. Ich brauche eine schriftliche und von Ihrem Oberkommandierenden eigenhändig unterzeichnete Zusage, in der unmißverständlich steht, daß Ihr Land und seine Armee beabsichtigen, für die Dauer des Krieges neutral zu bleiben, und zwar im engsten Sinne des Wortes.«

Zu Schellenbergs Überraschung nickte Masson sofort zustimmend. Dermaßen ermutigt, fuhr der Obergruppenführer fort. »Nun stehen aber – und dies braucht General Guisan kaum zu kümmern – gewisse Konzessionen in den Bereichen Industrie und Finanzen an, zu denen man sich ebenfalls bereit erklären muß, wenn ich den Führer von den guten Absichten Ihres Landes überzeugen soll. Erstens geht es um eine Sache, die die Goldtransporte an Ihre Nationalbank betrifft – eine Angelegenheit, die mich persönlich interessiert, da ich, wie Sie wissen, lieber Kollege, fortwährend Bedarf an harten Währungen habe, um einige meiner ausländischen Unternehmungen zu finanzieren.«

Schellenberg vermied es geflissentlich, darauf hinzuweisen, daß er ein ausgedehntes Spionagenetz in der Schweiz unterhielt und einheimische Nationalisten benutzte, die mit der Sache der Nazis sympathisierten. Doch da es sich bei ihnen um Schweizer handelte, sympathisierten sie natürlich nicht so stark mit den Nazis, daß sie ihren Hals gratis riskierten, und sie waren erst recht nicht bereit, sich in einer Währung bezahlen zu lassen, die nicht der härtesten der Welt entsprach, nämlich dem Schweizer Franken. Ironischerweise war die Quelle, aus der diese Franken sprudelten, die Schweizer Nationalbank!

»Dann ist da noch die lebenswichtige Sache unserer Transitrechte durch den Gotthard-Tunnel. Wir können in dieser Hinsicht keine Zurücknahme tolerieren, besonders jetzt nicht, wo offenbar eine alliierte Landung in Italien bevorsteht. Die Tonnage muß also erhöht werden, und ...«

Während Schellenberg im Speisesaal des Benkener Schlosses weiterredete, hielt sich Peter Burckhardt mit

Schellenbergs Adjutant, Sturmbannführer Eggen, allein in seinem Arbeitszimmer im zweiten Stock auf... deswegen allein, weil Eggen darauf bestanden und vorgeschlagen hatte, die rangniederen Schweizer Offiziere, die den Speisesaal mit ihnen verlassen hatten, könnten ihren Nachtisch und den Kaffee anderswo einnehmen. Der Grund für seine Insistenz wurde bald darauf klar.

»Wie ich gehört habe«, begann Eggen, »ist Ihr Vater der Aufsichtsratsvorsitzende des Schweizerischen Bankvereins.«

»So ist es«, erwiderte Burckhardt.

»Obwohl wir mit seiner Bank Geschäfte gemacht haben, hatte ich nie die Ehre, ihn kennenzulernen. Wie Sie vielleicht wissen, war ich an einigen größeren geschäftlichen Transaktionen zwischen unseren Ländern beteiligt, wobei es im letzten Fall um den Import von Fertigbaracken ging. Unser hiesiger Geschäftspartner ist eine Lausanner Firma namens Extroc S.A. Da heute abend mehrfach der Name Guisan gefallen ist, wird es Sie vielleicht interessieren, daß General Guisans Sohn zu den Direktoren der Extroc gehört.«

Sturmbannführer Eggen legte eine Pause ein – zweifellos, um die Wichtigkeit dieser Information einsinken zu lassen.

Eggen war sich sicher, wenn er Oberst Guisan, den Sohn des Generals, als Referenz aufführte, würde ihm das automatisch einen privilegierten Status in diesem Land verschaffen. Doch wenn er erwartet hatte, die Erwähnung eines prominenten Namens würde magische Wirkung haben, hatte er sich getäuscht. Denn Burckhardt saß nur stumm da und wartete darauf, daß Eggen zur Sache kam... was er bestimmt bald tun würde. Und schon kam es.

»Der Grund, warum ich mit Ihnen allein sein wollte,

Herr Doktor«, fuhr Eggen fort, wobei er enthüllte, daß er von Burckhardts akademischem Titel wußte und ihn würdigte, »besteht darin, daß ich ein neues Geschäft besprechen möchte. Man hat mich gebeten, es mit Ihrem Land abzuschließen. Es handelt sich jedoch um kein Geschäft im Sinne von Armeebaracken; diesmal geht es um pure Finanzen. Um das Bankgeschäft. Das Bankgeschäft im klassischen Schweizer Sinn. Um ein Geschäft, das nach jener Art von Diskretion verlangt, wie man sie nur in Ihrem Land findet, da das Bankgeheimnis hier gesetzlich verankert ist und Verletzungen der Bankgesetze unter strenger Strafe stehen. Ich rede von Depositen. Großen Depositen. In harten Währungen. Falls nötig auf Konten, die keine Zinsen bringen.«

Eggen legte erneut eine Pause ein, um alles auf Burckhardt einwirken zu lassen... als wenn das notwendig gewesen wäre!

Dann fuhr er fort: »Ich möchte von Anfang an klarmachen, daß die Personen, die mich gebeten haben, in ihrem Namen in dieser Sache als Vermittler aufzutreten, sich der Tatsache vollkommen bewußt sind, daß es in diesen unruhigen Zeiten alles andere als selbstverständlich ist, Zugang zu solcher Protektion zu erhalten, und daß diese nicht automatisch jedem zusteht. Speziell dann, wenn es um Ausländer geht. Ich kann allerdings auch sagen, Herr Doktor, daß diese äußerst begrenzte Anzahl neuer Privatkunden – sollten meine Bemühungen, sie etwa der Bank Ihres Vaters zuzuführen, erfolgreich sein – selbstverständlich mehr als bereit wären, nicht nur über Reziprozität zu sprechen, sondern sie sogar *anzubieten.* Daß solche Reziprozität unter Umständen ungewöhnliche Formen annimmt, ist ebenfalls allen klar, da diese Zeiten, wie eben erwähnt, für uns *alle* in der Tat beunruhigend sind. Wenn wir einander nicht aushelfen – jeder auf seine Weise –, wer wird es dann tun?«*

Das Angebot hätte kaum offener ausgesprochen werden können. Und es war ein Angebot, das man nicht so ohne weiteres ablehnen konnte. Je länger Peter Burckhardt darüber nachdachte, desto klarer wurde ihm, daß es sich um ein Angebot handelte, das man überhaupt nicht ablehnen konnte.

»Wie Ihnen sicher klar ist, Herr Sturmbannführer, kann ich natürlich weder für meinen Vater noch für seine Bank sprechen«, sagte er langsam und mit wohlabgewägten Worten. »Trotzdem kann ich Ihnen – als ein Profi zum anderen – versichern ...« Diesmal war es Burckhardt, der eine Pause einlegte, um seinem Gegenüber zu erlauben, die Worte auf sich einwirken zu lassen. »... daß diese Angelegenheit mich interessiert. So sehr, daß ich bereit bin, die Sache gleich mit meinem Vater zu besprechen. Sagen wir morgen. Doch da ich ihn sehr gut kenne, kann ich Ihnen versichern, daß er, bevor er sich auch nur prinzipiell einverstanden erklärt, auf weiteren Informationen bestehen wird. Wie Sie selbst sagten, wird der Schutz des Schweizer Bankgeheimnisses nicht automatisch allen Kunden gewährt. Und im Gegensatz zu den Mythen über Schweizer Nummernkonten *müssen seriöse* Banken – und daß die meines Vaters eine solche ist, steht fest, deswegen ist sie unter anderem auch die größte unseres Landes – die wahre Identität ihrer Kunden *kennen.* Ihre Identität wird von der Kontoeröffnung bis zur Schließung nur zwei Bankmanagern bekanntgegeben. Alle anderen in der Bank – vom Kassierer über die Sekretärinnen bis zu den Buchprüfern – kennen das Konto und sämtliche darüber abgewickelte Transaktionen nur mit einer

Nummer. Und ich kann Ihnen versichern, Herr Sturmbannführer, daß es seit 1934, als man jede Verletzung des Bankgeheimnisses mit dem Strafrecht gekoppelt hat, zu keiner ernsthaften Verletzung dieses Systems mehr gekommen ist. Kann ich davon ausgehen, daß Ihre Kunden mit diesen Dingen vertraut sind?«

Ob sie es nun waren oder nicht: Sturmbannführer Eggen nickte bestätigend.

»Dann sollte ich vielleicht darauf hinweisen, daß die gesamte Angelegenheit beschleunigt werden könnte, wenn es Ihnen möglich wäre, einen oder zwei der potentiellen Kunden, in deren Namen Sie handeln, näher zu identifizieren. Ich möchte natürlich hinzufügen, daß ich Ihnen auf meinen Offizierseid versichere, diese Information absolut vertraulich zu behandeln. Ich werde sie nur an einen einzigen Menschen weitergeben – meinen Vater.« Burckhardt meinte es ernst, und Eggen wußte es.

Also griff er in die innere Brusttasche seines Jacketts und entnahm ihr ein kleines Notizbuch und einen Federhalter. Er schrieb drei Namen auf eine Seite, riß sie heraus und reichte sie Burckhardt. Nachdem Burckhardt sie gelesen hatte – sie lauteten Schellenberg, Bormann und »H« –, streckte Eggen die Hand aus, um das Blatt wieder an sich zu nehmen. »Was den dritten betrifft, glaube ich, wäre es klug, wenn er den Schutz einer Nummer *und* eines Decknamens hätte. Und ich glaube, ich sollte auch sagen, daß er kaum etwas mit irgendeiner ›Reziprozität‹ zu tun haben möchte, die sich eventuell aus seinen finanziellen Arrangements ergeben könnte.«

Dann fragte er: »Haben Sie vielleicht einen Aschenbecher?« Burckhardt trat an den Schreibtisch und kam mit einem großen Kristallaschenbecher zurück. Er reichte ihn Eggen, worauf dieser eine Streichholzschachtel aus der Jackentasche zog, ein Streichholz anzündete und zuschaute, wie das Stückchen Papier im Aschenbecher verbrannte. Anschließend nahm er die Asche heraus, legte sie nonchalant in die Streichholzschachtel und steckte diese wieder ein.

Während Eggen damit beschäftigt war, rasten Burckhardts Gedanken, denn er wußte sehr gut, daß sein Vater und dessen Bank es nicht einmal in Erwägung ziehen würden, die Männer auf Eggens kurzer Liste als Kunden anzunehmen. Nun, wenn er darüber nachdachte, Schellenberg vielleicht schon, aber nicht den anderen, und »H« schon gar nicht!* Doch es gab eine Bank, die der Hauptverwaltung des Schweizerischen Bankvereins genau gegenüberlag – die auf deutsche Geschäfte, Kredite und Depositen spezialisierte Basler Handelsbank. Tatsächlich war die Bindung dieser Bank an Deutschland so groß, daß man in Basler Bankierskreisen schon munkelte, sie werde größte Schwierigkeiten bekommen, wenn sich der Krieg gegen Deutschland entschied. Was für das Unternehmen nur noch ein Grund mehr sein mußte, neue Depositen anzunehmen; woher und von wem sie auch kamen.

»Nun?« fragte Eggen.

»Ich glaube, da ließe sich etwas arrangieren«, erwiderte Burckhardt.

Dann stand er auf und holte eine Karaffe mit Portwein, zwei Gläser und zwei Zigarren. Er würde wahrscheinlich noch ziemlich lange mit diesem SS-Abschaum zusammensein müssen, da konnte er zumindest versuchen, es so angenehm wie möglich zu machen.

19. Kapitel

Am Abend des 2. März 1943 endeten die Gespräche im Speisesaal und im Arbeitszimmer des Benkener Schlosses fast gleichzeitig.

Oberstbrigadier Masson und Obergruppenführer Walter Schellenberg hatten sich inzwischen auf den Terminplan geeinigt, dem man am nächsten Tag während des Treffens mit General Guisan folgen wollte. Um dem Verlangen beider Parteien zu entsprechen, jedes Aufsehen zu vermeiden, sollte die Zusammenkunft in einem unbedeutenden Dorf namens Biglen im Kanton Bern stattfinden. Der dortige Treffpunkt sollte ein Restaurant sein – das Hinterzimmer im Gasthof »Bären«. Man erwartete sie um zwölf Uhr mittags, und da die Fahrt von Benken aus zwei Stunden dauerte, schlug Masson vor, man solle sich vielleicht für die Nacht zurückziehen.

Worauf der Oberst und der Obergruppenführer zum Arbeitszimmer im zweiten Stock hinaufgingen, um ihren Gastgeber zu informieren, daß sie zu Bett gehen wollten. Zu Burckhardts großer Erleichterung tat Sturmbannführer Eggen seine Absicht kund, das gleiche zu tun. Und so verschwanden die beiden Nazigäste nach einer erneuten Serie von Verbeugungen und zusammenschlagenden Hacken und begaben sich in ihre ebenfalls im zweiten Stock liegenden Schlafräume. Masson tat es ihnen bald darauf gleich und ließ Burckhardt allein im Arbeitszimmer zurück, wo er noch eine Weile im Dunkeln sitzend zusah, wie das Feuer herunterbrannte, und sich ein weiteres Glas Portwein und eine Havanna genehmigte.

Unten im Dorf war es wesentlich geräuschvoller zugegangen und die verkonsumierte Alkoholmenge erheblich größer gewesen, allen voran der Tisch der vier Deutschen, die unter großem Gelärme zweieinhalb Liter Wein getrunken hatten. Deswegen waren die Fallschirmjäger und ihre beiden Begleiterinnen um 22 Uhr auch reichlich angetrunken.

Igor Tschitowsky und seine beiden Genossen aus Lausanne waren in ihrem Trinkverhalten viel klüger gewesen: Sie hatten sich an Bier gehalten und danach mehrere Tassen Kaffee getrunken, um die Zeit totzuschlagen, bis sich die Gaststube allmählich leerte. Denn das Schlußelement für seinen Angriffsplan war Tschitowsky bei der Beobachtung der Deutschen am Nebentisch eingefallen. Jetzt mußte er nur noch auf einen günstigen Einstieg warten.

Der bot sich ihm sehr plötzlich. Es begann mit einem völlig beziehungslosen Ereignis – wenn auch nur beziehungslos im unmittelbaren Sinn. Dr. Wilhelm Lützelschwab war genauso zum Warten gezwungen wie die örtliche Delegation der Roten Kapelle. Und wie sie war auch er im Verlauf des Abends von Bier auf Kaffee umgestiegen. Um 22 Uhr hatte er daher ein dringendes Bedürfnis verspürt und ging zur Toilette, die sich am Ende eines Korridors an der Rückseite der Gaststube befand. Genau in diesem Moment verlangte einer der deutschen Fallschirmjäger die Rechnung, und Liselotte Maurer trat hinter den Tresen, um sie auszustellen. Tschitowsky stand sofort von seinem Tisch auf und ging, gefolgt von seinen beiden Genossen, zum hinteren Teil der Gaststube. Doch statt wie Lützelschwab den zu den Toiletten führenden Korridor zu betreten, blieb Tschitowsky am Ende des Tresens stehen und sprach kurz mit Liselotte, die nach vorn gebeugt den Verzehr der Deutschen aufaddierte. Sie hielt in ihrer Tätigkeit inne, trat schnell durch die in die Küche führende Tür und hielt sie für Tschitowsky und seine Genossen auf. Und als sei all dies völlig normal, kehrte sie anschließend wieder hinter den Tresen zurück, beendete ihre Berechnungen und beeilte sich, die Rechnung dem größeren der beiden Deutschen zu reichen, der inzwischen ungeduldig am Ausgang wartete. Der Mann warf nur einen kurzen Blick auf den Zettel, zückte seine Geldbörse, entnahm ihr einen 100-Franken-Schein und reichte ihn Liselotte mit einer Verbeugung.

»Vielen Dank, gnädiges Fräulein«, sagte er, verschwand im Kielwasser der drei anderen durch die Gasthaustür und überließ Liselotte das Wechselgeld – und somit das größte Trinkgeld, das sie in ihrem Leben je bekommen hatte.

Lützelschwab, der eben von der Toilette zurückkam, wurde Zeuge dieser Szene und verlangte, ohne noch mal an seinen Tisch zu gehen, nun auch von Liselotte die Rechnung. Die seinige hatte Liselotte bereits fertig in der Schürzentasche. Er musterte sie, reichte ihr einen 10-Franken-Schein, ging zum Ausgang und überließ ihr ebenfalls das Wechselgeld.

Lützelschwab war schon halb durch die Tür, als er stehenblieb und einen Blick zurückwarf. Jetzt waren *beide* Tische im Alkoven des Gasthauses leer, wie auch der Rest der Gaststube, was bedeutete, daß Tschitowsky und seine beiden Leute das Haus knapp vor den Deutschen verlassen haben mußten. Daraufhin stürzte er in die Nacht hinaus und eilte an den vier Deutschen vorbei, die vor dem Gasthof standen und in eine laute Diskussion vertieft waren. Niemand nahm auch nur die geringste Notiz von ihm. Und die drei Männer, die den ganzen Abend über am Tisch neben den Deutschen gesessen hatten? Aufgeregt schaute sich Lützelschwab nach allen Seiten um. Nichts zu sehen.

Sie waren einfach verschwunden.

In Wirklichkeit saßen sie an einem Tisch in der Küche und warteten darauf, daß Liselotte Maurer sich zu ihnen gesellte, was sie auch unmittelbar darauf tat. Ein paar Minuten später öffnete sich die Küchentür, und zwei junge Frauen, die ungefähr in Liselottes Alter waren, traten ein. Nachdem sie ihre Mäntel abgelegt hatten, erkannte Tschitowsky/Lentz mit zunehmender Gewißheit, daß sich die Dinge ganz nach Plan entwickelten, denn sie trugen die übliche schwarzweiße Dienstmädchenkleidung. Liselotte führte sie gleich an den Küchentisch und stellte ihnen ihren nun wieder allerliebsten Freund Werner Lentz aus Basel vor. Eine, so schien es, war ihre Busenfreundin Hilde, die mit ihr in Benken zur Schule gegangen war und manchmal im Schloß aushalf. Das andere Mädchen war deren Kusine Heidi, die als Dienstmädchen bei der Familie Burckhardt in Basel tätig war. Sie war heute nachmittag mit den anderen Mädchen per Bahn angereist, doch nun, da das Essen zu Ende war und ihre Dienste nicht mehr benötigt wurden, wollte sie im Gegensatz zu den anderen, die auf dem Schloß nächtigten, die Nacht bei ihrer Kusine im Dorf verbringen. Liselotte brauchte eine Menge Zeit, um all dies zu erklären, doch es gelang Lentz, sich zu beherrschen und eifriges Interesse an jedem ihrer Worte zu heucheln, bis er schließlich eine Gelegenheit fand, sie zu unterbrechen.

»Ich habe gehört«, sagte er zu Heidi, »daß Sie heute nacht dort oben ein hohes Tier zu Gast haben.«

»Ja«, antwortete Heidi, »einen Obergruppenführer, das ist wohl so eine Art General. Ich war für die Zimmer zuständig. Er hat sogar mit mir gesprochen. Hochdeutsch. Auch wenn er Deutscher ist, er kam mir vor wie ein richtiger Herr.«

»Was haben solche Leute eigentlich für Zimmer? Ich meine, jemand der so wichtig ist, kriegt doch bestimmt etwas Besonderes.«

»Er schläft in den Räumen, die die Frau Doktor ›die Blaue Suite‹ nennt, weil die Tapeten da blau sind.« Dann wandte sich Heidi an Liselotte. »Du kennst sie doch, Liselotte. Weißt du noch, wie Hilde und ich dich im letzten Sommer durch die Hintertür und das hintere Treppenhaus ins Schloß geschmuggelt haben? Die Suite ist gleich links am Ende der Treppe – die mit dem großen Himmelbett.«

Liselotte nickte. Sie erinnerte sich deutlich an das Himmelbett.

Dann fuhr Heidi mit leiser Stimme fort: »Deswegen hat der Obergruppenführer auch mit mir gesprochen. Als ich heute abend gerade sein Bett machen wollte – es ist erst eine Viertelstunde her –, kam er ins Schlafzimmer und hat mich gebeten, ihm noch zwei Kissen zu bringen.« Nun drehte sie sich zu ihrer Kollegin Hilde um. »Ich glaube, eins der Fräuleins, die angeblich im roten Zimmer schlafen sollen, stattet ihm heute nacht noch einen Besuch ab. Vielleicht sogar beide! Im Himmelbett!« Dann brachen die drei Mädchen in lautes Gekicher aus.

Jetzt wußte Lentz alles, was er wissen mußte.

Eine Minute später, nach einem kurzen, leisen Gespräch mit Liselotte an der Hintertür des Gasthofes, schlüpften er und seine beiden Genossen aus dem Haus in die Finsternis. Der Mond war verschwunden, ein kalter Nieselregen hatte eingesetzt.

Der Regen war auch der Grund gewesen, aus dem sich Hannelore und Marlene nach dem Verlassen des Gasthofes resolut geweigert hatten, zu Fuß durch den Wald zu gehen, wie sie es früher am Abend auf Vorschlag Peter Burckhardts getan hatten. Möglicherweise gefiel den Schweizerinnen so etwas, doch ihnen hatte das eine Mal – den Berg hinab – gereicht. Immerhin kamen sie aus Berlin! Da ihre beiden männlichen Begleiter inzwischen dazu übergegangen waren, ein Lied zu schmettern – »Trink, trink, Brüderlein trink« –, bedurfte es zwar einiger Rufe, bevor sie kapierten, aber schließlich klappte es. Während die Mädchen aus Berlin sich in den Eingang des Gasthofes drückten, trotteten Major von Göhler und sein Offizierskollege ein paar Minuten später den Berg hinauf, um einen Wagen zu holen.

Der Lärm und das Kommen und Gehen hatten Lützelschwabs Beschattungstrupp völlig durcheinandergebracht. Und so war es für Tschitowsky und seine beiden Genossen, nachdem sie den Gasthof durch den Küchenausgang verlassen hatten, relativ einfach, ungesehen im Wald zu verschwinden.

Nun hatte Lützelschwab keine andere Wahl mehr, als seine Gesamtstrategie neu zu überdenken. Als er dem Gasthof gegenüber schweigend in der Dunkelheit stand – jetzt in Gesellschaft des Inspektors, den er dazu verdonnert hatte, sämtliche Aktivitäten in Benken im Auge zu behalten –, mußte er sich allmählich eingestehen, daß er in Schwierigkeiten war. Möglicherweise hatte er bei der Einschätzung der Gesamtlage einen strategischen Fehler begangen. Tagelang hatte er die Option gehabt, einfach in das Haus Rheingasse 37 einzudringen, Lentz in Gewahrsam zu nehmen, das Unternehmen der Roten Kapelle wirkungsvoll hochgehen zu lassen und den Laden dichtzumachen. Aber – und vielleicht war das jetzt auch nur eine vernunftgemäße Deutung angesichts dessen, was hier geschah – dadurch wäre möglicherweise eine unbekannte Anzahl von Lentz' Mitverschwörern auf freiem Fuß geblieben, mehr oder weniger von jedem Verdacht befreit. Er hatte alle auf frischer Tat ertappen und Oberstbrigadier Masson und dessen Fraktion in der Armee im Zuge dieses Verfahrens die Lektion erteilen wollen, daß sie mit dem Feuer spielten, wenn sie hochrangige Nazis ins Land holten. Das hatte sich zumindest in einer Hinsicht als richtig erwiesen, nämlich in der Vermutung, daß es mehr aktive Mitglieder der örtlichen kommunistischen Zelle gab als nur jene, die man in den Wochen der konstanten Beschattung des Hauses Rheingasse 37 identifiziert hatte. Was der heutige Abend bewies, an dem zwei völlig Unbekannte an Lentz' Tisch gesessen hatten.

Doch nun waren ihm alle, die Bekannten ebenso wie die Unbekannten, durch die Finger geschlüpft. Er war sicher gewesen, daß Lentz und seine Mitstreiter den Gasthof unmittelbar vor den Deutschen verlassen hatten. Doch als er sich danach bei dem Inspektor erkundigte, der die Überwachung leitete, hatte dieser ihm versichert, so sei es einfach nicht gewesen. Und was war mit der Hintertür? Nun, der dort stationierte Mann hatte kurz seinen Posten verlassen, um nachzusehen, was der Lärm vor dem Lokal zu bedeuten hatte. Er habe den Eindruck gehabt, man würde eventuell seine Hilfe brauchen.

Da wurde Lützelschwab alles klar: Der Bauerntrampel! Das Mädchen hatte sie während des Durcheinanders vor dem Gasthof durch den Hinterausgang entwischen lassen. Und inzwischen waren sie vermutlich schon durch den Wald zum Schloß unterwegs – und zu Schellenberg. Für alle Fälle hatte er dort oben am Rand der Waldlichtung, die das Schloß umgab, sechs Mann postiert. Doch das Schloß war groß und die Nacht dunkel. Nachdem er früher am Abend mit seinen Kollegen in Genf gesprochen hatte, wußte er nun, daß Lentz in Wahrheit ein NKGB-Mann war, den man innerhalb der Genfer Zelle der Roten Kapelle unter dem Namen Oberst Tschitowsky kannte. Der Russe war allem Anschein nach auf dem besten Weg, als Held in die Heimat zurückzukehren – vorausgesetzt, er war bei seinem letzten Auftrag auf Schweizer Boden erfolgreich.

Lützelschwab beschloß, seine Taktik radikal zu ändern. »Ich gehe durch die Hintertür rein«, sagte er mit leiser Stimme zu dem neben ihm stehenden Inspektor. Den Grund erklärte er ihm nicht. »Ich kann nur annehmen, daß die Deutschen einen Wagen holen, um die Damen zum Schloß zu fahren. Sollte es so sein, folgen wir ihnen.«

»Zu Fuß?«

»Nein, mit dem Wagen.«

»Aber ...«

»Der Plan ist geändert. Ich glaube, daß sich momentan mindestens drei Angehörige der kommunistischen Zelle im Wald aufhalten und zum Schloß unterwegs sind. Und möglicherweise gibt es noch andere, die sich schon früher im Wald versteckt haben, um sich ihnen dort anzuschließen. Ich mache noch einen letzten Versuch, sie auf frischer Tat zu ertappen. Wenn er nicht –

oder nicht ganz – klappt, legen wir unsere Tarnung ab und heften uns offen an ihre Fersen ... beziehungsweise an das, was noch von ihnen übrig ist. Ihre Leute sollen sich, soweit sie hier unten sind, fertig machen. Wir haben keine Zeit mehr, unsere Männer am Schloß zu warnen, ohne gleichzeitig auch dem Feind einen Tip zu geben. Und nach allem, was wir hinter uns haben, Inspektor, soll mich der Teufel holen, wenn ich zulasse, daß sie uns entwischen.«

Dann verschwanden der Inspektor und Lützelschwab in der Dunkelheit in entgegengesetzte Richtungen. Lützelschwab lief auf der dem »Rössli« gegenüberliegenden Seite hundert Meter die Straße entlang, dann kreuzte er sie vorsichtig und ging durch das Weideland hinter den drei Häusern zurück, die unmittelbar neben dem Gasthof lagen. Ein offenes Feld trennte die Gebäude vom dahinterliegenden Wald. Als er die Hintertür des Gasthofes öffnete und in die Küche hineinplatzte, brachte das plötzliche Auftauchen des großen Mannes im dunklen Trenchcoat mit dem wilden, finsteren Blick zwei der drei am Küchentisch sitzenden Mädchen dazu, schrille Schreckensschreie auszustoßen. Doch nicht Liselotte. Sie stürzte sofort an den Metzgertisch und versuchte, das dort liegende Messer zu ergreifen, aber Lützelschwab hatte sie schon am Arm gepackt und zischte in die Runde: »Keinen Laut!« Dann blaffte er Liselotte an, die er mit festem Griff hielt. »Heißen Sie Liselotte Maurer?«

Sie nickte nur, und nun liefen ihr Tränen über die Pausbacken.

»Sie dumme Gans! Hier waren doch eben drei Männer drin, oder? Lentz und seine beiden Freunde.«

Wieder nickte sie.

»Wann sind sie gegangen?«

Liselotte schluchzte nur. Also verstärkte Lützelschwab den Druck auf ihren Arm und sagte: »Lassen Sie das! Und hören Sie mir zu! Ich bin von der Basler Polizei und dienstlich hier. Wenn Sie mit dem hysterischen Geheul nicht aufhören, bringe ich Sie raus, setze Sie in einen Wagen und lasse Sie zum Lohnhof fahren, wo Sie den Rest der Nacht verbringen können.«

Das reichte aus. Jeder, der in der Umgebung von Basel wohnte, kannte das wie ein feuchtes mittelalterliches Kloster aussehende Lohnhof-Gefängnis, das jedoch nicht über den Komfort eines Klosters verfügte. Also stellte sie ihr Geflenne sofort ein. Schließlich gelang es ihr auch, ihre Stimme wiederzufinden.

»Es ist noch keine zehn Minuten her.«

»Und wo wollten sie hin?«

»Ich weiß nicht. Aber Werner... Herr Lentz... hat gesagt, er wäre in weniger als einer Stunde wieder da. Und daß ich hier auf ihn warten soll.«

Sein Ausweichquartier, dachte Lützelschwab. »Nun zu etwas anderem... Die beiden Mädchen da...« Er ließ Liselottes Arm nun los. »Es sind Dienstmädchen von dort oben, nicht wahr?«

»Ja...«

»Hat Lentz sich mit ihnen unterhalten?«

»Ja, hat er. Über den Obergruppenführer, der oben ist.«

Das genügte.

»Wo ist das Telefon?«

»In der Gaststube. Hinter dem Tresen.«

»Zeigen Sie's mir.«

Nachdem sie es getan hatte, befahl er: »Sie gehen jetzt wieder in die Küche. Und dort bleiben Sie mit den beiden anderen, bis ich etwas anderes sage, verstanden?«

Sie nickte, stieß ein letztes unterdrücktes Schluchzen aus und verschwand durch die Küchentür.

Lützelschwab nahm den Hörer des Wandtelefons ab und wählte die 11 der Auskunft.

»Benkener Schloß«, sagte er, als das Fräulein vom Amt sich meldete.

Pause. »Es gibt keinen solchen Eintrag.«

»Verdammt noch mal«, fluchte er. Dann: »Versuchen Sie es unter Burckhardt... mit ›ck‹ und ›dt‹... in Benken.«

Fünf Sekunden später: »42 13 81.«

Lützelschwab legte ohne ein weiteres Wort auf und wählte die Nummer. Es klingelte nur zweimal, dann meldete sich eine leise Männerstimme. »Burckhardt.«

»Sind Sie *Peter* Burckhardt?« wollte Lützelschwab wissen.

»Wer ist da? Wissen Sie nicht, wie spät es ist?«

»Hier ist Wilhelm Lützelschwab, und ich möchte, daß Sie mir ganz genau zuhören. Ich rufe aus dem Gasthof ›Zum Rössli‹ an. Ich weiß, daß sich Schellenberg bei Ihnen im Schloß aufhält. Mindestens drei Männer, ohne Zweifel schwer bewaffnet, sind unterwegs, um ihn umzubringen. Sie stehen alle in Verbindung mit der Basler Zelle der Roten Kapelle.«

Plötzlich bremste ein Auto vor dem Gasthof.

»Warten Sie!« rief Lützelschwab und fügte hinzu: »Und lassen Sie sich bloß nicht einfallen aufzulegen!«

Er ließ den Hörer vom Wandtelefon herabbaumeln und rannte ans vordere Fenster der Gaststube, wo er gerade noch mitbekam, wie die beiden Fräuleins in den BMW der Deutschen stiegen. Sekunden später stand er wieder am Telefon. »Sie werden von einem NKGB-Major angeführt. Ich vermute sehr stark, daß sie in weniger als fünf Minuten – *fünf Minuten,* Burckhardt –

versuchen werden, vermutlich durch die Hintertür einzudringen, um Schellenberg umzubringen. Ich habe zwar Leute dort oben, kann sie aber nicht schnell genug erreichen. Und ich fürchte, daß ihre Aufmerksamkeit abgelenkt wird. Es kommt also alles auf Sie an. Mein Rat lautet: Schießen Sie sie über den Haufen!«

»Verstehe«, erwiderte Burckhardt. Dann war die Leitung tot.

Nachdem Peter Burckhardt aufgelegt hatte, rannte er hinüber in sein Schlafzimmer, öffnete den Kleiderschrank und griff in die linke Ecke hinunter, wo er eine Bergman-Maschinenpistole aufbewahrte; eine Mauser Kaliber 7.36, hergestellt von der Schweizerischen Industriegesellschaft in Neuhausen, einer führenden europäischen Waffenschmiede. Es war ein Versuchsmodell. Die bisher für die Armee produzierte Stückzahl war begrenzt und nur an einen ausgewählten Kreis von Offizieren in Spezialeinheiten wie jener verteilt worden, in der Peter Burckhardt diente. Er holte drei Magazine aus dem Schrank, schob eins in die MP und die beiden anderen unter dem Jackett in den Gürtel. Wegen der experimentellen Natur der Waffe wurde die Munition noch nicht im eigenen Land gefertigt, sondern aus Deutschland importiert; Hersteller war die Deutsche Waffen- und Munitionsfabrik an der Ruhr.

Burckhardt verließ eilig sein Schlafzimmer und lief durch den Korridor zum obersten Treppenabsatz an der Rückseite des Schlosses, zum »hinteren Treppenhaus«, das zur Küche und den danebenliegenden Dienstbotenquartieren im Parterre führte. Dort blieb er stehen und lauschte. Alles still. Unter der Tür rechts von ihm sah er Licht. Die Tür führte zu den Räumen, die seine Mutter beharrlich die »Blaue Suite« nannte. Schellenberg mußte also noch wach sein.

Dann, anfangs sehr schwach, ertönte ein Geräusch. Es kam von draußen, durch das offene Fenster am Ende des Ganges. Sekunden später nahm es an Lautstärke zu und war nun eindeutig zu identifizieren: Es war der Hochleistungsmotor eines Autos, das über den Weg vom Dorf zu ihnen herauffuhr. Kurz darauf wurde das Motorengedröhn von quietschenden Reifen übertönt. Irgend jemand holte das Letzte aus seinem Wagen heraus.

Sie sind es! war Burckhardts erster Gedanke. Irgendwie waren die Männer der Roten Kapelle von Lützelschwabs Leuten entdeckt worden; nun versuchten sie einen Frontalangriff auf das Schloß! Sein nächster Gedanke war, in Schellenbergs Zimmer hineinzuplatzen und ihm zuzurufen, er solle in Deckung gehen. Doch dieser Impuls wurde sofort unterdrückt, als ihm einfiel, was Lützelschwab am Telefon gesagt hatte, die in der Umgebung des Schlosses postierten Männer würden »wahrscheinlich abgelenkt«. Burckhardt zweifelte nicht daran, daß das bereits der Fall war; daß Lützelschwabs Leute ihre alten Ausguckposten rings ums Schloß längst verlassen und sich in Bewegung gesetzt hatten, um den Frontalangriff, der dort allem Anschein nach stattfand, zu verhindern.

Was bedeutete, daß es zu spät war, Schellenberg mit in die Sache hineinzuziehen. Womöglich beschloß er noch, sich selbst in die Schlacht zu stürzen. Selbst wenn die Angreifer wußten, wo er sich befand, in seinem Schlafzimmer war er besser aufgehoben.

Schnell lief Burckhardt die Treppe zur Schloßküche hinunter. Sie war völlig finster. Er kniete sich hinter einen in der Mitte des Raumes stehenden soliden Holztisch, der seit Jahrhunderten von den Köchen und ihren Gehilfen zum Hacken und Kneten verwendet wurde.

Und wartete ab.

Neunzig Sekunden später trat der Fahrer des vom Dorf heraufdonnernden Automobils auf die Bremse und hielt mit einem Quietschen vor dem Benkener Schloß an. Türen wurden geschlagen. Stimmen, laute Stimmen, zu denen sich kurz darauf laute *wütende* Stimmen gesellten – sie gehörten unzweifelhaft Lützelschwabs Leuten –, waren zu hören.

Zehn Sekunden später ging die äußere Küchentür auf. Als ein Mann eintrat, dem gleich darauf zwei weitere folgten, rief Burckhardt: »Halt! Oder ich schieße!«

Doch ungeachtet seines Befehls blieben die Männer nicht stehen. Also eröffnete er das Feuer und verschoß den gesamten Inhalt des ersten Magazins in einem langen Feuerstoß. Burckhardt wußte es nicht, doch Igor Tschitowsky war auf der Stelle tot. Einer der Männer hinter ihm wurde in den Brustkorb getroffen und fiel mehr tot als lebendig und stark blutend auf den Küchenboden. Der dritte Mann war unverletzt und floh zur Tür hinaus.

Burckhardt schob ein neues Magazin in seine Mauser, blieb aber in seiner Stellung hinter dem Tisch, bis er sicher war, daß die Eindringlinge keine zweite Angriffswelle in Reserve hielten.

Eine Minute später vernahm er Schüsse und kurz danach eine Stimme, die direkt von der Küchentür kam.

»Hier ist Major von Göhler. Jeder, der sich in diesem Raum aufhält, möge sich bitte identifizieren. Außerdem soll jemand das Licht da drinnen einschalten. Sonst komme ich hinein und schieße.« Er sprach ein makelloses Hochdeutsch.

»Hier ist Burckhardt, Herr Major«, erwiderte Burckhardt sofort. »Ich bin allein. Nicht schießen. Ich schalte das Licht ein.«

Als das Licht anging, zeigte sich, daß der Fallschirmjäger mit einer schußbereiten Maschinenpistole im Türrahmen stand. Als erstes überprüfte er den Zustand der beiden Männer, die unmittelbar vor ihm auf dem Küchenboden lagen. Keiner gab irgendwelche Lebenszeichen von sich. Doch um kein Risiko einzugehen, nahm von Göhler ihnen sämtliche Waffen ab. Er warf sie der Reihe nach in die hinterste Ecke der Küche, löste dann die Handgranaten von ihren Gürteln und trug sie vorsichtig zum Tisch in der Raummitte, wo er sie direkt vor Burckhardt aufstapelte, der auf der anderen Seite stehengeblieben war.

»Wo ist Schellenberg?« fragte von Göhler.

Burckhardt deutete, ohne sich umzudrehen, mit dem Daumen in Richtung auf das hintere Treppenhaus. Der Major durchschritt den Raum und rannte die Treppe hinauf.

Als nächstes überzeugte sich Burckhardt, daß die von der Küche zum Dienstbotenquartier führende Tür geschlossen war. Um ganz sicherzugehen, legte er einen Riegel vor. Er wollte nicht, daß irgendwelche Dienstmädchen über die Toten und Verwundeten stolperten, um die Geschichte von dem Überfall anschließend in Benken und dann in ganz Basel zu verbreiten.

Der nächste Mann, der das Schloß durch die Hintertür betrat, gehörte zu Lützelschwabs Leuten. Er kam sehr vorsichtig und mit gezückter Waffe in die Küche. Er inspizierte zunächst den Raum, sah die beiden Leichen und sprach dann Burckhardt an. »Sie sind Burckhardt, stimmt's? Und abgesehen von den beiden hier sind Sie allein, nicht wahr?«

Als Burckhardt bestätigend nickte, sagte der Polizist: »Den dritten haben wir gerade erwischt. Wir durchkämmen jetzt den Wald, für den Fall, daß noch mehr da sind.« Dann kniete er sich hin, um den Zustand der beiden nebeneinanderliegenden Männer abzuschätzen.

»Der hier ist tot«, sagte er nach der kurzen Untersuchung Tschitowskys. Und nachdem er dem zweiten Mann den Puls gefühlt und eins seiner Lider angehoben hatte, fügte er hinzu: »Und der hier liegt im Sterben.« Zufrieden steckte er seine Pistole ein. »Einer unserer Leute ist Sanitäter. Ich gehe ihn holen.«

Als er ein paar Minuten später mit dem Sanitäter zurückkehrte, wurde er von seinem Chef begleitet. Nach einem kurzen Blick auf die beiden Männer auf dem Küchenboden ging Lützelschwab direkt auf Burckhardt zu und drückte ihm fest die Hand. »Das war verdammt gute Arbeit, Burckhardt.« Dann: »Wo steckt Schellenberg?«

»Ich nehme an, er ist noch in seinem Zimmer. Wahrscheinlich ist Eggen bei ihm. Einer der Leibwächter war gerade hier und ist eben die Treppe raufgegangen. Er wird wohl zu ihnen gehen.«

»Und Oberstbrigadier Masson?«

Wie aufs Stichwort kam der Leiter der Sektion 5 die Hintertreppe herab. Als er Lützelschwab sah, zuckte er zwar sichtlich zusammen, ignorierte ihn dann aber und sagte zu Burckhardt: »Haben Sie die Lage im Griff, Leutnant?«

»Jawohl, Herr Oberstbrigadier. Vollständig.«

»Die waren wohl hinter Schellenberg her. Haben Sie irgendeine Vorstellung, um wen es sich handelt?«

»Jawohl, Herr Oberstbrigadier. Es sind ausnahmslos Mitglieder der Basler Roten Kapelle. Dazu kann Dr. Lützelschwab aber mehr sagen als ich.«

»Gleich«, antwortete Masson, der es immer noch vermied, Lützelschwab auch nur anzusehen. »Wer sind diese Männer?« Er deutete auf die beiden Polizisten, die sich über den vor der Küchentür liegenden Sterbenden beugten.

»Gehören zu mir«, sagte Lützelschwab.

»Sagen Sie ihnen, sie sollen die beiden Verwundeten auf der Stelle hier rausbringen.«

»Einer von ihnen ist tot, Herr Oberst«, warf Burckhardt ein.

»Dann um so schneller. Ich möchte nicht, daß Schellenberg sie sieht.«

Lützelschwab beschloß, keinen Streit mit Masson anzufangen. Er ging zu seinen Leuten hinüber, um den Befehl weiterzugeben.

Während er damit beschäftigt war, fuhr Oberstbrigadier Masson mit seiner Befragung fort. »Wer hat geschossen?«

»Ich, Herr Oberstbrigadier«, antwortete Burckhardt.

»Wie sind Sie ihnen auf die Schliche gekommen?«

»Bin ich nicht. Lützelschwab hat mich in letzter Sekunde alarmiert. Per Telefon, vom Dorf aus.«

»Waren dies die einzigen Eindringlinge?«

»Nein, Herr Oberstbrigadier. Es gibt noch einen dritten. Lützelschwabs Leute haben ihn erwischt.«

»Lützelschwab wird eine Menge erklären müssen«, knurrte Oberstbrigadier Masson daraufhin.

Burckhardt dachte einige Sekunden darüber nach. Dann sagte er: »Darf ich einen Vorschlag machen, Herr Oberstbrigadier?«

»Aber gewiß! Schließlich sind Sie ja der Gastgeber.«

Burckhardt ignorierte die unterschwellige Beleidigung und sprach weiter. »Ich glaube, wir stimmen wahrscheinlich alle darin überein, Herr Oberstbrigadier, daß es in jedermanns Interesse liegt, das Wissen um diesen Zwischenfall so begrenzt wie möglich zu halten.« Er hielt inne. Dann, Massons Schweigen als Zustimmung deutend, fuhr er fort: »Diese Sache verlangt nach Lützelschwabs hundertprozentiger Mitarbeit.« Masson sagte immer noch nichts. »Wenn Sie erlauben, Herr Oberstbrigadier, werde ich in dieser Angelegenheit mit ihm reden. Unter Umständen wird es nötig sein, General Guisans Namen und das Treffen ins Spiel zu bringen, das er morgen mit Schellenberg hat. Um Lützelschwab die Tatsache zu verdeutlichen, daß unsere nationale Sicherheit auf dem Spiel steht, ob es ihm nun in den Kram paßt oder nicht. Habe ich Ihr Einverständnis, Herr Oberstbrigadier?«

»Moment mal, Burckhardt. Lützelschwab hat doch wohl gewußt, daß eine Sache wie diese hier geplant war. Warum, in aller Welt, hat er sie so weit eskalieren lassen?«

»Machen wir uns nichts vor, Herr Oberstbrigadier: Er hat es getan, um Sie in eine peinliche Lage zu bringen. Aber jetzt sind wir in einer Position, in der wir mehr tun können, als die Sache nur umzukehren. Wenn es diesen Leuten gelungen wäre, Schellenberg zu töten, weiß nur Gott, wie Hitler reagiert hätte. Haben Sie übrigens schon mit Schellenberg gesprochen?«

»Nur sehr kurz.«

»Wieviel weiß er?«

»Schwer zu sagen. Aber ich glaube, er stellt kein Problem dar. Wir waren von Anfang an völlig einer Meinung, was die Notwendigkeit betrifft, seine Anwesenheit in der Schweiz so geheim wie nur möglich zu halten.«

»Wenn Sie einverstanden sind, würde ich gern ein Wort mit diesem Fallschirmjäger-Major reden. Habe ich Ihre Erlaubnis, auch mit ihm zu sprechen? Und mit Lützelschwab?«

Masson zog es vor, diese Frage nicht zu beantworten. »Wo waren die beiden deutschen Fallschirmjäger eigentlich die ganze Zeit?«

»Mit den Fräuleins unterwegs. Deshalb glaube ich auch, sie würden diesen Abend am liebsten so schnell wie möglich vergessen, und zwar vollständig.«

»In Ordnung. Ich rede noch mal mit Schellenberg. Ich sage ihm, daß der Zwischenfall abgeschlossen ist und daß Sie Major von Göhler über die Einzelheiten in Kenntnis setzen werden. Dann, schlage ich vor, gehen wir alle wieder ins Bett. Was Lützelschwab angeht, tun Sie das, was Ihrer Meinung nach notwendig ist. Ziehen Sie mich bloß nicht da rein.« Damit verschwand der Chef des Geheimdienstes über die Treppe nach oben.

Lützelschwabs Leute hatten sich inzwischen in der Küche versammelt. Minuten später zogen sie ab und nahmen die beiden Leichen mit. Der zweite Mann, so schien es, war gerade gestorben. Nachdem sie Burckhardts Einverständnis erbeten hatten, nahmen sie auch die Waffen und Handgranaten der Toten an sich.

Als sie weg waren, kam Lützelschwab in den Raum zurück, um nochmals mit Burckhardt zu sprechen. Der saß nun hinter dem Küchentisch, die Maschinenpistole vor sich.

»Wenn Sie wollen, lasse ich für den Rest der Nacht fünf meiner Leute hier. Sie bleiben im Freien. Drei vor dem Schloß, zwei dahinter. Nur für den Fall.«

Das überraschte Burckhardt. »Warum denn?«

»Wir vermissen noch zwei Angehörige ihrer Zelle. Einer fährt einen Lieferwagen. Parkt vermutlich irgendwo im Dorf und wartet auf seine Genossen. Wenn sie nicht aufkreuzen, wird er abfahren. Und wir kriegen ihn. Wir haben Straßensperren aufgestellt.«

»Und der andere?«

Lützelschwab zuckte die Schultern. »Keine Ahnung. Sitzt wahrscheinlich in Basel. Wir kennen ihn, also ist es nur eine Frage der Zeit. Schließlich kann er das Land ja kaum verlassen, oder?«

Als Lützelschwab sich zum Gehen wandte, meinte Burckhardt: »Bevor Sie gehen, möchte ich Sie bitten, daß wir uns so bald wie möglich treffen. Am besten morgen früh, um zu beraten, wie wir diesen Zwischenfall behandeln.«

»Was gibt es da zu bereden? Er ist doch schon behandelt worden.«

»Sie wissen genau, was ich meine.«

»In Ordnung. Neun Uhr. In meinem Büro.«

»Zehn.«

»Na schön.«

»Übrigens... Was machen Sie mit den beiden Leichen?«

»Was denn für Leichen?«

Er hat mich längst verstanden, dachte Burckhardt.

Dann fügte Lützelschwab auf die für ihn typische Weise hinzu: »Was bedeutet, da heute abend hier gar nichts passiert ist, stehe ich auch nicht mehr in Ihrer Schuld, weil Sie meine Haut gerettet haben. Stimmt's?« Er grinste und verließ das Benkener Schloß gleich darauf durch die Hintertür.

Dann fiel es Burckhardt plötzlich wieder ein: Nancy! Dulles! Er schaute auf die Uhr. Es war genau 23 Uhr.

Kaum hatte er auf dem Weg zum Telefon im Arbeitszimmer den obersten Treppenabsatz erreicht, als er von Major von Göhler und einem der Leutnants angesprochen wurde, die den Auftrag hatten, die Deutschen auf ihrer Geheimmission durch die Schweiz zu eskortieren. Dem Leutnant war sein Versagen in der Ausübung dieser Pflicht deutlich an seinem aschfahlen Gesicht anzusehen. Als Burckhardt ihm vorschlug, er solle den Rest der Nacht bewaffnet und auf alles vorbereitet unten in der Küche verbringen, verschwand er wie der Blitz.

Dann wandte Burckhardt sich dem Fallschirmjäger zu und fragte: »Alles in Ordnung?« Plötzlich vernahm er das laute Lachen einer Frau – nein, zweier Frauen. Es drang durch die Tür, die zu den Gemächern von Obergruppenführer Schellenberg führte.

»In bester Ordnung«, erwiderte Göhler. »Wie Sie zweifellos hören. Ich nehme an, die Lage ist unter Kontrolle?«

»Ist sie.«

»Hätten Sie dann vielleicht ein paar Minuten Zeit für mich? *Allein?*«

»Gewiß. In meinem Arbeitszimmer. Am Ende des Korridors.«

»Zuerst muß ich meinem Kollegen sagen, daß er meine Wache übernehmen soll.«

»Ich warte.«

Sobald Göhler mit seinem Fallschirmjäger-Kollegen zurückgekehrt war, der nun die Wache auf dem Gang vor Schellenbergs Tür übernahm, folgte er Burckhardt in dessen Arbeitszimmer. Burckhardt holte sofort eine Flasche Cognac und zwei Gläser. Er goß eine großzügige Portion in ein Glas und reichte es dem Major. Dann schenkte er sich selbst ein. Sie standen beide vor dem Kamin, in dem die erlöschende Glut noch immer genug Hitze abgab, um den Raum trotz der späten Stunde angenehm zu erwärmen.

»Ich will ganz offen sein«, begann Göhler. »Ich habe dem Obergruppenführer zwar nur wenige Einzelheiten dessen berichtet, was heute nacht passiert ist, aber er scheint trotzdem unter dem Eindruck zu stehen, daß ich bei der Vereitelung seiner Ermordung eine Schlüsselrolle gespielt habe.« Er hielt inne und nahm einen großen Schluck. »Ich brauche wohl nicht zu betonen, Herr Kollege, daß dies der Wahrheit nicht sonderlich nahe kommt. In Wirklichkeit ist es so: Sollte die Wahrheit herauskommen, hätte ich einen ausgezeichneten Grund, in der Schweiz um politisches Asyl nachzusuchen.« Er lachte.

Der Mann gefiel Burckhardt auf Anhieb. »Was sollen wir also Ihrer Meinung nach tun, um der Situation abzuhelfen und uns beiden unnötige Peinlichkeiten zu ersparen? Schließlich haben wir schon jetzt zu viele Flüchtlinge hier, Herr Major.«

»Tja, ich habe da den Ansatz einer Idee. Aber zuerst muß ich Sie etwas fragen. Die beiden Toten da unten – haben die nicht heute abend im Dorfgasthof gegessen?«

Burckhardt dachte darüber nach. Als ihm einfiel, daß Lützelschwabs Anruf aus dem Dorfgasthof gekommen war, erwiderte er: »Ja, höchstwahrscheinlich.«

»Ich erinnere mich, daß sie fast den ganzen Abend am Tisch neben uns gesessen haben. Wie Sie wissen, haben mein Kollege und ich mit den beiden Damen ebenfalls im ›Rössli‹ gegessen – wie Sie es vorgeschlagen hatten.«

»Ja, dessen bin ich mir bewußt.«

»Gut. Man ißt dort übrigens ausgezeichnet. Und guten Wein gibt's auch. Was den Wein angeht, so haben wir wohl ein bißchen zu tief ins Glas geschaut.«

»Verstehe.«

»Tja, worauf ich hinausmöchte, ist folgendes: Läge es

für Sie im Rahmen des Möglichen, mir nicht zu widersprechen, wenn ich beim Obergruppenführer den Eindruck erwecken würde, daß ich es war, dem die Leute am Nebentisch nicht ganz astrein vorkamen, und daß ich Sie vor unserem Aufbruch telefonisch alarmiert habe? Damit Sie sozusagen die Wache übernehmen konnten? Was Ihnen, verehrter Kollege – und zwar Ihnen *allein,* worauf ich nachdrücklich hinweisen werde – die Möglichkeit einräumte, den Obergruppenführer vor einem frühen Tod zu bewahren?« Er fragte leise: »Übrigens, was waren das überhaupt für Leute?«

»Angehörige eines sowjetischen Spionagerings. Ihr Anführer war, wie ich erfahren habe, ein Oberst des NKGB.«

»Du lieber Gott! War es so *ernst?*«

»Ich fürchte, ja.«

»Könnten Sie vielleicht noch ein, zwei Tröpfchen von dem Cognac entbehren, verehrter Kollege?«

Burckhardt schenkte ihm erneut ein und sagte: »Je länger ich darüber nachdenke, Herr Major, desto klarer wird mir, daß Ihre Beförderung zum Oberstleutnant in ziemlich weite Ferne rückt, wenn all das herauskäme.«

»*Ziemlich weite Ferne* ist stark untertrieben, mein Freund.«

Burckhardt fuhr fort: »Darf ich Sie etwas fragen, das Ihnen vielleicht etwas ungebildet vorkommt? Ihr Name... Von Göhler... Gehe ich recht in der Annahme, daß Ihre Familie zu dem gehört, was man als preußischen Landadel bezeichnet?«

»Ja, das könnte man sagen.«

»Sind Sie zufällig mit dem Kreisauer Kreis bekannt?«

»Ja, auch das könnte man sagen. Aber nicht laut.«

»Dann also zurück zu unserem Problem. Ich glaube, ich habe da etwas, das man für einen nützlichen Vorschlag halten könnte. Wie wär's damit: Ich kam im gleichen Moment die Treppe runter, in dem Sie durch die hintere Tür kamen. Wir haben beide gleichzeitig das Feuer eröffnet und die Eindringlinge erschossen. Sie haben den einen, ich den anderen erledigt.«

»Das ist verdammt anständig von Ihnen!«

»Von mir aus«, fuhr Burckhardt fort, »können Sie auch beide umgelegt haben.«

»Nein, nein. *Damit* könnte ich mich nicht einverstanden erklären. Es ist zwar außerordentlich rücksichtsvoll von Ihnen, Herr Kollege – aber nein. Ich glaube, *einer* ist mehr als genug.« Dann: »An welchen haben Sie gedacht?«

»An den Russen.«

»Sie sind großzügig bis zur Selbstaufgabe, verehrter Herr Leutnant. Aber ich nehme das Angebot an. Vielen, vielen Dank.«

Burckhardt schaute auf seine Uhr. »Ich muß gehen«, sagte er, »aber vorher möchte ich Ihnen noch eine Frage stellen. Falls Sie es vorziehen, sie nicht zu beantworten, wird es meine Entscheidung jedoch nicht ändern, Ihnen hinsichtlich der Ereignisse dieser Nacht den Rücken zu stärken.«

Major von Göhler nickte dankbar.

»Ich werde mich für Ihre Offenheit erkenntlich zeigen«, fuhr Burckhardt fort. »Wir haben gehört, daß sich General Dietl auf Hitlers persönlichen Befehl in einem Heereshauptquartier in Freising bei München* aufhält, um die Verlegung der 20. Gebirgsarmee nach Süddeutschland zu überwachen, die in ein paar Wochen über den Schweizer Alpen abspringen und die Invasion unseres Landes einleiten soll.«

Der Gesichtsausdruck des Majors hätte nicht verblüffter ausfallen können. Er wirkte völlig platt.

Und als er schließlich den Mund aufmachte, äußerte er nur ein Wort. »Unsinn!«

Dann richtete er sich zu voller Größe auf und fügte hinzu: »Ich war General Dietls Adjutant, bevor ich vorübergehend zu meinen gegenwärtigen Pflichten nach Berlin abkommandiert wurde. Wir telefonieren noch immer miteinander – mindestens einmal pro Woche. Ich habe erst vor zwei Tagen mit ihm gesprochen; da war ich in Berlin und er auf seinem Kommandoposten in Lappland. Er hat zwar die Möglichkeit erwähnt, daß die 20. Gebirgsarmee verlegt wird – aber an die Ostfront, nicht nach Süddeutschland!«

»Sind Sie hundertprozentig davon überzeugt, daß es stimmt?«

»Dietl würde mich nie belügen, Herr Kollege. Und Sie haben mein Wort als deutscher Offizier, daß das, was ich Ihnen gerade erzählt habe, die Wahrheit ist.«

Burckhardt streckte die Hand aus, um die seines Gegenübers zu schütteln. »Ich danke Ihnen«, sagte er.

»Ich muß *Ihnen* danken, Herr Burckhardt. Und noch etwas, bevor Sie gehen: Ich möchte gern mit Ihnen in Verbindung bleiben. Wer weiß? Vielleicht ergeben sich mal andere Gelegenheiten, andere Gründe ...« Er ließ den Rest ungesagt. »Ich nehme an, Sie fahren morgen mit uns?«

»Nein«, antwortete Burckhardt.

»Dann werde ich die Einzelheiten – wann und wo ich erreichbar bin – einem der Leutnants mitteilen, die uns zum Treffen mit General Guisan begleiten.«

Burckhardt reagierte sofort. »Es wäre vielleicht besser, einfach eine Notiz auf dem Sekretär in Ihrem Schlafzimmer zu hinterlassen. Ich lasse sie mir dann morgen früh holen.«

»Gut, dann machen wir es so.«

Burckhardt warf einen erneuten Blick auf seine Armbanduhr. Es war nun 23.05 Uhr.

»Ich müßte längst weg sein«, sagte er. Im Korridor vor dem Arbeitszimmer schüttelten sich der Schweizer Leutnant und der deutsche Major die Hände. Minuten später saß Burckhardt in seinem Mercedes und fuhr nach Basel. Die späte Stunde bedeutete ihm nichts; schließlich war er für das wichtigste Unternehmen tätig, in das der Geheimdienst seines Landes seit Ausbruch des Krieges verwickelt war: hieb- und stichfest zu eruieren, ob eine Nazi-Invasion drohte. Wenn Dulles ihm rückbestätigen konnte, was er gerade von dem deutschen Fallschirmjäger erfahren hatte, würde dies seiner Regierung zweifellos erlauben, den Nazis gegenüber eine festere Verhandlungsposition einzunehmen – und jenen Fraktionen innerhalb der Armee und des Geheimdienstes den Teppich unter den Füßen wegziehen, die für eine Kollaboration mit den Nazis waren.

Rolf Seiler, der in Basel zurückgebliebene Mann der Roten Kapelle, der von seinem Posten auf dem Dachboden des Hauses in der Rheingasse aus nach wie vor die Wohnung der amerikanischen Vizekonsulin beobachtete, wurde gegen 22.30 Uhr allmählich nervös. Denn schließlich hatte Igor Tschitowsky ihm versprochen, sich um diese Zeit zu melden. Seiler wußte, daß der NKGB-Oberst in Fragen der Pünktlichkeit ein Fanatiker war.

20. Kapitel

Allen Dulles und Nancy Reichman hatten den Abend bei einem Essen mit dem schwedischen Bankier Per Jacobsson verbracht. Das Restaurant Schützenhaus, in dem sie sich getroffen hatten, befand sich auf dem Gelände eines mittelalterlichen Forsthauses, das jahrhundertelang vor den Basler Stadtmauern gelegen hatte. 1943 gab es die Stadtmauer zwar schon lange nicht mehr, doch drei massive Tore, durch die man die Stadt im Mittelalter hatte betreten können, existierten noch: das Spalentor, das St. Johanntor und das St. Albantor. Kupferstiche dieser Tore hingen in Nancys Wohnung, und als es am 2. März 1943 auf 23.15 Uhr zuging, stand Allen Dulles mit einem Glas Cognac in der Hand davor.

»Jacobsson mag zwar Schwede sein, aber Schweizer ist er irgendwie auch. Er wirkt stark in diese Stadt verliebt.* Und wenn man diese herrlichen Kupferstiche sieht und sich an die Basler Geschichte, ihre Architektur, ihre Universität und die humanistische Tradition erinnert, ist Jacobssons Liebesaffäre absolut verständlich. Auch wenn ich zum Teil den Eindruck hatte, als ginge er bei der Verteidigung mancher Vorkommnisse hier ein Stück zu weit.«

»Sie meinen, als Sie auf das Thema zu sprechen kamen, daß die Schweizer für Gold an die Nazis Waffen verkaufen«, sagte Nancy. Sie saß mit einer Tasse Kaffee auf dem Sofa.

»Genau.«

»Aber Sie haben angeboten, seine Erklärung nach Washington weiterzuleiten, daß die Schweiz keine andere Wahl hat. Daß man ihr buchstäblich die Pistole auf die Brust setzt.«

Dulles wandte sich von den Kupferstichen ab und trat an das nach Norden gelegene Fenster mit dem Blick über den Rhein. Es erinnerte ihn daran, wie nahe er dem Feind war: Die deutschen Kanonen standen nur drei Kilometer weiter nördlich. »Ich gebe es zwar sofort weiter, aber ich glaube, Washington wird nur wenig Verständnis dafür haben. Und Moskau noch viel, viel weniger. Wie man hört, wird Stalin allmählich wirklich stinksauer auf die Schweiz. Und wenn er von Schellenbergs Besuch hört, wird er mit Sicherheit noch wütender werden.«

Er schaute auf seine Armbanduhr. »Da wir gerade über Schellenberg reden... Ich nehme doch an, wir können uns darauf verlassen, daß Ihr Freund noch kommt?«

Nancy meinte: »Er war bisher absolut zuverlässig und hundertprozentig pünktlich – wie alle Schweizer. Ich hoffe, es ist nichts passiert.«

Nur hundertzwanzig Meter entfernt, auf der anderen Seite des Rheins, schaute der letzte noch lebende Angehörige der Roten Kapelle, der sich nicht in Polizeigewahrsam befand, ebenfalls auf die Uhr. Er hatte den gleichen Gedanken wie Nancy. Es war, als hätte Rolf Seiler ihr von den Lippen abgelesen, was beinahe möglich war, da er sein Fernglas von dem Augenblick an, als sie und Dulles eingetreten waren und das Licht eingeschaltet hatten, genau auf sie gerichtet hielt. Die Amerikanerin hatte offenbar vergessen, die Vorhänge zuzuziehen, wie es seit dem Verdunkelungserlaß vom November 1940 nach 22 Uhr überall im Land vorgeschrieben war. Möglicherweise lag es daran, daß sie an den meisten Abenden schon früher zu Bett ging.*

Er machte sich schon seit einer Viertelstunde Sorgen. Die genauen Worte Oberst Tschitowskys klangen noch deutlich in seinen Ohren: »Ich rufe entweder an oder übermittle die Nachricht persönlich.« Damit hatte er das Resultat ihres Unternehmens in Benken gemeint. »Keinesfalls nach 23 Uhr.«

Nach fast dreijähriger Arbeitserfahrung mit dem Geheimdienstoffizier wußte Seiler, daß Tschitowsky seine Zeitangaben stets einhielt und – falls es überhaupt möglich war – noch mehr auf Pünktlichkeit achtete als ein Schweizer. Als Seiler die beiden Amerikaner im Wohnzimmer auf der anderen Flußseite beobachtete, erkannte er an ihrer Körpersprache und speziell an Dulles' Auf- und Abgehen, daß auch sie zunehmend nervöser wurden. Allem Anschein nach erwarteten sie jemanden, der zum vereinbarten Termin nicht erschienen war. Und das war gut. Denn wenn dieser Jemand Walter Schellenberg hieß, war der Grund für sein Nichterscheinen höchstwahrscheinlich der, daß er nicht mehr lebte. Vielleicht warteten sie noch bis Mitternacht. Dann würde Dulles in sein Hotel zurückkehren, Nancy Reichman zu Bett gehen, und er – für alle Fälle – sein Fernglas auf sie richten, bis sie ihre Kleider abgelegt hatte und in ihr Nachthemd geschlüpft war. Dann würde er das tun, was er Tschitowsky für den Fall, daß keine anderslautenden Anweisungen kamen, angekündigt hatte: das Haus an der Rheingasse 37 leise verlassen und für die Dauer des Krieges im Haus seines alten Lehrers und Mentors unterschlüpfen. Damit war der Krieg für ihn vorbei.

Pünktlich um 23.38 Uhr änderte sich alles. Seiler sah, daß Nancy Reichman vom Sofa aufsprang, auf dem sie den größten Teil der letzten halben Stunde eine Tasse Kaffee nach der anderen getrunken hatte. Sie eilte an die Wohnungstür. Der Eingang lag zwar außerhalb seines Blickfeldes, aber Seiler zweifelte nicht daran, daß der Besucher gekommen war und daß sie nun den Summer betätigte, der die Haustür öffnete. Das bedeutete, der Gast würde in wenigen Minuten eintreten.

Und wahrhaftig, knapp zwei Minuten später tauchte ein noch immer in einen Überzieher gekleideter Mann vor seinem Fernglas auf und durchquerte das Wohnzimmer, um Dulles die Hand zu schütteln. Nachdem er den Mantel ausgezogen und Nancy Reichman übergeben hatte, unterhielt er sich mit Dulles. Sie standen nun beide vor dem großen Fenster und schauten auf den Rhein und das am anderen Ufer liegende Haus in der Rheingasse 37 hinab. Die Beschreibung, die Oberst Tschitowsky ihm von Walter Schellenberg gegeben hatte, paßte haargenau auf den Besucher: einsachtzig groß, schlank, Anfang Dreißig und in einen makellosen Anzug gekleidet.

Es war nun 23.41 Uhr. Noch immer keine Nachricht von Oberst Tschitowsky.

Der junge Rolf Seiler mußte sich entscheiden. Dabei versuchte er sich vorzustellen, wie der sowjetische Oberst gehandelt hätte. Tschitowskys Absicht war eindeutig gewesen: Umlegen!

Aber wie?

Dann fielen ihm die letzten Worte ein, die Tschitowsky vor seinem Aufbruch an ihn gerichtet hatte: »Ich lasse drei Waffen mit passender Munition im Keller zurück.« Das mußte ihm die Entscheidung eigentlich erleichtern. Und so verließ Rolf Seiler zum ersten Mal, seit er seinen Beobachtungsposten bezogen hatte, den Dachboden des Hauses, stieg die Leiter zum oberen Korridor hinunter und lief zwei Stiegen hinab, bis er in den Keller kam. Die Waffen lagen sauber ausgerichtet auf einem Tisch in der Kellermitte: eine Pistole, ein vollautomatisches Sturmgewehr und ein Karabiner.

Der Anblick der Waffen reduzierte seine Optionen auf zwei, und Seiler verwarf auf der Stelle jene, für die das Sturmgewehr und die Pistole gedacht waren: einen Direktangriff auf die Wohnung auf der anderen Rheinseite. Es hätte ein Angriffsteam von drei Männern erfordert; zumindest zwei, wenn einer von ihnen Oberst Tschitowsky gewesen wäre.

Die dritte Waffe war für einen einzelnen Angreifer die ideale Wahl, und diese Rolle mußte er nun erfüllen: Es war das starke Sondermodell eines 98K-Mausergewehrs mit Zielfernrohr, dessen Mündungsgeschwindigkeit dem Zweck, an den er nun dachte, mehr als gerecht werden mußte. Seiler nahm es vom Tisch und wog es in den Händen. Es war leichter, als er erwartet hatte. Dann nahm er sechs Munitionsmagazine und steckte sie in die Jackentasche.

Jetzt wurde ihm schlagartig übel. Der Klumpen, der sich in den vergangenen dreiundvierzig Minuten in seinem Magen gebildet hatte, kam ihm fast hoch. Für den gerade einundzwanzig Jahre alten Seiler, dessen Beweggründe, der Roten Kapelle beizutreten, rein ideologischer – nein, idealistischer – Natur gewesen waren, war die Vorstellung, einen Menschen zu töten – jemanden kaltblütig aus dem Hinterhalt zu erschießen –, einfach Übelkeit erregend. Doch dann beschwor er bewußt Bilder jener Abscheulichkeiten herauf, die die Nazis täglich begingen: die spontane Erschießung von fast fünfzig französischen Kommunisten als Rache für einen Terrorakt gegen die militärischen Besatzer des Landes, das nur wenige Kilometer nordwestlich von Basel begann; das Ausradieren ganzer Dörfer in der Tschechoslowakei und Rußland; das zu zunehmender Verwirrung führende Verschwinden der Juden aus allen europäischen Ländern, die die Nazis besetzt hatten – und das waren die meisten. So kehrte seine Entschlußkraft nach und nach zurück.

Zwei Minuten später befand er sich wieder auf dem Dachboden des Hauses Rheingasse 37 vor dem offenen Fenster, das dem Rhein und seinem Südufer gegenüberlag, eine Fußballplatzlänge entfernt über dem Wasser. Er legte den Lauf des Gewehrs sorgfältig auf das Fensterbrett, preßte sein Auge ans Zielfernrohr und richtete es auf die oberste Etage des gegenüberliegenden Wohnhauses, das er sofort fand. Die drei sich in der Wohnung aufhaltenden Menschen standen nun ein paar Meter hinter dem genau nach Norden weisenden Fenster und unterhielten sich. Das Problem war die Frau. Sie stand mit dem Rücken zum Fenster und verdeckte somit Seilers Schußfeld auf Schellenberg und Dulles.

Seiler nahm die sechs Magazine aus der Jackentasche, steckte eins in den Karabiner, plazierte die fünf anderen rechts von sich auf dem Fensterbrett und zielte erneut.

Etwa zehn Sekunden später hörte er etwas. Im Haus. Wenige Sekunden später hörte er es wieder, wenn auch nur schwach. Es war jemand unten. Oberst Tschitowsky! Er mußte zurückgekehrt sein. Aber … Wenn er es war, warum war es nun wieder still? Tschitowsky war ein impulsiver Mensch, ein Russe. Er hätte längst Seilers Namen rufen müssen, um mit ihm zu feiern.

Während ihm all dies durch den Kopf schoß, blieb

sein Auge am Zielfernrohr. Endlich bewegte sich die Amerikanerin. Als sie außer Sicht war, hatte er Dulles und Schellenberg voll im Visier. Seiler hob den Karabiner ganz langsam an.

Und feuerte.

Schellenberg ging sofort zu Boden. Dulles warf sich hin. Seiler hatte immer noch beide im Blickfeld. Er lud nach und wollte gerade wieder schießen, als zwei Dinge gleichzeitig passierten: In der Wohnung auf der anderen Rheinseite ging das Licht aus, und durch die Falltür, die vom Korridor im zweiten Stock zu ihm heraufführte, hechtete jemand auf den Dachboden. Als Seiler sich umdrehte, um sich dem Eindringling zu stellen, wurde er von einem großen Mann angegriffen, dessen Triebkraft ihn gewaltsam nach hinten warf. Seilers Kopf krachte gegen die Fensterbank, und er sank bewußtlos auf den kahlen Holzfußboden.

Sekunden später gesellten sich zwei andere zu dem Mann, der ihn ausgeschaltet hatte, dann drei, dann vier Angehörige der Politischen Polizei Basels. Nachdem Lützelschwab das Gleichgewicht wiedergefunden hatte, faßte er sofort an seinen Gürtel, zückte eine Taschenlampe und richtete den Strahl auf den zu seinen Füßen liegenden jungen Mann, der stark aus einer Kopfwunde blutete. Dann ließ er den Strahl suchend über den Rest des Dachbodens wandern, bis er zufrieden feststellte, daß er es nur mit einem einzelnen Schützen zu tun gehabt hatte.

Doch wer war sein Ziel gewesen?

Lützelschwab brauchte nur ein paar Sekunden, bis er auf die Antwort kam. Er kannte Basel wie seine Westentasche. Die meisten Gebäude am anderen Flußufer waren keine Wohnhäuser. Sie gehörten der Kirche, der Stadt und der Universität und wurden nur tagsüber benutzt. Die Ausnahme bildeten ein halbes Dutzend Wohnhäuser in der Augustinergasse. Die amerikanische Vizekonsulin wohnte im obersten Stockwerk eines Hauses, das dem Dachbodenfenster genau gegenüberlag. Er hatte sich Sorgen gemacht, ob sie, ebenso wie der britische Botschafter, ein potentielles Opfer der Deutschen werden konnte. Er hatte Peter Burckhardt sogar davor gewarnt, nachdem er sie mit ihm im Hotel Drei Könige hatte tanzen sehen und der Nazi Eggen sie beobachtet hatte. Er hätte sich lieber Gedanken über die Kommunisten machen sollen!

»Jemand soll mal das Licht anmachen«, bellte er. Man gehorchte ihm sofort. Lützelschwab deutete auf zwei seiner Leute. »Sie und Sie... Bringen Sie ihn in die Notaufnahme des Bürgerspitals; lassen Sie ihn verbinden und schließen Sie ihn dann im Lohnhof in eine Einzelzelle ein.«

Als alle wieder unten im Wohnzimmer waren, befahl er einem der beiden anderen Polizisten, sich darauf einzustellen, die Nacht hier zu verbringen. Der Grund, warum sie direkt in die Rheingasse 37 gekommen waren? Ein simple Routineangelegenheit der Polizei: Nun, da jene Angehörigen der Basler Roten Kapelle, die den Angriff auf das Benkener Schloß durchgeführt hatten, tot oder verhaftet waren, war es nur logisch, daß man ihre Operationsbasis so schnell und lautlos wie möglich besetzte, bevor sich die Neuigkeit herumsprach. Das Ziel: die Festnahme aller übrigen Mitglieder der Zelle, die eventuell einen Versuch machten, sich in den nächsten Stunden und Tagen bei ihrem inzwischen toten Anführer zu melden.

Das letzte, womit Lützelschwab gerechnet hatte, war eine Begegnung mit einem einzelnen Attentäter, der vom Dachboden des Hauses aus aktiv wurde... auch wenn er bereits entschieden hatte, daß es unnötig war, dies zuzugeben, wenn man sein gesamtes Unternehmen einer Prüfung unterzog, denn eine nun stattfindende Revision war unausweichlich. Alle würden versuchen, sich in die Sache einzumischen: die Armee, der Geheimdienst, die Kripo. Und alle mit dem gleichen Hintergedanken: sich den Rücken freizuhalten. Denn alle hatten dort versagt, wo er erfolgreich gewesen war. Ganz allein!

Aber es war kein voller Erfolg gewesen. Vor wenigen Minuten war mitten in der Stadt Basel jemand beschossen worden – und zwar in einem Territorium, für das in erster Linie er verantwortlich war. Wenn es die Amerikanerin gewesen war – und wer sollte es sonst sein? –, konnte er nur hoffen, daß sie noch lebte. Er würde es in Kürze erfahren.

»Kommen Sie«, sagte er zu dem zurückgebliebenen Inspektor. »Wir gehen über den Fluß und schauen mal nach.«

Am anderen Flußufer schaltete Nancy Reichman, die endlich wieder klar denken konnte und die Vorhänge zugezogen hatte, das Licht in ihrem Wohnzimmer ein. Dann kniete sie sich neben Dulles hin, der vor dem Getroffenen hockte.

»Wie schlimm ist es?« fragte sie mit vor Angst zitternder Stimme.

Die Antwort kam nicht von Dulles, sondern von dem Verwundeten, der sich nun bemühte, sich wieder aufzurichten. »Er hat mich genau in die Schulter getroffen. Es war knapp.«

Dann sah sie das Blut, das aus dem rechten Ärmel seines Jacketts auf seine Hand lief. Es tropfte auf ihren Teppich. Als hätte er gespürt, was sie dachte, sagte er:

»Mach dir keine Sorgen, wir kaufen dir einen neuen Teppich.«

Mit Dulles' und Nancys Hilfe gelang es ihm, auf die Beine zu kommen.

»Laß mich mal…«, sagte sie dann und zog an seinem Jackett, um sich die Wunde anzusehen.

»Nein«, sagte er. »Wir werden jetzt alle von hier verschwinden. Sofort! Zuerst fährst du mich zum Bürgerspital, Nancy. Dann bringst du Mr. Dulles zu seinem Hotel, wo auch du übernachten wirst.« Dann fügte er hinzu: »Falls Sie einverstanden sind, Sir.«

Dulles antwortete sofort. »Ich bin einverstanden. Nancy, gehen Sie runter und lassen Sie Ihren Wagen an. Wir kommen nach.«

Peter Burckhardt widersprach. »Nein, dein Wagen ist zu klein. Hol die Schlüssel für den Mercedes aus meiner linken Jackentasche.«

Drei Minuten später saßen Burckhardt, der tatsächlich eine gewisse Ähnlichkeit mit Walter Schellenberg aufwies, und der Chef der US-Gegenspionage in der Schweiz auf dem Rücksitz des Mercedes, der die Augustinergasse verließ. Das Bürgerspital war knappe zehn Minuten entfernt. Burckhardt beharrte mit Nachdruck darauf, daß sie ihn einfach absetzten und sofort zum Schweizerhof weiterfuhren. »Um unnötige Komplikationen zu vermeiden.«

Da Dulles ihm zustimmte, hatte Nancy keine andere Wahl, als zu tun, was man ihr sagte.

Nachdem Dr. Lützelschwab und seine beiden Leute ergebnislos die Klingel betätigt und laut an die Tür von Nancy Reichmans Wohnung geklopft hatten, brachen sie ein und knipsten das Licht an, das Dulles, Burckhardt hinaushelfend, knapp fünf Minuten zuvor ausgeschaltet hatte. Auf den ersten Blick wirkte alles normal. Auf den zweiten sah die Lage freilich anders aus: Der Rotweinfleck auf dem Wohnzimmerteppich erwies sich als weitaus dickflüssigere und noch warme Substanz. Blut. Als die Vorhänge zurückgezogen wurden, enthüllten diese ein großes Fenster, das auf den ersten Blick zwar ebenfalls intakt wirkte, bei näherem Hinsehen aber ein Einschußloch zeigte, das sich fast genau in der Mitte befand. Nach genauerer Untersuchung erwies sich, daß es sich 165 Zentimeter über dem Fußboden befand.

Schulterhöhe. Obwohl die Menge und die Farbe des Blutes auf dem Teppich andeuteten, daß die Wunde nicht schlimm gewesen war.

Doch wenn Nancy Reichman das Opfer der aus der Dachkammer im Haus Rheingasse 37 über den Rhein gekommenen Kugel gewesen war, wo steckte sie dann?

»Verflucht noch mal«, schimpfte Lützelschwab. Dann fragte er laut: »Warum sollte sie überhaupt dran glauben?« Es ergab doch gar keinen Sinn.

In der nächsten halben Stunde durchsuchten die Männer der Politischen Polizei Nancys Wohnung. Sie nahmen alles genau in Augenschein und suchten nach einer Erklärung. Natürlich verschwendete keiner auch nur einen Gedanken an die Rechtmäßigkeit ihres Handelns. Die Politische Polizei stand über allen Gesetzen, die die Privatsphäre der Bürger oder Einwohner des Landes theoretisch vor eventuellen Übergriffen schützten und gerichtlich ausgestellte Durchsuchungsbefehle verlangten. Im Fall Reichman ging es darüber hinaus auch noch um eine Verletzung der diplomatischen Immunität. Aber andererseits war sie bloß Vizekonsulin. Und eine Frau. Beides brachte ihr 1943 in Schweizer Beamtenkreisen nicht eben Respekt ein.*

Es war weit nach Mitternacht, als Lützelschwab und seine Leute endlich aufgaben und ins Präsidium zurückkehrten. Er gab sofort eine Meldung an alle städtischen Polizeidienststellen heraus, man möge nach der vermißten amerikanischen Vizekonsulin Ausschau halten. Dann, als er sich bereitmachte, nach Hause zu gehen, kamen die beiden Inspektoren ins Präsidium zurück, deren Obhut er den inzwischen im Stadtgefängnis sitzenden Attentäter überlassen hatte. Einer der beiden erstattete Lützelschwab Bericht.

»Raten Sie mal, wer in die Notaufnahme des Bürgerspitals kam, als wir gerade den jungen kommunistischen Nichtsnutz verarzten ließen? Es war dieser Burckhardt, der für die Sektion 5 arbeitet. Jemand hat ihm offenbar in die Schulter geschossen.«

Die Nachricht versetzte Lützelschwab dermaßen in Erregung, daß er, so müde er auch war, hinter seinem Schreibtisch vom Stuhl sprang. »Haben Sie mit ihm gesprochen?«

»Hab's versucht. Aber der behandelnde Arzt kam dazwischen.«

»Ist sonst noch jemand behandelt worden?«

»Nein. Nur der junge Seiler und der Bursche vom Geheimdienst.«

»War niemand bei ihm?«

»Nein.«

»Wie ist er dorthin gekommen?«

Der Inspektor zuckte die Achseln, sagte aber nichts. Woher, zum Teufel, sollte er das wissen?

Lützelschwab schaute auf seine Armbanduhr. Es war zwar fast Viertel vor eins, aber er konnte die Sache nicht auf sich beruhen lassen. Ob sie nun Vizekonsulin war oder nicht, die junge Frau war immerhin offizielles Mitglied des diplomatischen Korps. Und sie wurde vermißt. Er wußte, daß Burckhardt und sie mehr als nur Bekannte aus der Studentenzeit waren. Schließlich hatte er die beiden persönlich vor nicht allzu langer Zeit im Hotel Drei Könige Wange an Wange tanzen sehen.

Er griff nach dem Basler Telefonbuch, fand die Nummer des Bürgerspitals und wählte sie an. Nachdem er sich identifiziert hatte, erkundigte er sich nach Burckhardt, worauf ihm bestätigt wurde, daß der die Nacht im Krankenhaus verbrachte. Lützelschwab ließ sich mit dem leitenden Arzt der Nachtschicht verbinden. Er erklärte erneut, wer er war, und kündigte an, in zehn Minuten dort zu sein, um mit dem Patienten Burckhardt ein Gespräch zu führen. Als der junge Arzt zu einem Protest ansetzte, legte Lützelschwab einfach auf. Es war zu spät, um sich jetzt noch von einem vorlauten Assistenzarzt irgendwelchen Stuß anzuhören.

Peter Burckhardt fühlte sich nach der örtlichen Betäubung und dem Beruhigungsmittel zwar leicht benebelt, war aber noch klar genug, um mit den Fragen fertig zu werden, die Lützelschwab auf ihn abschoß. Ja, die Kugel in Nancy Reichmans Wohnung hatte ihn getroffen. Was er zu dieser späten Stunde dort getan hatte – speziell nach allem, was kurz zuvor in Benken passiert war? Er hatte sich mit Allen Dulles getroffen.

Das brachte Lützelschwab ein paar Sekunden lang zum Schweigen.

»Es ging um Dinge, die ausschließlich die Sektion 5 und den Generalstab betreffen«, fügte Burckhardt hinzu.

»Haben Sie irgendeine Vorstellung, wer auf Sie geschossen hat?« fragte Lützelschwab schließlich.

»Keine genaue.«

»Nun, dann brauchen Sie sich den Kopf nicht mehr

zu zerbrechen. Wir wissen nicht nur, wer es war, wir haben den Burschen auch in Gewahrsam.«

Lützelschwab erläuterte es ihm. Als er fertig war, stellte er eine weitere Frage: »Jetzt, wo Sie wissen, *wer* es war, können Sie mir vielleicht das *Warum* erklären?«

»Es gibt eine mögliche Erklärung«, erwiderte Burckhardt. »Sie wollten Schellenberg erledigen und haben alle Standorte unter Beobachtung gehalten. Sie wußten, daß er sich mit uns – mit Oberstbrigadier Masson – in Benken treffen wollte. Aber irgendwie müssen sie außerdem erfahren haben, daß Dulles in der Stadt ist. Und daraus haben sie den Schluß gezogen, daß auch ein heimliches Treffen von Schellenberg und Dulles ansteht. Welchen besseren Ort hätte es dafür geben können, als die Wohnung der Vizekonsulin? Als ich dann auftauchte, hat mich der Schütze – und wenn man darüber nachdenkt, ziemlich logisch – mit Schellenberg verwechselt.«

Es ergibt einen Sinn, dachte Lützelschwab. Aber morgen wissen wir es genau, und wenn ich höchstpersönlich die Wahrheit aus diesem jungen kommunistischen Schweinehund herausprügeln muß.

Er beschloß, in dieser Angelegenheit keinen weiteren Druck auf Burckhardt auszuüben, denn der wirkte völlig erschöpft. Aber ein letztes Wort mußte er noch loswerden, da nun feststand, daß wenigstens ein Offizier der Sektion 5 genug Köpfchen hatte, um sich mit den Amerikanern zusammenzutun statt mit Verbrechern wie Schellenberg. Lützelschwab sah Peter Burckhardt allmählich mit anderen Augen. Der junge Mann war zweifellos ein großes persönliches Risiko eingegangen, sich mit dem Amerikaner zu treffen, während Oberstbrigadier Masson, sein Chef, im höchsten Maße darauf konzentriert gewesen war, ein Geschäft mit den gottverdammten Nazis abzuschließen. Er mußte ihm den Rücken stärken.

»Wir brauchen mehr Leute Ihrer Art, Burckhardt«, sagte er. »Und Sie können sich darauf verlassen, daß ich Dulles, soweit es in meiner Macht steht, aus der Sache heraushalten werde.«

»Das weiß ich sehr zu schätzen.«

»Wo ist die Reichman?«

»Sie bleibt heute nacht im Hotel Schweizerhof. Dulles ist auch da.«

»Ich schicke ihnen sofort einen Mann, nur für den Fall, daß wir noch nicht alle erwischt haben. Der Fahrer ihres Wagens hat übrigens versucht, unsere Straßensperre bei Benken zu durchbrechen. Er hat sich dabei eine ziemlich üble Schußwunde zugezogen. Über ihn brauchen wir uns also keine Gedanken mehr zu machen.« Dann: »Da wir gerade über Schußwunden sprechen ... Wie geht's Ihrer Schulter?«

»Könnte schlimmer sein. Ich kann wohl morgen wieder nach Hause gehen.«

»Passen Sie auf sich auf, Burckhardt. Und nochmals danke für das, was Sie in Benken für uns getan haben. Ich bin Ihnen etwas schuldig.«

Dann ging Lützelschwab. Und Peter Burckhardt fiel sofort in tiefen Schlaf.

Der 2. März 1943 war zwar endlich vorbei, doch durch die Ereignisse des Tages wurde eine Verbindung zwischen den Geheimdiensten der Schweiz und der Vereinigten Staaten verankert, die für beide Nationen vor Kriegsende noch weitreichende Konsequenzen haben sollte. Dabei würden sich jedoch zwei Juniormitglieder dieser geheimen Allianz – Nancy Reichman und Peter Burckhardt – einem weit schlimmeren Scharmützel mit dem Tod gegenübersehen.

DRITTER TEIL

21. Kapitel

Der Zwischenfall, der sich derart dramatisch auf ihr Leben und das Endstadium des Krieges auswirken sollte, fand in den frühen Morgenstunden des 3. März 1943 statt. In der Nähe eines Dorfes, das nur wenige Kilometer flußaufwärts von Nancy Reichmans Wohnung entfernt lag, sprang ein Mann von Bord eines deutschen Schiffes in den Rhein und schwamm ans Ufer. Dort wurde er sofort von einem Schweizer Grenzsoldaten entdeckt und in Gewahrsam genommen. Der Feldwebel, der das Wachlokal befehligte, in das der Mann anschließend gebracht wurde, wartete an diesem Morgen bis 7.30 Uhr, ehe er die üblichen Befehle ausführte, die eine solche Situation geboten: Er rief eine Basler Nummer an, die man ihm gegeben hatte, und erläuterte die Situation.

Um 8.30 Uhr hielt ein schwarzer Citroën vor dem Grenzposten. In ihm saßen zwei von Lützelschwabs Leuten. Sie wiesen sich aus, zeigten ihren schriftlichen Befehl und warteten ab, während der Feldwebel mehrere Anrufe tätigte, die sowohl die Bestätigung ihres Auftrags als auch die ihrer Identität erbrachten.

Eine Stunde später schob man den mit Handschellen gefesselten Mann auf den Rücksitz und fuhr nach Basel zurück, zum Spiegelhof. Dort wurde der Mann in eine Zelle gesperrt. Lützelschwab betrat sein Büro um zehn Uhr. Der Wachtmeister vom Dienst hatte eine Notiz auf seinem Schreibtisch hinterlegt, laut der ein Mann gefangengenommen worden war. Es war ein Franzose; zumindest sprach er französisch. Man wartete auf Anweisungen, wie mit ihm verfahren werden sollte. Bisher hatte der Mann sich geweigert, mit irgend jemandem zu reden; er beharrte darauf, nur vor einem hohen Beamten auszusagen.

Normalerweise hätte Lützelschwab keine Zeit an eine dermaßen geringfügige Sache verschwendet – die Ankunft von Flüchtlingen aus Deutschland und Frankreich war mehr oder weniger ein alltägliches Ereignis –, doch seinem Instinkt folgend, der sich in seiner ganzen Laufbahn als zutreffend wichtig erwiesen hatte, beschloß er, sich den Mann selbst anzusehen.

Als er den Raum betrat, erblickte er einen Typen von Anfang Dreißig. Er war unrasiert, verhärmt und bibberte in seinen verschlammten Kleidern.

»Il paraît que vous voulez parler avec celui qui commande ici«, begann Lützelschwab.

»Exactement!« erwiderte der Gefangene eifrig.

Lützelschwab erklärte ihm, wer er war, und schlug dann vor, daß sein Gast, falls er ihm etwas von Wichtigkeit mitzuteilen habe, dies nun schleunigst tun solle. Jetzt oder nie.

Der Mann – er war klein, kaum einssechzig groß – sagte, er sei Franzose aus Straßburg. Er sei Matrose von Beruf und seit seiner Jugend auf Rheinschiffen unterwegs. Die Strecke Rotterdam, Ruhrgebiet, Straßburg und Basel sei er buchstäblich Hunderte von Malen gefahren. Ende 1942 hatten ihn die Nazi-Okkupanten seines Heimatortes in den Dienst gepreßt und nach Norddeutschland gebracht. Dort hatte man ihm eine eigentümliche Aufgabe übertragen, eine wirklich sehr eigentümliche. Ob die Schweizer Behörden gern mehr darüber hören wollten?

Aha, dachte Lützelschwab, wir haben bereits das Gibst-du-mir-was-geb-ich-dir-was-Stadium erreicht. Und wieder veranlaßte ihn sein Instinkt, Kooperationsbereitschaft zu zeigen.

»Ich nehme an, Sie wollen uns sagen, daß das, was Sie uns berichten möchten, sehr wichtig ist. Sonst hätten Sie sich wohl kaum soviel Ärger auf den Hals geladen und wären das Risiko eingegangen hierherzukommen, oder? Sollte es sich tatsächlich erweisen, Monsieur, daß Ihre Nachricht für uns von Wert ist, kann ich Ihnen versichern, daß unsere Regierung gern bereit ist, Ihnen ihre Dankbarkeit auf konkrete Weise zu zeigen. Besonders dann«, fügte er hinzu, »wenn es um einen Nachbarn aus Straßburg geht.«

Der Matrose schien diese Worte zwar erst sorgfältig zu überdenken, bevor er wieder das Wort ergriff, doch dann besann er sich.

»In Ordnung«, sagte er, »ich erkläre es Ihnen. Ich habe von zwei Häfen in der Ostsee aus gearbeitet, die unmittelbar nebeneinanderliegen. Sie heißen Wolgast und Peenemünde. Ich habe in einem Lager in Peenemünde gelebt. Das liegt auf einer Insel.«

Lützelschwab hatte nie etwas davon gehört.

»Ich war einem Küstenfrachter zugeteilt. Der Frachter hatte nur ein Ziel: den Hafen einer kleinen Stadt namens Skien, an der norwegischen Südostküste. Dann fuhr er wieder zurück. Es war wie Linienverkehr. Immer von Peenemünde und Wolgast nach Skien, und dann auf direktem Weg zurück. Aber das Seltsame an der Sache war: Wir haben die deutschen Häfen immer völlig leer verlassen. Wir hatten nie auch nur die geringste Ladung an Bord. Und auf der Rückfahrt haben wir nur ein Stück Ladung transportiert, ein *einzelnes* Stück.«*

Nun hatte der französische Matrose Lützelschwabs ungeteilte Aufmerksamkeit. Er konnte sich nicht beherrschen, mußte ihn mit der Frage unterbrechen: »Et qu'est-ce que c'ètait?«

»Was es war? Ich sag's Ihnen: ein Faß. Das war alles. Ein einzelnes Faß. Und wissen Sie, was in dem Faß war? Eh?«

Lützelschwab wartete ab.

»Wasser! Können Sie sich das vorstellen? Es war ein Faß mit Wasser! Pro Fahrt ein Faß!«

Lützelschwab glotzte den Mann nur an. Ein Irrer. Er mußte irre sein.

Dann klopfte jemand an die Tür.

»Herein!« brüllte Lützelschwab.

Die Tür wurde einen Spalt geöffnet, und der Kopf des Wachhabenden erschien. »Ein Dr. Peter Burckhardt ist hier und möchte Sie sprechen.«

Lützelschwab besann sich. Natürlich. Sie hatten am vergangenen Abend verabredet, sich heute um zehn Uhr zu treffen. Doch nach dem, was mit Burckhardt passiert war, hatte er kaum erwartet, daß er herkommen würde. Aber wenigstens konnte er dadurch jede weitere Konversation mit dem jämmerlichen Geistesgestörten beenden. Und so verließ er die Zelle, ohne dem Franzosen auch nur einen letzten Blick zuzuwerfen.

Peter Burckhardt erwartete ihn in seinem Büro. Er war blaß und trug den rechten Arm in der Schlinge. Lützelschwab schüttelte beim Eintreten noch immer den Kopf.

»Ist Ihnen eine Laus über die Leber gekrochen?« fragte Burckhardt grinsend, als er den nach wie vor verblüfften Ausdruck auf Lützelschwabs Gesicht sah.

»Wollen Sie etwas *wirklich* Verrücktes hören?«

»Klar. Warum nicht?«

Lützelschwab erzählte es ihm. Doch als er fertig war, brach Burckhardt zu seiner Überraschung nicht in Gelächter aus. Im Gegenteil. Seine Miene wurde finster. Was Lützelschwab zu der Bemerkung veranlaßte: »Ich dachte, man hätte Sie in den Arm geschossen, Burckhardt, nicht in den Kopf!«

»Moment«, erwiderte Burckhardt. »In meinem Hinterkopf hat gerade was geklingelt. Es geht um Wasser. Aber ich kann mich beim besten Willen nicht daran erinnern, wo oder von wem ich es gehört habe, was *es* auch sein mag. Lassen Sie mich einen Augenblick nachdenken.«

Burckhardt dachte nach. Lützelschwab starrte ihn an.

Dann: »Meine Schwester!«

»Ihre Schwester?!«

»Sie studiert Physik.«

»Was, um Himmels willen, hat das mit Physik zu tun?«

Burckhardt ignorierte die Frage und sagte: »Darf ich mal Ihr Telefon benutzen?«

»Fühlen Sie sich wie zu Hause.«

Er erwischte Felicitas, die noch zu Hause in Riehen war, bevor sie zur Vorlesung ging. Burckhardt wiederholte die Geschichte, die er gerade von Lützelschwab gehört hatte, und erkundigte sich nach ihrer möglichen naturwissenschaftlichen Bedeutung. Er hörte ihr mindestens drei Minuten zu, ohne etwas zu sagen, dann dankte er ihr und legte auf.

»Ich glaube, wir sind da einer heißen Sache auf der Spur«, sagte er zu Lützelschwab.

»Welcher denn? Worum ist es bei dem Anruf bei Ihrer Schwester überhaupt gegangen?«

»Momentan um Dinge, die nur die Sektion 5 angehen. Aber wenn ich dem Franzosen ein paar Fragen stellen könnte, würde es uns noch weiterbringen.«

Lützelschwab starrte ihn an, dann geleitete er ihn aus seinem Büro und in die Zelle am Ende des Korridors. Als Burckhardt den elenden Mann sah, sagte er: »Warum lassen Sie ihm nicht ein paar saubere Kleider bringen? Und während er darauf wartet, eine Tasse Kaffee?«

Zuerst schien Lützelschwab sich dem Vorschlag widersetzen zu wollen, doch dann verschwand er durch die Tür und ließ Burckhardt mit dem Gefangenen allein.

»Dr. Lützelschwab hat mir Ihre Geschichte erzählt«, begann Burckhardt. »Sagen Sie, wie, um alles in der Welt, ist es Ihnen gelungen, unbehelligt aus Norddeutschland hierher zu kommen?«

»Ich bin mit Hilfe der Mannschaft eines anderen Küstenfrachters – es waren auch Franzosen – nach Rotterdam geflohen. Ihr Schiff lief regelmäßig Peenemünde an, daher kannte ich sie.«

Einer von Lützelschwabs Leuten tauchte auf. Er brachte nicht nur Kaffee, sondern auch zwei »Schweebli«, die Basler Version eines Brötchens. Burckhardt schaute schweigend zu, während der Matrose sie verspeiste. Nachdem er sie mit Kaffee hinuntergespült hatte, stieß er einen tiefen, erleichterten Seufzer aus und fuhr mit seiner Geschichte fort.

»Im Hafen von Rotterdam war es leicht, ein paar von meinen alten Freunden aus der Zeit zu finden, als ich noch in der Rheinschiffahrt gearbeitet habe. Mit ihrer Hilfe kam ich stromaufwärts über den Rhein nach Basel. Einmal wäre ich beinahe erwischt worden – in Rüdesheim, als die Mannschaft mich mit in eine Weinstube nahm. Auf dem Rückweg zum Kahn wurden wir von der Polizei angehalten und kontrolliert. Zum Glück hatte keiner einen Ausweis bei sich, und außerdem waren wir so blau, daß sie uns haben laufenlassen, statt uns über Nacht einzusperren.«

»Moment mal«, sagte Burckhardt. »Sie haben gesagt, daß dieser Küstenfrachter Peenemünde regelmäßig anlief.« Im Gegensatz zu Lützelschwab wußte er, wo die kleine Stadt lag. Als Junge hatten ihn seine Eltern einmal mit nach Travemünde genommen. Von dort aus hatten sie mit der Familie eines deutschen Bankiers, mit dem sein Vater befreundet war, einen Segeltörn auf der Ostsee unternommen. Sie hatten eine Nacht vor der kleinen Insel Peenemünde vor Anker gelegen. »Was für eine Fracht hatte er geladen?«

Burckhardt war in seinem Element. Er nutzte den Vorteil des unerwartet aufgetauchten sonderbaren Informanten und seines verwirrenden Wissens.

Der Franzose sagte wie aus der Pistole geschossen: »Zement.«

Burckhardt überdachte die Antwort, dann stellte er die letzte Frage. »Und wie hieß noch mal der norwegische Hafen?«

»Skien.«

Diesmal war Burckhardt verdutzt.

»Aber das Wasserfaß kam aus einer anderen Stadt. Sie liegt nördlich von Skien und heißt Rjukan.«

»Von wem wissen Sie das?«

»Von den Wachen – sie waren schwer bewaffnet –, die das Faß zu uns aufs Schiff brachten.«

Und dem Puzzle wurde ein neues Stück hinzugefügt: schwer bewaffnete Wachen!

»Gehen wir nach Peenemünde zurück. Sie haben gesagt, Sie hätten in einem Lager gelebt?«

»Ja.«

»Waren dort viele Seeleute untergebracht? Oder nur die ausländischen Zwangsarbeiter der Deutschen?«

»Ja.«

»Ja – auf welche Frage?«

»Das Lager war für Ausländer. Aber nicht nur für Seeleute. Es gibt dort viele Lager. Und alle möglichen Arbeiter, aus ganz Europa. Aber besonders aus Osteuropa. Polen.«

Wieder rutschte ein Stück des Puzzles an seine Stelle.

Nun wirkte der Mann, den Burckhardt verhörte, plötzlich so, als sei er einem Zusammenbruch nahe. Erst jetzt öffnete sich wieder die Tür, und ein weiterer von Lützelschwabs Männern tauchte auf. Er hatte Kleider mitgebracht. Lützelschwab trat hinter ihm ein. »Wie kommen Sie voran?« fragte er Burckhardt. Falls er eine Erklärung der ganzen Sache erwartete – er bekam sie auch diesmal nicht.

»Wir sind fertig. Jedenfalls im Moment.« Burckhardt stand auf, umrundete den Tisch, hielt dem französischen Matrosen die Hand hin und sagte: »Vielen Dank, Monsieur. Sie haben mir einige recht interessante Dinge erzählt. Es könnte sein, daß ich noch einmal mit Ihnen reden muß.«

»Bedeutet das, ich kann in der Schweiz bleiben?«

Burckhardt warf einen Blick auf Lützelschwab, der vage nickte.

»Im Moment ja.« Diese Worte ließen den Matrosen zum ersten Mal lächeln. Er schüttelte Burckhardt mehrmals fest die Hand und sagte: »Merci bien, Monsieur. Merci. Merci.« Dann wurde er von Lützelschwabs Leuten übernommen.

Als sie wieder im Büro waren, fragte Burckhardt: »Wie wollen Sie in diesem Fall verfahren?«

»Normalerweise hätten wir keine andere Wahl, als

ihn heute nachmittag zur Grenze zu bringen und ihn den deutschen Behörden zu übergeben«, antwortete Lützelschwab. »Das ist seit dem 26. September letzten Jahres die offizielle Genfer Politik. Seitdem dürfen nur Ausnahmen für Deserteure, entflohene Kriegsgefangene und echte politische Flüchtlinge gemacht werden.* Der Franzose fällt unter keine dieser Ausnahmeregeln, denn es gibt buchstäblich Millionen ausländischer Arbeiter wie ihn, die seit Kriegsbeginn in Deutschland Zwangsarbeit leisten müssen. Viele haben versucht, ihrem Schicksal zu entgehen, indem sie in die Schweiz geflüchtet sind. Wir konnten einfach nicht zulassen, daß es so weitergeht. Sie wissen es doch selbst, Burckhardt: Das Boot ist voll. Wir haben jetzt schon dreiundsiebzigtausend Flüchtlinge hier. Also wurde die Sache unterbunden. Wir sind nun gesetzlich verpflichtet, sie nach Deutschland zurückzuschicken.«

»Damit sie es irgendwann später wieder versuchen.«

»Jetzt nicht mehr.«

»Was soll das heißen?«

»Sie wollen aber auch alles wissen«, knurrte Lützelschwab. Dann: »Na schön, ich erzähle es Ihnen. Es gibt ein neues deutsches Gesetz, laut dem jeder Fremdarbeiter, der seinem Arbeitsplatz länger als achtundvierzig Stunden fernbleibt, als Saboteur gilt. Und als solchem droht ihm, wenn er erwischt wird, automatisch die Todesstrafe.«*

»Verzeihung. Ich hätte dieses neue Gesetz kennen müssen. Aber ich war mit anderen Dingen beschäftigt. Und die deutschen Gerichte machen dabei mit?«

»Natürlich.«

»Es wird immer schlimmer da drüben.«

»Genau das melde ich pausenlos nach Bern. Deswegen macht mich ja schon der Gedanke verrückt, daß sich jemand mit irgendwelchen von diesen Typen zusammentut. Ich würde Schellenberg sofort auf die Liste jener Deutschen setzen, die man wie die Pest meiden sollte. Warum Ihr Chef Masson ihn in unser Land eingeladen hat, wird mir bis ans Lebensende schleierhaft bleiben.«

»Wenn man überleben will, muß man sich halt manchmal mit dem Teufel einlassen.«

»Kommen Sie mir bloß nicht mit sophistischen Weisheiten, Burckhardt.«

»Ich werde mich bemühen. Aber zurück zu unserem Franzosen. Es könnte sein, daß wir ihn noch brauchen. Und wenn Sie es offiziell haben wollen: Ich spreche nun im Namen der Sektion 5 des Generalstabs.«

»Dann halten wir ihn fest. Für eine Weile.«

»Danke.« Burckhardt machte sich zum Aufbruch bereit.

Lützelschwab beschloß, ihm noch eine letzte Frage zu stellen. »Bevor Sie gehen, erlauben Sie mir, noch mal über Schellenberg zu reden. Was passiert jetzt – nachdem es uns gelungen ist, sein Leben zu retten?«

»Um Sie zu zitieren: Sie wollen aber auch alles wissen.«

Burckhardt wußte, daß ungefähr in diesem Moment ein kleiner Automobilkonvoi Benken verließ. Zu ihm gehörte auch Schellenbergs Mercedes, der jetzt von zwei zusätzlichen Armeefahrzeugen und schwer bewaffneten Angehörigen des Schweizer Militärs bewacht wurde. Man hatte die Männer eilends in der Nacht kommen lassen. Nun war man unterwegs zu dem geheimem Treffen mit General Guisan. Burckhardt hatte heute früh vom Krankenhaus aus mit Oberstbrigadier Masson gesprochen, um ihm zu melden, er habe aus zwei Quellen die Information erhalten, daß im Augenblick keine Gefahr einer deutschen Invasion bestand: zuerst von dem Fallschirmjäger und dann, wenn auch nur knapp, von Allen Dulles. Er hatte sich nicht die Mühe gemacht zu erklären, weshalb sein Gespräch mit Dulles nur so kurz ausgefallen war und so abrupt geendet hatte. Dafür hatte er später noch Zeit.

Massons Erwiderung hätte nicht herzlicher ausfallen können. Er hatte versprochen, die Information an General Guisan weiterzugeben, *bevor* dieser die Gespräche mit Schellenberg begann. Dann hatte er erklärt, sich kurz fassen zu müssen: Sie wollten planmäßig in wenigen Minuten nach Bern aufbrechen. Masson wollte den Obergruppenführer und sein Gefolge im Hotel Bellevue unterbringen. Am späten Nachmittag wollte er mit ihm allein und der Eskorte zum Treffen mit Guisan weiterfahren.

Die Zusammenkunft der beiden Generäle, von denen einer dem Oberkommando der Nazi-SS angehörte, während der andere die Schweizer Armee befehligte, gehört zu den eigentümlichsten Affären, die am Rande des Zweiten Weltkrieges stattfanden. Denn es war für die Bürger der Schweiz völlig undenkbar, daß ihr Oberkommandierender eine solche Zusammenkunft auch nur *in Erwägung* ziehen könnte. General Guisan war für sie die exakte Antithese all dessen, wofür die Nazis eintraten, und er hatte sie überzeugt, daß er der erste sein würde, der für sein geliebtes Vaterland zu sterben bereit war, bevor er sich ihrem Willen beugte.

Guisans einmaliger Rang kann teilweise der Tatsache zugeschrieben werden, daß die Schweiz in Friedenszeiten keine Generäle hat. Deswegen garantiert die Beförderung eines Offiziers zu diesem Dienstgrad ihm einen einmaligen Platz in der Schweizer Geschichte. Im Fall

Guisans fand sie am 30. August 1939 statt, als die vereinigte Schweizer Legislative ihm mit neun Zehnteln ihrer insgesamt 460 Stimmen diesen Dienstgrad zusprach. Gleichzeitig wurde eine Teilmobilmachung der Streitkräfte angeordnet und seinem Kommando unterstellt. Man hielt dies für notwendig, um die Neutralität und Unabhängigkeit des Landes im Falle eines allgemeinen Kriegsausbruches in Europa zu schützen. Der Krieg begann vier Tage später, als Großbritannien und Frankreich mit einer Kriegserklärung auf den deutschen Einmarsch in Polen reagierten.*

Guisan unternahm daraufhin zwei Schritte, die ihn im Geiste aller rechtschaffen denkenden Schweizer zum Helden des Zweiten Weltkrieges machten. Den ersten unternahm er am 25. Juli 1940, einen Monat nach der Kapitulation Frankreichs und somit zu einer Zeit, in der es unausweichlich schien, daß sich die Nazi-Finsternis über ganz Europa herabsenkte. Da der Oberkommandierende befürchtete, daß die Schweizer in Defätismus verfallen könnten, beschloß er, etwas zu inszenieren, das im Kern bühnenreif war. Er hatte den Plan, den Willen der Armee und des Volkes neu zu stärken, damit sie sich den Kräften des Totalitarismus, der nun die gesamte Schweiz umzingelte, widersetzten. Er organisierte eine »geheime« Versammlung der vierhundert höchsten Offiziere der Streitkräfte und bat sie, ihren Fahneneid auf das Land und die Demokratie, der es sich verschrieben hatte, feierlich zu erneuern. Das sollte am 25. Juli 1940 auf dem »heiligen Boden« der Rütliwiese in der Zentralschweiz, nahe Luzern, geschehen, auf der die bäuerliche Bevölkerung der ursprünglichen Kantone Uri, Schwyz und Unterwalden im Jahr 1291 erstmals ihre Unabhängigkeit von der ausländischen Tyrannei erklärt hatten.*

Die Nachricht vom neuen »Rütlischwur« verbreitete sich wie ein Lauffeuer in der gesamten Schweiz, und am 1. August 1940 sprach General Guisan im Landesrundfunk, um die Botschaft zu wiederholen, die er seinen Offizieren gegeben hatte. Die überwältigend positive Reaktion auf seinen Appell gestattete ihm, anschließend die Rolle der Führerschaft von dem siebenköpfigen Bundesrat zu usurpieren, der die Exekutive der Schweizer Regierung bildete, von denen einige – besonders Außenminister Marcel Pilet-Golaz – (zu Recht) verdächtigt wurden, sie seien nicht nur Defätisten, sondern ganz offen für die Deutschen.

Es war natürlich schön und gut, den Willen der Armee und des Volkes neu zu stärken, sich allen Angriffen totalitärer Streitkräfte zu widersetzen – von den Deutschen im Norden, den Italienern im Süden oder beiden zusammen –, aber wie sollte ein kleines Land wie die Schweiz angesichts dieser überwältigend geringen Chancen überleben?

Bei seiner Rede vor den Stabsoffizieren auf der Rütliwiese hatte General Guisan auch gleich eine Antwort auf diese Frage gegeben. Sie kam in Gestalt seiner Verpflichtung, schnellstens und zu jedem Preis eine Alpen-Réduit zu bauen; eine Kette von Bergfestungen im Zentralmassiv der Alpen, in der sich die Hauptstreitkräfte im Angriffsfall verbarrikadieren würden, um dann, nachdem sie sämtliche Nord-Süd-Transport- und Kommunikationsverbindungen des Territoriums zerstört hatten, von dort aus einen gnadenlosen und kompromißlosen Guerillakrieg zu führen.*

Im Frühjahr 1943 war die Festung fertig. Man hatte in der gebirgigen Region der Zentralschweiz mit seiner spärlichen Bevölkerung von 300.000 Menschen Quartiere für zusätzliche 300.000 Soldaten errichtet. Nahrung, Kleidung und Treibstoff für 600.000 Mann waren in der Festung eingelagert, 40.000 Pferde waren dort untergebracht. Die Vorräte und Munition wurde für ausreichend gehalten, um der Armee zu erlauben, einer Belagerung von sechs bis acht Monaten standzuhalten.*

Freilich hatte diese Strategie die Zivilbevölkerung im Regen stehen lassen; der Gnade der Invasoren ausgeliefert, die innerhalb weniger Tage in der Lage gewesen wären, alle dichtbesiedelten Teile des Landes zu überrennen. Doch statt dem Enthusiasmus im allgemeinen einen Dämpfer zu verpassen, hatte die Aussicht auf das Märtyrertum für einen höheren Zweck den nationalen Geist zu neuen Höhen beflügelt und den Status General Guisans um noch eine Stufe erhöht – auf den eines nationalen Retters.

Und nun wollte der Retter auf Schweizer Boden mit einem SS-Obergruppenführer zu Abend essen!

Da man wußte, zu welchem Tumult es kommen würde, wenn die Bevölkerung davon erfuhr, und auch zu vermeiden trachtete, dem Treffen einen offiziellen Anstrich zu verleihen, indem man es in Guisans Hauptquartier in Interlaken abhielt, war beschlossen worden, sich in einem kleinen Restaurant zu treffen, dem Gasthaus Bären in dem Dörfchen Biglen im Kanton Bern. Dem Gasthaus haftete der Ruf an, selbst unter den Bedingungen des Krieges einen hohen kulinarischen Standard zu pflegen, und General Guisan gehörte zu den Stammgästen. Masson hatte dafür gesorgt, daß ihnen für Mittwoch, den 3. März 1943, um 18 Uhr im rückwärtigen Teil des Restaurants ein kleines separates Eßzimmer zur Verfügung stand. Der Tisch sollte für sechs Personen gedeckt sein.

Es besteht nur wenig Zweifel daran, daß das Essen ein

Erfolg war. Die Tischgespräche waren locker und drehten sich in der Hauptsache um Pferde, ihren Erwerb und die Kavallerie. Obwohl nur sechs Personen dort tafelten – General Guisan, Obergruppenführer Schellenberg, Sturmbannführer Eggen, Oberstbrigadier Masson und zwei seiner Adjutanten –, gelang es ihnen, zu der Mahlzeit auch eine Flasche Weißwein, einen Johannisberg von 1940, drei Flaschen Roten – 1937er Pommard – und elf Schnäpse zu leeren. Nach dem Essen wechselte man zu Champagner über, Moët et Chandon Brut, und schaffte auch davon noch drei Flaschen. An diesem Abend zogen sich die beiden Hauptdiskutanten gegen 20 Uhr zurück und verbrachten zwei Stunden zusammen in einem anderen Privatraum. Gegen Mitternacht, eine Stunde nach der offiziellen Polizeistunde, brach die Versammlung schließlich auf. Herr Berchtold-Schneider, der Besitzer des Gasthauses, fügte der Rechnung einen Betrag von 5,50 Franken hinzu, für die Unannehmlichkeiten, die er deswegen auf sich nehmen mußte.* Von dem festlichen Ereignis übermütig geworden, trugen sich alle Teilnehmer ins Gästebuch des Hauses ein. Als Masson vor der Abreise die Rechnung beglich, überlegte er es sich jedoch noch einmal und ordnete an, die Seite herauszureißen und zu vernichten. Sie wurde zwar aus dem Buch entfernt, aber nicht vernichtet. Da Masson dafür gesorgt hatte, daß keine weiteren Unterlagen über Schellenbergs Besuch in der Schweiz existierten – er wurde z.B. auch nicht im Hotel registriert –, bestand die einzige von den Nazis hinterlassene schriftliche Spur aus eben dieser Seite und der Rechnung über 259,20 Franken, die Masson ebenfalls zu vernichten vergaß.*

Nach Mitternacht wurde General Guisan mit seinem Wagen ins Hauptquartier nach Interlaken gebracht,

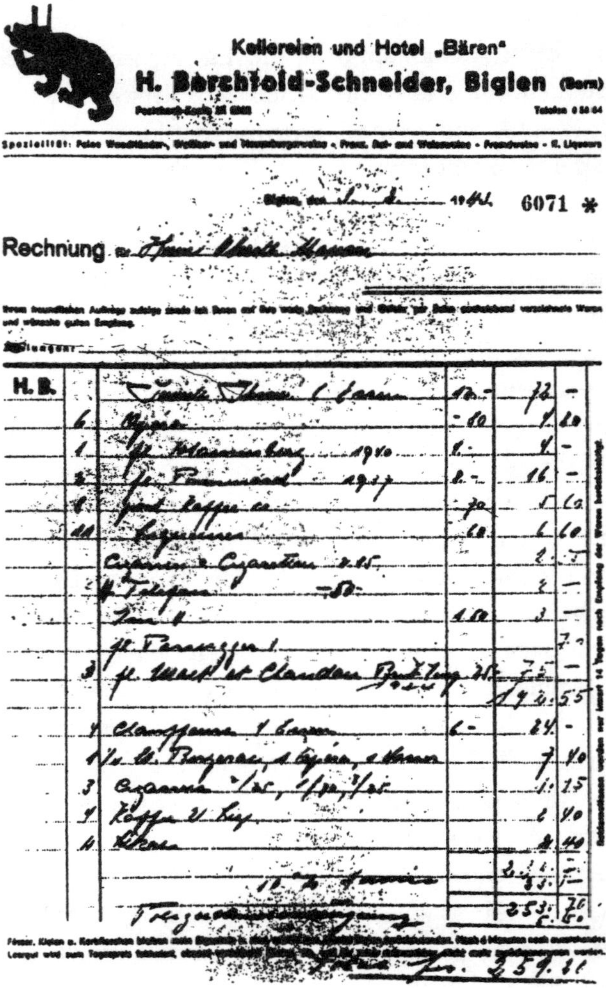

während Oberstbrigadier Masson Schellenberg in sein Berner Hotel zurückfuhr.

Am nächsten Morgen taten sich die beiden Berlinerinnen zusammen, die sich inzwischen in der sicheren, neutralen Schweiz gehörig langweilten, um »Schelli« zu überzeugen, daß sie noch ein bißchen Spaß haben wollten, bevor sie wieder in die vom Krieg zerrissene deutsche Hauptstadt zurückkehrten. Also schlichen sie sich in sein Schlafzimmer und weckten den jungen Obergruppenführer mit einer Reihe perverser sexueller Akte, die sich nur zwei Mädchen ausdenken konnten, die in der dekadentesten Stadt der Welt geboren und aufgewachsen waren.

Nachdem sie Schellenberg fast eine Stunde lang mit ihren verworfenen Sexspielchen erfreut hatten, gab er ihrer Bitte, irgendwo skilaufen zu gehen, sofort nach. Aber wo? In Arosa. Und wann? Jetzt. Sofort.

Schellenberg nickte zustimmend, kroch aus dem Bett und wankte, bevor sie sich etwas Neues ausdenken konnten, um ihre Dankbarkeit auszudrücken, ins Bad.

Nachmittags trieben sie es wieder im Hotel Excelsior in Arosa, wo man ihnen, dank der unsichtbaren Hand des Schweizer Geheimdienstes, sofort die besten Zimmer des Hauses gegeben hatte. Der Geheimdienst kümmerte sich auch darum, daß man sie nicht mit Kleinigkeiten wie dem Ausfüllen von Meldezetteln oder Zahlungen behelligte. Zum Abendessen legten sie eine Pause ein. Gestärkt durch Wiener Schnitzel mit Pommes frites, einer Spezialität der Hotelküche, und zweifellos auch durch die reine Alpenluft, die durch die auf Schellenbergs Geheiß offenen Fenster drang, nahmen sie ihre Aktivitäten für einen Großteil der Nacht wieder auf. Wie sich herausstellte, blieb Schellenberg fast die gesamten achtundvierzig Stunden, die er in Arosa verbrachte, im Bett.*

In der Morgendämmerung des 7. März 1943 hatte Schellenberg schließlich genug. Eilig wurden die Koffer gepackt, dann brach man direkt zur schweizerisch-deutschen Grenze auf. Alles war vorbereitet, sie ohne Kontrolle passieren zu lassen. Sie fuhren auf direktem Weg nach Berlin, hielten nur kurz zum Übernachten in

Nürnberg an. Am 9. März setzte Schellenberg Hitler persönlich über die Ergebnisse seiner Mission in Kenntnis. Später gesellten sich der Außenminister und der Wirtschaftsminister der Nazis dazu.

Bis zum heutigen Tag ist unbekannt, was während dieser eigenartigen Episode im einzelnen ausgetüftelt wurde, denn von den Gesprächen zwischen Guisan und Schellenberg existieren keine Protokolle. Später tat der General so, als sei nichts Besonderes gewesen.* Das Wesentliche wurde jedoch vom deutschen Außenminister Joachim von Ribbentrop in einem geheimen Kommuniqué zusammengefaßt und Otto Karl Köcher, dem deutschen Botschafter in der Schweiz zugeschickt. In diesem Kommuniqué zitierte Ribbentrop ein offizielles Schreiben General Guisans, das Schellenberg in Arosa persönlich übergeben worden war und in dem Guisan rückbestätigte, er, die Schweizer Armee und die Bürger der Schweiz hätten die Absicht, die Integrität ihres Landes um jeden Preis gegen *jede* ausländische Armee zu verteidigen, und wollten zur Erreichung dieses Zieles den Vorteil der einmaligen Topographie ihrer Heimat nutzen. Die gleiche Zusicherung hatte er ursprünglich Schellenberg gegenüber während ihrer Gespräche in Biglen verbal gemacht. Als man ihn gedrängt hatte, dies genauer zu definieren, hatte er Schellenberg ermächtigt, »dem Führer mein feierliches Wort als Offizier zu geben, daß die Schweizer sich bis zum letzten Blutstropfen verteidigen, falls die Alliierten die Südflanke der Schweiz angreifen«. Des weiteren hatte Schellenberg Guisan laut Ribbentrop während des Treffens bei Hitler wie folgt zitiert: »Da die Schweiz unter allen Umständen die Möglichkeit einer präventiven militärischen Aktion gegen ihr Land vermeiden möchte, denke er ernsthaft daran, einen Großteil der Armee zu demobilisieren und dessen Arbeitskraft wieder dem zivilen Sektor zuzuführen, was es der Schweiz – natürlich unter Wahrung der Bedingungen strikter Neutralität – erlauben würde, indirekt zum Aufbau des deutschen Kriegspotentials beizutragen.«*

Außer Ribbentrop hatte Hitler auch Wirtschaftsminister Walther Funk gebeten, seine diesbezüglichen Ansichten zu äußern. Laut Ribbentrop war es Funk, der Hitler schließlich überzeugte, daß es äußerst unklug wäre, die Schweiz anzugreifen, da sie dem Dritten Reich unschätzbare Dienste erwies, indem sie in finanziellen Angelegenheiten als internationale Drehscheibe agierte und außerdem bereit war, Deutschland als einziger bedeutender Fremdlieferant mit großen Mengen industrieller und militärischer Ausrüstung höchster Qualität zu versorgen, ohne irgendwelche Fragen nach der späteren Verwendung dieser Dinge zu stellen.* Die Kooperation der Schweiz, führte Funk aus, gehe so weit, daß General Guisans Sohn Direktor einer Firma sei, die sie mit Holzbaracken versorgte, in denen man Juden in den Konzentrationslagern in Polen unterbringe! Vom wirtschaftlichen Standpunkt aus bestehe kein Zweifel daran, daß die Schweiz der wertvollste Alliierte Nazideutschlands sei. Funk schlußfolgerte: Solange die Schweizer kooperierten – und dank Schellenbergs Mission hatte Guisan garantiert, daß es auch so blieb, vorausgesetzt, die Deutschen führten keinen Präventivschlag gegen sie –, sei es Narretei zu versuchen, den Status quo zu ändern. Hitler hatte schließlich zugestimmt. Damit endete jede weitere Erwägung einer »Aktion Schweiz«.

Es gab nur eine Handvoll Schweizer, die während des Krieges davon erfuhren, und es hat sie von dieser Zeit an bitter entzweit. Das galt besonders für die »Insider« im

Schweizer Geheimdienst. Die Leute in Massons Lager verteidigten die Handlung des Generals als klassisches Beispiel einer Realpolitik, die aus der Notwendigkeit erwachsen war, jede unnötige Provokation der Nazis zu vermeiden. Sie sei der Schlüssel gewesen, Hitler davon zu überzeugen, ein für allemal jeden Plan für einen Präventivkrieg gegen die Schweiz fallenzulassen. Der Beweis dafür, so behaupteten sie, sei schon drei Wochen nach Schellenbergs Rückkehr nach Berlin erbracht worden, da die Invasion am 22. März 1943 ausgeblieben sei. Laut einer Information des »Wikingers« – dem Kontaktmann des Schweizer Geheimdienstes in Hitlers Oberkommando – hätte die »Aktion Schweiz« an diesem Tag beginnen sollen. Obwohl der Berliner Informant bis zum Schluß bei seiner Geschichte geblieben war, hatte General Guisan keine allgemeine Mobilmachung befohlen. Am 25. März, nachdem nördlich der Grenze nicht das geringste Ungewöhnliche passiert war, hatten Masson und Guisan das Ende des Notstandes erklärt und anschließend behauptet, Schellenberg habe bei der »Rettung« der Schweiz die Schlüsselrolle gespielt.*

Aufgrund der Informationen, die Leutnant Peter Burckhardt von dem deutschen Fallschirmjäger Major von Göhler und von Allen Dulles erhalten hatte, wußten jene, die in Waibels Lager standen, daß die Sache von Anfang an eine Luftblase gewesen war und Schellenberg Masson das Gegenteil nur eingeredet hatte. Für sie war die gesamte Guisan-Schellenberg-Episode Beschwichtigungspolitik, und sie waren entsetzt über den Inhalt des Ribbentropschen Kommuniqués, von dem Waibel von einem Angestellten der deutschen Botschaft in Bern nur zwei Tage nach der Ankunft eine Kopie erhielt. Das Kommuniqué stärkte ihre Entschlossenheit, alles in ihrer Macht Stehende zu tun, um den Nazieinfluß auf die Schweiz zurückzudrängen. Ihre Entschlossenheit war nicht nur ideologisch motiviert, sondern wuchs auch aus der Überzeugung, daß schweizerisch-deutsche Kooperationen dieser Art nur zu äußerst ernsten Schwierigkeiten mit den alliierten Mächten führen konnten.*

Was schon bald der Fall war. Der Auslöser dafür war Gold. Denn Gold war der Schlüssel zum Verständnis, wie die unbezahlbare »Drehscheibe Schweiz« funktionierte, und der Grund, aus dem Walther Funk Hitler erklärt hatte, daß es für Deutschlands künftige Kriegsanstrengungen entscheidend sei, sie intakt und störungsfrei zu halten.

Am Dienstag, dem 30. März 1943, wurde das Thema bei einem Essen mit Peter Burckhardt unerwartet von Dulles' »Mann« in Basel angesprochen – von Nancy Reichman. Sie hatte das Rendezvous zuvor per Telefon arrangiert und vorgeschlagen, sie sollten sich in einem Restaurant treffen. Vielleicht in seinem Lieblingslokal in der Basler Altstadt, das der Witwe Hunzinger gehörte. Burckhardt hatte versprochen, sich um die Reservierung zu kümmern.

Als Nancy eintrat, erwartete er sie schon am Tisch. Sie sah ihn zum ersten Mal, seit das Treffen in ihrer Wohnung so grob durch eine Kugel von der anderen Rheinseite aus unterbrochen worden war.

»Geht es dir gut?« waren ihre ersten Worte, als er aufstand, um sie zu begrüßen.

»Ja, es ist alles verheilt. Ich kann's beweisen.« Er legte seinen »kranken« Arm um ihre Schulter, zog sie an sich und küßte sie fest auf den Mund.

»Peter!« schimpfte Nancy und vergewisserte sich

rasch, daß ihnen niemand im Lokal zuschaute. Brave Schweizerinnen erlaubten nämlich nicht, daß man so in der Öffentlichkeit mit ihnen umging, und für Amerikanerinnen jüdischen Glaubens galt das gleiche. Burckhardt ignorierte den Tadel, half ihr aus dem Mantel, reichte ihn an einen wartenden Kellner weiter und bestellte eine Karaffe Dôle.

Als sie kam und ihre Gläser halb gefüllt waren, erhob er das seine: »Auf den ersten großen Erfolg des Reichman-Burckhardt-Teams! Wir haben tatsächlich recht behalten mit unserer Annahme, der März-Notfall sei falscher Alarm – und das nicht zuletzt dank deiner Intervention bei Mr. Dulles. Nancy, wir danken dir.«

Sie schien nicht recht zuzuhören, wirkte nervös, hob aber trotzdem ihr Glas, um mit ihm zu trinken.

Es fiel ihm auf. »Deine Gedanken sind offenbar woanders, Nancy. Ist es etwas Offizielles oder Privates?«

»Offizielles. Deswegen habe ich dich angerufen. Unter anderem.«

»Dann heraus damit. Oder sollen wir zuerst bestellen?«

»Ja, bitte. Ich komme um vor Hunger.«

Als sie die Speisekarte studierte, musterte er sie. Sie trug einen Rock und einen rosafarbenen Pullover, der die Tatsache, daß sie eine gutgebaute Frau war, nicht verbergen konnte. Sie schien seinen Blick zu spüren, denn sie sagte, als wolle sie ihn abwehren: »Du bestellst, Peter. Schließlich ist es dein Restaurant.«

»Steak, Pommes frites und Salat«, entschied er sofort. »Und da du dem Hungertod nahe bist, bitte ich darum, daß sie das Entrecôte mit Sauce Café de Paris bringen.« Er rief den Kellner und bestellte.

Als der Kellner gegangen war, sagte Nancy: »Mr. Dulles hat mich gebeten, das, was ich dir sagen soll, mit der Anmerkung einzuleiten, daß er auf eurer Seite steht und sich eures Dilemmas völlig bewußt ist, im Gegensatz zu einer zunehmenden Anzahl von Leuten in hohen Positionen.«

»Bevor wie zum ›Dilemma‹ kommen… Kann ich davon ausgehen, daß sich diese hochrangigen Leute, auf die Mr. Dulles anspielt, in Washington befinden?«

»Leider nicht nur. Auch in Moskau. Und in London.«

Nun hatte Nancy seine ungeteilte Aufmerksamkeit.

»Na schön. Was ist das Problem?«

»Gold.«

»Welches Gold?«

»Das Beutegold der Nazis, das in die Schweiz transferiert wird.«

Burckhardts Miene verdüsterte sich bei ihren letzten Worten.

»Woher stammt diese Information?«

»Von den Sowjets. Sie wurde unserem Finanzministerium übermittelt und ging direkt an dessen Leiter, Mr. Morgenthau.«

»Woher wißt ihr, daß die Information stimmt?«

»Wissen tun wir es natürlich nicht. Aber laut den Sowjets kommt sie von einem ›Informanten aus Basel‹. Genaueres haben sie dazu nicht mitgeteilt.«

Wer der Informant in Basel auch war, er hatte zweifellos dafür gesorgt, daß Oberst Igor Tschitowsky diese Information nach Moskau gefunkt hatte – bevor Lützelschwab sein Unternehmen hatte hochgehenlassen. Dieser Gedanke zuckte durch Burckhardts Kopf. Lützelschwab hatte die Sektion 5 in dieser Hinsicht unterrichtet.

»Na schön«, sagte er. »Warum erzählst du mir das?«

»Weil sich dieses Affentheater, um mit Mr. Dulles zu sprechen, als äußerst schädlich für die Schweiz erweisen könnte, wenn es nicht aufhört. Er sagt, daß es zu offenen Repressalien einlädt, und er könnte aufgrund der Größe der Goldtransfers, wenn sie fortgesetzt werden, nur sehr wenig tun, um die Konsequenzen zu erleichtern.« Dann fügte sie hinzu: »Mr. Dulles ist ein guter Freund der Schweiz, wie man ihn heutzutage kaum mehr findet, Peter. Also glaub mir, es ist alles nur gut gemeint.«

»Das akzeptiere ich. Aber ich weiß nicht, was ich dagegen tun kann. Wir haben es hier mit einer Materie zu tun, die so heikel ist, daß nicht mehr als ein halbes Dutzend Menschen in diesem Land die Details der Sache kennen, die du da aussprichst. Und die sitzen, wie du dich ausgedrückt hast, ausnahmslos in *äußerst* hohen Positionen.«

»Ich weiß«, sagte Nancy. »Wir – und jetzt zitiere ich Mr. Dulles wörtlich – wollen auf gar keinen Fall, daß du etwas unternimmst, was dich persönlich in Gefahr bringen könnte. Weil die Katze, wie er gesagt hat, schon aus dem Sack ist.«

»Ich verstehe und weiß eure Besorgnis zu würdigen. Aber das bedeutet nicht, daß ich die Sache auf sich beruhen lassen will. Doch bevor ich mehr dazu sage, Nancy, möchte ich noch etwas tiefer in die Materie eindringen. Falls die Situation so übel ist, wie ich vermute – hinsichtlich der Tatsachen und der undichten Stelle, die diese Tatsachen an die Sowjets weitergeleitet hat –, kannst du versichert sein, daß ich in ziemlich kurzer Zeit auf dich zurückkommen werde. Und der Grund dafür ist, daß ich versuchen will, den Schaden möglichst gering zu halten.«

Das Entrecôte Café de Paris kam wenige Minuten später, und eine Stunde danach war Peter Burckhardt, der Nancy Reichman zu ihrer Wohnung oberhalb des

Rheins zurückfuhr, ein sehr niedergeschlagener Mann. Er lehnte sogar ihre Einladung ab, auf einen Kaffee mit hinaufzukommen.

Am nächsten Morgen, dem 31. März, telefonierte Burckhardt um 7.30 Uhr mit dem Leiter der Politischen Polizei.

»Sie rufen sicher wegen des Franzosen an, den wir aus dem Rhein gefischt haben«, war Lützelschwabs erste Reaktion.

»Nein, aber ich nehme an, daß Sie ihn noch haben.«

»Und ob. Aber wir können ihn nicht ewig festhalten.«

»Ich rufe wegen einer ernsthafteren Sache an. Ich weiß zwar, daß Sie uns über den Fall Rote Kapelle informiert haben, aber ich hätte gern noch ein paar Einzelheiten. Erste Frage: Kann ich davon ausgehen, daß Sie alle Funksprüche eine geraume Weile abgehört haben, bevor Sie den Laden dichtmachten?«

»So lange nun auch wieder nicht. Vielleicht zwei Monate. Allerdings haben wir damals noch nichts verstanden. Aber wir haben vollständige Mitschriften angefertigt.«

»Haben Sie die noch?«

»Natürlich.«

»Sind sie inzwischen dechiffriert?«

»Nur jene Funksprüche, die unmittelbar vor dem Zwischenfall in Benken abgingen. Wir mußten uns damals um dringendere Probleme kümmern.«

»Angenommen, ich könnte Sie davon überzeugen, daß einige dieser Funksprüche mit großer Wahrscheinlichkeit Informationen enthalten haben, die äußerst – ich wiederhole: äußerst – kompromittierend für unser

Land sind, würden Sie dann sofort ein paar Ihrer Leute an die Sache setzen?«

»Möglicherweise. Sie reden über eine weitschweifige Aufgabe, die eine Menge Zeit erfordert. Vergessen Sie nicht, daß ich ein sehr begrenztes Budget habe, Burckhardt, und daß meine Ressourcen ausschließlich für die Aufgaben aufgewendet werden müssen, für die ich verantwortlich bin – nämlich die Beaufsichtigung der Gegenspionage in dieser Region. Wenn das, wovon Sie reden, in diese Kategorie fällt, werden wir Ihnen helfen.«

»Angenommen, ich würde Ihnen sagen, daß es um einen der wichtigsten Spionageakte geht, die seit 1939 gegen die Schweiz geführt wurden? Und alles ist hier in Basel passiert.«

»Dann würde ich sagen: Kommen Sie gleich rüber.«

»Ich bin in einer halben Stunde da.«

Burckhardt hatte die Tür von Lützelschwabs Büro kaum hinter sich geschlossen, als er auch schon zur Sache kam.

»Was ich Ihnen jetzt erzähle, ist streng geheim. Wenn ich Sie nicht davon überzeugen müßte, daß die Dechiffrierung jedes einzelnen abgehörten Funkspruches der Roten Kapelle von äußerster Wichtigkeit ist, würde ich nicht mal daran denken, mit Ihnen darüber zu reden. In Ordnung?«

»Überzeugen Sie mich.«

»Wir werden hauptsächlich über Gold reden. Seit Kriegsausbruch bis heute haben die Nazis insgesamt über eine Milliarde Franken in Gold in unser Land verlagert. Damit Sie eine Vorstellung bekommen: Die physische Goldmenge, um die es geht, entspricht über einem Drittel der gesamten Gold-Weltproduktion eben dieser Periode. Es handelt sich um Gold, das die Nazis erbeutet und anschließend entweder an unsere Nationalbank verkauft oder auf einem Konto der deutschen Regierung in dieser Bank gelagert haben. Dann haben sie es in Übereinstimmung mit den Instruktionen, die regelmäßig von der Reichsbank in Berlin nach Bern übermittelt wurden, auf gleichartige Goldkonten transferiert, die andere Regierungen bei der Nationalbank unterhalten. Die Empfänger sind hauptsächlich die Zentralbanken Spaniens, Portugals, der Türkei, Rumäniens, Schwedens und Argentiniens. Diese Goldüberweisungen stehen alle in direkter Beziehung zu den Kriegsanstrengungen der Nazis. Das an uns verkaufte Gold wird zum Kauf von Waffen verwendet – hauptsächlich für Flakgeschütze aus Oerlikon, Artilleriezünder und Zeitnehmer von unserer Uhrenindustrie – und dazu von Werkzeugmaschinen, Motoren, pharmazeutischen Artikeln und Anilinfarben aus der Basler Chemoindustrie. Rumänien bekommt Nazigold über die Schweiz für sein Öl. Spanien und Portugal kaufen auf der ganzen Welt strategische Metalle – Mangan, Chrom, Wolfram – für die Deutschen und reexportieren sie dann. Laut der Informationen, die wir in der BIZ haben, kommen die Nazis so an hundert Prozent ihres Mangans, neunundneunzig Prozent ihres Chroms und fünfundsiebzig Prozent ihres Wolframs. Ohne diese Exporte und unsere finanzielle Mitarbeit müßten die Deutschen die Produktion dieser extrem harten Sonderstähle, die für Granathülsen, Kanonenrohre und Kugellager benötigt werden, innerhalb von zwei Monaten einstellen.«

Burckhardt legte eine Pause ein, um zu sehen, welche Wirkung das bisher Gesagte auf Lützelschwab hatte. Angesichts der plötzlichen Blässe seines Gegenübers wurde ihm klar, daß selbst dieser zähe, zynische Polizist, der glaubte, alles zu kennen und zu wissen, erschüttert war. »Wer weiß sonst noch von diesen Dingen, Burckhardt?«

»Dazu komme ich gleich.« Burckhardt fuhr mit seiner trockenen, faktenreichen Aufzählung fort. »Die Türkei ist ein Sonderfall. Aus dem, was wir in der BIZ in Erfahrung gebracht haben, wird das in der Schweizer Nationalbank auf dem ›deutschen Konto‹ lagernde Gold auf das dortige Konto der türkischen Zentralbank transferiert. Anschließend versorgen die Türken die Deutschen in Ankara mit Bargeld in Form harter Währungen – Dollars, Franken, englische Pfund –, die dann dazu verwendet werden, die außereuropäischen Geheimdienstunternehmungen der SS zu finanzieren, die ihre Agenten auf der ganzen Welt per Banküberweisungen aus der Türkei bezahlt.

Den Erlös der Goldverkäufe an Argentinien – auch diese Verkäufe werden hier getätigt – verwendet man dazu, Treibstoff und Nachschub für die deutsche U-Boot-Flotte im Südatlantik zu bezahlen, die sie dort aufnimmt. Was die Schweden betrifft, unsere neutralen Kollegen ...« – Burckhardts Sarkasmus war kaum zu überbieten –, »... so versorgen sie die deutsche Stahlindustrie mit vierzig Prozent des Eisenerzes, das sie braucht. Nun verlangen die Schweden ebenfalls ›Schweizer‹ Gold, wobei die bisher auf ihr Berner Konto überwiesene Menge aber eher gering zu sein scheint.«

Und wieder legte er eine Pause ein. »Ich glaube, Sie haben schon verstanden.«

»Und zwar nur allzu gut«, erwiderte Lützelschwab. »Fahren Sie fort.«

»In Ordnung. Aber lassen Sie mich zuerst etwas weiter ausholen. Für unser Land begann die ganze unappetitliche Episode ausgerechnet mit König Leopold III. von Belgien.«

Lützelschwab unterbrach ihn. »Bevor Sie dazu kommen – und entschuldigen Sie meine Unwissenheit, ich bin ja nur ein gewöhnlicher Polizist mit einem akademischen Grad in Juristerei –, würde es Ihnen etwas ausmachen, mir genau zu erklären, wie all diese Transfers stattfinden? Wo wird das ganze Gold aufbewahrt?«

»Das Gold, das der Schweiz gehört, ist jetzt im ganzen Land verteilt. Früher hat man alles in Bern gelagert, doch nun befindet sich das meiste in geheimen unterirdischen Stahlkammern in Zürich und Luzern, aber auch in der Alpenfestung. Das Gold, das die anderen Zentralbanken hier eingelagert haben, wird noch immer in einem riesigen unterirdischen Tresorraum unter dem Gebäude der Nationalbank in Bern aufbewahrt. Wie Sie sicher wissen, wurde das betreffende Gebäude bei Kriegsausbruch vollständig von der Außenwelt abgeschnitten und wird von einer Sondereinheit der Armee bewacht. Der Tresorraum ist gegenwärtig in vierzehn separate Abteilungen unterteilt, die aus Stahlkäfigen bestehen. Das Gold ist in Form von Zwölfkilobarren in diesen Käfigen aufgestapelt. Jeder Goldbarren ist mit dem Signum der Zentralbank versehen, die ihn gegossen hat, einem Signum, das exaktes Gewicht und Reinheit garantiert. An den Türen, die in die Käfige führen, befindet sich eine Auflistung der Anzahl der Barren und der Zentralbank ihrer Herkunft. Einmal pro Woche machen drei Beamte der Nationalbank eine vollständige Inventur.«

»Waren Sie schon mal dort?«

»Ja. Einer der vierzehn Goldkäfige gehört nämlich der Bank für Internationalen Zahlungsausgleich. Eine meiner Pflichten bei der BIZ besteht darin, auf dieses

Gold aufzupassen und der Nationalbank jedesmal Instruktionen zu erteilen, wenn es zu Bewegungen in unserem dortigen Depot kommt.«

»Wie geschieht das?«

»Wie geschieht was?«

»Die Bewegung des Goldes.«

»Mit einem Karren. Nehmen wir mal an, wir von der BIZ wollen im Austausch für Gold für fünfzig Millionen Dollar schwedische Kronen kaufen. Dann sagen wir der Nationalbank, sie soll ihren Karren in Bewegung setzen. Goldbarren im Wert von fünfzig Millionen werden in unserem Käfig aufgeladen, zum schwedischen Käfig gebracht und dort wieder abgeladen. Dann bringt man die Inventarliste beider Käfige auf den neuen Stand. Nach der Bestätigung des Goldtransfers aus Bern schreibt die schwedische Zentralbank unserem Konto in Stockholm die Kronen gut. Damit ist die Transaktion beendet. Es funktioniert nach genau dem gleichen Prinzip wie in dem Tresorraum der Federal Reserve Bank in New York, in der ebenfalls viel Gold für die Konten anderer Länder aufbewahrt wird. Unser Land verfügt über eine gewaltige Menge. Wenn unsere Regierung amerikanische Obligationen oder Banknoten kauft, bezahlt sie in Gold, und die New Yorker Federal Reserve Bank läßt den Karren tief unter den Straßen von New York losfahren, holt es aus unserer Stahlkammer und bringt es in die des US-Finanzministeriums. Nur eines geht nicht: das Gold aus den Vereinigten Staaten herauszubringen. Seit dem 14. Juni 1941 sind die Vermögen sämtlicher kontinentaleuropäischer Länder, einschließlich der Schweiz, blockiert, und der dafür angegebene Grund lautet: ›um die Liquidation von Vermögen in den Vereinigten Staaten durch Zwang und Eroberung zu verhindern‹.* Anders ausgedrückt:

um ein Wiederauftreten dessen zu verhindern, was in Europa schon einmal geschehen ist. Was mich wieder zu König Leopold bringt; vorausgesetzt, Sie wollen es überhaupt hören.«

»Wenn Sie es für notwendig halten ... «

»Ja«, erwiderte Burckhardt. »Damit Sie wissen, worauf Sie in den abgehörten Sendungen achten sollen.« Dann sagte er: »Und falls Sie eine Vorstellung haben möchten, wohin es die Schweiz bringen kann.«

»Reden Sie weiter.«

»In Ordnung. Am 26. Juni 1940, vier Wochen nach der Kapitulation der belgischen Streitkräfte, schickte der belgische König, nun Gefangener der deutschen Wehrmacht, eine persönliche Botschaft an Hitler. Darin informierte er ihn, vor Ausbruch des Krieges sei eine beträchtliche Goldmenge, die dem Königreich Belgien gehörte, aus Sicherheitsgründen in die Banque de Paris verlegt worden. Laut seiner Information war das Gold dann in ein Versteck in der Nähe von Bordeaux gebracht worden. Der Brief setzte Hitler davon in Kenntnis, daß er, Leopold III., es ihm hoch anrechnen würde, wenn er dafür sorgen könnte, das Gold dem rechtmäßigen Besitzer zurückzugeben.

Na schön. Um wieviel belgisches Gold also ging es? Und in wessen Besitz befand es sich? Unter dem zwischen Frankreich und Deutschland am 22. Juni 1940 geschlossenen Waffenstillstandsabkommen, das den Deutschen ihren militärischen Sieg über Frankreich bestätigte, war man übereingekommen, die Regierung Pétain in Vichy solle die zivile administrative Macht über ganz Frankreich ausüben, einschließlich der überseeischen Territorien und ebenso einschließlich der Banque de France. Also schickte man auf Hitlers Anweisung hin ein eiliges Kommuniqué von Berlin nach

Vichy und verlangte sämtliche Einzelheiten über das belgische Gold. Es wurde sofort beantwortet, und die Deutschen erfuhren mehr, als sie zu hoffen gewagt hatten. Laut Vichy belief sich die Menge des angesichts einer drohenden deutschen Invasion aus ›Sicherheitsgründen‹ nach Frankreich verlegten belgischen Goldes auf ... « Burckhardt hörte auf zu reden, entnahm seiner Aktentasche einen Schnellhefter, schlug ihn auf und las: » ... 4.944 Kisten mit einem Inhalt von 221.730 Kilogramm. Zusätzlich verwaltete Frankreich noch 57.000 Kilo Gold, die der polnischen Nationalbank und 10.000 Kilo Gold, die den Nationalbanken von Luxemburg, Litauen, Lettland, Norwegen und der Tschechoslowakei gehörten.«

Burckhardt klappte den Aktendeckel zu.

»Das Problem war: Nichts von diesem Gold befand sich noch in Frankreich. Vier Tage vor der französischen Kapitulation hatte man die gesamte Menge – und dazu das Gold, das Frankreich selbst gehörte – im Hafen von Brest auf zwei französische Kreuzer geladen, die anschließend in den Atlantik ausliefen. Laut dem ursprünglichen Plan, den die Franzosen mit den Briten vereinbart hatten, sollte das Gold von britischen Kriegsschiffen übernommen und nach New York gebracht werden. Doch da die Briten nicht pünktlich erscheinen konnten, mußte der Plan geändert werden. Und so wurden nicht die Vereinigten Staaten zum Endziel, sondern Afrika. Die beiden Schiffe tauchten zehn Tage nach dem Auslaufen wieder auf und fuhren in den Hafen von Dakar ein. Dakar ist die Stadt, von der aus die Franzosen ihre gesamten Territorien im westlichen Afrika regieren. Und man darf nicht vergessen, daß Frankreich ein Sechstel des gesamten afrikanischen Erdteils regiert, von Algerien und Tunesien im Norden bis zum Golf von Guinea im Süden. Von Senegal am Atlantik bis hinüber zum Tschad-See.«

Nach kurzer Pause fuhr Burckhardt fort: »Ich muß Sie warnen: Bevor die Odyssee endet – und sie endet schlußendlich hier in der Schweiz –, legte das Gold alle erdenklichen Wege durch die französischen Kolonien zurück.

Nachdem man die Fracht am 28. Juni 1940 in Dakar gelöscht hatte, wurde sie unter Bewachung der französischen Kolonialarmee gestellt. Dort blieb sie für den Rest des Jahres. Bis die Nazis anfingen, mit den belgischen und französischen Zentralbanken ruppig zu werden... In der BIZ weiß man alles darüber, da die Leute trotz des Krieges immer noch regelmäßig zu den Vorstandssitzungen nach Basel kommen. Und um etwas Ordentliches zu essen zu kriegen, sollte man vielleicht hinzufügen. Jedenfalls stellten die Deutschen Bréart de Boisanger, dem Chef der Banque de France, im November 1940 ein Ultimatum: Keine weiteren Ausflüchte. Wir haben Belgien erobert. Alle Rechte der belgischen Nationalbank liegen jetzt bei uns. Ihr Gold ist nun unser Gold. Wir wollen, daß es an einen sicheren Platz gebracht wird. Nach Berlin.«

Burckhardt warf einen Blick auf seine Armbanduhr. »Keine Bange«, sagte er, »ich bin fast fertig. Die Vichy-Regierung gab den deutschen Forderungen schließlich nach. Doch man hielt es für zu gefährlich, das Gold per Schiff zu transportieren, da der Atlantik nun ein wüstes Schlachtfeld war und die Gewässer vor der afrikanischen Westküste von britischen Kriegsschiffen kontrolliert wurden. Also beschloß man, das Gold auf dem Landweg zu befördern, durch Zentralafrika, und dann durch die Wüste Sahara in den am Mittelmeer gelegenen Hafen von Algier. Von dort konnte es nach

Marseilles und dann nach Berlin geflogen werden. Und so reiste das Gold ab, zuerst per Eisenbahn, bis zur Endstation Bamako am linken Ufer des Niger. Dann, nach Monaten der Verzögerung, die der Winterregen verursachte, bewegte es sich quer durch Afrika, zuerst per Lastwagen und dann per Flußboot bis nach Timbuktu. Dort strandete es aufgrund von Treibstoffmangel wieder für eine lange Zeit. Der nächste Haltepunkt war Gao im Sudan. Und wieder eine sehr lange Verzögerung. Dann wurde es, Tonne für Tonne, entweder auf Lastwagen oder Kamelrücken verladen und 2.735 Kilometer nach Norden transportiert, durch die Sahara nach Colomb-Béchar, wo es wieder auf die Eisenbahn kam, die es weitere 1.600 Kilometer nach Algier brachte. Von dort wurde es endlich von einem deutschen Militärtransporter nach Berlin geflogen und verschwand in den Kellern der Reichsbank. Die letzte Tonne kam am 26. Mai 1942 in Berlin an, also vor acht Monaten.*

Seither ist das meiste in die Schweiz transferiert worden, zuerst ins Depot der Reichsbank im Tresorraum der Nationalbank in Bern. Dann wurde es verkauft, und Tonne um Tonne landete im Schweizer Golddepot, weil man dafür Franken bekam, die man brauchte, um von Schweizer Fabrikanten Turbinen und Aluminium zu kaufen. Oder es landete im Tausch gegen Kronen, die man brauchte, um schwedischen Stahl zu erwerben, im Depot der schwedischen Zentralbank. Und so weiter. Womit der Kreis sich schließt. Richtig?«

»Richtig.«

»Aber bislang haben wir nur über das Gold geredet, das die Nazis von den Belgiern erbeutet haben. Die gleiche Menge haben sie auch den Holländern abgenommen. Der Hauptteil dieses Goldes, wahrscheinlich sogar alles, ist ebenfalls in der Schweiz gelandet – 1941 und im vorigen Jahr. Dann ist da noch das tschechische Gold; einen Teil davon haben die Nazis zur BIZ gebracht. Schacht hat es persönlich eingefädelt. Es wird verdammt peinlich für die BIZ, wenn es herauskommt.«

»Und wer hat alles davon gewußt?« fragte Lützelschwab.

»Ganz bestimmt die drei Generaldirektoren der Nationalbank. Sie haben das ganze Ding ausgetüftelt. Ich schätze, von Anfang an müssen wenigstens zwei Angehörige des Bundesrats mit von der Partie gewesen sein; einer davon ist Außenminister Pilet. Auch Jacobsson, meinen Chef in der BIZ, muß man dazurechnen. Aber es gab auch ein paar Leute in nicht so hohen Positionen, die von allem wissen: ich, aus Gründen, die ich Ihnen gerade erläutert habe, und eventuell ein sowjetischer Maulwurf, der bei uns in der Bank arbeitet.«

»Worauf stützen Sie diesen Verdacht?«

»Im Moment nur auf Vermutungen. Aber es ist keine reine Spekulation. Ich halte es für äußerst unwahrscheinlich, daß es jemand von der Nationalbank ist, weil ... «

»Moment mal. Woher wissen Sie, daß diese Information an die Sowjets gegangen ist?«

»Weil die Sowjets sie den Amerikanern zugänglich gemacht haben.«

»Wieviel wissen die Russen?«

»Ich weiß nicht. Deswegen bin ich hier. Um es mit Ihrer Hilfe herauszukriegen. Vorausgesetzt natürlich, die Information wurde aus dem Haus in der Rheingasse nach Moskau gefunkt.«

»Und woher wissen Sie, daß die Amerikaner es wissen?«

»Ich schätze, Sie müßten in der Lage sein, sich das selbst auszurechnen.«

»Wie viele Schweizer haben von der undichten Stelle erfahren?«

»Soweit ich weiß nur Hauptmann Waibel, mein Chef in der Sektion 5. Ob auch andere Leute in Bern davon wissen, kann ich nicht sagen. Obwohl ich es irgendwie bezweifle.«

Seine Antwort gefiel Lützelschwab. »Hören Sie, Burckhardt, Sie haben mir einen gewaltigen Dienst erwiesen, als Sie heute morgen zu mir kamen. Ich werde Sarasin sofort an die Sache ransetzen. Ich will auch mal sehen, ob ich mir einen weiteren ausgezeichneten Kryptologen ausleihen kann. Er heißt Marc Payot und arbeitet für die Genfer Polizei. Die beiden haben den Kode überhaupt erst geknackt. Wir können nur hoffen, daß wir die Funkmeldungen der Roten Kapelle nach Moskau früh genug abgehört haben, um auch diese aufzufangen.«

»Ich glaube, die Chancen dafür stehen gut. Ich habe zwar erst gestern abend davon erfahren, aber wie ich die Einstellung der Russen gegenüber der Schweiz kenne, bezweifle ich, daß sie eine solche Sache sehr lange für sich behalten haben.«

Zwei Wochen später bestätigte die Dechiffrierung des Funkverkehrs zwischen der Roten Kapelle in Basel und der Moskauer Zentrale Burckhardts schlimmste Befürchtungen. Es stand alles da, und noch viel mehr. Der Hinweis, wo es herkam, entstammte detaillierten Statistiken *direkter* Goldtransaktionen zwischen Deutschland und Portugal, aus Geschäften, in denen die BIZ als Makler aktiv gewesen war, aus Geschäften, in denen Schweizer nicht die geringste Rolle gespielt hatten. Diese Information konnte *nur* aus der Bank für Internationalen Zahlungsausgleich gekommen sein.

Als Lützelschwab Burckhardt Mitte April 1943 in sein Büro rief, um ihm zu zeigen, was Sarasin und Payot herausbekommen hatten, listete er alles auf, was nun getan werden mußte. Seine persönliche Aufgabe bestand darin, das Leck in der BIZ zu finden und zu stopfen. Burckhardt sollte versuchen, *entweder* an die leitenden Persönlichkeiten der Nationalbank heranzukommen, um sie von der Torheit ihres Tuns zu überzeugen – was er für unwahrscheinlich hielt –, *oder* er mußte die Alliierten, speziell die Amerikaner, davon überzeugen, daß der gesamte Goldverkehr zwischen Deutschland und der Schweiz sofort und permanent unterbunden worden war. »Ob es nun der Wahrheit entspricht oder nicht«, hatte Lützelschwab hinzugefügt.

Wie sollte man die undichte Stelle finden?

»Warum nehmen wir nicht den direkten Weg?« fragte Lützelschwab.

»Und der wäre?«

»Sie gehen zu Ihrem Chef und fragen ihn, ob wir jene Personen verhören dürfen, die Zugang zu Informationen der Art haben, wie sie nach Moskau gelangt sind. Das ist die einzige Möglichkeit: Da die BIZ sich des gleichen Status erfreut wie eine Botschaft, haben wir dort keinen Zutritt. Um da reinzukommen, muß man schon eingeladen werden.«

»Eine schlechte Idee«, gab Burckhardt spontan zurück.

»Wieso?«

»Angenommen, Sie bekämen heraus, wer es war… Was können Sie dann gegen ihn unternehmen?«

»Ihn festnehmen und wegen Spionage vor Gericht stellen.«

»Spionage gegen wen?«

»Was meinen Sie damit?«

»Er hat sich doch nur Zugang zu vertraulichen Informationen in der BIZ verschafft und sie an eine ausländische Regierung weitergegeben. Eine solche Tat verletzt zwar mit Sicherheit die Vorschriften der BIZ, aber kaum die Schweizer Gesetze. Wenn Sie jemanden der Spionage bezichtigen wollen, müßte es schon die BIZ sein. Immerhin war es der eigene Mitarbeiterstab der Bank, der diese Informationen überhaupt erst zusammengetragen hat.«

»Na schön. Dagegen kann ich wirklich nichts sagen. Aber wir können ebensowenig zulassen, daß noch mehr solche Informationen an die Russen weitergegeben werden.«

»Deswegen müssen wir einen anderen Weg finden. Sie vergessen wohl, daß Sie bereits einen Mann in der Bank haben: mich!«

Das gefiel Lützelschwab. »Und haben Sie auch schon einen Verdächtigen?«

»Ja. Mehrere. Aber einen ganz besonders.«

Lützelschwab schlug sich plötzlich mit der rechten Hand gegen die Stirn. »Wir haben doch den Jungen!«

»Welchen Jungen?«

»Der auf Sie geschossen hat.«

»Und?«

»Er war fast jeden Tag in dem Haus an der Rheingasse. Wenn der Mann aus der BIZ wiederholt dorthin gegangen ist, um Oberst Tschitowsky Unterlagen zu bringen, ist es sehr wahrscheinlich, daß der Junge ihn gesehen hat. Vielleicht hat er sogar mit ihm gesprochen.«

»Sie haben recht.«

»Ich vermute, daß die Personalabteilung der BIZ Fotografien von sämtlichen Angestellten in den Akten hat.«

»Stimmt. Ich weiß noch, daß bei meiner Einstellung ein Foto von mir an eins der vielen Formulare geheftet wurde, die ich ausfüllen mußte.«

»Wer leitet die Personalabteilung?«

»Ein Schweizer, da der Hauptteil seiner Aufgabe darin besteht, sich mit Sekretärinnen und Angestellten und so weiter zu befassen. Einheimischen. Also muß er Schwyzerdütsch sprechen und die örtliche Szene kennen, damit er die Referenzen der Bewerber auch beurteilen kann. Aber einen so tollen Posten hat er nun auch wieder nicht. In der ganzen Bank sind nur hundertfünfzehn Leute beschäftigt.«

»Wie alt ist er?«

»Um die Vierzig, schätze ich.«

»Gesund?«

»Soweit ich weiß, ja.«

»Großartig! Dann muß er auch Reservist sein. Spielen Sie Ihren Dienstgrad aus, Burckhardt; besorgen Sie Fotos derjenigen, die Sie verdächtigen. Dann lege ich sie dem jungen Seiler vor. Wenn Sie schon mal dabei sind, bringen Sie auch gleich alle Personalakten mit.«

»Und wenn Seiler sich zu kooperieren weigert?«

»Wird er nicht.«

Es erforderte vier Stunden Verhör, fünf gebrochene Rippen und zwei sogenannte Schocktherapiesitzungen, bevor sie drei Tage später die Antwort erhielten. Der Durchbruch kam, als Dr. Lützelschwab Seiler erklärte, man habe in der Schweiz während der Kriegsjahre sechzehn Männer heimlich wegen Spionage exekutiert, und er werde innerhalb eines Monats die Nummer siebzehn sein, es sei denn …

Darauf stammelte Seiler, der Fragliche sei ein Pole namens Stanislaw Kryzinski, und fiel zum dritten Mal an diesem Tag in Ohnmacht.

Als Lützelschwab Burckhardt diese Nachricht am Telefon übermittelte, wußte der sofort, daß sie den richtigen Mann gefunden hatten. Polen war zwar im Juni 1930 Mitglied der Bank für Internationalen Zahlungsausgleich geworden, doch hatte das Land lange warten müssen, ehe es seine Leute im Stab hatte unterbringen können: Erst 1939 war ein junger Mann von der polnischen Zentralbank in die Zentralbankabteilung der BIZ versetzt worden, jene Stelle, die amtliche Goldbewegungen auf der ganzen Welt überwachte und manchmal auch durchführte. Als Burckhardt zu der Überzeugung gelangt war, jemand aus der BIZ müsse die undichte Stelle sein, war Kryzinski ihm gleich als Hauptverdächtiger eingefallen. Der Grund dafür war eine erst vor wenigen Monaten in der Bank geführte Diskussion. Am Abend des 31. Januar 1943, einem Sonntag, hatte die BBC die Nachricht von der deutschen Niederlage bei Stalingrad gesendet. In der Frühstückspause am Montag sprach man deshalb von nichts anderem. Unter den Diskutierenden befanden sich auch sechs oder sieben höhere Angestellte, deren Ansichten deutlich geteilt waren. Dr. Huelse, der deutsche Leiter der Bankabteilung, und Monsieur Quesmay, der französische Chef der Zentralbankabteilung, waren zur Abwechslung mal einer Meinung: Wenn die Deutschen nicht fähig waren, die Bolschewisten aufzuhalten, wer sonst? Und was bedeutete es für die Zukunft des Kapitalismus und für Institutionen wie die BIZ, die das Herz des kapitalistischen Systems bildeten? Zur Überraschung aller hatte diese Ansicht zu einem Gefühlsausbruch des Polen geführt, einem Stellvertreter von

Monsieur Quesnay, der in der Verteidigung der Sowjets und ihrer Weltanschauung sogar einen ziemlich langen Absatz aus *Das Kapital* – Wort für Wort, und zwar auswendig – zitierte, als er seine Schlußbemerkung machte. Von da an hatte man ihn in der Bank nur noch »den roten Polen« genannt.

Jetzt hatten sie ihn also. Doch um ganz sicherzugehen, schickte Lützelschwab, nachdem er sich bei Burckhardt überzeugt hatte, daß der Pole zur Arbeit gekommen war, drei seiner Polizisten aus, um in Kryzinskis Wohnung einzudringen. Sie fanden einen ganzen Stapel Unterlagen, die sich mit internationalen Goldbewegungen befaßten; die letzten trugen das Datum von vor zwei Tagen. Alle waren mit dem Stempel »Streng vertraulich« versehen und auf Papier mit dem Firmenzeichen der Bank für Internationalen Zahlungsausgleich geschrieben.

Am nächsten Morgen war Peter Burckhardt wieder im Büro Lützelschwabs, der ihm Beispiele des Materials aushändigte, das seine Leute in der Wohnung des Polen gefunden und mit Minox-Kameras fotografiert hatten. Dann zeigte er ihm drei fotografische Vergrößerungen kürzlich stattgefundener Goldtransaktionen, in die die Deutsche Reichsbank, die BIZ und die Schweizerische Nationalbank involviert gewesen waren. Sie waren äußerst umfangreich.

»Das wurde auf einer tragbaren Olivetti getippt, die wir ebenfalls in seiner Wohnung gefunden haben«, erläuterte Lützelschwab, während Burckhardt las. »Sieht so aus, als hätte er vor, noch eine Eilbotschaft an seine Freunde in Moskau zu schicken, meinen Sie nicht auch?«

»Aber wie? Haben Sie auch einen Sender bei ihm gefunden?«

»Leider nicht. Hätten wir einen gefunden, wäre die Geschichte aus. Dann hätten wir ihn ohne irgendeinen weiteren Beweis oder eine Erklärung auf der Stelle hinter Gitter bringen können.«

»Wie also will er die Nachricht außer Landes schaffen?«

»Wahrscheinlich so, wie er es immer getan hat. Nur wird er diesmal, wenn er zum Haus in der Rheingasse geht, eine kleine Überraschung erleben.«

»Glauben Sie nicht, daß er gehört hat, was dort passiert ist?«

»Wie denn? Wir haben dafür gesorgt, daß die Presse weder von der Schießerei in Benken noch von der Razzia hier in Basel Wind gekriegt hat. Und alle, die mit der Roten Kapelle in der Schweiz zu tun hatten, sei es hier, in Genf oder in Lausanne, sind entweder tot oder sitzen im Gefängnis.«

»Das System funktioniert«, kommentierte Burckhardt trocken.

»Und meine Pflicht besteht darin, dafür zu sorgen, daß es auch so bleibt.«

»Was wollen Sie damit sagen?«

»Daß ich Sie darüber in Kenntnis setze, daß der Pole jetzt unter die ausschließliche Zuständigkeit der Abteilung Politische Polizei des Kantons Basel-Stadt fällt und Sie alles, was mit diesem Menschen zu tun hat, fortan nicht mehr zu kümmern braucht.«

»Und was ist mit dem Schaden, den er bereits angerichtet hat?«

»*Das* fällt unter Ihre Zuständigkeit.«

»Da bin ich mir nicht so sicher. Man könnte anderer Meinung sein.«

»Wer ist *man?*«

»Die Leute, die dieses Land regieren, Lützelschwab.«

Zwei Tage später, im Morgengrauen, zog man einen halben Kilometer hinter der Mittleren Brücke eine Leiche aus dem Rhein. Die Autopsie ergab einen sehr hohen Blutalkoholgehalt. Außerdem hatte sie ein paar ungewöhnliche Schrammen. Man kam zu dem Schluß, daß sich der unidentifizierte Tote wahrscheinlich am Abend zuvor in einer Pinte in Kleinbasel betrunken hatte und auf dem Heimweg unterhalb der Rheingasse von der Uferstraße gestürzt und ertrunken war. In der Hoffnung, daß sich jemand an ihn erinnerte, überprüfte die zuständige Polizei routinemäßig die vielen Kneipen in dem fraglichen Viertel und bemühte sich, an Informationen heranzukommen, die zu seiner Identifikation führen konnten. Doch ohne Ergebnis.

Zwei Tage später ging bei der Polizei eine Vermißtenanzeige der Personalabteilung der Bank für Internationalen Zahlungsausgleich ein. Ein Mitarbeiter war verschwunden. Er war eine ganze Woche lang nicht zur Arbeit erschienen; wiederholte Versuche, ihn zu Hause aufzusuchen, hatten sich als fruchtlos erwiesen. Als der Personalchef zur Polizei kam und später am gleichen Tag die Leichenhalle betrat, identifizierte er den Toten auf der Stelle. Obwohl es niemandem leichtfiel, eine solche Prozedur über sich ergehen zu lassen, wirkte der BIZ-Mann ungewöhnlich nervös. Und als die beiden ihn begleitenden Polizisten vorschlugen, mit zur Bank zu gehen, um eine Fotografie des Verstorbenen zu holen, wurde er noch aufgeregter. Der Grund dafür war natürlich, daß er unter dem strikten Befehl, niemandem davon zu erzählen, Leutnant Peter Burckhardt die betreffende Akte eine Woche zuvor ausgehändigt hatte. Und als loyaler Soldat schwieg er eisern. Was wiederum die Polizei auf die Idee brachte, der Tote sei möglicherweise in den Rhein *gestoßen* worden. Also ging man nicht zur Bank, sondern nahm den Personalchef mit ins Polizeirevier und unterzog ihn einem Verhör über seine Beziehungen zu dem toten Polen, wobei man mit der Frage begann, ob er oder der Tote verheiratet seien. Schließlich gestattete man ihm einen Telefonanruf bei einem Vertreter seiner Bank, einem gewissen Dr. Peter Burckhardt, der angeblich alles erklären könne. Nachdem Burckhardt dem Leiter der Personalabteilung der BIZ knappe dreißig Sekunden zugehört hatte, erkundigte er sich nach der Nummer des Telefons, von dem aus der Mann anrief. Als er die Antwort bekommen hatte, bat er ihn aufzulegen. Keine Minute später klingelte dasselbe Telefon. Dr. Wilhelm Lützelschwab war am Apparat.

Die Polizeiakte des toten Polen wurde eine Stunde später mit der Bezeichnung »Unfalltod durch Ertrinken. Keine weiteren Maßnahmen erforderlich« für alle Zeiten geschlossen.

Das System funktionierte. Das Leck war gestopft.

Das System funktionierte auch dann, als Burckhardt den Versuch machte, die Angelegenheit innerhalb der Schweizer Finanzmachtstruktur weiterzuverfolgen. Zuerst mußte er sich die Erlaubnis seiner Vorgesetzten in der Sektion 5 – Oberstbrigadier Masson und Hauptmann Waibel – besorgen, die er schließlich für sich gewann. In Massons Fall allerdings nur zögernd und erst, nachdem er ihn überzeugt hatte, daß die Amerikaner, die ihn über das Durchsickern der höchst heiklen Information an die Sowjets informiert hatten, eine Antwort auf die Frage, was die Schweiz bezüglich des Goldes und der Nazis zu unternehmen gedachte, nicht nur erwarteten, sondern auch verdienten. Und um ihnen eine angemessene Antwort zu geben, war es unerläßlich, daß er mit jemandem sprach, der in der Schweiz auf der Empfängerseite dieses Goldes saß.

Dieser Jemand war Ernst Weber, der Vorstandsvorsitzende der Schweizer Nationalbank. Es war nicht leicht, zu ihm vorzudringen. Für einen kleinen Leutnant, der für die Sektion 5 im Generalstab der Armee tätig war, wäre es – mit welcher Begründung auch immer – unmöglich gewesen. Doch zufällig war Peter Burckhardts Vater Direktor des Schweizerischen Bankvereins. Ihm lehnte hierzulande *niemand* etwas ab. Burckhardt senior rief Weber an und machte für den nächsten Tag um 14 Uhr einen Termin für seinen Sohn aus. Zweifellos spielte auch die Tatsache eine Rolle, daß Peter Burckhardt für die BIZ arbeitete und dort der Verbindungsmann zu den Schweizern war.

Für einen gewöhnlichen Sterblichen wäre die Atmosphäre in der Nationalbank sicherlich einschüchternd gewesen: Marmorböden und -säulen; dunkle Wandtäfelungen; Angestellte, ausnahmslos männlichen Geschlechts, die in düstere schwarze Anzüge gekleidet waren und sich nur mit gedämpfter Stimme unterhielten. Doch bevor man ins *Innere* der Bank gelangte, mußte jeder Besucher den Kommandanten der schwerbewaffneten Eliteeinheit, die rund um das Gebäude Wache stand – sie tat dies seit dem Ausbruch des Zweiten Weltkrieges –, überzeugen, daß er aufgrund berechtigter Geschäfte hier war. Burckhardt hatte dank seiner regelmäßigen Besuche in diesem Haus keine Probleme, dies zu beweisen, und er war auch nicht im geringsten eingeschüchtert, als ein Wächter die Tür zum inneren Sanktum im Büro des Direktors öffnete, der sich bei seinem Eintreten nicht einmal die Mühe machte, sich hinter dem massiven Schreibtisch zu erheben, auf dem nicht das kleinste Fetzchen Papier lag. Er winkte ihn zu einem Stuhl mit gerader Rückenlehne, der genau vor seinem Schreibtisch stand, und sagte: »Worum geht es?« Bevor Burckhardt anfangen konnte, den Grund seines Besuches zu erläutern, fügte er hinzu: »Sie haben zehn Minuten.« Und er warf einen demonstrativen Blick auf seine Armbanduhr.

Fast acht der zehn Minuten benötigte Burckhardt dazu, dem Mann die Grundlagen dessen zu beschreiben, worum es ging. Er begann mit der alarmierenden Nachricht der Amerikaner, daß die Sowjets alles über die Nazigold-Transporte in die Schweiz erfahren hatten, lieferte Weber einige Beispiele der bereits weitergegebenen Informationen und endete mit der Versicherung, daß das Leck inzwischen gestopft sei.

Als er schließlich fertig war, wiederholte Weber nur die Frage, die er eingangs schon gestellt hatte: »Worum geht es?«

Burckhardt war so sprachlos, daß er nicht wußte, was er antworten sollte.

»Wenn Sie sich Sorgen über das machen, was die Amerikaner und Russen denken... Ich tu's nicht. In diesem Land bestimmen *wir,* nicht die Amerikaner und Russen. Und wir verfahren so, wie es uns paßt.«

»Aber Herr Weber... ein großer Teil des Goldes, das wir aus Deutschland bekommen, wurde geraubt.«

»Wer sagt das? Wir haben nicht die leiseste Ahnung,* woher das Gold kommt, von dem Sie reden. Gerade Sie sollten wissen, Burckhardt, daß es uns unmöglich ist, den Ursprung *x-beliebiger* Goldbarren zu bestimmen, die aus dem Ausland kommen und hier eingelagert werden. Für jede ausländische Regierung oder Zentralbank ist es das Einfachste von der Welt, die ursprüngliche Prägung auf einem Barren zu fälschen, die eingravierten Nummern zu ändern, falsche Besitzzertifikate zu beschaffen oder die Daten eines Besitzwechsels auf echten Zertifikaten zu fälschen. Glauben Sie, die Nationalbank hat die Zeit oder die Möglichkeit – oder auch nur die Lust dazu –, jeden Goldbarren zu prüfen, der hier eingeht? Wir sind doch keine Weltpolizei, Burckhardt. Und wenn ich Sie daran erinnern darf – *Sie* auch nicht. Wir befinden uns als Schweizer in einer Situation, die Solidarität erfordert – nein, Burckhardt, die nach ihr *verlangt.* Verstanden?«

Dann stand der Direktor der Nationalbank auf und drückte gleichzeitig einen am Rande seines Schreibtisches angebrachten Knopf. Kurz darauf trat ein Wächter ein, und Burckhardt hatte keine andere Wahl, als sich vom Stuhl zu erheben und zu gehen. Die Audienz war beendet. Doch bevor er durch die Tür ging, hatte Ernst Weber noch eine letzte Botschaft an ihn. »Grüße an Ihren Vater.«

Es war das Zeichen, daß die Reihen, zu denen offenbar auch sein Vater gehörte, sich gerade geschlossen hatten. Das System funktionierte. Was bedeutete, daß der Fall sowohl in Basel als auch in Bern abgeschlossen war.

Aber nicht in Washington, dachte Burckhardt. Und ob es ihm nun behagte oder nicht, er wußte ebenso, daß es an ihm lag, die Schadenskontrolle auszuüben. Doch im Moment mußte er von der Sache ablassen. Nicht, indem er den Amerikanern etwas vorlog, aber vielleicht, indem er ihre Aufmerksamkeit – wenigstens zeitweise – auf etwas lenkte, das noch wichtiger für sie war. Aber was konnten er und die Sektion 5 den Amerikanern anbieten?

Die Antwort fiel ihm sofort ein: der französische Matrose, den sie aus dem Rhein gezogen hatten! Vorausgesetzt, er war noch im Land.

22. Kapitel

Als Peter Burckhardt Dr. Lützelschwab am nächsten Morgen anrief, bestätigte dieser zu seiner großen Erleichterung, daß der französische Matrose noch im Lohnhof eingesperrt war. Er erinnerte ihn allerdings auch sanft daran, daß dies nicht für die Ewigkeit gelten könne. Was Burckhardt dazu brachte, sich am gleichen Abend zum Essen im Haus seiner Eltern am Rande von Riehen einzufinden, wo er seine Schwester recht unsanft daran erinnerte, daß sie versprochen hatte, sich um die Angelegenheit zu kümmern. Er tat es, als sie gerade mit dem Kaffee fertig waren.

Das führte zur unmittelbaren Einmischung seines Vaters, der an seinem Platz am Kopf des Tisches über das Dinner präsidierte.

»Welchen Franzosen meinst du?«

Peter erzählte kurz von dem Elsässer, der als Matrose auf einem Küstenfrachter der deutschen Handelsmarine zwangsverpflichtet worden war und die eigentümliche Aufgabe gehabt hatte, ständig ein einzelnes Wasserfaß von Norwegen nach Peenemünde zu transportieren.

»Was ist das denn für ein Unsinn?«

»Frag mich doch nicht«, antwortete Peter. »Frag sie. Ich habe es schon vor einem Monat getan und noch immer keine Antwort bekommen.«

»Warum, in aller Welt, soll ich Felicitas fragen?«

Das brachte Felicitas auf die Palme. »Weil wir, liebstes Väterchen, in der Mitte des zwanzigsten Jahrhunderts leben. Zumindest der Rest der Welt.«

»Was soll das nun wieder heißen?«

»Daß auch Frauen Köpfchen haben. In manchen Ländern hält man sie sogar für so intelligent, daß sie abstimmen und sogar gewählt werden dürfen.«

»Also wirklich, Felicitas«, warf ihre Mutter ein, »*das* ist nun wirklich kein geeignetes Thema für heute abend.«*

»Na schön«, fuhr Felicitas fort. »Peter hat mich deswegen gefragt, weil ihm ein Gespräch eingefallen ist, das wir Anfang des Jahres geführt haben und das scheinbar nichts damit zu tun hatte. Es ging um ein Thema, mit dem ich damals an der Universität beschäftigt war, und er vermutet, daß das, was der Mann ihm erzählt hat, irgendeine Verbindung zur Atomphysik haben könnte.« Dann wandte sie sich zu ihrer Mutter um. »Falls *du* dich daran erinnerst, Mutter – dies ist eines der Fächer, die ich studiere.«

Das Gesicht ihrer Mutter zeigte zwar, daß Felicitas' Sarkasmus ihr nicht gefiel, aber sie beherrschte sich.

»Vor ungefähr elf Jahren haben britische Wissenschaftler eine Möglichkeit gefunden, den Kern eines Atoms zu zertrümmern, indem man ihn mit einem atomaren Partikel namens Neutron beschießt, um ihn so erstmals zur Untersuchung zu öffnen. In unserem Physiklabor im Bernoullianum haben wir eine kleine Maschine namens Zyklotron, mit der sich das bewerkstelligen läßt. Aber im Vergleich mit dem, was man in England, Deutschland und Amerika macht, sind unsere Forschungen in Basel nur Kinderkram. Selbst an der ETH in Zürich ist man uns weit voraus. Was aber nur natürlich ist, da Einstein dort angefangen hat.«

»Und was hat all dies mit Peters Geschichte zu tun?« fragte Burckhardt senior ungeduldig.

»Ich kann's zwar nur vermuten, aber es steht möglicherweise mit der Tatsache in Beziehung, daß die Deutschen an der Entwicklung einer neuen Waffe arbeiten. Im Bereich der Physik weiß jeder, zumindest theoretisch, daß man eine Möglichkeit finden kann, die Atomkerne zu zwingen, einen Teil ihrer gewaltigen Energie freizusetzen.«*

»Und?«

»Nun, dies könnte, wenn auch nur theoretisch, zu einer gewaltigen Explosion führen.«

Dies brachte den Rest der Familie zum Schweigen.

»Erkläre das bitte mal näher«, bat ihr Bruder.

»Es hat mit einer Sache zu tun, die man Kettenreaktion nennt. In der Chemie sind solche Reaktionen selbstbegrenzend, doch nicht unbedingt in der Physik. Der eben erwähnte Beschuß könnte eine Kettenreaktion erzeugen, die in geometrischer Progression verläuft – 1, 2, 4, 8, 16, 32, 64... 67108864, 134217728 und noch viel, viel weiter, bis ins Unendliche.«*

»Und die Deutschen wissen, wie man das macht?« fragte ihre Mutter.

»Niemand weiß genau, wie man es macht«, erwiderte Felicitas. »Jedenfalls im Moment noch nicht. Aber die Deutschen arbeiten zweifellos daran. Und das ist unter Umständen die Stelle, in die Peters elsässischer Matrose und sein norwegisches Wasserfaß hineinpassen.«

Felicitas Burckhardt fuhr fort: »Ich versuche mal zu erklären, wieso. Heutzutage wissen alle Physiker, daß Uran der Schlüssel zur Herstellung atomarer Sprengsätze ist... daß irgend etwas passieren muß, wenn ein Neutron den Kern eines Uranatoms trifft, etwa der Anfang einer Kettenreaktion. Nimmt man ein Pfund

Uran als Ziel, könnte man vielleicht eine Kettenreaktion von Millionen anderer Atome hervorrufen und eine extrem starke Explosion auslösen. Aber mit ›normalem‹ Uran funktioniert es nicht. Die Kettenreaktion würde verpuffen. Man muß es also ›anreichern‹. Um dies zu tun, muß man ein spezielles Uranisotop, das man U-235 nennt, vom viel gewöhnlicheren U-238 trennen.* Eine Methode, dies zu tun, besteht in der Verwendung eines ›Uranbrenners‹, eines Trennungssystems, das aber den Einsatz eines Moderators verlangt, um die Bewegung der Neutronen im ›Brenner‹ auf das erforderliche Tempo zu verlangsamen, das zu dieser Trennung führt. Zuerst nahm man an, normales Wasser könne diesem Zweck dienen. Aber so ist es nicht. Es geht nur mit ›schwerem Wasser‹, einem chemisch andersartigen Wasser, das aus Deuterium statt aus Wasserstoffmolekülen besteht.«

»Ich verstehe nur Bahnhof, meine Liebe«, sagte ihre Mutter.

»Macht nichts. Das Entscheidende ist, daß ›schweres Wasser‹ möglicherweise der Schlüssel bei der Entwicklung der Substanz ist, die als das Material im Kern eines Geräts dient, das eine Atomexplosion auslösen könnte. Und daß sich in den Fässern ›schweres Wasser‹ befand, steht außer Frage.«

»Woher weißt du das alles?« fragte ihre Mutter in absoluter Ehrfurcht.

»Nachdem Peter mich angerufen hatte, habe ich den Besuch eines Professors von der Physikalischen Fakultät der Technischen Hochschule Zürich abgewartet, der einmal im Monat in Basel eine Vorlesung über Atomphysik hält. Er heißt Paul Scherrer und ist Schweizer. Bevor er nach Zürich ging, war er an der Universität Göttingen, wo viele große Namen der Physik gelehrt oder studiert haben: Max Born, Enrico Fermi, Edward Teller, John von Neumann, Walter Elsässer, sogar der Amerikaner Robert Oppenheimer. Sie sind gegangen, weil sie fast alle Juden waren. Scherrer lud Elsässer in die Schweiz ein, der Rest ging nach Amerika. Einer der Giganten in der Atomphysik ist jedoch geblieben: Werner Heisenberg.* Und laut Professor Scherrer ist er zweifellos Leiter des Projekts, für das man das aus Norwegen kommende ›schwere Wasser‹ braucht.«

»Aber warum aus Norwegen?« fragte Peter nun.

»Man muß Riesenmengen normales H_2O destillieren, um nur eine kleine Menge ›schweres Wasser‹ zu erzeugen. Es kostet ungeheure Mengen an Energie. Professor Scherrer hat mir erklärt, daß man, um eine Tonne ›schweres Wasser‹ zu erzeugen, eine Einrichtung benötigt, die pro Jahr einhunderttausend Tonnen Kohle verbrennt. So etwas ist in Deutschland heute unmöglich. Als ich ihm also deine Geschichte erzählte, Peter, meinte er, sie ergäbe durchaus einen Sinn. Bevor der Krieg ausbrach, gab es auf der ganzen Welt nur eine Quelle von dieser Kapazität für ›schweres Wasser‹: Norwegen. Es ist dort nicht mit Absicht produziert worden, sondern war nur ein zufälliges Nebenprodukt bei einem Verfahren zur Anwendung von Wasserstoff-Elektrolyse, um synthetisches Ammoniak herzustellen. Man macht dies ohne Zweifel noch immer in einem großen hydroelektrischen Kraftwerk, das bei Vemork, einem Örtchen bei Rjukan, hundertdreißig Kilometer westlich von Oslo in Südnorwegen, von einem Wasserfall gespeist wird.«*

Peter Burckhardts Gesicht rötete sich vor Aufregung. »Ich habe nach unserem Telefonat noch mal mit dem Matrosen gesprochen, Felicitas, und das, was du gerade erzählt hast, stimmt *vollständig* mit dem überein, was ich von ihm gehört habe. Sie haben die Fässer zwar in einem kleinen norwegischen Hafen namens Skien an Bord genommen, aber als ich deutlicher nachfragte, sagte er aus, sie seien unter schwerer Bewachung aus einem anderen Ort in der Nähe gekommen – aus Rjukan.«

»Die norwegische Verbindung ergibt zwar einen deutlichen Sinn, Peter«, sagte Felicitas, »aber ich sollte vielleicht erwähnen, daß Professor Scherrer erstaunt wirkte, als ich erwähnte, das Ziel sei Peenemünde gewesen.«

»Warum?«

»Weil er erst vor einer Woche mit dem wichtigsten Mann der deutschen Atomforschung telefoniert hat: Professor Heisenberg. Er und Scherrer waren in Göttingen Kollegen. Jedenfalls ist Heisenberg immer noch dort, wo er sich seit Kriegsausbruch aufhält – im Kaiser-Wilhelm-Institut in Berlin.«

Nun mischte sich Burckhardt senior ein. »Das ist doch nur ein Detail, Felicitas. Bleiben wir beim Kern der Sache, der mir doch durchaus ernste Implikationen zu haben scheint.« Er wandte sich seinem Sohn zu. »Was willst du dagegen unternehmen, Peter?«

»Ich werde mit Hauptmann Waibel sprechen. Und wenn er einverstanden ist, wiederhole ich meine Geschichte anschließend vor jemandem, der mehr als jeder andere hierzulande in der Lage ist, etwas dagegen zu unternehmen.«

»Und der wäre?«

»Allen Dulles.«

Wie üblich wurde das Treffen mit Dulles von Nancy Reichman arrangiert, doch diesmal war Dulles bezüglich der Einzelheiten sehr bestimmt. Er wollte persönlich mit dem elsässischen Matrosen reden. Außerdem bestand er darauf, man müsse die Zusammenkunft so organisieren, daß eine mögliche Beobachtung durch feindliche Agenten ausgeschlossen war. Dulles wußte, daß es in Basel von deutschen Agenten wimmelte, die alle Winke und Anzeichen sammelten, so verschleiert sie auch sein mochten, was bedeutete, daß jedes ungewöhnliche Ereignis ihr Interesse weckte – wie zum Beispiel ein Besuch von Allen Dulles im Basler Gefängnis oder im Polizeipräsidium. Aus dem gleichen Grund wollte er nicht, daß man den Matrosen ins amerikanische Konsulat oder in Nancys Wohnung brachte.

Nachdem Nancy sich mit Burckhardt besprochen hatte, machte sie Dulles zwei Vorschläge: Burckhardt konnte den Matrosen einfach in seinen Mercedes laden, und Dulles würde an einem vorher abgesprochenen Ort zusteigen, so daß sie eine Weile umherfahren konnten, während er den Mann verhörte. Nein. Das gefiel Dulles nicht. Unter solchen Umständen konnte der Matrose leicht den Zugeknöpften spielen. Na schön, konterte Nancy, wie wäre es dann mit einer zufälligen Begegnung und einem anschließenden Spaziergang durch den Basler Zoo? Das Gefühl des Absurden gefiel Dulles: Es war genau die Art Rendezvous, das der Standardpraxis sämtlicher Spionageromane entsprach, speziell wenn die Spione mitten im Herzen von Mitteleuropa operierten.

Dies war ohne Zweifel auch ein Grund, warum Dulles in überschwenglicher Laune war, als er am nächsten Morgen um zehn Uhr am Basler Hauptbahnhof eintraf. Der andere Grund war die Tatsache, daß es ein sonniger, warmer Frühlingstag war. Nancy, die zu dieser Gelegenheit ein gelbes Sommerkleid angezogen hatte, wurde zu Dulles' Freude von einer ähnlich gekleideten, äußerst hübschen jungen Dame begleitet. Als Nancy ihm den Grund für ihr Mitkommen genannt hatte, war Dulles nur nach längerem Zögern einverstanden gewesen. Doch nun, wo er die ihm als »Wissenschaftlerin« beschriebene Dame sah und sie ganz anders war, als er sie sich vorgestellt hatte, vergaß er sein Zögern und ersetzte es durch einen fast jungenhaften Enthusiasmus.

Felicitas war in einem roten Alfa-Romeo-Kabriolett zum Bahnhof gekommen. Da der Wagen nur über eine Sitzbank verfügte, mußte Dulles sich zwischen die beiden jungen Damen in ihren – zumindest nach Schweizer Ansicht – ziemlich gewagten Sommerkleidern quetschen. Er selbst trug einen schwarzen Anzug mit Weste und einen Hut, so daß der Anblick, den sie boten, reichlich auffallend war und kaum mit den von Dulles aufgestellten Grundregeln in Einklang stand, wie man sofort an den Blicken erkannte, die das Trio bei der Abfahrt auf sich zog. Dulles nahm die Angelegenheit offenbar nicht sonderlich ernst. Sie brauchten nur fünf Minuten, um zum Zoologischen Garten zu gelangen, und als sie auf dem Parkplatz des Geländes ankamen, war er fast leer. Der Zoo war erst ab zehn Uhr geöffnet. Einer der wenigen dort parkenden Wagen war ein schwarzer Citroën.

Nachdem Felicitas den Eintritt bezahlt hatte – sie bestand darauf, denn schließlich sei Basel ihre Heimatstadt und die Amerikaner daher ihre Gäste –, spazierten sie entlang dem Flamingoteich. Bald kamen rechts die Zebras und links die Giraffen. Sämtliche Tiere waren in absolut natürlichen Lebensräumen aus Gestein, Teichen und Bäumen untergebracht. Obwohl klein im Vergleich zu den Tiergärten in London und Berlin, war der Basler Zoo in ganz Europa als Juwel bekannt und ein unerwartetes Vergnügen, das man gleich mitten in einem der ältesten europäischen Zentren finden konnte. Dann kamen die Okapis, und Felicitas erklärte ihren beiden amerikanischen Gästen, daß Basel der einzige Ort außerhalb Afrikas war, an dem diese seltenen Tiere gezüchtet wurden.

Der absolute Friede des Parks wurde plötzlich durch eine Kakophonie lauten Gebells gestört. Es war Fütterungszeit für die Seehunde, und als die Besucher sich dem Geländer um das große Becken näherten, sahen sie, daß ein Wärter hoch oben auf den Felsen stand und Fische hinunterwarf. Viele der Tiere klatschten mit ihren Flossen und bemühten sich, seine Aufmerksamkeit auf sich zu ziehen und so den nächsten Fisch zu ergattern. Die einzigen anderen Zuschauer, die sich an dem Schauspiel erfreuten, waren drei Männer, die auf der anderen Seite des Beckens am Geländer standen: Peter Burckhardt, Dr. Wilhelm Lützelschwab und der vor einem Monat aus dem Rhein gezogene französische Matrose.

»Da sind sie«, sagte Nancy.

Dulles schaute zu ihnen hinüber, aber er war nicht über alles erfreut, was er sah.

»Wer ist der große Mann in dem dunklen Anzug?« wollte er wissen.

»Ich weiß nicht«, gestand Nancy, allem Anschein nach verwirrt.

»Aber ich«, warf Felicitas ein. »Er ist von der Staatsanwaltschaft, aber in Basel haben alle Angst vor ihm, weil man weiß, daß er Chef der Politischen Polizei ist.«

»Dann muß er Wilhelm Lützelschwab sein«, erwiderte Dulles. Er wußte natürlich, daß sich die Politische Polizei der Schweiz während des Krieges mit Gegenspionage beschäftigte. Wollte man ihm eine Falle stellen?

Peter Burckhardt hatte sie seit ihrer Ankunft sorgfältig beobachtet, und jetzt, als er spürte, daß etwas nicht in Ordnung war, eilte er zu ihnen hinüber. Seine ersten an Dulles gerichteten Worte deuteten an, daß er wußte, wo das Problem lag. »Der dritte Mann, Mr. Dulles, trägt die Verantwortung für den Gefangenen, und es ist nur seiner Kooperation zu verdanken, daß dieses Treffen überhaupt zustande kam. Er ist ein hundertprozentiger Gegner der Nazis und steht der Sache der Alliierten völlig positiv gegenüber. Er hat mir sein Wort gegeben, daß dieses Treffen in keinem Protokoll Erwähnung findet.«

»Weiß er, wer ich bin?« fragte Dulles.

»Natürlich.«

»Und er versteht, worum es hier geht?«

»Das glaube ich nicht.«

»Wird er darauf bestehen, es zu erfahren?«

»Nicht unbedingt. Es hängt davon ab ... «

»Es hängt von mir ab«, fiel Dulles ihm ins Wort. »Er heißt Lützelschwab, nicht wahr?«

»Stimmt. Er hat es gern, wenn man *Doktor* Lützelschwab zu ihm sagt.«

»Von mir aus ... Gehen wir.«

Sie gingen zu den beiden Männern hinüber, die am Geländer auf der anderen Seite des Beckens stehengeblieben waren. Burckhardt und Dulles führten die Gruppe an. Nachdem sie sich vorgestellt hatten, zog Dulles Lützelschwab beiseite und begann ein ernsthaftes Gespräch mit ihm, das volle fünf Minuten dauerte. Was er ihm auch gesagt haben mochte, es führte dazu, den Mann für sich einzunehmen, dessen besondere Aufgabe darin bestand, Aktivitäten der Art, wie Dulles sie betrieb – Spionage auf Schweizer Boden –, zu unterbinden. Freilich war Lützelschwab, wie Peter Burckhardt bereits angedeutet hatte, aufgrund seiner heftigen Antipathie gegen die Nazis darauf vorbereitet gewesen, bei dem, was hier vor sich ging, auf jeden Fall ein Auge zuzudrücken. Doch die Kraft von Dulles' Persönlichkeit hatte bei ihm etwas ausgelöst, was ihn vom Gegenspieler zum stillen Verbündeten des OSS-Mannes machte. Die Tatsache, daß Dulles versprochen hatte, ihn mit einigen äußerst belastenden Beweisen über die Aktivitäten eines wichtigen Nazi-Agenten in Basel zu versorgen – es ging um einen einheimischen Anwalt in den Diensten der I.G. Farben –, trug gewiß auch dazu bei, diesen Wandel herbeizuführen.

Nachdem die beiden zu den anderen zurückgekehrt waren, kam Dulles sofort zur Sache. Er schlug vor, daß man sich trennen sollte. Falls Dr. Lützelschwab nichts dagegen habe, wolle er mit dem Matrosen und den Burckhardts, die als Dolmetscher fungieren sollten, einen Spaziergang machen. Daß Felicitas Burckhardts Rolle nicht darin bestand, ihm eine fremde Sprache zu übersetzen, sondern eher darin, ihm die eventuelle wissenschaftliche Bedeutung des Gehörten zu erläutern, erwähnte er nicht. Lützelschwab beschloß, nicht das geringste dagegen zu haben, und schlug Nancy Reichman vor, mit ihm ins Zoo-Restaurant zu gehen und sich auf der den Park überschauenden Terrasse Kaffee und Kuchen zu genehmigen. Dulles könne sich ihnen dort ja anschließen, wenn er fertig sei, meinte er.

Fast eine Stunde später erschienen die vier endlich auf der Treppe, die vom Zoo aus zur Terrasse des Restaurants führte. Lützelschwab, der der Meinung war, je weniger man sie in der Öffentlichkeit zusammen sah, desto besser, erhob sich sofort und erbot sich, den Gefangenen nun wieder zu übernehmen und ins Lohnhof-Gefängnis zurückzubringen. Worauf er dem Matrosen die Hand auf den Arm legte und sich mit ihm in Richtung Treppe in Bewegung setzte. Peter entschuldigte sich bei den anderen und eilte ihm nach.

»Herr Lützelschwab«, sagte er, als er ihn und seinen Schützling erreicht hatte, »was geschieht nun mit dem Mann?«

»Ich habe in der Sache keine Wahl. Das Gesetz schreibt vor, daß ich ihn innerhalb von vierundzwanzig Stunden nach der illegalen Einreise wieder über die Grenze bringe. Ich habe das Gesetz schon ernstlich gebeugt, indem ich ihn so lange hierbehalten habe. Ich fürchte also ... «

»Ich verstehe. Sie müssen ihn loswerden.«

»Ja.«

»Tja, aber sowas kann man auf verschiedene Weise machen, nicht wahr?«

»Was, zum Teufel, soll das heißen, Burckhardt?«

»Zuerst eine Frage: Über welche Grenze werden Sie ihn bringen?«

»Natürlich über die deutsche.«

»Aber er ist Franzose. Aus dem Elsaß.«

»Technisch gesehen, ja. Aber Sie wissen selbstverständlich auch, daß die Deutschen das Elsaß für ihr Territorium halten. Und weiter?«

»Folgendes: Ihnen ist ja bekannt, daß unser Besitz bei Benken ans Elsaß grenzt.«

»Und?«

»Warum lassen Sie ihn nicht dorthin bringen und unter meine Obhut stellen? Unter der Voraussetzung, daß ich ihn dann nach Frankreich abschiebe?«

Lützelschwab ließ sich nicht hinters Licht führen. »Ich weiß genau, was Sie vorhaben, Burckhardt, aber solange Sie Ihren Friedrich Wilhelm auf die gepunktete

Linie setzen, wenn Sie ihn in Gewahrsam nehmen, soll's mir egal sein. Der Rest ist Ihr Bier.«

»Ich unterschreibe alles, was Sie wollen.«

»Dann liefere ich ihn persönlich heute abend in Benken ab.«

»Ich werde dort sein.« Dann fügte Burckhardt hinzu: »Für einen so hinterhältigen Schweinehund sind Sie manchmal doch für eine Überraschung gut.«

Und so schaffte sich Wilhelm Lützelschwab noch am selben Tag den Gefangenen vom Hals, während Peter Burckhardt sich für die Dauer des Krieges einen Handwerker sicherte. Doch im Moment eilte er wieder die Treppe hinauf, um sich zu der auf der Terrasse wartenden Gruppe zu gesellen. Da es auf die Mittagsstunde zuging, schlug Dulles den Burckhardts vor, sie sollten doch zum Lunch bleiben, und kündigte – mit einem direkten Blick auf Felicitas, für die er offenbar große Sympathien hegte – an, *er* wolle dieses Mal bezahlen. Sobald sie an dem Tisch saßen, an dem Nancy Reichman gewartet hatte, rief er eine Kellnerin und bestellte eine gut gekühlte Flasche Fendant. Innerhalb der nächsten Dreiviertelstunde hielt Felicitas auf seine Bitte hin den gleichen Vortrag über Atomphysik, Uran und schweres Wasser, den sie schon im Speisezimmer ihres Elternhauses in Riehen gehalten hatte. Während sie sprach, machte Dulles sich hin und wieder Notizen auf der Rückseite einer Speisekarte. Das Essen kam in Form winziger Butterbrote mit Spargel, Räucherlachs, Salami und Schinken, denen ebenso kleine, mit Zitronencreme, Erdbeeren, und Mokkacreme gefüllte Törtchen als Nachtisch folgten. Es war eine perfekte Mahlzeit, die lediglich vom Kaffee verdorben wurde – Kriegskaffee, der hauptsächlich aus Zichorie bestand.

Als sie aufbrachen, war es fast ein Uhr. Dulles konsultierte einen Auszug des Eisenbahnfahrplans, den er zusammen mit der Brieftasche und seinem Paß stets in der Innentasche seines Jacketts aufbewahrte, und kündigte seine Absicht an, die Stadt mit dem 13.47-Uhr-Zug nach Bern zu verlassen. Auf einen Blick ihres Bruders hin erklärte Felicitas, sie müsse zu einem Seminar in der Universität, und da diese nur ein paar Häuserblocks vom amerikanischen Konsulat entfernt lag, wollte sie Nancy Reichman mitnehmen. Darauf erbot sich Peter Burckhardt, Dulles zum Bahnhof zu bringen. Als sie dort angekommen waren und noch etwas Zeit hatten, schlug er einen weiteren Kaffee vor. Dulles stimmte zu, und die beiden Männer gingen in das Bahnhofsbuffet zweiter Klasse. Unmittelbar nachdem sie bestellt hatten, kam Burckhardt auf das Thema Nazigold zu sprechen. Zunächst dankte er Dulles dafür, den Schweizer Geheimdienst durch Nancy darüber in Kenntnis gesetzt zu haben, daß die Sowjets einen Großteil der Informationen zu diesem Thema bekommen hatten. Er habe die Sache daraufhin überprüft und müsse leider bestätigen, daß sie wahrscheinlich zuträfe.

»Soll es so weitergehen?« fragte Dulles.

Burckhardt beschloß, nicht darauf zu antworten. »Diese Dinge werden von einigen wenigen Männern in den höchsten Positionen unseres Landes geregelt, deren Perspektive und Haltung die meisten meiner Landsleute nicht teilen.«

»Dafür habe ich zwar vollstes Verständnis«, sagte Dulles, »aber die Mehrheit *meiner* Landsleute sicher nicht. Das gleiche gilt für manche anderen, vielleicht sogar die meisten Männer in hohen Positionen in Washington. Ihre Perspektive und Haltung ist ziemlich simpel und kann wie folgt zusammengefaßt werden: Jemand, der mit unseren Feinden Geschäfte macht, kann kaum wie unser Freund behandelt werden.«

Dulles legte eine Pause ein. Dann fügte er hinzu: »Meine Haltung ist von meinem Wissen und meiner großen Liebe für Ihr Land geprägt. Und von praktischen Dingen, wie die Ereignisse des heutigen Tages veranschaulichen. Ich will zwar mein Bestes tun, um das kaufmännische und finanzielle Engagement Ihres Landes mit den Nazis nicht an die große Glocke zu hängen, aber Sie und Ihre Kollegen müssen sich im klaren sein, daß mein Einfluß in Washington in solchen Angelegenheiten eindeutig begrenzt ist. Ich kann Ihrem Land etwas Zeit verschaffen, aber das ist auch alles.« Er schaute auf seine Armbanduhr. »Da wir gerade über Zeit reden, ich glaube, ich sollte jetzt gehen.«

Burckhardt brachte ihn zum Bahnsteig, doch als Dulles die Tür eines Erste-Klasse-Abteils öffnete und Anstalten machte, den Waggon zu besteigen, kam ihm offenbar ein nachträglicher Einfall, und er fragte: »Sagen Sie mal, kennen Sie zufällig jemanden bei der Schuhfirma Bally?«

»Ja. Einen Sohn des Firmengründers. Wir sind zusammen zur Schule gegangen.«

»Haben Sie irgendeine Ahnung, was seine ›Perspektive und Haltung‹ angeht, wie Sie es so schön formuliert haben?«

»Ja, habe ich. Es sind die gleichen wie meine.«

»Könnten Sie ihn vielleicht wissen lassen, daß ich mich mit ihm in Verbindung setzen werde?«

»Gewiß.«

»Ich bin Ihnen sehr dankbar.«

Dulles stieg ein. Ein Schaffner kam vorbei und knallte alle Türen zu. Um Punkt 13.47 Uhr fuhr der Zug nach Bern ab.

Dulles erreichte Bern pünktlich um 14.58 Uhr. Er wurde von einem Fahrer abgeholt und befand sich zehn Minuten später in der amerikanischen Botschaft. Eine Stunde später sandte er eine kurze kodierte Nachricht an das OSS-Hauptquartier in Washington ab.

Von: 110
An: 109
Status: Streng geheim

*Text: Habe gerade mit einem französischen Arbeiter gesprochen, der durch den Rhein von Deutschland in die Schweiz geschwommen ist. Hat folgende unglaubliche Geschichte erzählt: Sagte, er sei als Zwangsarbeiter für die Bewachung eines Wasserfasses zuständig gewesen, das von Rjukan in Norwegen zur Insel Peenemünde in der Ostsee transportiert wurde. Ende.**

Das OSS hatte Dulles die Kodenummer 110 zugewiesen. Der Empfänger seiner Nachricht – Kodenummer 109 – war kein Geringerer als der Chef aller US-Spionageunternehmen im Krieg, der OSS-Leiter General William J. Donovan. Unter dem Einfluß der ziemlich unbeschwerten Haltung, die Dulles in Basel gezeigt hatte, vielleicht auch aufgrund seiner mangelhaften Naturwissenschaftskenntnisse – seine Stärke waren Sprachen* – schrieb er der Meldung, auch wenn er sie als streng geheim einstufte, keine besondere Priorität zu. Deswegen blieb sie wochenlang auf Donovans Schreibtisch liegen, da sich dieser in Nordafrika aufhielt, um die nachrichtendienstliche Unterwanderung von Sizilien im Vorfeld der geplanten Invasion der Insel im Juli zu leiten.

Deshalb dauerte es auch bis Anfang August, ehe Donovan die Nachricht an den Leiter der OSS-Abteilung Forschung und Entwicklung weitergab, einen Chemiker und Erfinder namens Stanley Lovell, der in der Organisation unter dem Namen »Dr. Moriarty« bekannt war. Dinge, die mit Naturwissenschaft zu tun hatten, wurden automatisch an ihn weitergeleitet.

Der Chronist der Rolle Donovans und des OSS im Zweiten Weltkrieg beschrieb das, was nun passierte, folgendermaßen:*

»Stanley Lovell dachte in seinem Büro im South Building über die Meldung nach. Er wußte, daß es in Rjukan ein großes hydroelektrisches Kraftwerk gab. Das einzige Wasser, das einer Bewachung wert war, war schweres Wasser, das man für eine Atomexplosion brauchte. Lovell vermutete, daß die Nazis in Peenemünde eventuell an einer Atombombe arbeiteten. Er eilte in Donovans Büro und warf ein paar Landkarten auf dessen Schreibtisch.

›Bill‹, sagte er, ›das hier könnte lebenswichtig sein.‹

Eine der Landkarten zeigte Peenemünde an der Ostsee, die andere die französische Kanalküste. Auf letzterer hatte Lovell die Standorte merkwürdiger skischanzen-ähnlicher Startbahnen eingezeichnet, an deren Enden sich eigenartig gerundete Windungen befanden. Alliierte Flugzeuge hatten sie fotografiert. Die eigenartigen Startbahnen erstreckten sich westlich von Boulogne bis südlich von Cherbourg und schienen auf die britischen Städte London, Bristol, Birmingham und Liverpool zu zielen.

›Was meinen Sie damit?‹ fragte Donovan.

›Der kleine französische Arbeiter hat uns zwar berichtet, woher die Deutschen das schwere Wasser bekommen‹, erläuterte Lovell, ›aber was noch wichtiger ist – wo sich die deutschen Physiker aufhalten, die eine Bombe bauen, bei der Kernspaltung eingesetzt wird. Es paßt alles perfekt zusammen.‹

›Und zu welchem Ergebnis kommen Sie?‹

›Zu einem katastrophalen Sieg der Nazis. Das erklärt die Skischanzen. Die Deutschen wollen Großbritannien mit Hilfe dieser eigenartig aussehenden Abschußbasen mit einer Geheimwaffe angreifen.‹

Donovan ordnete an, daß Lovell nach London fliegen und David Bruce, den europäischen OSS-Chef, über seinen Verdacht in Kenntnis setzten solle. Laut Lovell traf sich Bruce sofort mit Lord Portal von der Royal Air Force und General Carl Spaatz von der US Air Force. Die RAF startete am 17. August 1943 einen Großeinsatz auf Peenemünde. Es war einer der verheerendsten Luftangriffe des Krieges. Eintausend Deutsche, viele von ihnen Wissenschaftler und Techniker, kamen bei dem Angriff ums Leben. Die geheimnisvollen Inselanlagen wurden vernichtet. Der Angriff schaltete die Versuchsanlagen aus, in denen die V-1 und V-2 entwickelt wurden, und verzögerten das Auftauchen dieser Raketen über Großbritannien bis zum Juni 1944.«

Doch die deutschen Einrichtungen, die mit der Entwicklung der Atombombe beschäftigt waren, entgingen dem Luftangriff völlig... aufgrund einer Tatsache, die Allen Dulles später Alpträume bescheren sollte: Es hatte in Peenemünde nie eine solche Einrichtung gegeben. Das schwere Wasser war nicht in Peenemünde entladen worden, sondern im Nachbarhafen Wolgast und wurde von dort aus mit der Bahn nach Berlin gebracht, ins Kaiser-Wilhelm-Institut, wo die deutsche Kernforschung untergebracht war.* Hätte Dulles Lovell die Skepsis Professor Scherrers übermittelt, die der jungen

Wissenschaftlerin Felicitas Burckhardt bei dem Gespräch aufgefallen war und die sie Dulles beim Essen im Basler Zoo mitgeteilt hatte, hätte Lovell möglicherweise andere Schlüsse gezogen. Aber Dulles hatte es nicht getan. Und Heisenbergs Bemühungen, sein Land zum ersten zu machen, das eine Atombombe entwickelte, wurden unvermindert und unbeobachtet weitergeführt, während sich die Aufmerksamkeit des amerikanischen Geheimdienstes auf andere Dinge richtete.*

Eines dieser Dinge war eine Verschwörung mit dem Ziel, Heisenbergs Chef Hitler zu töten, und wieder kam dabei das Burckhardt-Reichman-Team ins Spiel.

23. Kapitel

Ein geringer – eigentlich unendlich kleiner – Faktor, der eine Rolle bei der Entwicklung dieses zum Untergang verurteilten Vorhabens, der Ermordung Adolf Hitlers, spielte*, läßt sich bis auf eben diesen »irren« OSS-Wissenschaftler zurückverfolgen, der die Bombardierung Peenemündes veranlaßte: Stanley Lovell. Dieser Faktor stand in absolut keinem Zusammenhang zu Lovells Bemühen, die Deutschen an der Entwicklung einer ultimativen Superwaffe zu hindern, und wirkte im Vergleich dazu lächerlich.

Lovells Forschungs- und Entwicklungsabteilung war nicht nur für wissenschaftliche Analysen grober Geheimdienstdaten zuständig – wie jener über die mysteriösen Wasserfässer, die durch die nordischen Gewässer transportiert wurden –, sondern sie war auch mit der Herstellung exotischer Produkte für den Agenteneinsatz vor Ort beauftragt, die von unsichtbarer Tinte für geheime Botschaften bis zu als Streichholzschachteln getarnten Fotoapparaten reichten und Kerzen, die halb aus Wachs und halb aus Sprengstoff bestanden.* Eine andere Erfindung – und hier kommt Dulles ins Spiel – war ein Schuh, der mit Hohlräumen zum Befördern von Nachrichten ausgestattet war. Lovells Leute hatten einen Prototyp entwickelt, dessen Sohle über die Nachricht gelegt, befestigt, abgeschrägt und am Rand verfärbt wurde. Im Frühjahr 1943 gelang es Lovell mit

Unterstützung des französischen Widerstands, Dulles den Entwurf dafür nach Bern zu schicken. Lovell schlug vor, Dulles solle eine Möglichkeit auftun, den Schuh in der Schweiz herstellen zu lassen, und ihn dazu zu verwenden, Nachrichten mit der kleinen, doch wachsenden Zahl der OSS-Kontaktleute in Deutschland und im besetzten Europa auszutauschen.

Deshalb hatte Dulles, bevor er im Frühjahr 1943 nach dem Tag im Zoo vom Basler Hauptbahnhof abgefahren war, Peter Burckhardt die geheimnisvolle Frage gestellt, ob er ein Mitglied der Familie Bally kenne, den Gründern und Besitzern einer der renommiertesten Schuhfabriken der Welt. Kurz darauf suchte er die Hauptzentrale der Ballys in Schönewerd auf, einer etwa vierzig Kilometer von Zürich entfernten Kleinstadt. Die Ballys erklärten sich nicht nur bereit, Lovells Schuh zu produzieren, mit Hilfe des Firmenvorstandes überredete man auch die Bally-Vertreter, dem OSS zu helfen. Schon im Herbst 1943, als die Vertreter durch Deutschland und das besetzte Europa reisten, brachten sie auf Papier oder Leinen geschriebene Botschaften, die anstelle von Füllmaterial in den Schuhboden eingefügt waren, in die Schweiz und ins Ausland.

Zu den ersten, die den Vorteil des Schweizer Kurierdienstes nutzten, gehörte ein Mitglied des Kreisauer Kreises in Ostpreußen, der einzigen noch existenten größeren Kraft in Deutschland, deren Ziel die Beseitigung des Führers war. Zu der Nutzung kam es aufgrund eines gemeinsamen schweizerisch-amerikanischen Geheimdienstunternehmens, das anfangs durch einen Angehörigen des Klerus und einen der größten Theologen des 20. Jahrhunderts unschätzbare Hilfe erhielt: Karl Barth. Obwohl Barth durch und durch Schweizer war* – beziehungsweise ein echter Basler –, war seine Laufbahn von Anfang an mit Deutschland, deutschen Universitäten und deutschen Theologen verbunden.* Barth, der den Hauptteil seiner theologischen Bildung an der Universität Bern erhielt, verbrachte mehrere Semester an den deutschen Universitäten Berlin, Tübingen und Marburg. Anfang der zwanziger Jahre entwickelte sich die Universität Göttingen, an der man in ihm erstmals eine herausragende Gestalt der Theologie des 20. Jahrhunderts erkannte, auch zum Weltzentrum für die noch in den Kinderschuhen steckende Wissenschaft der modernen Kernphysik. Obwohl Barth keinen akademischen Titel hatte*, wurde er 1921 eingeladen, in Göttingen eine Professur anzunehmen, und erhielt den Lehrstuhl für Reformierte Theologie. 1926 wechselte er an die Universität Münster, und 1930 an die Universität Bonn, wo er blieb, bis er 1935 von den Nazis von der Universität und aus dem Lande gewiesen wurde. Drei Tage nach Bekanntgabe seiner Entlassung aus Bonn lud der Kantonsrat von Basel ihn ein, einen extra für ihn geschaffenen Lehrstuhl an der Universität seiner Heimatstadt zu übernehmen. Damit hatte die Schweiz einen der fähigsten Köpfe des Jahrhunderts gewonnen – oder besser gesagt, zurückgewonnen –, während es Deutschland gelungen war, sich einen Gegner zu schaffen, der bis zur totalen Vernichtung des Naziregimes in unerbittlicher Opposition zu ihm stand.* Lange vor Kriegsausbruch machte Barths Freimütigkeit zu diesem Thema, das ihn mehrmals auch mit der Schweizer Regierung in Konflikt brachte, ihn zu einem Mittelpunkt der antifaschistischen Kräfte in der Schweiz und auch in Deutschland, besonders bei den Anhängern der Bekennenden Kirche.* In einer neuen Schweizer Theologiezeitschrift, *Theologische Existenz heute,* die Barth Mitte der dreißiger Jahre mitbegründet hatte, gab es für viele noch immer eine Möglichkeit, ihre Meinung zu äußern. Ein konstanter Besucherstrom aus Kreisen der protestantischen Kirche Deutschlands kam nach Basel, während Barth für deutsche Studenten, denen aufgrund ihrer politischen Ansichten der Zugang zu ihren heimischen Universitäten verwehrt wurde, beständig Stipendien der Basler Universität besorgte, deutschen Emigranten Arbeitsplätze verschaffte und »Nicht-Arier« in seiner Wohnung beherbergte* – all dies in einem Land, in dem man Ausländer noch nicht mal zum Abendessen nach Hause einlud!

Doch nach dem 1. September 1939 hörte all das auf. Die Grenzübergänge zwischen der Schweiz und Deutschland waren für alle außer den paar Reisenden geschlossen, deren Auslandsreisen das Naziregime offiziell sanktionierte. Von einer Ausnahme abgesehen war Barth nun von seinen deutschen Kirchenbrüdern isoliert: Dietrich Bonhoeffer, einem lutherischen Pastor aus Berlin, der nicht nur zu den führenden Köpfen der Bekennenden Kirche gehörte, sondern auch dem ostpreußischen Kreisauer Kreis verbunden war. Zu Barths Verblüffung tauchte er allein 1941 dreimal in Basel auf: am 4. März, am 31. August und am 19. September. Das war möglicherweise darauf zurückzuführen, daß die deutsche Abwehr (offiziell der militärische Nachrichtendienst des Oberkommandos, der, obwohl speziell mit Gegenspionage beschäftigt, auch in »offensiver« Auslandsspionage sehr aktiv war) Bonhoeffer mit einem Visum versorgt hatte, und zwar auf direkten Befehl von Admiral Canaris, der die Abwehr seit 1935 leitete.

Canaris war ein sehr eigenartiger Mensch. Einerseits hielt man ihn außerhalb Deutschlands für äußerst gefährlich, da sein Geheimdienst ausgezeichnet funktionierte und er Hitler mit unschätzbaren Informationen versorgte. Doch andererseits tolerierte, beschützte und begünstigte er gelegentlich auch antifaschistische Verschwörer innerhalb der Abwehr und außerhalb des Militärs.* Wie es um den kirchlichen Widerstand in Deutschland stand, erzählte Dulles Nancy Reichman im Herbst 1943: »Canaris' Abwehr hat die technischen Einrichtungen für die Verschwörung, Kontakte mit dem Ausland und die Tarnung geliefert, unter der einzelne Verschwörer operieren konnten. Der Kreisauer Kreis hat für die spirituelle und politische Ideologie gesorgt.«* Führend unter den einzelnen Verschwörern waren preußische Aristokraten wie Graf Helmuth von Moltke, militärische Führer wie Oberst Claus Schenk von Stauffenberg, politische Köpfe wie der ehemalige Bürgermeister von Leipzig und Kirchenführer wie der lutherische Pastor Dietrich Bonhoeffer.

Laut Barth berichtete Bonhoeffer, als er nach Basel kam, »von dem Plan, eine Militärregierung zu bilden, die zunächst die deutschen Truppen ... an allen damaligen Fronten und in den besetzten Ländern halten wollte, um auf dieser Grundlage mit den Alliierten zu verhandeln. Ich erinnere mich noch sehr deutlich an Bonhoeffers Verblüffung, als ich ihm sagte, daß die Alliierten meiner Meinung nach damit unmöglich einverstanden wären.«* Barth hatte bereits die bedingungslose Kapitulation vorausgeahnt, die die Alliierten von den Deutschen verlangen würden. Doch allem Anschein nach hatte er weder Bonhoeffer noch dessen Mitverschwörer davon überzeugen können.

Das ging eindeutig aus einer dringenden Nachricht hervor, die Barth im Herbst 1943 auf Mikrofilm erhielt. Sie wurde von der Schweizer Frau eines Pastors der Reformierten Kirche, der mit der Bonhoeffer-Gruppe in Verbindung stand, über Holland zu ihm geschmuggelt. Man hatte der Frau erlaubt, zur Beerdigung ihrer Mutter in die Schweiz zu fahren. Die Nachricht verdeutlichte, daß alle weiteren Reisen Bonhoeffers in die Schweiz unmöglich geworden waren. Der Grund: Himmler und seine Gestapo waren auf Beweise für Canaris' Unterstützung antifaschistischer Aktivitäten gestoßen, woraufhin auf direkten Befehl des Führers die Abwehr sofort vollständig aufgelöst wurde.* Der Kreisauer Kreis blieb zwar intakt, war aber der Mittel beraubt, mit den ausländischen Unterstützern in Kontakt zu bleiben, die man brauchte, um das Hauptziel zu erreichen: die Eliminierung Adolf Hitlers und die Installation eines neuen Regimes. Diese Nachricht sollte einen Freund Bonhoeffers einführen, der ebenfalls zum Kreisauer Kreis gehörte. Da er für das Außenministerium in Berlin arbeitete, hatte er problemlosen Zugang zu den nötigen Visa. Er wollte Anfang November in die Schweiz kommen, sich mit Barth treffen und mit seiner Hilfe versuchen, Kontakt zu möglichst hohen Vertretern der alliierten Mächte aufzunehmen, am liebsten zu den Amerikanern. Aufgrund der inzwischen äußerst heiklen Lage in Deutschland mußten solche Begegnungen mit äußerster Vorsicht erfolgen. Der Name des Unterhändlers war Adam von Trott zu Solz.*

Am Montag, dem 16. November 1943, klingelte Peter Burckhardts Telefon. Seine Sekretärin, in deren Stimme sowohl Ehrfurcht als auch Erstaunen mitschwang, teilte ihm mit, daß Professor Karl Barth ihn zu sprechen wünschte.

»Hier ist Peter Burckhardt, Herr Professor«, sagte Burckhardt, sobald die Verbindung hergestellt war.

»Sie fragen sich möglicherweise, warum ich Sie anrufe«, begann Barth. »Nun, erstens haben meine und Ihre Familie weit zurückreichende Verbindungen. Meine Großmutter mütterlicherseits war eine Burckhardt. Sie war außerdem meine Lieblingsgroßmutter. Und Hans Burckhardt, ihr älterer Bruder, war mein Taufpate. Leider sind beide schon seit vielen Jahren tot, aber ich habe noch immer die besten Erinnerungen an sie.«*

»Ich weiß von meinem Vater von unserer Verwandtschaft, Herr Professor«, erwiderte Burckhardt. »Er hat oft erwähnt, daß er ein entfernter Vetter von Ihnen ist.«

»Ich habe gerade mit Ihrem Vater gesprochen, und er hat vorgeschlagen, daß ich Sie anrufe. Ich werde sofort zur Sache kommen und nicht viel von Ihrer kostbaren Zeit verschwenden. Ich erwarte nächste Woche einen Gast aus Deutschland, der Kontakt mit Amerikanern aufnehmen möchte, die an hohen Stellen in Washington Einfluß haben. Ich habe Ihren Vater deswegen angerufen, weil ich annahm, daß er aufgrund seiner Stellung als Leiter des Schweizerischen Bankvereins über solche Kontakte verfügt. Er schien aber nicht wild darauf zu sein, mir zu helfen, und hat mich statt dessen an Sie verwiesen.«

Burckhardt kannte den Grund für die Zurückhaltung seines Vaters. Wenn er von Barth als entferntem Vetter sprach, geschah das nicht immer auf die allerhöflichste Weise, denn in gewissen Kreisen, speziell in denen der einheimischen Bankwelt, galt Barth aufgrund seiner Sympathien für die Sozialdemokraten als linkslastig. Man ignorierte dabei allerdings, daß er mit den Sozialdemokraten »sympathisierte«, weil diese mit ihrer Kritik und ihrem Widerstand gegen die Nazis schon früh an vorderster Front standen, während die Bankiers die Nachhut gebildet hatten ... und sie noch immer bildeten.

Bevor Burckhardt antworten konnte, fügte Barth hinzu: »Angenommen, Sie sind in der Lage, mir zu helfen ... Ich muß darauf hinweisen, daß es mit größter Vorsicht zu geschehen hat. Die Gestapo und ihre Spitzel sind überall in Basel. In der Schweiz bin ich für sie eine Art Staatsfeind Nummer eins. Leider muß ich mich nicht nur vor der Gestapo in acht nehmen. Wie Sie wissen, ist auch unsere Regierung in ihrem Verhalten den Nazis gegenüber sehr ambivalent und läßt nichts aus, mich daran zu hindern, sie noch mehr zu ›provozieren‹. Man möchte mir gern verbieten, öffentlich über dieses Thema zu reden. Meine Schriften werden schon zensiert. Ich habe gerade aus absolut zuverlässiger Quelle erfahren, daß die Kantonspolizei alle Telefongespräche abhört, die ich von zu Hause aus führe. Deswegen rufe ich von der Universität an. Wenn die Gestapo oder die Regierung Wind von der Sache bekommt, könnten alle Beteiligten in größte Schwierigkeiten kommen, besonders unser Gast aus Deutschland, da sein Leben in Gefahr ist, falls er in meiner Gesellschaft gesehen wird. Darum müssen wir äußerst vorsichtig sein.«

»Ich verstehe vollkommen, Herr Professor«, sagte Burckhardt und fügte hinzu: »Damit Sie wissen, wo ich stehe, lassen Sie mich Ihnen versichern ... «

Barth unterbrach ihn. »Wo Sie stehen, weiß ich bereits.« Mehr sagte er nicht dazu, aber zwischen den Telefonaten mit Burckhardt senior und junior hatte er ein Gespräch mit einem führenden Kopf der Schweizer Sozialdemokratie geführt, von dem er wußte, daß Peter Burckhardt »trotz seines Namens« auf »ihrer Seite« sei. Dann meinte Barth: »Die Frage ist: Können Sie dem

Mann helfen, den richtigen Amerikaner kennenzulernen?«

»Höchstwahrscheinlich.«

»Können Sie mir sagen, wer es ist?«

»Ja. Allen Dulles.«

»Ist das der Mann, den Präsident Roosevelt Ende letzten Jahres als seinen persönlichen Abgesandten hergeschickt hat?«

»Ja.« Das war die Geschichte, die in der Schweiz kursierte, und Burckhardt hatte nicht vor, ihr zu widersprechen. »Aber ich bin sicher, daß er einiges mehr über den Deutschen erfahren will, bevor er sich bereit erklärt, ihn zu treffen.« Als Fachmann wußte er, daß Dulles ganz sichergehen mußte, ob der deutsche Gast das war, was er zu sein vorgab, und kein Maulwurf der Gestapo.

»Dafür habe ich volles Verständnis. Wie können wir das Problem lösen, ohne allzuviel Zeit zu vergeuden?«

»Das einfachste wäre, wenn Dulles' Leute ihn so schnell wie möglich durchleuchten könnten, was kein Problem sein dürfte, da sich im Moment jemand in Basel aufhält, der es tun könnte. Natürlich müßten sie sich dazu treffen. Was nur noch die Fragen ›wo‹ und ›wann‹ offenläßt.«

Barth konnte beides sofort beantworten. »Der Deutsche kommt am Donnerstag in Basel an. Was ausgezeichnet paßt. Es wäre zu gefährlich, sich bei mir zu Hause oder in der Universität zu treffen. Mein Haus steht gelegentlich unter Polizeibeobachtung, und an der Universität sind einfach zu viele Menschen. Aber ich halte jeden Donnerstag für einige meiner Studenten ein kleines, inoffizielles Seminar an einem ziemlich abseits liegenden Ort ab. Wir treffen uns im Hinterzimmer des Restaurants Bruderholz; es ist nur ein paar Schritte von meinem Haus entfernt. Dort verkehren nur Leute aus dem Viertel. Es wäre, glaube ich, für das, was Sie sich vorstellen, genau das Richtige. Sie könnten den amerikanischen Vermittler mitbringen, und ... «

»Nein. Ich halte es für besser, wenn ich mich aus der Sache heraushalte. Meine Anwesenheit in einem solchen Seminar wäre nur schwer erklärbar und könnte durch irgendwelche unvorhergesehenen Umstände die Aufmerksamkeit der falschen Seite auf sich ziehen.«

»Verstehe.«

»Aber es gibt noch eine andere Möglichkeit, die alles innerhalb der Familie Burckhardt bleiben ließe, Herr Professor.«

»Ja?«

Burckhardt vernahm den Anflug eines Lachens.

»Ich habe eine Schwester, die an der Universität immatrikuliert ist. Sie studiert Physik. Aber sie will in jedem Semester ihren Horizont erweitern, wie sie es nennt, indem sie Vorlesungen in Fachbereichen hört, mit denen sie sonst nichts zu tun hat. Ich weiß, daß sie im letzten Semester Psychologie gehört hat und in den Vorlesungen von Carl Gustav Jung war.«

»Uff!« kommentierte Barth diese Information. Jung, der zweimal im Monat aus Zürich zur Vorlesung an die Universität Basel kam, wurde in akademischen Kreisen verdächtigt, Sympathien für die rassischen Theorien der Nazis zu hegen, und war für Barth somit ein Greuel.

Doch Burckhardt, der davon nicht die geringste Ahnung hatte, fuhr fort: »Es würde gut zu ihr passen, wenn sie in diesem Semester in einer Ihrer Vorlesungen auftaucht. Sie heißt Felicitas. Und wie das Glück es will, ist sie mit dem amerikanischen Vermittler, der mir vorschwebt, befreundet.«

»Dann erwarte ich sie, falls ich bis dahin nichts anderes von Ihnen höre, am nächsten Donnerstag um 19 Uhr im Restaurant Bruderholz. Vielen Dank. Wären in unserer Regierung doch alle so wie Sie. Gott segne Sie.«

24. Kapitel

Felicitas Burckhardt und Nancy Reichman wurden im Sommer 1943 schnell zu Freundinnen; ihre Freundschaft hatte beim Essen im Haus der Burckhardts begonnen und sich an dem Tag, an dem Dulles aus Bern angereist war, um im Basler Zoo den französischen Matrosen zu treffen, verfestigt. Damals hatte Felicitas Nancy in ihrem Wagen mitgenommen, um sie beim US-Konsulat abzusetzen. Unterwegs beschlossen die beiden, noch einen Kaffee zu trinken, und zwar in der Confiserie Schiesser am Basler Marktplatz. Sie hatten diese Konditorei gewählt, weil sie in der Nähe der neuen Universitätshörsäle am Petersgraben und nur wenige Querstraßen vom amerikanischen Konsulat entfernt lag. Daraus wurde dann an jedem zweiten Mittwochnachmittag fast ein Ritual. Aus irgendeinem Grund sprachen die beiden jungen Frauen, wenn sie zusammen waren, stets Englisch, obwohl sie ebenso fließend Deutsch, Französisch und Schweizerdeutsch beherrschten. Und sie warfen sich für diese Treffen stets in Schale. Obwohl sie es nie zugaben, war kaum daran zu zweifeln, daß sie die Beachtung der Männer und Frauen genossen, die sie auf sich zogen.

Als sie am 11. November 1943 um 19 Uhr das Restaurant Bruderholz betraten, das auf dem Hügel gleichen Namens über Basel lag, zogen sie wiederum viele anerkennende Blicke auf sich. Sie standen ein wenig verunsichert da, weil sie nicht recht wußten, was sie als nächstes tun sollten. Da erhob sich ein im Hintergrund an einem Tisch sitzender großer Mann von Mitte Fünfzig, der pfeiferauchend und gelegentlich einen Schluck Bier trinkend konzentriert dem neben ihm sitzenden, viel jüngeren Mann gelauscht hatte, und kam direkt auf sie zu, um sie zu begrüßen.*

»Sie müssen Fräulein Burckhardt sein«, sagte er zu Felicitas.

»Ja, die bin ich«, erwiderte sie.

»Tja, ich bin Karl Barth – ein entfernter Vetter von Ihnen. Ich habe Sie an Ihrer Patriziernase erkannt. Und weil Sie so hübsch sind. Das gilt übrigens für alle Burckhardt-Frauen.«

Seine Worte ließen Felicitas erröten, und um von sich abzulenken, stellte sie Nancy Reichman als amerikanische Vizekonsulin vor.

Als Barth ihr die Hand drückte, meinte er: »Ich freue mich außerordentlich, Sie kennenzulernen, und bin sehr angenehm überrascht, da ich aus irgendeinem Grund ... «

»Sie haben einen Mann erwartet«, stellte Nancy fest.

Barth lachte leise, dann nahm er die beiden jungen Damen am Arm und geleitete sie an den Tisch, von dem er aufgestanden war. Außer dem jungen Mann saß dort noch eine atemberaubend schöne Frau von Mitte Vierzig. Beide standen auf und wurden als Fräulein Charlotte von Kirschbaum und Adam von Trott zu Solz vorgestellt. Dann zog Barth zwei Stühle heran, und als alle saßen, sagte er zu der Frau an seiner Linken: »Ich schlage vor, daß wir hier sitzen bleiben, Lollo, und uns eine Weile unterhalten. Wenn die Studenten kommen, kannst du sie ins Hinterzimmer begleiten, damit wir ungestört sind.«

Die aristokratisch aussehende Frau, deren dunkles Haar in der Mitte gescheitelt war und die ein schwarzes Kleid trug, nickte zustimmend und schenkte Barth einen so deutlich liebevollen Blick, daß Felicitas Nancys Bein heimlich anstupsen mußte. Dann fuhr Barth fort: »Wir haben gerade mal wieder festgestellt, wie klein die Welt doch ist. Unser Freund Adam...« – Nancy und Felicitas richteten ihre Aufmerksamkeit auf den deutschen, gutaussehenden Mittdreißiger – »...hat nicht nur in Göttingen studiert, wo ich in den zwanziger Jahren gelehrt habe, sondern war auch dank eines Rhodes-Stipendiums in Oxford, wo ich zu verschiedenen Gelegenheiten Vorlesungen gehalten habe. In Oxford hielt man es für angemessen, mir 1938 einen theologischen Ehrendoktor zu verleihen. Das hat mir sehr gefallen, zumal die Nazis im gleichen Jahr die Universität Münster gezwungen haben, mir meinen dort erhaltenen Ehrendoktor wieder abzuerkennen. Tja, man kann halt nicht immer gewinnen. In der kurzen Zeit, in der wir jetzt zusammensitzen, haben Adam und ich festgestellt, daß wir in beiden Städten viele gemeinsame Freunde haben. Und ebenso in Berlin, wo er im Auswärtigen Amt tätig ist.« Das ging an Nancy Reichmans Adresse.

Womit, schloß sie, Barth Trotts Referenzen gerade bestätigt hat. Also war das Ziel dieser Zusammenkunft schon in jeder Hinsicht erreicht. Sie konnte Trott ohne Bedenken an Dulles weiterreichen.

Dann setzte Barth dazu an, das gleiche mit ihr zu tun. »Aus Felicitas' Vorstellung weiß ich, daß Sie Vizekonsulin in Basel sind. Ich möchte zwar nicht neugierig sein, aber ist es nicht ungewöhnlich für eine junge Dame, einen solchen diplomatischen Posten in einem Land auszufüllen, das in diesem Krieg zur Frontlinie werden könnte?«

»Und ob. Meine Eltern waren nicht weniger überrascht als offenbar Sie, als ich den Posten annahm. Meine Familie ist nämlich jüdisch.« Kaum hatte sie diese Worte ausgesprochen, fragte sie sich, warum, um alles in der Welt, sie so einfach damit herausgeplatzt war. Doch ihre Verlegenheit wich sofort, als Barth seine Hand ausstreckte und auf die ihre legte.

»Meine Liebe, ich muß viele meiner Kollegen in der christlichen Kirche ständig daran erinnern, daß unser Herr Jesus Jude war und wir alle Kinder des gleichen Gottes sind. Ich bete fortwährend für Ihr Volk, das nun einem Grauen unterworfen ist, das jedes menschliche Begriffsvermögen übersteigt. Ich bewundere Ihren Mut, junge Dame. Geben Sie die Hoffnung für jene Ihres Volkes nicht ganz auf, die noch unter dem Nazijoch leiden. Solange es noch ein paar Deutsche wie Adam gibt, kann man diese Tragödie vielleicht aufhalten, bevor sie ihr Endstadium erreicht. Nicht wahr, Herr Trott?«

Der Deutsche antwortete entschieden: »Ja. Und genau deswegen bin ich hier: um Hilfe zu suchen, dieses Unheil zu beenden. Es ist nicht nur im Begriff, die Juden zu verschlingen, sondern jeden, der in meinem Land lebt.« Seinen nachfolgenden Gedanken äußerte er freilich nicht: Nur in Basel würde ein preußischer Aristokrat, der das Ziel verfolgte, Hitler zu töten, unter der Protektion eines Schweizer Theologen die Hilfe einer amerikanischen Jüdin suchen.

Inzwischen tauchten allmählich die Studenten im Restaurant auf und wurden von Fräulein Kirschbaum, die vom Tisch aufstand, in das Hinterzimmer geführt, in dem Barth bald sein regelmäßiges Donnerstagabendseminar abhalten wollte. Die beiden Männer entschuldigten sich für ein paar Minuten und ließen Nancy und Felicitas allein am Tisch zurück.

»Wer ist die Frau?« war die erste Frage, die Nancy ihrer Freundin zuflüsterte.

»Seine Partnerin und seine Vertraute, und außerdem seine Freundin«, antwortete Felicitas. »Es heißt, sie sei die Tochter eines bayerischen Generals, der im Ersten Weltkrieg gefallen ist.«

»Warum hat er sie nicht geheiratet?«

»Weil er schon verheiratet ist.«

Nancy war einige Sekunden sprachlos.

»Und nicht nur das. Fräulein von Kirschbaum wohnt im gleichen Haus wie der Rest der Familie Barth.«*

»Allmächtiger!« war alles, was Nancy herausbrachte.

»Die meisten Heuchler aus den sogenannten guten Basler Familien rümpfen darüber die Nase. Keiner wagt zuzugeben, daß die Haushaltsvorstände *ihrer* Familien sich immer Freundinnen in Genf oder Geliebte in Paris gehalten haben. Mein Vater eingeschlossen, wie ich hinzufügen möchte.«

Für ein jüdisches Mädchen aus Palo Alto war das eine völlig neue Welt. »Und was sagen ihre Frauen dazu?«

»Nichts. Wir sind hier in der Schweiz, meine Liebe. Barth macht es wenigstens in der Öffentlichkeit.« Dann fügte Felicitas hinzu: »Er gefällt mir wirklich – dir auch?«

»Oh, ja«, erwiderte Nancy. »Er ist wie ein Teddybär. Man möchte ihn am liebsten knuddeln.«

Dann kehrten die beiden Männer zum Tisch zurück. Barth wandte sich an Nancy. »Ich weiß zwar, daß Sie mit Adam einiges zu besprechen haben, Fräulein Reichman, aber vielleicht haben Sie Lust, ein paar Minuten mit uns nebenan zu verbringen?«

Als sie das Hinterzimmer betraten, standen ein Dutzend Studenten – ausnahmslos Männer –, die um einen großen Tisch gesessen hatten, respektvoll auf. Barth gab ihnen mit einem Wink zu verstehen, daß sie sich wieder setzen sollten, dann nahm er am Kopf des Tisches Platz. Fräulein von Kirschbaum saß neben ihm. Die drei Besucher blieben im Hintergrund und setzten sich gleich neben die Tür, da sie vorhatten, nur kurze Zeit zu bleiben.

Barth ergriff das Wort. »Wie Sie alle wissen, hat das Wintersemester gerade begonnen. Mir fällt auf, daß einige von Ihnen zum ersten Mal hier sind. Für Sie möchte ich wiederholen, daß wir in diesem und dem nächsten Semester hauptsächlich vier Werke durchnehmen, und ich erwarte, daß alle mit ihnen vertraut sind. Es handelt sich um Calvins *Institutio*, Band III; Anselms *Cur Deus Homo*; Luthers *Von den guten Wercken* und Zwinglis *De vera et falsa religione*. Wir werden außerdem einige allgemeine Themen ansprechen, wie Kants Religionsphilosophie und Luthers Verständnis der ›Autorität‹.

Doch bevor wir anfangen, möchte ich Sie daran erinnern, daß heute der 11. November ist, der Tag, an dem der letzte Weltkrieg endete. Leider ist das Ende *dieses* Krieges noch nicht in Sicht. Bevor er zu Ende ist, werden zweifellos noch viele Millionen sterben. Aber wie im letzten Krieg werden wir auch diesen unbeschadet überstehen, weil wir neutral sind. Da Sie alle Schweizer sind* und wie ich in der Armee dienen* – ich sollte vielleicht hinzufügen: mit großem Stolz und entschlossen, wenn es nötig sein sollte, für mein Land zu sterben –, möchte ich Ihnen sagen, daß Neutralität auch Grenzen haben muß. Ich habe die Interpretation unserer Neutralität, von der die oberste Behörde des Landes sagt, sie sei orthodox und obligatorisch, stets abgelehnt. Ich meine damit die falsche und erzwungene Neuinterpretation unserer militärischen Neutralität in Begriffen einer ›integralen‹ Neutralität, die der Bundesrat 1939 zum Vorwand genommen hat, nicht nur sich, sondern auch alle Bürger davon abzuhalten, irgendein Schweizer Interesse an diesem europäischen Konflikt zu demonstrieren. Man wollte uns zwingen, mit unbewegtem Gesicht zuzuschauen, während andere für das Licht der Freiheit kämpfen und verbluten – wo, frage ich, wären wir, die heute abend hier versammelt sind, wenn die anderen es nicht getan hätten? –, und so zu tun, als hätten wir den Unterschied zwischen Petrus und Paulus und Hitler und Churchill nicht gesehen. Bundespräsident Wetter hat das gerade neuerlich beteuert, als er sagte, dies sei ›die einzig mögliche Einstellung der Schweiz‹, jede weitere öffentliche Diskussion sei verboten und das Verbot werde, wenn nötig, durch die Polizei erzwungen.*

Nun, ich weigere mich zu schweigen. Unsere nationale Politik ist eine Mischung aus gerissener Kurzsichtigkeit und kurzsichtiger Gerissenheit. Sie ist ein Skandal und ein Makel auf der Schweizer Reputation. Wir müssen alles in unserer Macht Stehende tun, um zu helfen, diesen Krieg zu beenden. Das kann nur erreicht werden, indem wir den Barbaren Hitler und alle, die zu ihm gehören, zu Fall bringen. Es ist unsere Christenpflicht, in Wort und Tat jenen zu helfen, die aktiv auf dieses Ende hinarbeiten, wenn man uns eine Gelegenheit dazu gibt. Zuallermindest müssen wir für ihren Erfolg beten, und das sehr oft.«

Barth legte eine Pause ein und zündete seine Pfeife wieder an. Dann fuhr er fort: »Nun wollen wir unsere Aufmerksamkeit auf Calvin richten und ...«

Während er weitersprach, schlüpften die drei Besucher, die im Hintergrund gesessen hatten, leise hinaus und kehrten in die Gaststube zurück.

»Setzen wir uns da drüben hin«, sagte Nancy und deutete auf einen Tisch, der frei und von den wenigen anderen Restaurantgästen isoliert stand.

»Wollen wir uns eine Flasche Wein teilen?« schlug Adam von Trott zu Solz vor, als sie sich gesetzt hatten. Die beiden Frauen stimmten zu. Minuten später traf eine gekühlte Flasche Fendant ein, und ihnen wurde eingeschenkt.

»Ich glaube«, sagte Felicitas, »die Worte von Professor Barth waren ebenso an Sie gerichtet, Herr von Trott, wie an seine Studenten.«

»Ich weiß. Ich habe sie mir gemerkt und werde sie nach Möglichkeit Wort für Wort wiederholen, wenn ich wieder bei meinen Freunden vom Kreisauer Kreis bin.«

Nun ergriff Nancy das Wort. »Ich glaube, es wäre ganz hilfreich, wenn Sie etwas mehr über diesen Kreis erzählen könnten. Wer gehört ihm an? Was sind seine Absichten? Und wie können die Vereinigten Staaten helfen? Aber bevor Sie anfangen, lassen Sie mich genau erklären, warum ich heute abend hier bin. Ich bin zwar die amerikanische Vizekonsulin hier in Basel, aber ich arbeite auch für einen Mann, der Kontakte zur höchsten Ebene des US-Geheimdienstes und zu Präsident Roosevelt hat. Sein Name ist Allen Dulles; er ist für unsere Botschaft in Bern tätig. Er weiß, daß wir uns heute abend hier treffen.«

»Ich verstehe«, sagte von Trott, dessen Englisch einen leichten Oxford-Akzent hatte, »und verspreche, daß ich alles, was Sie mir gerade erzählt haben, mit größtmöglicher Diskretion behandeln werde. Da ich für das Auswärtige Amt in Berlin arbeite, bin ich über Allen

Dulles und seine Mission in der Schweiz bestens informiert. Ich hoffe, daß ich ihn, wenn heute abend alles glattgeht, so schnell wie möglich kennenlernen kann.«

Dann erläuterte Adam von Trott zu Solz ihnen die grundlegenden Ziele des Kreisauer Kreises: Man wollte das Land von Hitler und den Nazis befreien und sie durch eine Regierung ersetzen, die auf den Prinzipien eines christlichen Sozialismus basierte. Wenn sie an der Macht war, wollte man dafür sorgen, daß das deutsche Militär sofort abgeschafft wurde. Und was die Bestrafung der Deutschen für den Krieg und die Verbrechen gegen die Menschlichkeit anging, schlug der Kreis Verfahren gegen die Kriegsverbrecher vor dem Internationalen Gerichtshof in Den Haag vor. Von Trott faßte es zusammen, indem er sagte, der Kreisauer Kreis hoffe, das deutsche Volk nach Hitler auf den Weg individueller Freiheit und zu Frieden und Anstand bringen zu können.

»Zuerst müssen wir uns von Hitler befreien, aber – ganz offen gesagt, wir sind in der Frage, wie wir dieses Ziel erreichen, zutiefst gespalten. Viele von uns sind gegen den Einsatz von Gewalt. Andere sind überzeugt, daß Hitler getötet werden muß und daß der Kreisauer Kreis bei diesem Mord eine direkte Rolle zu spielen hat. Zu ihnen gehöre ich. Da wir nicht mehr über die Hilfe von Admiral Canaris und der deutschen Abwehr verfügen, müssen wir, wenn wir Erfolg haben wollen, Hilfe von außen haben. Ich hoffe, ich bin fähig, Dulles zu überreden, daß er uns diese Unterstützung gibt... Vorausgesetzt, ich kriege eine Chance, mit ihm zu sprechen.«

»Ich werde mich sofort darum kümmern«, sagte Nancy. »Wie sieht Ihr Terminplan aus?«

»Ich habe vor, heute abend den letzten Zug nach Bern zu nehmen, da ich morgen ab zehn Uhr Termine bei Beamten des hiesigen Außenministeriums habe. Sie werden wahrscheinlich den ganzen Tag in Anspruch nehmen.«

»In welchem Hotel wohnen Sie?«

»Im Schweizerhof.«

»Kennen Sie den berühmten Glockenturm in der Berner Altstadt?«

»Natürlich.«

»Ich schlage folgendes vor: Machen Sie morgen abend nach dem Essen, wenn die Verdunkelung einsetzt, einen Spaziergang, und sorgen Sie dafür, daß Sie gegen 22.15 Uhr am Glockenturm sind. Entweder wird Mr. Dulles oder einer seiner Leute Sie dort treffen. Kann dieser Termin nicht eingehalten werden, hinterlasse ich telefonisch eine Nachricht in Ihrem Hotel. Sie lautet ganz einfach ›Tante Felicitas hat angerufen‹.«

Das Gesicht des preußischen Aristokraten verzog sich zu einem Lachen, und Felicitas kicherte leise.

»Nancy, du bist ja eine richtige Mata Hari! Wenn ich das geahnt hätte!«

Nancy blieb jedoch ernst. »Ich habe sowas nämlich noch nie gemacht. Ist mein Vorschlag blöd?«

Nun mischte von Trott sich ein. »Ganz im Gegenteil. Es wäre für jeden von uns zu gefährlich, am Telefon etwas zu sagen. Die Telefone, die wir benutzen, sind mit Sicherheit alle angezapft. Und Ihr Vorschlag, während der Verdunkelung einen Spaziergang zu machen, gefällt mir.« Er warf einen Blick auf seine Armbanduhr. »Was mich daran erinnert, daß ich die Straßenbahn zum Bahnhof erwischen muß, bevor es zu spät ist, denn vor Abfahrt des Zuges muß ich noch mein Gepäck holen.«

Felicitas bot an, ihn in ihrem Wagen mitzunehmen,

doch von Trott lehnte ab. Er war sicher, daß er an diesem Abend noch nicht unter Beobachtung stand, und wollte vermeiden, irgendwelche Beachtung auf sich zu lenken – die jedoch, wie er andeutete, unvermeidlich war, wenn er in Begleitung zwei so attraktiver Frauen am Bahnhof aufkreuzte.

Kurz darauf leerten sie die Weinflasche. Nachdem von Trott die Rechnung beglichen hatte, gingen sie in die kalte Novembernacht hinaus. Die Straßenbahnhaltestelle lag dem Restaurant genau gegenüber. Von Trott küßte beiden die Hand und lief rasch hinüber, da die Bahn gerade um die Ecke bog. Minuten später fuhren die Frauen in Felicitas' rotem Alfa Romeo an der Bahn vorbei. Durch ein Fenster erhaschten sie einen letzten Blick auf von Trotts Gesicht. Er schien tief in Gedanken versunken.

»Ach, ich hoffe, ihr könnt ihm wirklich helfen!« sagte Felicitas zu der neben ihr sitzenden Nancy.

»Mach dir keine Sorgen«, antwortete Nancy.

»Ob wir ihn je wiedersehen?«

»Wahrscheinlich nicht.«

»Glaubst du, sie werden Erfolg haben?«

»Mir scheint, das hängt davon ab, wieviel Hilfe er von uns bekommt.«

Bald waren sie vor Nancys Wohnung in der Augustinergasse angelangt.

»Bevor du aussteigst, Nancy«, meinte Felicitas, »obwohl es mich eigentlich nichts angeht ... aber ist das Thema Heisenberg bei Mr. Dulles je wieder zur Sprache gekommen?«

»Nein. Warum?«

»Nun, wie du von Professor Barth gehört hast, hat das Wintersemester gerade angefangen, und diese Woche war Professor Scherrer aus Zürich da, um seine

Vorlesungen wieder aufzunehmen. Die erste war gestern, deswegen mußte ich auch unser Essen absagen. Ich habe hinterher mit ihm Kaffee getrunken. Er hat mich eingeladen. Er wollte mich, sagte er, in seinem Gebiet auf den neuesten Stand bringen und wußte noch, daß Peenemünde bei unserer letzten Unterhaltung im Mittelpunkt gestanden hatte. Dann hat er mich ziemlich anzüglich gefragt, ob mir diesen Sommer in den Nachrichten aufgefallen sei, daß die Insel Ziel eines verheerenden Luftangriffs durch die RAF war. Ich sagte ja, habe ihm aber natürlich nicht erzählt, daß ich es bereits einen Tag danach von dir beim Essen bei Schiessers gehört hatte. Trotzdem hat Scherrer, glaube ich, den Braten irgendwie gerochen, denn er fragte, ob ich die Schwester von Peter Burckhardt sei. Als ich es bejahte, sagte er, er habe gehört, Peter arbeite für die Sektion 5 des Generalstabs. Ich bestätigte es. Übrigens, Nancy, wie geht es mit meinem geliebten Bruder voran?«

»Ich glaube, ›voran‹ ist nicht ganz der passende Ausdruck. Aber um deine Frage zu beantworten, wir haben uns gestern abend einen Marlene-Dietrich-Film angesehen.«

»Und danach?«

»Es gab kein ›danach‹. Er hat mich nur nach Hause gefahren.«

»Heißt das, daß ihr nicht … Wie nennt ihr es noch mal?«

»Wie nennen wir was?«

»Was die Amerikaner im Auto machen. Nennt ihr es nicht *knutschen?*«

»Was ist denn heute abend in dich gefahren, Felicitas?«

»Nun?«

»Die Antwort lautet ja, aber es geht dich nichts an.«

»Gut. Wurde auch Zeit.«

»Na schön, da wir das Thema jetzt erledigt haben, laß uns zu deinem Professor Scherrer zurückkehren.«

»Irgendwie fällt es mir schwer, mir meinen Bruder beim Knutschen vorzustellen. Dich schon, aber ... «

»Felicitas!«

»Schon gut. Professor Scherrer hat mir erzählt, daß er regelmäßig mit einigen seiner ehemaligen Kollegen von der Göttinger Universität korrespondiert, unter anderem mit einem Amerikaner namens Robert Oppenheimer. Er sagt, unter den Wissenschaftlern in Amerika herrschte zunehmende Besorgnis, daß die Nazis jetzt, wo offensichtlich ist, daß Deutschland den Krieg allmählich verliert, zu verzweifelten Maßnahmen greifen. Er hat mir die Kopie eines Briefes und seine Antwort auf ihn gegeben – mit der Anregung, es könnte meinen Bruder vielleicht interessieren.« Sie griff in ihre Handtasche und entnahm ihr einen Umschlag. »Ich habe ihn übrigens gefragt, wie er es schafft, Briefe nach Amerika zu schicken und von dort zu bekommen. Er sagt, er habe Freunde in unserer Botschaft in Washington, die sich darum kümmern. Was bedeutet, daß gewisse Leute in unserer Regierung ebenfalls an diesen Dingen interessiert sein müssen.«

Sie reichte Nancy den Umschlag. »Hier. Vielleicht wäre es am besten, wenn du später die Briefe an Peter weitergibst. Dann sind wir alle auf dem laufenden. Übrigens, den Brief aus Amerika fand ich beim Lesen ziemlich beunruhigend. Wenn der nette Deutsche Hitler umbringt, tut er es hoffentlich bald.« Die beiden Frauen verabschiedeten sich, und Felicitas fuhr los.

Nachdem Nancy ihren Mantel ausgezogen hatte,

ging sie in die Küche und goß sich eine Tasse Tee auf. Als er fertig war, setzte sie sich aufs Sofa und las den Brief, den Scherrer aus Amerika erhalten hatte. Er war fast zwei Monate alt.

»Aktuelle Presseberichte und Geheimdienstmeldungen deuten darauf hin, daß die Deutschen sich offenbar im Besitz einer neuen, starken Waffe befinden, von der angenommen wird, daß sie zwischen November und Januar einsatzbereit ist. Die Wahrscheinlichkeit ist sehr hoch, daß Uran diese neue Waffe ist. Falls das stimmen sollte, brauche ich die möglichen Konsequenzen wohl nicht näher zu erläutern.

Möglicherweise haben die Deutschen gegen Ende des Jahres genügend Material angesammelt, um diese Spezialwaffe in großer Zahl herzustellen und sie gleichzeitig gegen England, Rußland und die USA zu richten. In diesem Fall bestünde nur wenig Hoffnung auf irgendwelche Gegenmaßnahmen. Es ist aber auch möglich, daß sie pro Monat nur etwa zwei davon herstellen können. Das würde zwar Großbritannien in eine besonders gefährliche Lage bringen, doch dann bestünde, bevor der Krieg verloren ist, Hoffnung auf Gegenmaßnahmen unsererseits.*

Lieber Paul, es wäre äußerst hilfreich, wenn du uns Deine Einschätzung des Standes der deutschen Kernforschung und Entwicklung aus deiner Züricher Sicht schildern könntest. Du hast unserer Ansicht nach nicht nur den Vorteil, näher an Berlin zu sein, sondern auch mit Heisenberg in Kontakt zu stehen, der das deutsche Programm zweifellos leitet.«

Scherrers Antwort, datiert vom 28. Oktober 1943 (was zeigte, daß der Kurierdienst zwischen Washington und der Schweiz ziemlich unregelmäßig war), hatte folgenden Wortlaut:

»Danke für Deinen Brief vom 21. August, der gerade angekommen ist. Ich glaube, eure Befürchtungen sind leicht übertrieben. Es besteht aber kein Zweifel daran, daß die Deutschen alle Anstrengungen unternehmen, um eine – wie Du es nennst – ›Uran-Waffe‹ zu entwickeln. Ihr Reaktor verwendet schweres Wasser, das sie aus Norwegen beziehen, und Uran, das sie in großen Mengen aus dem kongolesischen Union-Minière-Uranerz gewinnen, welches die deutschen Truppen 1940 in Belgien erbeutet haben – angeblich 1.200 Tonnen.* Ich habe zwar eine der Heisenbergschen Zeichnungen für einen solchen Reaktor gesehen, bezweifle aber, daß Reaktoren dieser Art effizient genug sind, um soviel Material zu produzieren, wie sie brauchen, um in kurzer Zeit die von Dir erwähnte hohe Anzahl zu bauen.* Aber ich kann mich auch irren. Außerdem ist es durchaus möglich, daß die Deutschen den von Heisenberg entworfenen Reaktor gar nicht einsetzen.

Obwohl ich natürlich ebenso wie Du, lieber Robert, über das besorgt bin, was sich im Kaiser-Wilhelm-Institut in Berlin tut, glaube ich nicht, daß eine unmittelbare Gefahr besteht. Natürlich kann die Lage in einem Jahr ganz anders aussehen.«

Am nächsten Morgen nahm Nancy Reichman den ersten Zug nach Bern und begab sich vom Bahnhof aus direkt zur Wohnung von Allen Dulles in der Herrengasse. Er erwartete sie, und es stand schon eine volle Kanne echter amerikanischer Kaffee zum Einschenken bereit. Sobald sie den Mantel abgelegt hatte, nahm sie die Tasse dankbar entgegen.

»Fangen wir mit dem Deutschen an«, meinte Dulles, nachdem sie es sich auf dem Sofa im Wohnzimmer bequem gemacht hatten.

»Ich habe in Barths Gesellschaft gestern abend eine ganze Stunde mit ihm verbracht«, begann Nancy.

Nachdem sie Dulles ausführlich über das Gespräch vom vergangenen Abend berichtet hatte, erklärte er sich, ohne zu zögern und ohne weitere Fragen zu stellen, bereit, sich mit von Trott zu Solz zu treffen... oder einen seiner Leute zu schicken. »Was er über Canaris und die Abwehr sagt, ist sehr interessant. Es bestätigt das, was ich auch aus anderen Quellen erfahren habe. Schade. Wir hatten große Hoffnungen in sie gesetzt.«

»Da fällt mir noch etwas ein. Die Abwehr hat den Kreisauer Kreis offenbar nicht nur geschützt, sondern auch mit einem Kommunikationsnetz versorgt. Doch jetzt, wo sie demontiert ist...«

Dulles unterbrach sie. »Ich weiß, worauf Sie hinauswollen, und ich glaube – vorausgesetzt, von Trott bewährt sich –, daß wir dem Kreis sofortige Hilfe leisten können.« Er berichtete von der Schuhfirma Bally und schloß mit den Worten: »Wir sind mit der Familie Bally nur in Verbindung gekommen, weil Ihr Freund Peter Burckhardt uns dabei geholfen hat. Und nicht nur das! Ich weiß nicht, ob Sie sich noch daran erinnern, aber im letzten Frühjahr, als ich die erste Begegnung mit dem Schweizer Geheimdienst auf Schloß Benken hatte, hat Burckhardt das Thema Kreisauer Kreis und eine eventuelle Zusammenarbeit überhaupt erst aufgebracht. Wenn ich jetzt darüber nachdenke... Ich glaube, daß er auch Barth als potentiellen Vermittler erwähnte. Der junge Mann hat wirklich einen außerordentlichen Weitblick. Wenn Sie ihn das nächste Mal treffen, Nancy, sprechen Sie ihm in meinem Namen Dank aus.« Dann fragte er: »Haben Sie sonst noch etwas auf dem Herzen?«

Nancy griff in ihre Handtasche und entnahm ihr den Umschlag, den Felicitas ihr am Abend zuvor gegeben hatte. Nachdem sie berichtet hatte, wie er in ihren Besitz gelangt war, gab sie die Briefe an Dulles weiter. Als er sie gelesen hatte, saß er schweigend da, als überlege er sich sorgfältig, was er nun sagen sollte.

»Wie Sie wissen, Nancy, geht es hier um eine äußerst ernste Sache. Ich glaube, Professor Scherrer könnte sich für uns als außerordentlich wertvolles Plus erweisen. Aber wir – ich meine das OSS – müssen in dieser Angelegenheit sehr vorsichtig vorgehen. Man hat uns nämlich zu einem gewissen – und unbekannten – Grad den nachrichtendienstlichen Auftrag entzogen, etwas über den Umfang des deutschen Fortschritts in Sachen ›Uran-Waffe‹ herauszufinden. Was ich Ihnen nun erzähle, ist natürlich streng geheim, Nancy, und darf nicht weitergegeben werden. Der Grund, habe ich erfahren, ist der, daß man in Washington das Gefühl hat, wir wären zu behutsam vorgegangen. Ich bin allerdings der Meinung, daß der Grund für unsere Behutsamkeit darauf zurückzuführen ist, daß man uns von Anfang an gesagt hat, wir dürften auf keinen Fall riskieren, unsere Agenten in die Kernspaltung einzuweihen, weil die Gefahr zu groß ist, daß jemand festgenommen – oder noch schlimmer – von den Deutschen umgedreht wird. Dann könnten *sie* vielleicht herausbekommen, was *wir* tun, und ihre Bemühungen daraufhin drastisch verstärken. Jedenfalls hat General Marshall gerade einen seiner Leute mit der Leitung der Aufklärung in diesem Bereich betraut: General Groves. Sollte man uns bitten, mit ihm zusammenzuarbeiten, werden wir es natürlich tun.«*

Dann händigte er Nancy die Briefe wieder aus. »Ich schlage vor, Sie geben sie zurück, und wir vergessen, daß dieses Gespräch stattgefunden hat.

Da ist aber noch etwas. Es bezieht sich wieder einmal auf den für beide Seiten höchst fruchtbaren Austausch, zu dem es zwischen der Sektion 5 und uns gekommen ist – wie Sie gerade wieder mit unserer neuen Direktverbindung zum Kreisauer Kreis bewiesen haben. Zum Ausgleich möchte ich, daß Sie Burckhardt eine Warnung und den Vorschlag zukommen lassen, er soll sich darum kümmern, daß sie in den höchsten Kreisen der Regierung bei der Industrie und in den Banken bekannt wird: Washington ist sehr ungehalten über die andauernde wirtschaftliche und finanzielle Kooperation zwischen der Schweiz und Deutschland. Sehr ungehalten. Man weiß genau, daß die Schweiz allein in diesem Jahr den Gegenwert einer halben Milliarde Franken in Gold aus Deutschland bekommen hat – und es ist restlos gestohlen*. Die Information stammt, das sollte ich vielleicht erwähnen, vom britischen Geheimdienst, was in mir den Verdacht erweckt, daß auch er einen Spitzel in der BIZ hat. Geben Sie das an Burckhardt weiter.«

»Ich habe schon vermutet, daß das Klima sich ändert«, erwiderte Nancy. »Man hat mich vorige Woche ins Büro des Botschafters gerufen und mir eine lange Liste von Aufträgen überreicht. Die Botschaft möchte, daß ich sie als Teil meiner konsularischen Pflichten erledige, weil ich ohnehin kaum etwas zu tun habe, da Schweizer, die in die USA reisen möchten, offenbar kein Visum kriegen und sich in Basel keine Amerikaner aufhalten, die die übliche konsularische Hilfe bräuchten. Ich habe gedacht, es sei reine Beschäftigungstherapie, aber das ist es offenbar nicht.«

»Ich möchte mich zwar nicht in die Geschäfte des Botschafters einmischen, aber für welche Dinge interessiert man sich dort?«

»Deutsche Güterzüge, die durch Basel nach Süden fahren, stehen ganz oben auf der Liste. Washington vermutet, daß die Lage sich seit der Kapitulation der Italiener im September drastisch verschlechtert hat. Jetzt muß die Wehrmacht die Front in Italien ganz allein gegen unsere Truppen halten. Der Basel-Gotthard-Mailand-Nachschubweg ist für die Deutschen absolut lebenswichtig geworden – wie auch viele Schweizer Industrieexporte. Deswegen will man über die Art und den Umfang der Exporte so viele Informationen wie nur möglich. Ich vermute, das Ersuchen steht in direktem Zusammenhang mit dem, was Sie über die großen Goldmengen gehört haben, die aus Deutschland in die Schweiz kommen. Man möchte wissen, was das Land im Gegenzug verläßt. Und noch etwas: Man möchte alles wissen, was ich über eine Basler Firma namens Interhandel herauskriegen kann. Kennen Sie die Firma zufällig?«

»Nein.« Dann meinte Dulles: »Das klingt alles ziemlich langweilig. Bevor Sie sich aufmachen, diese dringenden Dinge zu erledigen, erzählen Sie mir noch etwas über Barth. Ich hatte noch keine Gelegenheit, den Mann kennenzulernen, aber ich habe gehört, er soll nicht nur körperlich ein Riese sein, sondern auch in den theologischen Schriften, die er verfaßt.«

Nancy bestätigte das. Sie beendete ihr kurzes Barth-Porträt mit dem, was er über seine Landsleute gesagt hatte: »Sie sind von gerissener Kurzsichtigkeit und von kurzsichtiger Gerissenheit.«

»Genau«, sagte Dulles. »Stimmt absolut. Aber nächstes Jahr werden sie allmählich anfangen, es zu bedauern.«

VIERTER TEIL

25. Kapitel

In den folgenden Wochen und Monaten widmete Nancy Reichman den Hauptteil ihrer Tage und viele Nächte der ermüdenden Aufgabe, ihre Anweisungen zu befolgen. Und sie brauchte nicht lange, um zu dem gleichen Schluß zu kommen wie Barth an jenem Abend im Restaurant Bruderholz: Die Schweizer hängten aus egoistischen Gründen ihr Fähnchen nach dem Wind und übten sich in einer Unmoral, die im Zweiten Weltkrieg einmalig war. Ihre Haltung erklärte voll und ganz, warum ihr Land in dem von den Nazis beherrschten Europa eine unberührte Insel blieb.

Schon nach zehn sporadischen nächtlichen Beobachtungen des Basel durchquerenden Bahnverkehrs war die amerikanische Vizekonsulin Anfang 1944 in der Lage, den Verdacht Washingtons zu bestätigen: Der Umfang der Transporte schwoll gewaltig an. Von einem am Basler Stadtrand gelegenen Beobachtungsposten an der Hauptstrecke aus sah sie die von der deutsch-schweizerischen Grenze kommenden Züge, oft nur in Minutenabständen, in Richtung Gotthard-Tunnel und dann zur italienischen Grenze fahren. Ihr Ausguck lag eigentlich am Rand von Muttenz und war fast mit dem identisch, den die Rote Kapelle zur Erlangung der gleichen Informationen benutzt hatte, bevor sie vor einem Jahr vom Schweizer Geheimdienst aus dem Verkehr gezogen worden war. Die Waggons, viele davon Tankwagen, waren entweder deutscher oder italienischer Herkunft, und alle waren versiegelt und schwer bewacht. Sie waren der Schwerpunkt des »guten Einvernehmens« zwischen den Nazis und der Schweiz, das schon zu Anfang des Krieges geherrscht hatte. Und sie waren der wahre Grund, warum Hitler den Plan aufgegeben hatte, die Schweiz in sein Tausendjähriges Reich einzugliedern. Denn die Züge waren – wie jeder informierte Schweizer wußte – absolut lebenswichtig für die deutschen Truppen, die nun in Süditalien allein gegen die alliierten Streitkräfte fochten und es geschafft hatten, deren Marsch nach Norden bei Monte Cassino aufzuhalten. Die Waggons waren hauptsächlich mit Treibstoff beladen, der in Italien äußerst knapp war. Als Gegenleistung dafür, daß die Schweiz den Nazis auf einer Tonne-für-Tonne-Basis die Durchfahrt durch ihr neutrales (und somit sicheres) Land erlaubte, war man nun in der Lage, für den eigenen Bedarf sorgfältig berechnete Mengen Kohle und Öl in Deutschland einzukaufen. Und was ebenso wichtig war: Der Schweiz war der freie Transport von Nahrungsmitteln erlaubt, besonders von Getreide, das in Nord- und Südamerika aufgekauft wurde, dann in Schiffen unter Schweizer Flagge über den Atlantik ins neutrale Portugal und nach Spanien kam und dann durch die von den Nazis kontrollierten Gebiete nach Genf transportiert wurde.

Nancys Bericht wurde ordnungsgemäß in der Schweizer Sektion des Außenministeriums in Washington entgegengenommen und trug zu der anwachsenden Beweislast bei, daß die Schweiz sich zum wichtigsten wirtschaftlichen Verbündeten des Dritten Reiches entwickelt hatte.

Obwohl es aufgrund ihres strategischen Standortes in Basel – einem der Hauptknotenpunkte der europäischen Bahnen – relativ leicht war, sich einen Überblick über den Umfang der nach Italien gehenden deutschen Gütertransporte zu verschaffen, lief Nancy bei ihren Ermittlungsversuchen, was die Nazis im Austausch für ihre riesigen in die Schweiz verkauften Goldmengen bekamen, pausenlos gegen Mauern. Doch wie bei den meisten nachrichtendienstlichen Tätigkeiten im Sektor Wirtschaft wurde durch das Auswerten von Zeitungsartikeln, beim Essen aufgeschnappten Gesprächsfetzen oder Informationen, mit denen sie bewußt von jenen Schweizern versorgt wurde, die strikt dagegen waren, Deutschland mit Präzisionswerkzeugmaschinen, Motoren, Kugellagern, Flakgeschützen und Artilleriegranaten zu beliefern, allmählich deutlich, daß die heimische Industrie auch 1944 noch der wichtigste Zulieferer für die deutschen Kriegsanstrengungen war. Und das zu einer Zeit, in der jedem vernünftigen Bürger hätte klarwerden müssen, daß er eine sinnlose Sache unterstützte und das Risiko ernsthafter Vergeltungsschläge einging, sollten Praktiken dieser Art unkontrolliert weiterlaufen. Nancys Schlußfolgerungen – auch diese wurden ordnungsgemäß in Washington registriert und abgelegt – waren die, daß vierzig Prozent der Schweizer Exporte nach Deutschland gingen und daß man über die Hälfte dieser Exporte als »Rüstungsgüter« einstufen mußte. Obwohl diese Menge nur ein Prozent des Ausstoßes der deutschen Rüstungsindustrie ausmachte, handelte es sich dabei oft um Hochleistungsprodukte, die aufgrund des einmalig hohen Technikstandes der Schweiz zu unersetzlichen Schlüsselkomponenten für deutsche Panzer, Flugzeuge und U-Boote geworden waren. Im kritischen Kriegsjahr 1944 wurden die hochtechnischen militärischen Produkte der Schweiz immer wichtiger, und sogar ausschlaggebend, nachdem alliierte Bombenangriffe nach und nach die Kugellagerfabriken in Schweinfurt, die Kruppsche Waffenschmiede an der Ruhr und die Siemens-Elektrowerke in Berlin zerstörten. Die Produktionslücken glich man nun oft durch Importe von Firmen wie Georg Fischer in Schaffhausen aus, die Dieselmotoren für U-Boote herstellte, oder Brown-Boveri in Baden, wo man nach deutschen Angaben schwere elektrotechnische Geräte wie Motoren und Turbinen produzierte. Auch der bei Zürich beheimatete Bührle-Konzern arbeitete mit. Der als »Schweizer Krupp« bekannte Inhaber Emil Bührle gehörte zu den Hauptlieferanten der Nazis für Flugabwehr- und Panzerkanonen. Man konnte sich in allen Fällen auf diese Firmen verlassen: sie lieferten pünktlich, da ihre Fabriken aufgrund ihres Standortes in der neutralen Schweiz natürlich nicht von den Alliierten bombardiert wurden.

Dann kam ein erneutes Ersuchen aus Washington, das sie anwies, sich eine in Basel registrierte Beteiligungsgesellschaft namens Societé Internationale pour Participations Industrielles et Commerciales, S.A. anzusehen, die allgemein unter dem Namen Interhandel bekannt war. Dem Ersuchen lag ein informativer Schriftsatz bei, der erläuterte, daß die Interhandel-Beteiligungen vorrangig in der Chemie lagen. Ihre Hauptbeteiligung steckte jedoch in dem großen amerikanischen Chemiekonzern, der Firma General Aniline and Film (GAF), die als Inhaber von Agfa, Ansco und dem großen Blaupausenhersteller Ozalid Hauptkonkurrent der US-Firma Kodak war. Die GAF lieferte ironischerweise auch die Khaki- und die blaue Farbe für die Uniformen der US-Marine, der Air Force und der Army. 1942 hatte die US-Regierung die GAF nach einem Gesetz beschlagnahmt, das den Handel mit dem

Gegner untersagte, und ihr Vorgehen mit dem Argument gerechtfertigt, die Betreiber der Beteiligungsgesellschaft, denen die GAF gehöre, seien trotz ihrer vorgeblichen Schweizer Nationalität lediglich Strohmänner für das berüchtigte deutsche Chemiekartell I. G. Farben. Wie der Schriftsatz erläuterte, hatten die Schweizer vehement gegen dieses Vorgehen protestiert und würden ihren Besitz zweifellos zurückfordern. Als einzige offizielle Vertreterin der US-Regierung in Basel sollte Vizekonsulin Nancy Reichman so viele Informationen und besonders Dokumente wie nur möglich beschaffen, die man verwenden konnte, um die Gründe für die amerikanische Beschlagnahmung zu erhärten und eine mögliche Schweizer Gegenaktion abzublocken. Denn zweifellos würden die Schweizer, sobald der Krieg beendet war und sich die Aufregung gelegt hatte, die Sache in den USA vor Gericht bringen.*

An wen sollte Nancy sich wenden? Ein Anruf bei Professor Salin brachte einen Vorschlag: ein Rechtsanwalt, den sie Ende 1943 bei einem Essen bei Salin kennengelernt hatte. Er hieß Karl Meyer, hatte viele als Unternehmer tätige deutsche Klienten, was ihm viel Geld einbrachte. Allerdings benutzte er sie auch, indem er die Schweizer Regierung, die pausenlos Handelsabkommen mit Deutschland abschloß, mit Informationen versorgte und ihr so ermöglichte, die Verhandlungen mit harten Bandagen zu führen. Salin wußte das alles, sonst wäre der Anwalt an dem betreffenden Abend wohl kaum zugegen gewesen. Meyer war ebenfalls, wie Salin betonte, Major der Schweizer Armee; die Schlußfolgerung aus dieser letzten Bemerkung überließ er Nancy.

Kurz nachdem Nancy bei Dr. Meyer in dessen Büro auf der Freien Straße eingetroffen war, wurde ihr klar, was Salin gemeint hatte. Meyer reagierte auf ihre anfänglichen Fragen mit kurzen, präzisen Antworten. Wem die Firma Interhandel gehörte, war kein Geheimnis: der Basler Sturzenegger-Bank, die wiederum zu hundert Prozent in Schweizer Hand war. Wer sie leitete, war ebenso leicht zu beantworten: ein Verwaltungsrat, der zu hundert Prozent aus Schweizern und hauptsächlich aus den Inhabern einer führenden Basler Anwaltskanzlei bestand. Das allein garantierte, daß die Firma Interhandel über jeden Vorwurf erhaben war. Dann kam der Warnschuß vor Nancys Bug. Er sollte ihr deutlich machen, daß man Basel zwar als Standort benutzen konnte, um Deutschland auszuspionieren, daß man die Gastfreundschaft der Stadt aber nicht ausnutzte, um die Schweiz zu bespitzeln. Womit gemeint war, daß die begründeten Interessen des Basler Juristen- und Bank-Establishments an der Interhandel so groß waren, daß man keine Einmischung in ihre Angelegenheiten durch jemanden von außerhalb duldete. Meyer übermittelte Nancy die Botschaft ohne eine Spur von Subtilität.

»Meine liebe junge Dame«, begann er, »ich muß Sie an die Grundregeln erinnern, die in den juristischen Rahmen unseres Landes eingebettet sind und dazu dienen sollen, das Verhalten all jener zu lenken, die hier leben, einschließlich der Gäste unseres Landes. Sie sind alle in diesem dünnen Bändchen enthalten.«

Ohne vom Schreibtisch aufzustehen, nahm er ein Buch in die Hand, das wirklich ziemlich dünn und rot eingebunden war, und hielt es ihr hin. Nancy blieb nichts anderes übrig, als sich von dem vor seinem Schreibtisch stehenden Stuhl zu erheben und es ihm abzunehmen. Sie las den Titel. *Handkommentar zum schweizerischen Strafgesetzbuch.*

Dann fuhr der Anwalt mit seinem Vortrag fort. »Was Sie da in der Hand halten, ist ein kurzer Kommentar zu unserem Strafgesetzbuch. Einige der dort kommentierten Gesetze sind Schweizer Eigenheiten und für Angelsachsen eventuell sogar beleidigend, doch das wirkt sich nicht im geringsten auf den Willen unserer Gerichte aus, jeden, der sie verletzt, zu bestrafen. Jeden. Und nun meine ich, sollten Sie die Seite 163 des Kommentars aufschlagen.«

Nancy tat es.

»Dort steht Artikel 273 des Strafgesetzes. Lesen Sie ihn mir doch mal vor.«

Wider Willen – eine innere Stimme schrie ihr zu, ihm das Buch an den Kopf zu werfen und zu gehen – fing Nancy an zu lesen. Es fing an mit »Wer ein Fabrikations- oder Geschäftsgeheimnis auskundschaftet, um es einer fremden amtlichen Stelle zugänglich zu machen« und endete mit den Worten »wird mit Gefängnis, in schweren Fällen Zuchthaus bestraft«.*

»Gut. Für eine Amerikanerin sprechen Sie sehr gut Deutsch.« Unausgesprochen blieb sein offenbares Wissen, daß sie keine »echte« Amerikanerin war, sondern vielmehr eine deutsche Emigrantin, der es gelungen war, nach Europa zurückzukehren... was sie doppelt zweitklassig machte.

Ohne eine Antwort auf sein Kompliment abzuwarten, fuhr Meyer fort: »Nur um Ihnen absolut klarzumachen, worum es hier – für *Sie,* Fräulein – geht: Demjenigen, der einen Versuch macht, in einer Schweizer Firma – egal welcher – Betriebsspionage zu betreiben, um deren vertrauliche Angelegenheiten ausländischen Regierungen zugänglich zu machen, droht Gefängnis, in ernsten Fällen sogar fünf Jahre Zuchthaus. Es ist lediglich die Klage eines beliebigen Bürgers – wie ich zum Beispiel – nötig, und die Behörden leiten eine kriminalpolizeiliche Untersuchung ein, die jedem diese Strafe einbringt, der sich in solchen Aktivitäten engagiert.«

Er legte eine Pause ein, um ihr Zeit zum Nachdenken zu geben.

»Aus Ihrem Grinsen kann ich keinen anderen Schluß ziehen, als den, daß Sie mich für einen Schwätzer halten, Fräulein.«

Nun ergriff Nancy das Wort. »Ich *halte* Sie nicht dafür. Ich weiß, daß Sie einer sind.« Sie wußte auch, daß ihre diplomatische Immunität sie vor vielem schützte. Sie wußte freilich nicht, ob eine Beschwerde Dr. Meyers eventuell zum Entzug ihrer Akkreditierung durch das hiesige Außenministerium und dann zur Ausweisung führen konnte. Aber sie war so wütend, daß sie sich einen Dreck um derart abwegige Möglichkeiten scherte. So, wie der Krieg verlief, sollten sich auch die Schweizer lieber zweimal überlegen, ob sie es wagten, sich die USA auf diese Tour zum Feind zu machen.

Und so stand Nancy Reichman von ihrem Stuhl auf und klatschte das rote Büchlein auf die Platte des anwaltlichen Schreibtisches. Sie wußte, daß sie gegen die Regeln verstieß, aber sie mußte dem Kerl, bevor sie ging, wenigstens noch etwas unter die Weste jubeln. »Ich weiß zwar nicht, ob Sie schon davon gehört haben, Herr Doktor, aber wir sind momentan im Begriff, eine schwarze Liste jener Personen und Firmen in Ihrem Land anzulegen, die mit dem Feind gehandelt und mit ihm verkehrt haben. Nach dem Ende des Krieges wird man ihnen verwehren, weiterhin mit den Vereinigten Staaten und ihren Alliierten Handel zu treiben. Ich werde die Empfehlung aussprechen, die Liste auch auf gewisse Anwaltskanzleien auszudehnen. Ich brauche wohl nicht zu betonen, daß die Beschwerde eines Mitarbeiters des US-Außenministeriums ausreicht, um jemanden auf die Liste zu bringen, besonders dann, wenn eine Beamtin des Ministeriums – wie ich – sie äußert.«

Der Anwalt sprang auf, und wäre der Schreibtisch nicht zwischen ihnen gewesen, hätte er Nancy womöglich eine Ohrfeige verpaßt.

»Raus!« brüllte er.

Also ging sie.

Am nächsten Tag bekam sie kurz vor Mittag im Konsulat einen Anruf von Peter Burckhardt.

»Wie ich gehört habe, hattest du gestern einen Zusammenstoß mit einer Säule des hiesigen juristischen Establishments.«

»Da hast du richtig gehört«, erwiderte Nancy. »Sag bloß nicht, er gehört zu deinen Busenfreunden!« Bevor er antworten konnte, setzte sie nach: »Dieses aufgeblasene Arschloch hat mich nicht nur bedroht, Peter, ich schwöre dir, er hätte mir auch eine geklebt, wenn er mich gekriegt hätte.« Dann: »Wie hast du übrigens so schnell davon erfahren?«

»Durch meinen Vater.«

»Wie passend ...«

»Nun mach mal halblang, Nancy! Du hast in ein Wespennest gestochen. Jede Bank in dieser Stadt hat große finanzielle Einlagen bei der Interhandel.«

»Aber beherrscht wird sie von der I. G. Farben.«

»Nein. Sie gehört der Sturzenegger-Bank.«

»Also bitte, Peter! Dieser kleinen Bank? Die hat doch wahrscheinlich nicht mal zwanzig Angestellte. Sie ist nur ein Strohmann, eine Tarnung für den wahren Nutznießer, der – wie ich, du, dein Vater und gewiß auch die Sturzenegger-Bank wissen – I.G. Farben heißt.«

»Vielleicht. Aber du wirst es nicht beweisen können. Man wird nie erlauben, daß irgendwelche in diese Richtung deutenden Unterlagen jemals das Land verlassen. Sie unterliegen sowohl dem Schutz des Bankgeheimnisgesetzes als auch denen zur Abwehr von Wirtschaftsspionage.«

»Ich kenne die Gesetze. Doktor Meyer, dein Kumpel, hat mir davon erzählt.«

»Er ist nicht mein Kumpel, Nancy. Er ist wirklich ein aufgeblasener kleiner Arsch. Aber das sind schließlich die meisten Anwälte hier. Nicht nur das – sie sind auch alle käuflich. Und im Fall Interhandel sind sie absolut und unwiderruflich gekauft worden. Wie auch die Banken. Wir reden hier über Hunderte von Millionen Dollar.«

»Was rätst du mir also?«

»Laß die Finger davon. Sonst wird man dich hier in Basel hundertprozentig ächten. Was meiner Meinung nach ein viel zu hoher Preis für eine weitere Bespitzelung der Firma Interhandel wäre, besonders da sich eine solche Bespitzelung am Ende mit Sicherheit als sinnlos erweist.«

Nancy schwieg ein paar Sekunden. »Ich werde darüber nachdenken«, sagte sie schließlich.

»Hättest du Lust, morgen abend mit mir in die Oper zu gehen? *Die Fledermaus*... «

»Nein, danke«, erwiderte sie. »Ich bin nicht in der Stimmung dazu.« Sie legte auf.

An diesem Nachmittag telefonierte sie mit Dulles und fragte ihn, ob sie am nächsten Morgen nach Bern kommen und kurz mit ihm reden könne. Er war sofort einverstanden. In dieser Nacht schlief sie schlecht. Vor

Morgengrauen war sie auf den Beinen, um sicherzugehen, daß sie den ersten Zug nach Bern nicht verpaßte.

Nachdem Dulles sich ihre Geschichte angehört hatte, meinte er: »Burckhardt hat recht. Lassen Sie die Finger davon. Im Vergleich dazu stehen viel wichtigere Dinge an, bei denen wir vielleicht Ihre Hilfe brauchen – Dinge, bei denen es um Leben und Tod geht, nicht um Geld.«

Als sie wieder zu Hause war, rief sie Peter Burckhardt in der Bank an, obwohl es schon später Nachmittag war.

»Ich bin's«, sagte sie. »Gilt das Angebot für die Oper noch?«

»Natürlich.«

»Holst du mich um sieben ab?«

»Mit Freuden.«

»Ich nehme deinen Rat übrigens an. Damit du dich nicht zu schämen brauchst, dich mit mir in der Öffentlichkeit zu zeigen.«*

In der Pause zwischen dem zweiten und dritten Akt entdeckte ein offenbar gerade erst hereingekommener Mann, der sich aufgeregt im Foyer umsah, Peter Burckhardt, der eben zwei Gläser Champagner bestellte. Er eilte sofort auf ihn zu. Burckhardt entschuldigte sich, ließ Nancy an der Bar stehen und zog sich mit ihm in eine Ecke zurück, wo sie sich angespannt im Flüsterton unterhielten.

Ein paar Minuten später kam er allein zurück. »Eine dringende Sache. Ich muß gehen. Möchtest du bleiben, oder soll ich dich ...?«

Nancy fiel ihm ins Wort. »Ich bleibe. Keine Bange, ich kann von hier aus leicht zu Fuß nach Hause gehen. Mach dich lieber auf den Weg.« Sie waren in den vergangenen eineinhalb Jahren oft miteinander ausgegangen, doch es war das erste Mal, daß so etwas passierte. Da Nancy in der gleichen Branche tätig war wie er – wenn auch nur als Teilzeitkraft –, lauschte sie in der nächsten Stunde weniger der Musik, als daß sie sich fragte, was um diese Zeit die sofortige Aufmerksamkeit eines Geheimdienstoffiziers erforderte.

26. Kapitel

Der gleiche Gedanke war auch Peter Burckhardt auf der Fahrt zur Außenstelle Pfalz des Geheimdienstes durch den Kopf gegangen. Das Hauptquartier dieser nur mit Deutschland befaßten Sektion befand sich auf dem Petersplatz, gegenüber dem Universitätspark. Bei seinem Eintreten kam ihm auch schon ein Feldwebel der Nachtschicht entgegen.

»Hier«, sagte er und reichte ihm ein Blatt Papier. »Die Nachricht ist vor einer Stunde bei Massons Leuten in Luzern eingegangen. Sie haben sie uns per Fernschreiber geschickt.«

Die Nachricht kam von der Dienststelle des Obergruppenführers Walter Schellenberg. Leutnant Peter Burckhardt wurde dringend gebeten, Sturmbannführer Eggen anzurufen. Es waren verschiedene Berliner Telefonnummern aufgeführt, unter denen Eggen Tag und Nacht zu erreichen war. Angehängt war eine Instruktion Oberstbrigadier Massons: Burckhardt sollte Eggen zwar sofort anrufen und ihn aushorchen, aber unverbindlich bleiben und sich anschließend umgehend bei Masson melden, um sich weitere Anweisungen zu holen.

Also setzte sich Burckhardt ans Telefon. Er erreichte Eggen beim ersten Versuch. Der Sturmbannführer befand sich noch im SS-Hauptquartier in Berlin, nicht weit vom ausgebrannten Reichstagsgebäude entfernt.

»Es ist sehr freundlich von Ihnen, daß Sie um diese Zeit noch zurückrufen, Herr Doktor«, waren Eggens erste Worte. »Ich hoffe, ich habe Ihnen nicht allzu große Unannehmlichkeiten bereitet.«

»Eigentlich schon«, erwiderte Burckhardt. Als er Eggens Stimme vernahm, mußte er sofort an seine letzte Begegnung mit diesem Mann denken, vor fast einem Jahr auf Schloß Benken, bei der ihm der skrupellose Offizier auf Anhieb unsympathisch gewesen war. Eggen schien über das unschlagbare Talent zu verfügen, Männer in hohen Positionen auf beiden Seiten der Grenze einzuseifen ... Offenbar ging er davon aus, daß nun auch Peter Burckhardt dazugehörte.

»Das tut mir wirklich leid«, sagte Eggen, »aber wenn Sie mir erlauben, es zu erklären, werden Ihnen, so glaube ich, meine Gründe sofort verständlich sein.«

»Bitte«, erwiderte Burckhardt.

»Der Prototyp einer völlig neuen Version unseres Kampfflugzeugs Messerschmidt 110 Cg + EN, der über Süddeutschland an einer Luftschlacht teilgenommen hat, ist vor zwei Stunden versehentlich auf dem Flughafen Dübendorf bei Zürich gelandet. Die Maschine ist mit neuen Triebwerken und streng geheimen, äußerst weit entwickelten Instrumenten ausgerüstet. Als der Pilot merkte, wo er war, wollte er wieder starten, wurde aber daran gehindert. Wir müssen diese Maschine zurückhaben, Herr Leutnant.«

»Aber Sie müssen doch wissen, daß sich meine militärische Kompetenz nicht auf Dinge von dieser Bedeutung erstreckt«, erwiderte Burckhardt. »Und abgesehen davon höre ich jetzt zum ersten Mal von dieser Sache.«

»Natürlich wissen wir das. Aber wir – damit meine ich mich und Obergruppenführer Schellenberg, der mich übrigens gebeten hat, Ihnen seine besten Grüße zu übermitteln und Ihnen noch einmal für die ausgezeichnete Gastfreundschaft zu danken, die wir im vergangenen Jahr auf Ihrem Schloß genießen durften – haben trotzdem beschlossen, in dieser Angelegenheit zwei Kanäle zu nutzen. Eine erste Verbindung zwischen Obergruppenführer Schellenberg und General Guisan wurde mit Hilfe von Oberstbrigadier Masson in Luzern bereits vor einer Stunde hergestellt. Wir hoffen aber, daß sich zwischen uns beiden eine zweite herstellen läßt.« Dann sagte Eggen, als fiele es ihm gerade erst ein: »Aber natürlich nur, wenn Sie einverstanden sind, Herr Leutnant.«

Peter Burckhardts erste Reaktion war, diesen Nazilumpen anzufahren, er solle sich einen anderen suchen, mit dem er seine Spielchen spielen konnte, aber er wußte, daß seine persönlichen Empfindungen in einem Fall dieser Wichtigkeit gänzlich irrelevant waren. Zumindest waren die Anweisungen aus Luzern deutlich: Er sollte unverbindlich bleiben. Das war wenigstens ein Trost. Er würde *sehr* unverbindlich bleiben.

»Das kann ich leider nicht entscheiden«, sagte er in der Hoffnung, seine Stimme würde ebenso kühl klingen, wie es seine Gefühle waren.

Sollte ihm das gelungen sein, ließ es Eggen völlig unbeeindruckt. »Auch das verstehen wir, Herr Leutnant. Es ist aber erforderlich, daß in dieser Angelegenheit keine Zeit vergeudet wird. Wir handeln auf direkten Befehl des Führers. Er geht davon aus, daß wir den Fall innerhalb von achtundvierzig Stunden lösen.«

»Hm. Nun ja, ich muß mich auf alle Fälle mit meinen Vorgesetzten beraten.«

»Natürlich. Ich nehme an, Sie werden es sofort tun?«

»Ja.«

»Dann werde ich sehr bald wieder von Ihnen hören?«

»Höchstwahrscheinlich.«

»Da ist noch etwas. Ich habe vor, morgen in aller Frühe nach Basel zu fahren, was bedeutet, daß ich am späten Abend eintreffen werde. Vielleicht könnten Sie Ihre Pläne darauf abstimmen?«

»Ich werde es bestimmt mit berücksichtigen.«

Sobald Eggen aufgelegt hatte, rief Burckhardt das Hauptquartier der Sektion 5 an. Er wurde sofort mit Oberstbrigadier Masson verbunden. Nachdem er sein Gespräch mit Eggen wiederholt hatte, bekam er die Anweisung: »Sagen Sie Eggen, Sie werden sich bei seiner Ankunft mit ihm treffen. Ich werde morgen in aller Frühe mit General Guisan in seiner Fieseler-Storch nach Dübendorf hinüberfliegen und mir die Maschine ansehen. Dann kehren wir nach Bern zurück, um mit dem Nationalrat zu klären, wie wir in der Sache vorgehen. Am Nachmittag – bevor Eggen hier ist – melden wir uns mit weiteren Instruktionen bei Ihnen.«*

Eggen hatte ein Zimmer im Hotel Drei Könige gebucht. Es lag keine dreihundert Meter flußabwärts von der Stelle, an der Nancy Reichmans Wohnung über den Rhein hinwegschaute. Burckhardt hatte ihn in seinem Mercedes dorthingefahren, doch statt Eggens Vorschlag zu folgen, mit ihm aufs Zimmer zu gehen, erwiderte er, er solle die Zeit lieber nutzen, um auszupacken und sich zu erfrischen. Er wollte in der Bar auf ihn warten... in der gleichen Bar, in der er Eggen damals vor dem Treffen mit Schellenberg im Benkener Schloß gesehen hatte. Zwar hatte die Bar selbst sich nicht verändert, doch einiges andere schon: Der Barkeeper war nicht mehr der Mann von der Roten Kapelle, und der Chef der Politischen Polizei war diesmal nirgends zu sehen. Was allerdings von Vorteil war, denn

Lützelschwab neigte dazu, äußerst sauer zu reagieren, wenn er in seinem Revier SS-Männer erblickte.

Burckhardt saß zehn Minuten allein an einem Ecktisch. Als Eggen sich zu ihm setzte, hielten sie sich gegenseitig eine Weile hin. Dann gab Burckhardt das Angebot seiner Regierung bekannt: Als Gegenleistung für die Lieferung von zwölf Maschinen vom Typ Me 109 an die Schweizer Luftwaffe wollte man die Me 110 vernichten. Der erleichterte Sturmbannführer Eggen bestellte Champagner und hob Minuten später sein Glas. »Auf Ihre zwölf Me's, Herr Leutnant, und unsere sechs Millionen Franken.«

Der Mann ist völlig schamlos, dachte Burckhardt, der ebenfalls sein Glas hob, denn in der Sache hatte er keine Wahl. Und als hätte Eggen gerade erst darüber nachgedacht, lautete seine nächste Frage: »Als Sie Barzahlung sagten ... haben Sie da Banknoten oder eine Gutschrift auf ein hiesiges Bankkonto gemeint?«

»Entweder oder. Es liegt ganz bei Ihnen.«

Eggen dachte darüber nach. »Geldscheine könnten eine Menge Aufmerksamkeit erregen, meinen Sie nicht auch? Immerhin bräuchten wir dafür einen Überseekoffer!«

»Das vielleicht nicht gerade, aber zwei große Aktentaschen bestimmt. Wir könnten in Tausend-Franken-Scheinen zahlen.«

»Trotzdem.« Dann: »Je länger ich darüber nachdenke, desto mehr neige ich zur Überweisung auf eine hiesige Bank. Es darf aber keine x-beliebige Bank sein. Wenn es um so große Summen geht, wäre es uns am liebsten, wenn Sie das Geld an eine sehr große Bank überweisen. Am besten auf die größte. Ist Ihr Vater immer noch ...«

Burckhardt unterbrach ihn. »Ja, er ist immer noch Vorsitzender des Schweizerischen Bankvereins.«

»Tja, das könnte die Sache erleichtern, oder nicht? Dann könnte doch alles sozusagen in der Familie bleiben.«

Burckhardt wußte noch, daß sich sein Vater, als Eggen im Auftrag seiner Berliner »Klienten« versucht hatte, einen Fuß in die Tür des Schweizerischen Bankvereins zu bekommen, hartnäckig geweigert hatte, irgend etwas mit ihm zu tun zu haben. Er hatte ihm statt dessen eine auf Geldgeschäfte mit Deutschland spezialisierte Bank auf der anderen Straßenseite in der Basler Innenstadt empfohlen. Doch diesmal, das wußte Burckhardt, hatte sein Vater, falls Eggen darauf bestand, keine andere Wahl, als zu kooperieren.

Eggen blieb beim Thema, als hätte er Burckhardts Gedanken gelesen. »Das erinnert mich übrigens an ein ähnliches Projekt. Sie waren so freundlich, mir vor etwa einem Jahr gewisse finanzielle Arrangements bei der Basler Handelsbank zu erleichtern.«

»Ich nehme an, daß man sich dort ordentlich um Sie und Ihre Klienten kümmert.«

»Ja und nein, um ganz offen zu sein«, meinte Eggen.

»Das überrascht mich.«

»Verstehen Sie mich nicht falsch, Herr Doktor. Die Leute von der Handelsbank sind sehr höflich und professionell. Aber einige meiner Klienten, die dort Konten unterhalten, sind allmählich besorgt darüber, daß das Darlehens-Portefeuille dieser Bank äußerst stark auf ein einziges Land konzentriert ist.«

Auf deins, wollte Burckhardt sagen. Aber er hielt sich zurück.

»Meine Klienten haben den Eindruck, daß sie angesichts der Ungewißheiten der Zukunft vielleicht besser beraten wären, ihr Geld einer Bank anzuvertrauen, die geographisch abwechslungsreicher ist.«

Damit ihre Bank nicht mit dem sinkenden deutschen Schiff untergeht und deine »Klienten« ohne finanziellen Rückhalt dastehen, dachte Burckhardt, so daß ihr keine Möglichkeit mehr habt, den Kampf irgendwann wieder aufzunehmen. Und zu denken, daß seinem Vater und ihm nichts anderes übrig blieb, als sich mit diesem Abschaum abzugeben!

Burckhardts Worte verrieten seine Gedanken jedoch in keiner Weise. »Ich bin sicher, daß sich da etwas arrangieren läßt, Herr Eggen. Vorausgesetzt, es kommt zu keinen weiteren Komplikationen bei dem Geschäft, das wir gerade besprochen haben.«

»Das lassen Sie nur meine Sorge sein.«

Zwei Tage später, am 20. Mai, hatte Deutschland eine Maschine verloren und die Schweiz zwölf gewonnen. An diesem Abend organisierte Oberst Henri »Gigi« Guisan, der Sohn des gleichnamigen Generals, ein Bankett für Sturmbannführer Eggen, der den Zwischenfall in seiner Rolle als Vermittler zu einem erfolgreichen Abschluß gebracht hatte. In seinem Trinkspruch äußerte Guisan die Ansicht, daß Eggen »a rendu d'immenses services à notre pays«.*

Am 21. Mai betrat Sturmbannführer Eggen pünktlich um elf Uhr die Hauptverwaltung des Schweizerischen Bankvereins in Basel. Er brachte eine Aktenmappe mit. Sein Ziel: sich selbst einen großen Dienst zu erweisen. Er wurde sofort ins Büro des Aufsichtsratsvorsitzenden Dr. Maximilian Burckhardt-Von der Mühll geführt. Der Bankier reichte Eggen nicht die Hand, sondern gab ihm mit einer Geste zu verstehen, in dem Sessel vor seinem Schreibtisch Platz zu nehmen.

»Ich meine, wir sollten gleich zur Sache kommen,

Herr Eggen«, sagte er und drückte auf einen Summer neben dem Telefon.

Fast im gleichen Moment wurde die Bürotür geöffnet, und ein Mann im dunklen Anzug trat ein. Er trug ein Dossier bei sich. Nach einem fragenden Blick auf Dr. Burckhardt, der ihm mit dem Anflug eines Nickens antwortete, öffnete er das Dossier und reichte es Eggen. Es enthielt zwei Blatt Papier.

»Was Sie da in der Hand halten, Herr Eggen«, sagte Burckhardt, »ist eine Benachrichtigung an uns, daß für die Bezahlung von zwölf Me 109-Flugzeugen, die gestern in Dübendorf unseren Militärbehörden übergeben wurden, sechs Millionen Franken zur Verfügung stehen. Das zweite Dokument, das Ihre Unterschrift erfordert, ist die Bestätigung, daß Sie befugt sind, diese Summe als Bezahlung für die zwölf Maschinen entgegenzunehmen, nach eigenem Gutdünken über sie zu verfügen, und daß Sie in dieser Angelegenheit auf alle weiteren Ansprüche gegen die Regierung der Schweiz und unser Haus verzichten. Bevor wir Ihnen das Geld aushändigen, ist es jedoch erforderlich, daß Sie uns ein Dokument Ihrer Regierung vorlegen, das Sie autorisiert, in dieser Angelegenheit in ihrem Namen zu handeln. Ich nehme an, Sie haben es bei sich.«

Sturmbannführer Eggen, der hochgradig nervös war, griff in seine Aktenmappe und entnahm ihr das geforderte Dokument. Es trug das Siegel des Dritten Reiches und die Unterschriften von Reichsmarschall Hermann Göring und Obergruppenführer Walter Schellenberg. Auch diesmal warf der neben ihm stehende Bankangestellte seinem Chef einen fragenden Blick zu. Nach einem erneuten Nicken nahm er das Dokument in die Hand. Dr. Maximilian Burckhardt-Von der Mühll hatte bisher noch kein Stück Papier angerührt, das mit dieser

Transaktion zu tun hatte. Er wollte es auch nicht. Während sein Untergebener las, was Eggen ihm ausgehändigt hatte, schaute er nur zu.

»In Ordnung?« fragte er dann ungeduldig.

»In Ordnung, Herr Doktor«, kam die Antwort.

Burckhardt wandte sich an Eggen. »Dann brauchen wir nur noch Ihre Anweisung, was mit der Summe geschehen soll, Herr Eggen.«

»Ich möchte, daß das Geld hier im Schweizerischen Bankverein verbleibt«, erwiderte dieser.

»Verstehe«, sagte der Bankier. »Ich nehme an, man wird es irgendwann später im Rahmen des bilateralen Handelskompensationsabkommens zwischen unseren Ländern verwenden.«

»Nicht unbedingt. Ich möchte drei neue Konten bei Ihnen eröffnen – Nummernkonten – und die sechs Millionen zu gleichen Teilen einzahlen.«

Dr. Burckhardt runzelte leicht die Stirn. »Sollen die drei neuen Konten ...«

Bevor er seine Frage beenden konnte, warf Eggen ein: »Es sollen Privatkonten sein. Eins für Hermann Göring, eins für Obergruppenführer Schellenberg, und das letzte für mich.«

Burckhardt wandte sich wieder seinem Angestellten zu. »Bestehen da irgendwelche Probleme?«

Ohne einen Blick auf das Dokument zu werfen, das Eggens Befugnis in dieser Hinsicht bestätigte, antwortete der Mann sofort: »Nein, Herr Doktor. Die deutschen Behörden haben Herrn Eggen eindeutig zu hundert Prozent für bevollmächtigt erklärt.«

Unausgesprochen blieb, daß die Behörden, die Eggen diese Vollmacht erteilt hatten – Göring und Schellenberg – nun auch die Nutznießer der ganzen Sache waren. Sie bestahlen sich im Grunde selbst. Da der Staat und sie im Dritten Reich ein- und dasselbe waren, gab es vom Standpunkt einer dritten Institution aus, die lediglich für die Bewegung des Geldes von der rechten in die linke Hand des Kunden sorgte, kein Problem.

Genau das sagte Dr. Maximilian Burckhardt im Namen des Schweizerischen Bankvereins. »Dann gibt es kein Problem. Sie wissen, daß Sie die dazugehörigen Unterschriftskarten ausfüllen müssen und daß wir noch Ihre Zustellanweisungen benötigen. Wir können Sie entweder über Ihre Berliner Adressen über den Stand Ihrer Konten in Kenntnis setzen oder, falls es Ihnen lieber ist, alle diesbezügliche Korrespondenz in der Bank aufbewahren, wo sie natürlich für Sie einsehbar ist, wenn Sie wieder in der Stadt sind.« Es war keine Frage, für welche Option *diese* drei neuen Kunden sich entscheiden würden! Er wandte sich wieder an seinen Assistenten. »Besorgen Sie drei Kontoeröffnungssätze.«

Als der Mann das Büro verließ, um die Formulare zu holen, redete Burckhardt weiter. »Die Dokumente für Ihr eigenes Konto können Sie sofort ausfüllen. Was die anderen angeht, können wir sie auf einer Zwischenbasis eröffnen, da wir ja bereits gültige Unterschriftsbeispiele der beiden anderen Nutznießer haben, nicht wahr?«

»Vielen Dank, Herr Doktor«, sagte Eggen. Dann: »Da ist noch eine andere Sache ...«

»Ja. Die Konten bei der Bank gegenüber.«

In diesem Augenblick kehrte Burckhardts Assistent mit den drei Formularsätzen zurück. Burckhardt meinte: »Das Ausfüllen können Sie in Ihrem Büro erledigen. Ich habe doch schon mit Ihnen über die Konten gesprochen, die von der Basler Handelsbank an uns übertragen werden ... Sobald Sie hier fertig sind, gehen Sie bitte mit Herrn Eggen hinüber und kümmern sich um die Sache.«

Dann stand Dr. Burckhardt auf. Sturmbannführer Eggen blieb nichts anderes übrig, als es ihm gleichzutun. Auch diesmal reichte Burckhardt ihm nicht die Hand, sondern sagte nur: »Ich glaube, das ist alles. Ich wünsche Ihnen einen guten Tag, Herr Eggen – und eine angenehme Rückfahrt nach Berlin.«*

Daraufhin wurde Eggen aus dem Büro geleitet. Maximilian Burckhardts Gedanken wandten sich sofort dem nächsten Besucher zu, der in fünf Minuten bei ihm vorsprechen würde: ein Wiener Industrieller, der einen Großteil der Gelder seiner Firma – er exportierte Textilien in die Schweiz und hortete die dafür erzielten Franken auf einem Konto des Schweizerischen Bankvereins – auf sein Privatkonto bei einer Bank in Buenos Aires transferieren wollte. Es sah so aus, als seien die Ratten im Begriff, das sinkende Schiff zu verlassen.

Zwei Wochen später, als die Alliierten am 6. Juni 1944 – dem sogenannten D-Day – endlich in der Normandie landeten und eine zweite europäische Front errichteten, verstärkte sich dieser Eindruck noch. Die Landung der Alliierten war der Anfang vom Ende der Vorherrschaft der Achsenmächte in Europa. Die Veränderungen sollten schon bald äußerst negative Auswirkungen auf die Bewohner der Schweiz haben. Als die zynischen Geschäfte zwischen der Schweizer Regierung und den Nazis bei den Amerikanern und Briten bekannt wurden (und zwar ohne Hilfe des Schweizer Geheimdienstes), goß das noch mehr Öl in das bisher nur vor sich hin glimmende Feuer der alliierten Unzufriedenheit mit der Schweiz. Das Flugzeuggeschäft war eine neuerliche Illustration der geringschätzigen Mißachtung, die die Schweiz den legitimen Interessen der demokratischen Kräfte entgegenbrachte, und ein weiteres Beispiel für den berüchtigten Schweizer Egoismus, obwohl den Herrschenden hätte klar sein müssen, daß es höchste Zeit war, jede finanzielle, wirtschaftliche und – im Fall der Messerschmidt 110 – militärische Kooperation mit den Nazis drastisch zu reduzieren.

Bis zum D-Day hatten die Alliierten nur wenig tun können, um die Schweiz aufzuhalten. Sie hatten dem Schweizer Staatsschiff freilich ein paar Schüsse vor den Bug verpaßt: Am 17. Mai 1943 hatten britische Flugzeuge die Kleinstadt Oerlikon bombardiert, den Sitz der Maschinenfabrik Bührle, die fast ausschließlich mit der Produktion von Waffen für die Nazi-Kriegsmaschine beschäftigt war. Elf Tage später waren britische Bomben auf den Basler Rheinhafen gefallen, den Knotenpunkt des gewaltigen Frachtschiffverkehrs zwischen Deutschland und der Schweiz. Dann, am 1. April 1944, griffen vierundzwanzig amerikanische Bomber die Industriestadt Schaffhausen mit Brandbomben an, töteten vierzig Zivilisten, verletzten mehrere hundert andere und zerstörten sechsundsechzig Gebäude, in der Hauptsache Fabriken, denn in dieser Stadt befand sich die Hauptniederlassung eines der größten Rüstungslieferanten: der Firma Georg Fischer. Wären die Angriffe als vorsätzlich eingestuft worden, hätte man sie mit sämtlichen dazugehörigen katastrophalen Konsequenzen für das Land als alliierte Kriegserklärung auffassen müssen. Doch so beschloß die Regierung der Schweiz, die Luftangriffe als »Unfälle« zu betrachten. So konnte alles beim alten bleiben.*

Doch nun, da die Alliierten auf dem Kontinent präsent waren und täglich stärker wurden, spürte die Schweiz die Konsequenzen fast unmittelbar. Am 7. Juli erhielt die Regierung ein »energisches Telegramm«* des amerikanischen Außenministers Cordell Hull, der sie davor warnte, mit den Nazis irgendwelche neuen Handelsabkommen zu schließen, Abkommen, von denen die Amerikaner meinten, sie trügen nur zur Verlängerung des Krieges bei. Im gleichen Monat fand in Bretton Woods, einem Erholungsort in New Hampshire, eine Konferenz mit dem Ziel statt, einen internationalen Finanzrahmen für die Nachkriegszeit aufzustellen. Zu den Hauptpunkten der Tagesordnung gehörte auch das Schicksal der Bank für Internationalen Zahlungsausgleich. Dank der Aktivitäten der Basler Zelle der Roten Kapelle wußte inzwischen die ganze Finanzwelt von den Spielen, bei denen die BIZ mit der Reichsbank und der Schweizer Nationalbank unter einer Decke gesteckt hatte. Am 10. Juli wurde von dem norwegischen Ökonomen Wilhelm Keilhau ein Beschluß vorgelegt, der die Auflösung der Bank für Internationalen Zahlungsausgleich »zum frühestmöglichen Termin« forderte. Er erhielt volle Rückendeckung durch den amerikanischen Finanzminister Henry Morgenthau.* Doch nach anfänglicher Unterstützung verlangte eine Schlüsselfigur der Konferenz, der hervorragende Wirtschaftswissenschaftler John Maynard Keynes (inzwischen Lord Keynes), die Aufschiebung jeder Aktion und schlug vor, die BIZ so lange weitermachen zu lassen, bis eine neue Weltbank und ein neuer internationaler Währungsfonds gegründet seien. Dean Acheson schlug sich als Vertreter des US-State Department auf seine Seite, und am Ende der Konferenz, am 20. Juli 1944, wurde eine diesbezügliche Resolution angenommen. Nun konnte kein Zweifel mehr daran bestehen, daß die Existenz der BIZ an einem seidenen Faden hing.

Dann verhärtete sich die britische Position gegenüber

der Schweiz dramatisch. Am 27. Juli warnte der britische Außenminister Anthony Eden den Schweizer Botschafter in London, daß die Alliierten die Schweiz von allen weiteren Rohstoff- und Lebensmittellieferungen abschneiden würden, wenn die Rüstungslieferungen an die Nazis nicht aufhörten.* Sehr bald wurde deutlich, daß es sich dabei um keine leere Drohung handelte: Am 29. August des gleichen Jahres, drei Monate nach der Invasion in der Normandie, landeten die Alliierten in Südfrankreich und hatten innerhalb von zwei Wochen nicht nur die gesamte Mittelmeerküste von Marseille bis Nizza erobert, sondern waren auch in den Norden unterwegs, zu dem nur wenige hundert Kilometer südlich von Genf und der Schweizer Grenze entfernt liegenden Grenoble. Das bedeutete, daß die Amerikaner nun alle Kommunikations- und Transportwege zwischen den deutschen Truppen in Frankreich und den noch immer in Norditalien gegen die Amerikaner kämpfenden deutschen Divisionen abgeschnitten hatten. Doch es bedeutete auch, daß die direkte Versorgungsleitung zwischen Deutschland und Italien über Basel und durch den Gotthard-Tunnel für die Nazis ein absolutes Muß geworden war, wollten sie den Krieg in Italien weiterführen. Die Schweizer Regierung bestand darauf, daß dieser Weg für sie offenblieb, und verwies auf einen 1907 (!) unterzeichneten internationalen Vertrag, der, wie sie behaupteten, eine Schließung verhinderte.* Man braucht wohl nicht hervorzuheben, daß die Alliierten davon wenig beeindruckt waren.

Der vorletzte Schlag in den dunklen Tagen des November 1944 – dunkel zumindest für die Schweizer – kam mit der Einnahme von Bordeaux durch die Amerikaner. Nun war ganz Südfrankreich in ihren Händen, was bedeutete, daß nun alle Eisenbahnlinien und

Straßen zwischen der Schweiz und der Iberischen Halbinsel von alliierten Truppen kontrolliert wurden statt von den Nazis, die den Schweizern während des gesamten Krieges freien Durchgang durch Vichy-Frankreich nach Spanien und Portugal gewährt hatten.

Das traf die Schweizer zutiefst. Denn diese Routen waren ihre wichtigsten Versorgungswege, und sie hatten sich während des Jahres 1944 fast ganz auf sie verlassen, um einen Großteil der Nahrungsmittel zu importieren, die sie zur Versorgung ihrer fünf Millionen Bürger brauchten. In den ersten Kriegsjahren hatte die Schweiz Getreide und Fleisch aus Argentinien, Orangen aus Algerien und Baumwolle aus den USA über die italienische Hafenstadt Genua eingeführt. Auch nachdem die Alliierten sämtliche Transporte in Richtung Mittelmeer blockiert hatten, sofern sie nicht für neutrale Länder bestimmt waren, hatte die Schweiz einen Ausweg gefunden: Sie hatte fünfzehn griechische Frachter gechartert, die unter der neutralen Flagge der Schweizer Marine (es gab sie also tatsächlich!) im Pendelverkehr zwischen Nord- und Südamerika über den Atlantik fuhren und ihre Fracht im Lissaboner Hafen des »neutralen« Portugal gelöscht hatten. Dort wurde die Fracht auf »neutrale« spanische Schiffe verladen, denen es erlaubt war, durch die von der britischen Marine blockierte Straße von Gibraltar nach Genua zu fahren. Das faschistische Regime Italiens hatte zugelassen, daß sie erneut umgeladen wurden, diesmal auf neutrale Schweizer Lastwagen. Die an Umwegen reiche Fahrt hatte schließlich an der Schweizer Grenze in Chiasso geendet. Doch nun hatte die alliierte Invasion Italiens zur vollständigen Schließung des Hafens von Genua geführt. Die Schweiz war gezwungen, nach einer anderen Lösung zu suchen.

Diese war in Form eines neuen Geschäfts gekommen, das man mit den Deutschen abgeschlossen hatte. Die Nazis gestatteten der Schweiz, den Hafen von Marseille zu benutzen, ihre Fracht dort von gecharterten spanischen Schiffen zu holen, auf Lastwagen umzuladen und dann über die Route Napoléon nach Genf zu bringen. Zusätzlich hatte die Schweiz Anfang 1944 vom Atlantik aus einen direkten Weg in Betrieb genommen. Man erwarb zweihundert ausrangierte spanische Eisenbahnwaggons, deren Spurweite nur in Spanien und Portugal gebräuchlich und völlig inkompatibel mit den Gleisen aller anderen europäischen Länder war, und setzte sie instand. Diese »Schweizer« Züge nahmen in Portugal Fracht an Bord und brachten sie zur französischen Grenze, wo sie auf französische Waggons umgeladen wurde und dann in die Schweiz gelangte. Zudem begann eine Flotte von hundert Schweizer Lastwagen einen endlosen Pendelverkehr zwischen Lissabon und der Heimat und durchquerte den ebenfalls von den Deutschen kontrollierten Südteil Frankreichs.*

All dies zusammen – die Benutzung des Hafens Marseille durch »Schweizer« Schiffe; auch die Verwendung des französischen Eisenbahnnetzes zwischen den Pyrenäen und der Schweizer Grenze; die Verwendung französischer Straßen durch Schweizer Lastwagen auf der gleichen Route – kam nun zu einem abrupten Halt. Die Alliierten hatten es endlich klargemacht: Wenn die Schweiz ihre wirtschaftlichen Bande zu den Nazis nicht kappte, würde man sie aushungern. Doch die Schweizer mauerten weiter.

Man sprach schlimmere Drohungen aus. Am späten Abend des 16. Oktober 1944 erhielt das Schweizer Außenministerium eine sehr dringende und streng geheime Nachricht ihres Botschafters in London. Sie bezog sich auf ein Gespräch, das am 14. Oktober 1944 zwischen dem britischen Premierminister Winston Churchill, dem US-Präsidenten Franklin Delano Roosevelt und Josef Stalin in Jalta stattgefunden hatte. Stalin hatte das Thema Schweiz auf die Tagesordnung gesetzt, und einem der Schweiz noch freundlich gesinnten zuverlässigen Informanten im britischen Außenministerium zufolge hatte Churchill am Abend bei der Einsatzbesprechung zu dem ihn zur Jalta-Konferenz begleitenden Ministeriumspersonal wörtlich gesagt: »Onkel Joes Grobheiten gegen die Schweiz haben mich überrascht. Er hat die Schweizer ›Säue‹ genannt, obwohl er solche Ausdrücke nur verwendet, wenn er sie wirklich ernst meint.«*

Stalin hatte Roosevelt und Churchill einen erstaunlichen Vorschlag gemacht, der, wie er meinte, den Krieg stark abkürzen und unzähligen Russen das Leben retten würde, aber potentiell tödlich sei, was die Schweiz betraf. Stalins Logik war bezwingend. Er erklärte, nach der alliierten Landung in der Normandie Anfang Juni und der darauf folgenden Einnahme von Paris trete der Vormarsch der Alliierten in Richtung Osten und Deutschland auf der Stelle. Vor ihnen läge noch die »Siegfriedlinie«, laut Hitler die »unüberwindliche letzte Verteidigungslinie«, die sie am Betreten deutschen Bodens hinderte. Stalins Vorschlag angesichts dieser Lage war ganz simpel: Seiner Meinung nach sollte man die Siegfriedlinie im Süden umgehen, indem man von Frankreich aus eine Invasion auf die Schweiz startete und dann über die Schweizer Grenze nach Süddeutschland – Baden und Württemberg – einmarschierte. Er wurde außerdem mit dem Satz zitiert: »Die Schweizer haben im Krieg eine betrügerische Rolle gespielt und sollten zur Kooperation gezwungen werden.«*

Es steht außer Frage, daß sich all dies zunehmend belastend auf das diplomatische Personal der USA auswirkte, das sein Land in der Schweiz vertrat. Zudem verschlimmerte es das Gefühl der Isolation. Nancy Reichman nahm es ganz besonders mit. Obwohl sie völlig mit den harten Maßnahmen einverstanden war, die man nun gegen ihr Gastland anwandte, wußte sie besser als die vielen Amerikaner, daß die meisten Schweizer voll auf der Seite der Alliierten standen und gegen die Deutschen waren; daß sie der Gnade einer Regierung ausgeliefert waren, die stur eine Politik verfolgte, die von den Ereignissen völlig überrollt worden war. Nun mußten sie den Preis dafür zahlen. Die Bürger der Schweiz sahen ihre Zuteilung an Heiz- und Kochgas auf ein Viertel dessen reduziert, was sie im Frieden bekommen hatten. Fleisch und Zucker wurden selten. Auch die tägliche Brotration wurde von 250 auf 225 Gramm gekürzt, und da jetzt alle Lebensmittel- und Getreideimporte von den Alliierten verhindert wurden, enthielt ihr Brot ebensoviel »Kartoffelzusatz« wie Mehl. Nancy war sich freilich auch wie kaum ein anderer Amerikaner der vielen Hilfen bewußt, die sie und das amerikanische Office for Strategic Services in diesem Krieg vom Schweizer Geheimdienst erhalten hatten. Nicht jede Hilfe hatte unbedingt zum Erfolg geführt, eine hatte sogar in einer Tragödie geendet: dem katastrophalen Versagen des Kreisauer Kreises bei dem Versuch, Hitler zu Ermorden.

Am 20. Juli 1944 war eine von Claus Graf Schenk von Stauffenberg, einem Mitglied dieser Runde, in einer Aktentasche in Hitlers geheimes ostpreußisches Hauptquartier »Wolfsschanze« geschmuggelte Bombe zwar kaum zwei Meter vom Führer entfernt explodiert, doch war er wie durch ein Wunder nur mit einer

Verletzung davongekommen. Kurz darauf hatte man die Mitglieder des Kreisauer Kreises zusammengetrieben und hingerichtet, auch Adam von Trott zu Solz, den jungen Mann, mit dem Nancy im letzten Herbst einen Abend in Karl Barths Gesellschaft verbracht hatte. Hitler war der Meinung gewesen, der Strang sei zu gut für die Attentäter. Die meisten waren mit Klaviердrähten stranguliert worden.*

Als diese Nachricht im Spätsommer und Herbst 1944 nach und nach zu Nancy Reichman durchgesickert war, hatte sie gewußt, daß die Vereinigten Staaten nicht schuldlos an der Sache waren. Nach dem Abend in Basel hatte sich von Trott wie abgesprochen mit Dulles unter dem Glockenturm in Bern getroffen. Sie hatten sich bestens verstanden. Im Januar 1944 war es, ebenfalls in Bern, zu einem weiteren Treffen gekommen, bei dem auch ein zweiter Unterhändler des Kreisauer Kreises zugegen gewesen war. Dabei war Dulles zu der Überzeugung gelangt, daß die Männer fest entschlossen waren. Er hatte dem OSS-Hauptquartier in Washington Meldung erstattet und enthusiastisch empfohlen, ihnen volle Unterstützung zu gewähren. Der Chef des OSS, Generalmajor William Donovan, war ebenso enthusiastisch gewesen. Er hatte dem Plan der Gruppe den OSS-Kodenamen Breakers zugewiesen und später, als Dulles das Ersuchen weitergeleitet hatte, man möge ihnen nicht nur bei der Nachrichtenübermittlung beistehen, sondern ihnen auch Waffen beschaffen und dafür Sorge tragen, daß ihnen US-Streitkräfte zu Hilfe kamen, war Donovan persönlich zu Präsident Roosevelt gegangen, um ihn zu bitten, seiner Organisation die entsprechende Genehmigung zu erteilen.

Als Roosevelt sich weigerte, war Donovan sprachlos.

»Wenn wir anfangen, Staatschefs zu ermorden«, hatte Roosevelt gesagt, »weiß nur Gott, wo das alles enden wird. Wenn die Deutschen sich Hitler vom Halse schaffen wollen, ist es ihr Vorrecht, aber das OSS darf nicht das geringste damit zu tun haben.«*

Deswegen lebte Hitler noch. Und Adam von Trott zu Solz war tot.

All dies trug frustrierend zu Nancys zunehmendem Isolationsgefühl bei. Sie konnte kaum das Ende dieses trübseligen Krieges abwarten. Einzig die Freundschaft zu Peter Burckhardt hielt sie noch aufrecht. Doch selbst hier war der Funke, auch wenn er noch brannte, zunehmend vom Erlöschen bedroht. Er schien an der Lethargie zu ersticken, die sich in der vom Rest der Welt abgeschnittenen Schweiz mehr und mehr breit machte, wo das alte Jahr endete, das neue begann, die Lichter trüber und das Essen knapper wurde und die Zukunft einem immer ungewisser erschien.

Diese Lethargie wurde am 9. Januar 1945 von einem Telefonanruf Allen Dulles' völlig weggeblasen.

27. Kapitel

Der Anruf erreichte das US-Konsulat in Basel um 9.15 Uhr über Nancys »abhörsicheres« Telefon.

»Ich muß in einer Stunde nach Paris fahren«, begann Dulles, »deswegen fasse ich mich kurz. Hören Sie genau zu, Nancy: Peter Burckhardt wird Sie anrufen und Ihnen sagen, wann Per Jacobsson von der Bank für Internationalen Zahlungsausgleich am Badischen Bahnhof eintrifft. Er kehrt von einer Reise nach Berlin zurück. Die ganze Sache ist vorbereitet; ich wollte eigentlich selbst nach Basel kommen, um mich mit ihm zu treffen. Aber jetzt müssen Sie mich vertreten.«

»Ja, Sir.«

»Dazu müssen Sie ein paar Fakten wissen. Jacobssons Berlinreise wurde von mir veranlaßt. Der Grund hängt mit der Angelegenheit zusammen, die wir damals im Zoo-Restaurant mit Fräulein Burckhardt besprochen haben: dem Entwicklungsstadium der Kernwaffen in Deutschland. Wir haben Grund zu der Annahme, daß die Deutschen kurz davor sind, eine Atombombe zu bauen. Wie Sie wissen, haben wir eine Weile irrtümlich angenommen, das würde in Peenemünde geschehen, und veranlaßt, die Insel zu bombardieren. Dann haben wir erfahren, daß sie ihre Kernforschung und Entwicklung während der ganzen Zeit ausschließlich im Berliner Kaiser-Wilhelm-Institut von einem Team unter Leitung von Professor Werner Heisenberg betrieben haben. Dazu gehören einige der führenden Atomforscher der Welt, unter anderem Otto Hahn, Carl von Weizsäcker und Max von Laue. Wir haben vor einer Woche eine sehr beunruhigende Nachricht erhalten: Sie sind alle aus Berlin verschwunden. Deswegen habe ich Jacobsson gebeten, nach Berlin zu fahren und Erkundigungen einzuziehen. Ich habe ihm gesagt, daß wir dringend Antworten auf zwei Fragen brauchen: Wie nahe sind sie dran? Und wohin sind sie verschwunden?«

»Verstehe.«

»Ich kehre heute abend spät in die Schweiz zurück. Falls Jacobsson kommt, erwarte ich von Ihnen, daß Sie sich morgen früh sofort bei mir melden.«

Eine Stunde später erhielt Nancy einen weiteren Anruf, diesmal auf der normalen Konsulatsleitung. Es war Peter Burckhardt, und er sprach rein geschäftlich.

»Ich habe heute früh mit einem gemeinsamen Freund gesprochen, der mir sagte, er müsse seine Pläne ändern. Ich nehme an, du hast inzwischen auch von ihm gehört.«

»Hab' ich.«

»Was den anderen Beteiligten angeht, haben wir in der BIZ gerade ein Fernschreiben von der Reichsbank erhalten, nach dem wir heute abend um 21.55 Uhr mit seiner Rückkehr nach Basel rechnen können. Mir wurde gesagt, du würdest ihn mit mir zusammen abholen.«

»Ja.«

»Dann hole ich dich um 21.30 Uhr in deiner Wohnung ab.«

»Ich warte unten auf dich.«

Sie legte auf. Das tat auch der Mann, der vom Hauptquartier der Politischen Polizei aus ihre Anrufe überwachte. Er gehörte zur Abteilung Gegenspionage und meldete den Inhalt des Gesprächs ordnungsgemäß Dr. Wilhelm Lützelschwab.

An diesem Abend, kurz nach 22 Uhr, verließ Per Jacobsson das Gebäude des Badischen Bahnhofs. Als er Burckhardt und Nancy auf der anderen Straßenseite vor der »Kleinbasler Weinstube« erblickte, gesellte er sich eilig zu ihnen.

Im Restaurant ergriff Nancy als erste das Wort. »Mr. Dulles ist leider verhindert. Er hat mich gebeten, ihn zu vertreten. Haben Sie herausgekriegt, wo Heisenberg ist?«

»Nein«, antwortete der Schwede. »Dulles' Information war korrekt. Heisenberg, Hahn, von Weizsäcker und die anderen sind alle aus Berlin verschwunden. Und das gleiche gilt auch für die Apparaturen, mit denen sie im Kaiser-Wilhelm-Institut gearbeitet haben.«

»Haben Sie erfahren können, wie nahe sie einer Lösung vor ihrem Verschwinden waren?«

»Ja«, sagte Jacobsson. Er legte eine Pause ein, bevor er fortfuhr. »Nahe. Sehr nahe. Ich verstehe zwar nicht genau, was das bedeutet, aber ich habe gehört, es sei nun keine Konstruktionsfrage mehr, sondern nur eine der Knappheit an schwerem Wasser und Uran. Aber man rechnet damit, dieses Problem in Kürze zu lösen.«*

»Das wird Mr. Dulles sofort hören wollen.«

Burckhardt setzte Nancy später vor ihrer Wohnung ab und brachte Jacobsson zum Hotel Drei Könige, in dem dieser wohnte. Am nächsten Morgen rief Nancy Dulles um acht Uhr über die »sichere« Leitung des Konsulats an. Er wies sie an, sich für die nächsten Tage nichts Dringendes vorzunehmen. Es sei möglich, daß er ihre Hilfe in dieser Sache noch »ein letztes Mal« brauche.

Als Nancy aufgelegt hatte, wünschte er sich, er hätte diese Phrase nicht verwendet.

Dulles setzte sofort all seine Informanten in Deutschland darauf an, nach den verschwundenen Atomforschern zu suchen. Zusätzlich traf er sich höchstpersönlich mit dem Leiter der mit Deutschland befaßten Nachrichtensammelstelle N1 des Schweizer Geheimdienstes, Hauptmann Hans Waibel, um sich dessen Hilfe zu versichern.* Waibel tat zweierlei: Zuerst aktivierte er den »Wikinger«, die streng geheime Nachrichtendienstverbindung, die zu einem Mann in Hitlers engstem Umkreis führte. Und auf einer profaneren Ebene wandte er sich rein intuitiv an die vielen in Süddeutschland lebenden Schweizer. Hunderte von Hausfrauen, Ärzten, Schreinern und Köchen standen loyal zu ihrer wahren Heimat und arbeiteten trotz des Risikos im Krieg als Informanten für den Schweizer Geheimdienst. Er bat sie, jedes merkwürdige Bauvorhaben und/oder jeden überraschenden Zuzug von Wissenschaftlern zu melden. Nach achtundvierzig Stunden hatte Waibel die Antwort. Sie kam von einem im Schwarzwald lebenden Bauunternehmer. Im Herbst vergangenen Jahres war er an einem eigenartigen Projekt beteiligt gewesen: dem Bau einer Betongrube, deren Wände hinsichtlich der Dicke ein Ausmaß hatten, das er noch nie gesehen und von dem er auch noch nie gehört hatte. Doch nicht nur das; die Grube war in einer Felsengrotte gebaut worden! Und dann, vor einem Monat, waren sie allmählich aufgetaucht, die Herren Professoren. Mindestens ein Dutzend! Und das in einem verschlafenen Örtchen im Schwarzwald.

Waibel erkannte sofort, daß sie es sein mußten. Der Name des Ortes war Haigerloch. Er lag genau 120 Kilometer nordöstlich von Basel. Sofort meldete er die Fakten an Dulles weiter. Am nächsten Tag, es war Sonntag, der 14. Januar 1945, nahm Dulles die Durchführung eines Plans in Angriff, mit dem er zwei Ziele zu erreichen hoffte: die Ermittlung der Frage, wie weit die deutschen Wissenschaftler vorangekommen waren, um sie dann, wenn feststand, daß sie (im Gegensatz zu den Amerikanern) einen Durchbruch erzielt hatten, zu einer Übersiedlung in die Schweiz (und später, hoffte man, in die USA) zu bewegen, bevor es zu spät war. Das würde ihnen erlauben, ein neues Leben anzufangen und ihre wissenschaftliche Forschung fast ohne Unterbrechung fortzuführen.*

Sie mußten doch wissen, daß sich die Rote Armee rasch von Osten her näherte. Kam sie zuerst nach Haigerloch, waren die Konsequenzen nicht nur für sie persönlich, sondern auch für Deutschland und den Westen unvorstellbar. Wer die Wissenschaftler auch ansprach, er mußte an ihr Solidargefühl zu den ehemaligen Göttinger Kollegen aus den zwanziger und dreißiger Jahren appellieren, die sich nun fast alle im Westen – in Großbritannien, den USA und der Schweiz – aufhielten. Nicht einer war in den Osten gegangen.

Der erste Schritt bestand jedoch darin, sie in die Schweiz zu holen. Was erforderlich machte, ihnen sofort offiziell Asyl anzubieten... durch einen Schweizer. Man mußte sie auch davon überzeugen, daß die Vereinigten Staaten nicht auf Vergeltung aus, sondern bereit waren, ihnen auf jede nur erdenkliche Weise zu helfen, auch mit Geld und Visa, die es ihnen erlaubten, sich gleich oder später ständig in den USA niederzulassen. Und auch das mußte sofort geschehen... durch einen Amerikaner, der die entsprechenden Referenzen hatte. Doch um all das zu ermöglichen, mußte erst mal eindeutig geklärt werden, wie weit sie mit dem Bau einer Atombombe gekommen waren... Dazu war das Urteil eines Wissenschaftlers nötig, und es konnte nur vor Ort erfolgen.

All diese Erwägungen schlossen jeden militärischen Einsatz durch die Briten oder Amerikaner von vornherein aus, wie ihn General Leslie R. Groves und seine rechte Hand, Colonel Boris Pash befürworteten. Sie waren die Männer, die offiziell für die Aufklärung und alle gegen deutsche Atomprojekte gerichteten Maßnahmen zuständig waren. Ihretwegen war Dulles nach Paris gefahren, um sich mit ihnen zu treffen und die Angelegenheit gründlich zu besprechen. Vor einem Jahr hatte man ihn davor gewarnt, sich in ihr Aufklärungsgebiet einzumischen. Doch nun hatten sie ihn gebeten, wieder einzusteigen. Der Grund: Nach dem am 8. September 1944 erfolgten ersten Angriff deutscher V2-Raketen auf London und dem Auftauchen der Messerschmidt 262, des ersten Düsenjägers der Welt, der eine Geschwindigkeit von 869 km/h erreichte (der amerikanische Bomber B29 erreichte nur 486 km/h, und die »Fliegende Festung« B17G 576 km/h), nahm ihre Besorgnis zu, daß die deutsche Forschung im Begriff war, ihnen eine weitere Überraschung zu bereiten. Die heftigen Gegenangriffe der deutschen Truppen vor Weihnachten 1944 in den Ardennen hatten bei ihnen den schrecklichen Verdacht erweckt, unter Umständen nur ein eiskalt berechneter Versuch zu sein, Zeit für die Endherstellung und den Einsatz einer deutschen Atombombe zu schinden. Und noch nervöser waren sie geworden, als sie kurz nach Weihnachten erfuhren, daß die deutschen Atomforscher aus Berlin verschwunden waren. Daraufhin hatten sie sich an Dulles gewandt und ihn um Hilfe gebeten, was Dulles wiederum veranlaßte, sich Per Jacobssons Unterstützung zu sichern. Als Gegenleistung für die Wiederaufnahme seiner Mitarbeit hatte Dulles, bevor sie dem Problem mit einem Vorschlaghammer zu Leibe rückten, für ein paar Wochen um freie Hand gebeten. General Groves hatte zögernd zugestimmt.

Nun, nach den Ermittlungen Jacobssons und Waibels, besaß Dulles die Freiheit, den Plan auszuführen, den er schon die ganze Zeit über im Hinterkopf gehabt hatte: Er wollte ein Dreierteam, das aus Peter Burckhardt, dessen Schwester und Nancy Reichman bestand, nach Deutschland schicken. Gemeinsam verfügten sie über alle nötigen Erfordernisse. Doch wenn sein Plan Erfolg haben sollte, brauchte er unbedingt die uneingeschränkte Unterstützung des Schweizer Geheimdienstes. Wer konnte sie schließlich am besten nach Deutschland bringen und wieder zurückholen? Wer konnte sich besser um sie kümmern, wenn sie sich im Schwarzwald aufhielten, als das dortige Schweizer Agentennetz? Und wenn sie erst einmal in Haigerloch waren, was würde ihnen die Türen leichter öffnen als der Brief eines ehemaligen Kollegen Heisenbergs, des Professors Paul Scherrer von der Eidgenössischen Technischen Hochschule in Zürich, den Felicitas Burckhardt, eine seiner besten Studentinnen, mitbrachte? Dulles ging davon aus, daß der Schweizer Geheimdienst auch das arrangieren konnte.

Und so bat er für den nächsten Tag um ein weiteres Treffen mit Hauptmann Waibel. Waibel versprach ihm die volle Unterstützung seiner gesamten Organisation in der Schweiz und in Deutschland – doch mit der Einschränkung, daß die Teilnahme der Burckhardts freiwillig war. Die gleiche Einschränkung mußte Dulles seinerseits für Nancy Reichman machen.

Doch diese Bedenken erwiesen sich als unnötig.

Am Abend des 17. Januar 1945 legte der Schweizer Schlepper *Corviglia* um 20 Uhr im Basler Rheinhafen ab. Er zog drei Frachtkähne, die 6.000 Sack Zement geladen hatten und ins Ruhrgebiet unterwegs waren. An Bord befanden sich außerdem drei Passagiere: zwei Schweizer und eine Amerikanerin. Während der oberflächlichen, im Hafen stattgefundenen Durchsuchung durch die deutschen Behörden hatten sie sich in einem Versteck unter den Zementsäcken verborgen. Eineinhalb Stunden später steuerte der Schlepper mit seinen drei Kähnen in der Nähe der Stadt Weil am Rhein das rechte Ufer an und kam fast zum Stillstand. Die drei Passagiere stiegen in ein kleines Ruderboot um und wurden von zwei Matrosen rasch ans kaum fünfzig Meter entfernte Land gebracht. Die Rheinufer, die hier auf beiden Seiten deutscher Kontrolle unterstanden, waren unbewacht.

Die drei Passagiere trugen schwere, reichlich abgetragene Stiefel und Mäntel. Die Mäntel sahen sogar ziemlich schäbig aus. Außerdem hatten sie kleine Rucksäcke dabei, die das Minimum dessen enthielten, was man für einen Ausflug von achtundvierzig Stunden brauchte. Als sie am Ufer waren, liefen sie knapp hundert Meter über eine leicht mit Schnee bedeckte Wiese zur Hauptstraße, die durch ein deutsches Dörfchen führte. Mitten im Dorf befand sich ein kleines Gasthaus, und davor stand ein bäuerlich gekleideter Mann. Als sie sich ihm näherten, drehte er sich wortlos um und verschwand hinter dem Gasthaus in der Dunkelheit. Die drei folgten ihm. Dort, an der Hauswand, lehnten drei Fahrräder; zwei davon Damenräder. Immer noch wortlos schoben sie die Räder auf die Straße und radelten los.

In der nächsten Stunde bewegten sie sich schnell über schmale, völlig leere Landstraßen und fuhren beständig in östliche Richtung. Kurz vor 23 Uhr erreichten sie das Dörfchen Fahrnau. Nachdem sie es passiert hatten, schaute Peter Burckhardt, der die Führung übernommen hatte, zu den beiden jungen Frauen zurück und signalisierte ihnen, daß sie sich dem ersten Etappenziel näherten, einem Bauernhaus am nördlichen Ortsrand. Burckhardt bog rechts von der Straße ab auf einen engen Feldweg, der hinter dem Haus auf einem Hof endete. Nachdem alle abgestiegen waren, gab er den Frauen mit einer Geste zu verstehen, sie sollten zurückbleiben. Dann trat er an die Hintertür und klopfte an.

Sekunden später wurde die Tür geöffnet, und das Gesicht eines Mannes von Mitte Sechzig schaute ihn an. »Peter«, sagte er, »Gott sei Dank, du bisch heil aakoo.« Er kam aus dem Haus und umarmte den jungen Mann. Das Schweizer »Agentennetz« hatte ihm mitgeteilt, er solle seinen Neffen erwarten.

Dann entdeckte der Mann Burckhardts Schwester. »Felicitas! Du bisch au do!« Er ging zu ihr hin und nahm sie in die Arme. Er war groß und hatte eine laute Stimme.

»Ich glaube, wir gehen lieber rein, Onkel Ernst«, sagte Burckhardt warnend.

Zu viert, Nancy bildete die Nachhut, betraten sie die Küche des aus dem 15. Jahrhundert stammenden Bauernhauses. Dort wiederholte sich die Begrüßungsszene, nur war es diesmal Tante Emilie, die ihren Neffen und ihre Nichte umarmte; und diesmal flossen Tränen. Denn es war seit dem Sommer 1939 das erste Mal, daß die Burckhardts die Schwester ihrer Mutter wiedersahen. Fahrnau war zwar kaum fünfzehn Kilometer von Basel entfernt, doch nach dem Beginn des Krieges und dem Schließen der Grenze hätte es ebenso fünfzehn Lichtjahre weit sein können.

Erst dann schienen plötzlich alle die Fremde in ihrer Mitte zu bemerken. Felicitas überbrückte den peinlichen Moment.

»Onkel Ernst, Tante Emilie«, sagte sie, »darf ich euch eine sehr gute Freundin von uns vorstellen? Sie heißt Nancy Reichman und ist Amerikanerin.«

»En Amerikaanere!« wiederholte Tante Emilie. »Doo in Fahrnau!« Sie nahm die Hand der exotischen Besucherin, schüttelte sie kräftig und sagte: »Willkommen in unserem Heim, Fräulein Reichman.« Ihr nicht weniger erstaunter Gatte tat das gleiche.

Nun bestand Tante Emilie darauf, daß die Besucher sich ihrer Rucksäcke, Mäntel und Stiefel entledigten und ins Wohnzimmer gingen. Dort sollten sie sich auf die Ofenbank setzen, damit sie sich aufwärmen konnten.

Die in die Küche zurückgekehrte Tante Emilie erschien nun mit einem Tablett, auf dem drei dampfende Schüsseln heißer Kartoffel- und Lauchsuppe standen. Die erste wurde natürlich Nancy angeboten. Kaum waren sie mit der Suppe fertig, verschwand Tante Emilie wieder in der Küche und kam diesmal mit zwei gewaltigen Apfel- und Kirschkuchen zurück. Sie bestand darauf, daß alle beides kosteten. Danach brachte sie Kaffee und Kirschwasser, das Onkel Ernst seit über vierzig Jahren aus seinen eigenen Kirschen brannte.

Dann kam der ernste Teil. Was würde aus Deutschland werden, wenn der Krieg aus war, wollte Onkel Ernst von seinem Neffen wissen. Inzwischen wisse jeder, fügte er hinzu, daß es nur noch eine Frage von Monaten sei, bis Deutschland kapitulieren müsse ... alle außer diesem Irren Hitler.

Burckhardt erwiderte, was dann komme, sei nach wie vor völlig unklar. Manche, wie der amerikanische

Finanzminister Henry Morgenthau, wollten aus Deutschland einen Agrarstaat machen. Er selbst bezweifelte, daß ein vernünftiger Mensch wie Präsident Roosevelt dabei mitspielte. Die Russen wollten das Land zweifellos zu einem sozialistischen Staat machen. Aber es stand fest, daß die Briten, besonders Churchill, damit keinesfalls einverstanden waren. Es gab jedoch keinen Zweifel daran, daß man Deutschland nie wieder erlauben würde, die Welt zu bedrohen.

Onkel Ernst nickte stumm, während Burckhardt ihm seine Ansichten verdeutlichte. Dann äußerte er die seinen. »Richtig schlimm wurde es in Deutschland erst, als Hindenburg den Kaiser gezwungen hat, ins Exil zu gehen. Das war ein Fehler, der alles andere nach sich gezogen hat. Zuerst der Versailler Vertrag und die Reparationen, die wir überhaupt nicht zahlen konnten. Dann die katastrophale Inflation. Und schließlich die ebenso katastrophale Arbeitslosigkeit – alles Dinge, die wir noch nie zuvor erlebt hatten. Und dann kam die sogenannte Demokratie der Weimarer Republik. Wir haben sie weder verstanden, noch wollten wir sie haben, also mußte sie einfach untergehen. All das hat einen Hitler früher oder später unausweichlich gemacht. Ach, Peter, hätten sie uns nur unseren Kaiser gelassen! Dann wäre es nie zu diesem Elend gekommen.«

Tante Emilie, die das zweifellos schon tausendmal gehört hatte, mischte sich nun ein und wollte alles über ihre Verwandten in Basel wissen. Wie sie den Krieg überstanden hatten und was sie tun wollten, wenn er vorüber war. Als Felicitas antwortete, veränderte sich die Stimmung bald wieder, und man freute sich auf die nun nicht mehr ferne Zeit, in der man sonntägliche Ausflüge über die Grenze planen konnte, um einander zu besuchen.

Um Mitternacht mahnte Burckhardt zum Aufbruch. Sie mußten am nächsten Morgen früh raus, erklärte er. Seinem Wissen zufolge, sagte er zu Onkel Ernst, fuhr der Postbus, der die Nordostroute durch den Schwarzwald nahm, doch jeden Morgen um sieben in Lörrach ab und kam eine halbe Stunde später durch Fahrnau. Galt der alte Fahrplan noch?

Er galt noch. Aber eine Haltestelle gab es in Fahrnau nicht. Man mußte dem Bus winken, wenn er anhalten sollte. Wo? Wo man wollte. Die Straße vor dem Haus war ein ebenso guter Platz wie jeder andere. Sie war sogar noch besser als der mitten im Dorf, weil der Gestapo-Spitzel, der die dortige Metzgerei betrieb, alles beobachtete. Eigentlich bespitzelte inzwischen jeder jeden. Es war wohl am besten, wenn sie im Haus blieben, bis er dem Busfahrer ein Zeichen gegeben hatte. Dann mußten sie schnell einsteigen. Onkel Ernst fragte nicht, wohin sie gingen und warum. Sein Neffe Peter operierte offenbar im Auftrag einer höheren Autorität seines Landes, und als guter Deutscher sehnte er sich danach, daß auch in seinem Land bald wieder eine rechtmäßige Autorität an die Macht kam. Deshalb stellte er keine Fragen.

Dann begleitete Onkel Ernst seinen Neffen zu einem der überzähligen Schlafzimmer im zweiten Stock des uralten Bauernhauses. Tante Emilie führte die beiden »Mädchen« über den Korridor zu einem anderen Zimmer und blieb vor einem hohen Holzschrank stehen, aus dem sie zwei schwere Flanellnachthemden holte, die fast so alt aussahen wie das Haus. Dann sagte sie ihnen gute Nacht und umarmte und küßte sie. Es war eiskalt in dem Schlafzimmer, so brauchten Felicitas und Nancy nur Sekunden, um die Nachthemden anzuziehen, das Licht auszuknipsen und unter das dicke Federbett zu schlüpfen.

Zuerst sagte keine der beiden etwas, doch dann brach Felicitas das Schweigen. »Hast du etwas dagegen, wenn ich dich etwas Albernes frage?«

»Natürlich nicht«, erwiderte Nancy.

»Beten Juden eigentlich, bevor sie ins Bett gehen?«

»Ja. Wir nennen es ›Shamah‹.«

»Betest du auch?«

»Manchmal.«

»So wie ich. Hast du etwas dagegen, wenn ich dich heute in mein Nachtgebet einschließe?«

»Natürlich nicht.«

Schweigen. Dann meldete sich Felicitas erneut.

»Hast du Angst?«

»Bevor wir hier waren, hatte ich welche. Jetzt fühle ich mich hundertprozentig sicher. Liegt wahrscheinlich an dem Nachthemd.«

Sie kicherten beide.

»Wie würde es dir gefallen, wenn *er* dich in diesem Ding sähe?«

»Onkel Ernst hat ihm wahrscheinlich auch eins verpaßt.«

Wieder kicherten sie.

»Ist es dir mit Peter ernst?«

»Manchmal. Aber seit einiger Zeit bin ich mir nicht mehr ganz sicher.«

»Ich weiß aber, daß er dich unheimlich gern hat, Nancy«, erwiderte Felicitas. »Eine andere Freundin hat er nämlich nicht.«

»Trotzdem ... « Dann: »Erzähl es ihm bloß nicht, Felicitas, aber ich habe vor, wieder nach Hause zu gehen. Ich habe schon mit Mr. Dulles darüber gesprochen. Er sagt, er kann die Angelegenheit mit dem State Department regeln, wenn die Sache hinter uns liegt.«

»Du meinst, wenn der Krieg aus ist.«

»Nein, wenn unser Ausflug zu Ende ist.«

»Tja, ich hoffe, du überlegst es dir noch mal. Ich werde auch dies in mein Gebet einschließen.«

»Wir sollten jetzt lieber schlafen, Felicitas. Schlaf gut.«

»Du auch, Nancy.«

Am nächsten Morgen klopfte Tante Emilie an die Tür. Dann trat sie mit einem Tablett ein, auf dem diesmal zwei Tassen mit dampfendem Kaffee, Bauernbrot, Butter und Kirschmarmelade standen. Sie bestand darauf, daß sie im Bett frühstückten, und tratschte während der ganzen Zeit mit ihnen. Dann verschwand sie. Eine Viertelstunde später kehrte sie mit zwei Schüsseln, einem riesigen Krug heißem Wasser und Handtüchern zurück. Kurz vor sieben waren sie angezogen.

Als sie die Treppe herunterkamen, warteten die beiden Männer schon auf sie. Im Gegensatz zum vorherigen Abend wirkten ihre Gesichter ernst. Die Atmosphäre war angespannt. Das Radio war eingeschaltet und auf Beromünster eingestellt, den deutsch-schweizerischen Sender. Gerade fingen die 7-Uhr-Nachrichten an, und die wichtigste Meldung betraf die neuesten Ereignisse an der Ostfront. Die erst vor fünf Tagen begonnene Offensive der Roten Armee in Polen hatte schon den ersten großen Erfolg erbracht: Warschau hatte kapituliert und war besetzt worden.

»Sie kommen viel schneller, als wir geglaubt haben«, meinte Onkel Ernst.

Dann kam eine Zusammenfassung der Ereignisse an der Westfront. Die Amerikaner rückten in den Ardennen immer weiter vor und hatten soeben Houffalize in Belgien zurückerobert.

»Hoffen wir, daß sie zuerst hier sind«, sagte Burckhardt. Mit »hier« meinte er nicht nur das Dorf Fahrnau am Rande des Schwarzwaldes, sondern auch das sechzig Kilometer weiter entfernte Haigerloch.

Am Ende der Nachrichten kam, wie immer, der Wetterbericht: »Kalt, mit zunehmender Bewölkung. Heute nacht und morgen teils schwerer Schneefall bis in die Niederungen.«

»Mist«, knurrte Onkel Ernst. Burckhardt schwieg, die beiden Frauen warfen sich einen vielsagenden Blick zu.

Fünf Minuten später hatte Onkel Ernst seinen Mantel angezogen und das Haus durch die Eingangstür verlassen. Burckhardt zog zwar ebenfalls seinen Mantel an, doch statt aus dem Haus zu gehen, baute er sich neben der Tür am Wohnzimmerfenster auf. Von dort aus konnte er die Straße überschauen. Fünf Minuten später warf er einen Blick auf seine Armbanduhr und bat Felicitas und Nancy, Stiefel und Mäntel anzuziehen. Tante Emilies Geplapper hörte abrupt auf. Sie saß vor dem Kachelofen und bemühte sich erfolglos, einen mutigen und unbekümmerten Eindruck zu machen.

Dann ging alles sehr schnell. Burckhardt sah, daß sein Onkel winkte, und Sekunden später hielt der gelbe Bus mit dem Posthorn an der Seite vor dem Haus an. Er gab Felicitas und Nancy ein Zeichen, öffnete die Haustür und ging auf das Törchen zu, das zur Straße und zum wartenden Bus hinausführte. Die Frauen folgten ihm, winkten der leise weinend in der Haustür stehenden Tante Emilie zu und stiegen in den Bus ein. Nachdem Burckhardt seinem Onkel die Hand geschüttelt hatte, stieg auch er ein.

»Dreimal Hechingen, retour«, sagte er zu dem Busfahrer, wobei er die Basler Mundart, so gut er konnte, auf das hiesige Badisch umstellte. In Hechingen mußten sie nach Haigerloch umsteigen.

»Acht fünfundsiebzig«, sagte der Busfahrer, nachdem er in einem Preisheftchen nachgeschlagen hatte.

Burckhardt entnahm die Summe passend seinem Geldbeutel (einer von Waibels Leuten aus der Sektion 5 hatte ihm den Preis genannt) und gab den beiden im Gang wartenden Frauen mit einem Wink zu verstehen, sich in den hinteren Teil des Busses zu begeben, wo die meisten Plätze leer waren. Sie nahmen die vorletzte Reihe und verstauten die Rucksäcke unter den Sitzen. Als der Bus sich in Bewegung setzte, winkten sie Onkel und Tante noch einmal zu, die nun beide in der Tür des Bauernhauses standen. Es war eine typische Schwarzwaldszene, in der Verwandte aus verschiedenen Dörfern nach einem kurzen Familienbesuch voneinander Abschied nahmen.

Der Bus nahm unter Ausstoß dicker, schwarzer Dieselwolken allmählich Tempo auf und hatte Minuten später beachtliche 45 km/h erreicht. Schneller konnte er allerdings auch nicht fahren, denn die Straße wurde äußerst schmal und schraubte sich, je tiefer sie in den Schwarzwald vordrangen, immer weiter bergauf. Außerdem war die nun verschneite Straße an manchen Stellen vereist, was den Fahrer zwang, vorsichtiger zu fahren, damit der Bus nicht ins Rutschen kam und in den Schneewächten landete, die den Weg zu beiden Seiten säumten. Die erste Haltestelle nach zehn Kilometern war die Kleinstadt Schönau. Zwei Fahrgäste stiegen aus, einer stieg ein. Dann kam ein kurzer Halt in Todnau, und nach einem weiteren fünfzehn Kilometer langen mühsamen Aufstieg erreichten sie ihren ersten größeren Haltepunkt. Der Ort Feldberg, der im Schatten des gleichnamigen Berges lag, war, wie auf dem Wegweiser in der Ortsmitte stand, mit 1.493 Metern der höchste im Schwarzwald. Dort hielt der Bus etwa fünfzehn Minuten. Der längere Halt war Bestandteil des Fahrplans und diente dazu, Fahrgästen die Möglichkeit zu geben, ihre Skiausrüstungen ein- und auszuladen, denn der Feldberg war ein Wintersportgebiet. Im Januar des Jahres 1945 waren jedoch keine Skiläufer unterwegs. Die jungen Männer, die sich unter normalen Umständen – allein oder mit ihren Freundinnen und Frauen – hier aufgehalten hätten, starben in Belgien, Polen, Italien und Jugoslawien. Die drei hatten an diesem Tag noch keinen einzigen wehrfähigen Mann gesehen. Abgesehen von Peter Burckhardt und seinen Begleiterinnen schien das Durchschnittsalter der Businsassen zwischen sechzig und achtzig Jahren zu liegen.

Um neun Uhr verließen sie Feldberg und befanden sich bald darauf am Titisee. Hier nahmen die meisten Reisenden ihre ziemlich jämmerlich wirkenden Aktentaschen und stiegen aus. Nachdem die siebzigjährigen Männer und Frauen den Bus verlassen hatten, stieg eine fast ebenso starke Gruppe an älteren Menschen ein. Der Grund dieses Betriebs: Die Stadt Titisee war ein Jahrhunderte alter Kurort und für seine Heilkräfte, Sanatorien und Therapien gegen Rheumatismus bekannt. Hier sahen die drei Reisenden auch den ersten Polizisten. Er schien sich nicht im geringsten für den Bus zu interessieren. Peter Burckhardt, der plötzlich erkannte, daß er in einem Land, in dem außer Rentnern offenbar alle anderen verschwunden waren, schon aufgrund seines Alter verdächtig wirken mußte, zog hastig den Kopf ein und machte sich so unauffällig wie möglich.

28. Kapitel

Der Bus erreichte Haigerloch um Punkt 11.30 Uhr. Peter, Felicitas und Nancy waren die einzigen, die hier ausstiegen. Die Haltestelle lag mitten in dem kleinen Ort, genau vor dem Postamt. Peter erblickte das, was er suchte, auf der Stelle. Vor dem Postamt stand ein Lieferwagen mit der Aufschrift:

Häberlein Tiefbau
Donaustraße 11
Haigerloch

Hinter dem Steuer saß ein Mittfünfziger. Sobald er bemerkte, daß Burckhardt in seine Richtung schaute, schob er den Arm aus dem Fenster und winkte. Das überraschte Burckhardt, doch dann wurde ihm schlagartig klar, daß es in einem Land, in dem Argwohn und Furcht vor dem Unbekannten herrschte, am sichersten war, unverhohlen zu sein. Deswegen erwiderte er das Winken, nahm die beiden Frauen am Arm und überquerte die Straße in Richtung Lieferwagen. Der Mann trat ins Freie und schüttelte Burckhardt die Hand. Dann umarmte er Peters Schwester und Nancy. Obwohl sich auf der Straße zahlreiche Menschen aufhielten und viele das Postamt betraten oder verließen, schenkte ihnen niemand besondere Beachtung.

Auch fand niemand etwas dabei, vier Menschen in einen ziemlich kleinen Lieferwagen einsteigen zu sehen, denn Transportmöglichkeiten waren im Januar 1945 in Deutschland auf ein Minimum beschränkt. Burckhardt nahm auf dem Beifahrersitz Platz, die Frauen kauerten sich hinter ihm und dem Fahrer auf den Fahrzeugboden. Kurz nachdem sie sich in Bewegung gesetzt hatten, richtete der Fahrer seine ersten Worte an Burckhardt. Er sprach Basler Dialekt.

»Es freut mich, daß Sie da sind, Herr Doktor. Sie sind pünktlich. Ich hatte mir schon Sorgen gemacht. Der Rundfunk hat für heute eine Wetterveränderung angekündigt.«

»Kein Problem«, erwiderte Burckhardt. »Sogar auf dem Feldberg schien die Sonne. Wie weit ist es noch bis Haigerloch?«

»Achtzehn Kilometer. Wir biegen gleich von der Hauptstraße ab.« Nach der Abzweigung wurde die Straße noch schmaler und viel holpriger.

»Gibt es irgendwelche Kontrollpunkte?« fragte Burckhardt.

»Nein. Hier in der Gegend hat niemand die geringste Ahnung, daß in Haigerloch etwas Ungewöhnliches vor sich geht, und die Behörden sind auch nicht daran interessiert, das durch die Einführung ungewöhnlicher Sicherheitsvorkehrungen zu ändern, was nur Aufmerksamkeit auf den Ort lenken würde. Aber trotzdem... Man kann nie wissen. Falls wir angehalten werden – wie lautet Ihre Geschichte?«

»Ich bin bei der Grenzwache in Lörrach stationiert. Ich habe achtundvierzig Stunden Sonderurlaub, um an der Beerdigung meiner Großmutter in Trilltingen teilzunehmen – einem Dörfchen bei Haigerloch. Ich habe meine beiden Schwestern mitgebracht. Wir wohnen bei Ihnen, einem Freund der Familie, der Platz hat und uns fahren kann.«

»Auf welchen Namen lauten Ihre Papiere?«

»Sempach. Peter, Felicitas und Ursula Sempach.«

»Gut. Sehr gut.«

»Unsere Leute in Basel und Luzern wissen wirklich zu schätzen, was Sie für uns tun, Herr Häberlein. Sie haben mich gebeten, Ihnen das mitzuteilen. Wir wissen, welches Risiko Sie eingehen.«

»Als ich in Basel aufwuchs, hat meine Familie direkt neben den Waibels in der Gempenstraße gewohnt; im Gundeldingerquartier. Sie wissen sicher, wo das ist.«

»Natürlich.«

»Obwohl Hans viel jünger ist als ich, sind wir über die Jahre in Verbindung geblieben, auch nach meinem Umzug hierher. Als der Krieg ausbrach, wollte ich eigentlich nach Hause zurück, aber Sie wissen ja, wie schwierig es ist, alles hinter sich zu lassen, was man sich im Lauf der Zeit aufgebaut hat. Aber ich möchte noch immer meinen Teil beitragen.« Er machte einen abrupten Schwenk, um einem Schlagloch auszuweichen, drehte sich zu den Frauen um und entschuldigte sich.

»Tut mir leid. Es dauert nicht mehr lange, vielleicht noch zwanzig Minuten.« Er wandte sich wieder an Burckhardt. »Was haben Sie vor, wenn wir dort sind?«

»Einer von uns wird versuchen, mit Professor Heisenberg in Verbindung zu treten. Ihr Freund Waibel sagt, Sie kennen ihn?«

»Ja. Wie Sie wissen, hat meine Firma die Aushubarbeiten für das Projekt durchgeführt, an dem er arbeitet. Wenn kleinere Reparaturen oder Veränderungen anstehen, ruft er mich an. Deswegen sehe ich Professor Heisenberg regelmäßig.«

»Dienstlich.«

»Ja. Aber letzte Woche habe ich mir in dem Haus, in dem er wohnt, einige Pläne für ein größeres neues Projekt angesehen. Er wohnt in der gleichen Straße wie wir.«

»Lebt er allein?«

»Nein. Seine Frau und seine Kinder sind zwar in Berlin geblieben, aber er hat eine Haushälterin, die den ganzen Tag da ist.«

»Kennt sie Sie?«

»Ja. Sie ist eine Einheimische. Und Haigerloch ist eine Kleinstadt. Wir gehen in die gleiche Kirche.«

»Kommt Heisenberg zum Mittagessen nach Hause?«

»Normalerweise ja. Der Ort, an dem er arbeitet, ist sehr unbequem. Wir sehen seinen Wagen – einen der wenigen, die noch unterwegs sind – fast immer zwischen 12 und 14 Uhr vor dem Haus stehen.«

»Ich glaube, Sie haben den Beruf verfehlt, Herr Häberlein. Hauptmann Waibel hätte Sie in seiner Abteilung gut brauchen können.«

Burckhardt sah, daß der Auslandsschweizer von diesem Kompliment sehr angetan war.

Zehn Minuten vor zwölf fuhr der Lieferwagen über die Eyach-Flußbrücke, dann gabelte sich die Straße. Häberlein hielt sich nach rechts und nahm den, wie er sagte, »unteren« Weg, der dem Flußlauf durch einen breiten Hohlweg zum Schwarzwaldstädtchen Haigerloch folgte.

»Jetzt verstehe ich, woher der Name kommt«, sagte Burckhardt, als sie durch eine Öffnung zwischen zwei Felsen fuhren.

Häberlein verlangsamte und deutete nach links. »Sehen Sie die Kirche da oben auf dem Felsen?«

Burckhardt reckte den Hals. »Ja.«

»Dort ist es. In einer Grotte, unter der Kirche.«

»Unglaublich!«

»Eigentlich sehr einfallsreich. Aus der Luft kann man

rein gar nichts sehen. Und selbst wenn man es könnte: Die Grotte ist absolut bombensicher.«

»Wie groß ist sie?«

»Die Hauptkammer ist dreißig Meter lang, fünfzehn breit und zwölf hoch.«

»Wie kommt man da rein?«

»Durch einen Betontunnel, den wir gebaut haben. Der Tunneleingang ist gleich hinter der Kirche.«

Häberlein fuhr in eine Seitenstraße und blieb kurz darauf vor einem ziemlich großen, ansehnlichen Stuckhaus stehen. Sobald der Lieferwagen angehalten hatte, ging die Haustür auf. Die ins Freie tretende Frau war allem Anschein nach Häberleins Gattin. Sie wirkte nicht sehr erfreut. Nachdem Häberlein seine Begleiter hatte aussteigen lassen, mit ihnen ins Haus gegangen war und sie vorstellte, hatte sie nur ein paar kurze Worte für sie übrig. Sie sprach Hochdeutsch, keinen Dialekt. Häberlein paßte sich ihr nun sprachlich an.

»Maria stammt aus Mannheim«, sagte er. »Wir haben uns während meines Ingenieurstudiums dort kennengelernt. Nach der Hochzeit haben wir eine Weile in Basel gewohnt. Anfang der dreißiger Jahre bekam ich dann einen guten Posten bei einer Baufirma, die fünf Kilometer flußaufwärts von hier an der Eyach einen Damm baute. Es hat uns hier so gut gefallen, daß wir beschlossen, uns in Haigerloch anzusiedeln. Und danach habe ich mich selbständig gemacht.«

In gewisser Weise wirkten seine Worte auf die Zuhörer eher wie eine Entschuldigung. Der Eindruck verstärkte sich noch, als Häberlein zu seiner Frau sagte: »Aber wenn alles vorbei ist, ziehen wir wieder in die Schweiz, nicht wahr, Maria?«

»Mal sehen.«

Dann bat der sich in seiner Haut nicht sonderlich

wohl fühlende Häberlein seine Gattin, Kaffee zu machen. Er wollte den Gästen ihre Zimmer zeigen. Sobald sie verschwunden war, sagte Burckhardt: »Die Zimmer können warten. Ich spüre, daß Ihre Frau besorgt ist, und habe auch vollstes Verständnis dafür. Auch wir wollen die Sache so schnell wie möglich hinter uns bringen. Sie haben gesagt, Professor Heisenberg kommt regelmäßig zum Mittagessen nach Hause?«

»Ja«, erwiderte Häberlein.

»Hätten Sie was dagegen, einen von uns zu seinem Haus zu bringen? Meine Schwester hat ein Empfehlungsschreiben von Paul Scherrer, einem seiner Kollegen, der jetzt an der Technischen Hochschule in Zürich lehrt.«

Häberleins Nicken deutete an, daß er den Namen kannte.

»Sie meinen, jetzt gleich?« fragte er.

Burckhardt nickte.

Das schien Häberlein irgendwie zu erschrecken. Doch er stimmte trotzdem zu. »In Ordnung, Herr Burckhardt. Wenn Sie fertig sind ... «

»Nein, nicht ich. Meine Schwester geht allein, zumindest bei diesem ersten Besuch. Wir haben uns das genau überlegt. Eine junge Frau zieht kaum Beachtung auf sich. Besonders, wenn sie in Gesellschaft eines Einheimischen kommt, der hier bekannt ist. Und daß Sie die Haushälterin des Professors kennen, macht die Sache nur noch einfacher. Wir müssen uns darauf verlassen, Herr Häberlein, daß Sie meine Schwester in das Haus bringen, ohne bei der Frau Argwohn zu erwecken und sie zu veranlassen, irgend etwas Dummes zu tun.«

Wie etwa die Polizei anrufen, war Burckhardts unausgesprochener Gedanke. Wenn sich schon Häberleins Frau so eigenartig aufführte, wer konnte wissen, wie Heisenbergs Haushälterin reagierte, wenn plötzlich eine Fremde vor der Tür stand?

»Ich werde mein Bestes tun, Herr Burckhardt«, antwortete Häberlein, aber seine Stimme klang angespannt.

Burckhardt griff in seinen Rucksack und entnahm ihm eine Brieftasche, aus der ein roter Faden hing. Einer von Dulles' Leuten hatte ihn damit ausgestattet. Ein fester Zug an dem Faden hätte eine chemische Reaktion ausgelöst und zur unmittelbaren Vernichtung des Brieftascheninhalts geführt, zu dem ebenso der amerikanische Diplomatenpaß Nancys gehörte wie Papiere, die ihn als Offizier der Sektion 5 des Generalstabs des Oberkommandos der Schweizer Armee auswiesen – Referenzen, die sie vorzeigen mußten, wenn sie das zweite Stadium des Unternehmens erreichten. Doch nachdem Burckhardt den Reißverschluß geöffnet hatte, zog er ein drittes Dokument aus der Brieftasche, einen Umschlag mit dem Zeichen der Eidgenössischen TH Zürich.

»Hier, Felicitas«, sagte er und gab ihr den Brief. Er umarmte sie und küßte sie kurz auf die Wange. Nancy trat vor und tat wortlos das gleiche.

»Bringen wir es hinter uns«, sagte Häberlein zu Felicitas. Und dann, zu ihrem Bruder: »Wir verlassen das Haus wie immer durch die Hintertür. Die Haustür ist nur für Gäste. Ich sage meiner Frau, daß Sie im Wohnzimmer bleiben. Ich bin sicher, der Kaffee ist in ein paar Minuten fertig.«

Wie Häberlein schon in seinem Auto gesagt hatte, lag das Haus Professor Heisenbergs nur ein Stückchen von seinem eigenen entfernt in der gleichen Straße. Als Felicitas neben ihm herging, fiel ihr auf, daß die Donaustraße offenbar *die* Straße in Haigerloch war, in der die Reichen wohnten. Vor dem letzten Haus blieben sie stehen. Davor parkte ein großer BMW.

»Er ist zu Hause«, sagte Häberlein. Er holte tief Luft, marschierte mit Felicitas im Schlepptau zur Haustür und drückte auf die Klingel.

Eine schwarz gekleidete Frau in den Fünfzigern öffnete kurz darauf die Tür. Als sie sah, wer vor ihr stand, lächelte sie.

»Ach, Herr Häberlein! Welch unerwartete Freude! Erwartet der Professor Sie?«

»Eigentlich nicht, Fräulein Schmidt. Ich hoffe, wir stören nicht. Aber meine Nichte ...« – er deutete mit dem Kopf auf die hinter ihm stehende Felicitas – »... ist leider nur einen Tag bei uns. Sie studiert Physik an der Universität, und als ich ihr erzählte, daß der berühmte Professor Heisenberg in unserer Nähe wohnt, hat sie gefragt, ob sie ihn wohl kennenlernen könnte.« Wenn man in dieser Gegend von einer »Universität« sprach, wurde automatisch angenommen, daß man die Universität Tübingen meinte, die nur zwanzig Kilometer von Haigerloch entfernt war.

Häberleins Worte zauberten ein noch breiteres Lächeln auf Fräulein Schmidts Gesicht. »Oh, ich bin ganz sicher, daß der Herr Professor Zeit hat, sie kennenzulernen. Eigentlich fehlen ihm seine Studenten sehr. Das sagt er jedenfalls immer. So sehr wir beide unser Haigerloch auch lieben, Herr Häberlein, mit Berlin kann man es ja kaum vergleichen, oder? Na, kommen Sie mal rein. Der Herr Professor ißt gerade zu Mittag. Bevor er fertig ist, kann ich ihn natürlich nicht stören.«

Als sie im Haus waren, sagte sie: »Geben Sie mir Ihre

Mäntel, und machen Sie es sich im Wohnzimmer bequem. Ich bringe Ihnen einen Kaffee. Es ist zwar nicht gerade der beste, aber so kalt wie es draußen ist, können Sie bestimmt etwas zum Aufwärmen gebrauchen. Besonders Sie, junges Fräulein«, sagte sie zu Felicitas, nachdem sie ihr den Mantel abgenommen hatte. »Mein Gott, wie schlank Sie sind! Wie heißen Sie, meine Liebe?«

»Felicitas Burckhardt.« Häberlein schaute überrascht auf, als sie ihren wirklichen Namen nannte, aber die Haushälterin war so mit ihrem Geschnatter beschäftigt, daß ihr nichts auffiel.

Zehn Minuten später betrat Professor Werner Heisenberg das Wohnzimmer. Seine beiden Gäste standen sofort auf. Felicitas war über sein Aussehen überrascht. Erstens war er viel jünger, als sie erwartet hatte – kaum vierzig –, und zweitens war er das Gegenteil des Asketen, mit dem sie gerechnet hatte. Heisenberg glich eher einem Athleten als einem Akademiker. Als er näher kam, um Häberlein zu begrüßen, bewegte er sich kraftvoll und elegant. Sein rotes Haar trug noch zu seiner Ausstrahlung bei.

»Was für ein Zufall, Herr Häberlein«, sagte er. »Ich wollte Sie heute nachmittag sowieso anrufen, um vorzuschlagen, daß wir uns noch mal treffen, um die Pläne für den Neubau abzuschließen. Na, das ist ja jetzt nicht mehr nötig. Wenn Sie Zeit haben, können wir direkt von hier aus zur Baustelle fahren. Die Entwürfe sind dort, und ich glaube, es ist eine gute Idee, sie an Ort und Stelle einzusehen, damit wir auch sicher sind, daß alles paßt. Ich werde das Gefühl nicht los, daß unsere Termine ziemlich knapp kalkuliert sind.«

Dann wandte er sich Felicitas zu, deren Anblick ihn offenbar erfreute. Sie war eine anziehende junge Frau und Heisenberg ein kräftiger Mann in den besten Jahren. Als er sie begrüßte, hielt er ihre Hand etwas länger fest als nötig. Fräulein Burckhardt errötete, was zu ihrem Reiz noch beitrug.

»Fräulein Schmidt sagt, Sie studieren Physik?« fragte er.

»Ja. Mein Doktorvater ist einer Ihrer alten Kollegen aus Göttingen.«

»Wirklich? Wer denn?«

»Professor Scherrer.«

Als ihm die Bedeutung ihrer Worte klar wurde, sah sie zwar ein Flackern in seinen Augen, aber er sagte nichts. Dann griff sie in die Jackentasche und entnahm ihr den Umschlag.

»Er hat mich gebeten, Ihnen das hier zu geben.«

Noch immer wortlos nahm Heisenberg den Umschlag und öffnete ihn vorsichtig. Nachdem er den zweiseitigen Brief entnommen hatte, blieb er stehen und las ihn sorgfältig durch, während seine Besucher ihn beobachteten. Schließlich faltete er ihn wieder zusammen, schob ihn in den Umschlag zurück und steckte diesen in die Brusttasche seines Jacketts.

»Interessant, aber unpraktisch«, sagte er. »Würden Sie ihm bitte etwas ausrichten, wenn Sie ihn das nächste Mal sehen, Fräulein Burckhardt?« Als sie zustimmend nickte, fuhr er fort: »Gut. Sagen Sie ihm, er soll sich keine Sorgen um mich machen. Ich kriege es schon hin. Übrigens hat er eine sehr hohe Meinung von Ihnen. Was Sie freuen sollte, denn Paul hatte schon immer hohe Ansprüche.« Dann fragte er: »Burckhardt ... Sie sind wohl nicht zufällig mit dem Historiker Jacob Burckhardt verwandt?«

»Er war mein Großonkel.«

»Wie interessant. Offen gesagt, der heutige Tag hat

nicht sonderlich spannend begonnen, aber jetzt hat Ihr Besuch alles verändert. Sie haben gesagt, Paul ist Ihr Doktorvater? Wie lautet das Thema Ihrer Dissertation?«

»Die Messung der kritischen Masse von Uran.«

Wieder bemerkte sie das grüblerische Flackern in seinem Blick.

»Rudolf Peierls Spezialgebiet. Ich habe ihn gut gekannt, bevor er von Berlin nach Cambridge ging. Ich nehme an, einer Ihrer Ausgangspunkte ist der Aufsatz, den er 1939 in den *Proceedings* der Philosophischen Gesellschaft von Cambridge veröffentlicht hat.«

»Ja, genau.«

»Hat Paul Ihnen das Thema vorgeschlagen?«

»Ja.«

»Ich nehme an, Sie sollen sich auf den Unterschied – den potentiell drastischen Unterschied – der kritischen Masse von U-238 und U-235 konzentrieren.«

»Genau. Tonnen gegen Pfund.« Die Tonnen und Pfunde, auf die sie anspielte, betraf die Menge des zur Herstellung einer Atombombe notwendigen spaltbaren Materials.

Ihre Antwort schien die Zweifel, die Heisenberg aufgrund der äußerst eigenartigen Begegnung in seinem Wohnzimmer eventuell noch hatte, zu zerstreuen.

»Würden Sie sich gern meine kleine Fabrik ansehen – in der U-235 hergestellt wird?«

»Aber gern, Herr Professor!« Die spontane Begeisterung, die sein Angebot in ihr ausgelöst hatte, war ihr vom Gesicht abzulesen.

»Gut. Dann nehmen wir sie mit, Herr Häberlein. Während wir uns die Entwürfe noch mal vornehmen, kann sie sich umsehen.«

Häberlein, der auf diesen Vorschlag hin mit uneingeschränkter Zustimmung nickte, wirkte im höchsten Maß erleichtert.

»Warten Sie bitte einen Moment. Ich muß noch ein paar Dinge in meinem Arbeitszimmer erledigen. Es dauert nicht lange.«

Eine halbe Stunde später kehrte Heisenberg ins Wohnzimmer zurück. Diesmal trug er Mantel und Schal. Fräulein Schmidt war bei ihm; sie ging zur Garderobe, um die Mäntel der beiden Gäste zu holen. Heisenberg nahm ihr Felicitas' Mantel ab und half ihr hinein. Er bestand auch darauf, daß sie in seinem BMW neben ihm saß, den er wendete und über die Hauptstraße der Stadt in Richtung Hechingen zurückfuhr. Als sie am Ortsrand die Gabelung erreichten, schwang er den BMW um fast 180 Grad herum und nahm den entgegengesetzten Kurs, diesmal allerdings auf der »oberen« Straße. Der Weg stieg steil an. Heisenberg brachte den Wagen vor der Kirche zum Halten – es war die Schloßkirche, wie er Felicitas erklärte.

Als sie aus dem Auto gestiegen waren und auf die Kirche zugingen, erkannte sie, warum man sie an diesem Platz erbaut hatte: Er war absolut atemberaubend. Denn als sie die Kirche umrundeten und über den Friedhof gingen, sah sie, daß knapp fünfzig Meter hinter der Kirche der Boden fast senkrecht abfiel. Vom Rand des Felsens aus hatte man eine phantastische Aussicht auf die niedriger gelegenen Teile Haigerlochs und den Fluß, der hundert Meter tiefer vorbeiströmte. Der eben einsetzende leichte Schneefall verschönerte den Anblick noch.

»Tja, Fräulein Burckhardt«, sagte Heisenberg, »wie Sie sehen, haben die Schweizer kein Monopol auf dramatische Landschaften. Aber dies ist noch nichts im

Vergleich zu dem, was wir in dem bayerischen Dorf zu bieten haben, in dem ich aufgewachsen bin.« In der Stimme des Wissenschaftlers schwang unverkennbarer Stolz mit.

Dann drehte er sich abrupt um und ging auf ein kleines quadratisches Gebäude zu. Es stand mitten auf dem Friedhof und ähnelte einem Häuschen, in dem Friedhofsgärtner ihr Werkzeug aufbewahren. Doch die Ähnlichkeit hörte bei der schweren Stahltür des Häuschens auf. Sie war nicht abgeschlossen. Heisenberg konnte die Tür problemlos öffnen, dann verbeugte er sich wohlerzogen vor seinem hübschen Gast aus der Schweiz und sagte: »Willkommen an meinem bescheidenen Arbeitsplatz.«

Sie standen vor einer betonierten, in die Tiefe führenden, sehr breiten und gut ausgeleuchteten Treppe. Heisenberg schritt voran, und sie gingen etwa zwanzig Meter nach unten. Am Ende der Treppe befand sich eine weitere Stahltür. Daneben war ein Klingelknopf, den Heisenberg betätigte. Ein Mann in der Uniform der Waffen-SS öffnete. Über seiner rechten Schulter hing eine Maschinenpistole. Als er Heisenberg sah, knallte er die Hacken zusammen.

Heisenberg erklärte: »Herrn Häberlein kennen Sie ja. Die junge Dame gehört zu meinen Studentinnen. Sie bleibt etwa eine Stunde bei uns.«

Dann nahm er Felicitas' Arm und trat in die riesige Höhle, die den Priestern der Schloßkirche Jahrhunderte als Keller für ihren Meßwein gedient hatte. In der Mitte befand sich eine Betongrube von etwa drei Meter Durchmesser. Darin hing ein schwerer Metallschirm, der einen dicken metallenen Zylinder abdeckte. In dem Zylinder befand sich, etwa einen Meter zwanzig unterhalb der Bodenebene, ein topfartiger Behälter, der ebenfalls aus schwerem Metall bestand. Auf dem Behälter war ein Metallrahmen angebracht.*

»Da ist er«, sagte Heisenberg zu Felicitas, als sie an der Grube standen. »Mein Uran-Apparat.« Mit diesem Ausdruck bezeichnete die deutsche Wissenschaft seinerzeit Atommeiler. Dann erklärte er ihr lang und breit die Einzelheiten seines »Apparats« und wies dabei auf seine wichtigsten Komponenten hin.

»Die Flüssigkeit in dem Behälter, der Moderator, besteht natürlich aus schwerem Wasser. Es sind eineinhalb Tonnen. Wir verwenden 664 Uranbrennstäbe. Sie hängen an achtundsiebzig Ketten von dem Metallschirm herab, den Sie dort auf dem Meiler sehen, und reichen ins Wasser hinein. Einfach, aber auch elegant, meinen Sie nicht auch, Fräulein Burckhardt?«

Felicitas war von dem, was sie sah, wie hypnotisiert. »Oh ja, Herr Professor.«

Dann stellte sie die Frage: »Und welche Neutronenmultiplikationsebene wird damit erreicht?«

Erst zögerte Heisenberg, dann erwiderte er: »Leider nur die siebenfache.«

»Und welche Ebene ist nötig, um eine in Gang bleibende Kettenreaktion hervorzurufen?« Felicitas bezog sich auf den Prozeß, den sie ein Jahr zuvor beim Essen im Haus ihrer Eltern beschrieben hatte, laut dem der Beschuß eines Uranatoms durch Neutronen Energie in Form einer atomaren »Explosion« in geometrischer Progression freisetzen konnte – 1, 2, 4, 8, 16, 32, 64 … 67108864, 134217728 und so weiter.

Auch diesmal zögerte Heisenberg, bevor er antwortete. »Eine sehr viel höhere. Aber wir wissen jetzt, daß wir sie auslösen können, indem wir die Reaktorgröße einfach um hundert Prozent erhöhen.« Dann: »Deswegen sind wir heute auch hier. Um uns noch einmal die

Entwürfe für den Bau einer größeren Grube anzusehen, in der der neue Reaktor untergebracht wird. Herr Häberlein, ich glaube, wir sollten uns jetzt wirklich an die Arbeit machen. Sie, Fräulein Burckhardt, können derweilen in mein kleines Büro da hinten gehen und einen Artikel lesen, den ich über die Querschnittspaltung schneller Neutronen geschrieben habe. Er ist noch nicht veröffentlicht worden, und so wie die Dinge im Moment stehen, wird es auch noch eine Weile dauern. Aber vielleicht bringt er Sie auf ein paar Ideen für Ihre Dissertation.«

Die Audienz war beendet.

Felicitas verbrachte die nächste Stunde in Professor Heisenbergs Büro, während ihr Gastgeber und Herr Häberlein, nun in Gesellschaft zweier weißbekittelter Techniker, die bislang im Hintergrund geblieben waren, über mehreren Entwürfen kauerten, die neben dem Reaktor auf einem langen Holztisch lagen. Heisenbergs Aufsatzmanuskript lag auf Felicitas' Schoß, aber sie las es nicht. Die Bedeutung dessen, was sie gehört und gesehen hatte, machte sie starr.

Die Deutschen waren von der Entwicklung einer Atombombe weit entfernt!

Sie konnte Häberlein fragen, wieviel Zeit man seiner Meinung nach für den Bau des neuen Reaktors brauchen würde, der doppelt so groß sein sollte wie der alte. Aber sie wußte schon jetzt, daß es keine Sache weniger Wochen oder Monate war. Nein, man würde viel, viel länger daran arbeiten. Nun brauchte sie mit ihren Informationen nur noch zu Peter zurückzukehren. Und danach mußten sie wieder nach Hause, und zwar schnell. Bevor ihre Glückssträhne zu Ende war.

Kurz nach 15 Uhr kam Professor Heisenberg in sein Büro zurück, um Felicitas abzuholen. Sie zitterte vor

Aufregung, wachsender Besorgnis und der durchdringenden Kälte der Höhle. Heisenberg bemerkte es. »Ich glaube, wir müssen Sie nach Hause bringen«, sagte er. »Bestimmt kann Herr Häberlein Sie mit etwas heißem Kaffee versorgen; vielleicht sogar mit einem Cognac.«

Als sie aus der Höhle auf den Friedhof der Schloßkirche hinaustraten, war das Wetter auch nicht gerade dazu angetan, sich behaglicher zu fühlen, denn nun schneite es heftig. Zehn Minuten später hielt Heisenberg vor Häberleins Haus in der Donaustraße an. Felicitas fürchtete einen Moment, er könnte sie vielleicht zu Kaffee und Cognac in sein eigenes, nicht weit entferntes Haus einladen, doch Heisenberg schien schon wieder mit anderen Dingen beschäftigt zu sein. Als sie neben seinem Wagen standen, verabschiedete er sich freundlich von ihnen, gab ihr aber doch noch eine kurze Warnung mit auf den Weg.

»Scherrer schreibt, daß Sie nicht allein gekommen sind. Ich fürchte, Ihre Reise war völlig umsonst. Ich wünsche Ihnen allen eine sichere Heimfahrt und nehme an, daß Sie, wenn Sie wieder zu Hause sind, nichts sagen oder tun werden, was jene in Schwierigkeiten bringen könnte, die in Haigerloch bleiben. Meinen Sie nicht auch, Herr Häberlein?«

»Absolut, Herr Professor. Sie können sich darauf verlassen.«

»Und grüßen Sie Scherrer von mir, Fräulein Burckhardt. Sagen Sie ihm, daß ich darauf brenne, ihn bald wiederzusehen – unter glücklicheren Umständen. Vielleicht dort, wo wir alle angefangen haben. In Göttingen.«

Dann stieg der Wissenschaftler wieder in seinen BMW und fuhr ab. Felicitas und Häberlein eilten durch den fallenden Schnee zum Eingang des Hauses.

Frau Häberlein erwartete sie und wandte sich sofort an ihren Mann. »Walter«, sagte sie, »komm mit. Ich muß mit dir reden.« Als er nicht gleich reagierte, sagte sie: »Jetzt gleich!«

Während sie durch den Korridor in die Küche verschwanden, kam Peter Burckhardt aus dem nebenan liegenden Wohnzimmer. Als er sah, wie blaß Felicitas war und daß sie zitterte, fragte er aufgeregt: »Was ist los, Felicitas? Stimmt irgend etwas nicht?«

»Nein, nein. Es ist nur ...« Ihr fehlten die Worte.

»Du siehst halb erfroren aus. Komm mit ins Wohnzimmer. Ich hol dir was Heißes zu trinken, dann kannst du uns alles erzählen. Bist du wirklich in Ordnung?«

»Sicher. Es war mir nur plötzlich alles zuviel. Und jetzt fällt mir ein, daß ich den ganzen Tag nichts gegessen habe.«

»Ich kümmere mich darum.«

Er eilte in die Küche, und Felicitas ging zu der unruhig wartenden Nancy ins Wohnzimmer. Minuten später hockten sie zu dritt auf dem Sofa, und Felicitas erzählte, was sie erlebt hatte. Sie schloß mit den Worten: »Es war also alles für die Katz!«

Nancy sagte spontan: »Aber wieso denn? Jetzt wissen wir doch, daß wir Heisenberg gar nicht brauchen. Wenn ich dich richtig verstehe, liegen sie hoffnungslos zurück. Damit haben die Deutschen den Krieg eindeutig und unweigerlich verloren. Ich kann mir nicht mal ausmalen, wie Mr. Dulles reagieren wird, wenn er das hört.«

»Falls er es je zu hören kriegt. Hast du gesehen, was mit dem Wetter los ist? Wir könnten tagelang hier festsitzen.«

»Ach was, Felicitas. Du bist übernervös. Und du

mußt etwas essen. Du hast den Auftrag ausgezeichnet erfüllt. Wie wir wieder nach Hause kommen, laß nur meine Sorge sein.«

In diesem Augenblick betrat Häberlein das Wohnzimmer. Er ging direkt auf Burckhardt zu und zog ihn beiseite. »Meine Frau hat mich gebeten, mit Ihnen zu reden, Herr Doktor. Sie ist sehr aufgeregt. Sie sagt, daß wir Ihretwegen noch im KZ landen oder erschossen werden. Sie möchte, daß Sie verschwinden.«

»Wie denn? Vor morgen früh fährt doch kein Bus.«

»Das ist ja das Problem. Vergessen Sie den Bus. Wir kennen uns im Schwarzwald aus. Wenn es so schneit wie jetzt, fährt auch morgen keiner. Bei Tagesanbruch wird der Schnee auf der Straße zum Feldberg schon einen Meter hoch liegen. Es kann Tage dauern, bis er beseitigt ist. Ich weiß nicht mal, ob genug Männer und Maschinen hier sind, um die Sache hinzukriegen. Vergessen Sie nicht, daß dieses Land am Rande des Chaos steht.«

»Was sollen wir also tun?«

»Zwischen Stuttgart und Freiburg verkehrt täglich noch ein Zug. In Freiburg haben Sie Anschluß an die Hauptstrecke von Frankfurt nach Basel. Der Zug hält in Horb. Der Ort ist genau sechzehn Kilometer von hier und liegt im Norden. Der Zug fährt um 7.10 Uhr ab. Ich werde Sie morgen früh mit meinem Wagen zum Bahnhof bringen.«

»Und was ist mit dem Schnee?«

»Ich habe Schneeketten. Das Problem ist nicht der Schnee in *dieser* Gegend. Hier schneit's zwar viel, aber es ist nichts gegen den Schneefall im Süden. Aber machen Sie sich keine Sorgen. Ich bringe Sie nach Horb. Dann sind Sie auf sich allein gestellt, Herr Doktor. Leider sind uns allen Grenzen gesetzt. Meine Frau ist wohl an die ihren gestoßen. Sie hat gerade gesagt, daß sie nicht das geringste mit Ihnen zu tun haben will. Sie haben uns gebeten, Ihrer Schwester etwas zu essen zu machen. Ich bringe Ihnen das Abendessen so schnell wie möglich ins Wohnzimmer. Es ist nur Suppe und Brot. Sie können zwar so lange hier unten bleiben, wie Sie wollen, aber ich schlage vor, daß Sie früh zu Bett gehen. Ich zeige Ihnen jetzt Ihre Zimmer. Ich möchte, daß Sie morgen in aller Frühe zur Abfahrt bereit sind.«

Er nahm Burckhardt mit nach oben, zeigte ihm die beiden Gästezimmer, brachte ihn ins Wohnzimmer zurück und verschwand wieder in der Küche. Als Burckhardt seiner Schwester und Nancy die veränderte Lage erklärte, hörten sie hin und wieder Frau Häberleins laute, schrille, hysterische Stimme. Sie bearbeitete ihren Mann in der Küche.

Als Peter geendet hatte, sagte Felicitas spontan: »Du glaubst doch nicht, daß wir einfach nach Freiburg fahren und dort in einen Zug nach Basel steigen können, oder?«

»Natürlich nicht.«

»Was hast du also vor?«

»Wir steigen in Lörrach aus.«

»Und dann?«

»Weiß ich noch nicht. Der ursprüngliche Plan ist natürlich nicht mehr gültig.« Eigentlich hatten sie Deutschland auf dem gleichen Weg verlassen wollen, auf dem sie ins Land gekommen waren: Sie hatten mit dem Bus nach Fahrnau fahren, im Haus seines Onkels die Dunkelheit abwarten und dann mit dem Fahrrad an den Rhein fahren wollen, um einen Schweizer Lastkahn zu treffen, der sie stromaufwärts in den sicheren Basler Hafen bringen sollte. Heisenberg hätte der vierte Radfahrer sein sollen; ein Rad hätten sie schon von

Onkel Ernst bekommen. Doch nun war alles auf den Kopf gestellt: Es gab keinen Heisenberg und keinen Bus nach Fahrnau. Selbst wenn einer gefahren wäre, hatten sie bei dem heftigen Schneefall keine Möglichkeit, mit dem Rad nach Weil am Rhein zu gelangen. Weder morgen noch für den Rest der Woche.

Burckhardt hatte allerdings einen Notplan parat. Doch seiner Meinung nach war jetzt nicht der richtige Zeitpunkt, ihn zu besprechen.

Die Suppe und das Brot kamen eine halbe Stunde später. Obwohl es nun drinnen wie draußen dunkel wurde, bestand Häberlein darauf, das Licht nicht einzuschalten, um keine Aufmerksamkeit auf sich zu ziehen. In Haigerloch hielt man sich nämlich nur dann im Wohnzimmer auf, wenn man Gäste hatte, ein im Moment ungewöhnliches Ereignis, das die Neugier der Nachbarn erregen würde. Also aßen sie im Dunkeln. Häberlein schaltete allerdings das Radio ein und suchte den Reichssender, der in den nächsten beiden Stunden klassische Musik spielte. Dann wurde es allmählich kalt im Wohnzimmer, das offenbar nur zu besonderen Gelegenheiten geheizt wurde. Inzwischen stand fest, daß Frau Häberlein diese Gelegenheit für alles andere als besonders hielt. Um 19 Uhr schlug Burckhardt trotz der frühen Stunde vor, ins Bett zu gehen, damit sie es wenigstens warm hatten. Je eher sie Schlaf bekamen, desto besser. Sie mußten morgen sehr früh aufstehen und kamen vielleicht erst spät wieder ins Bett.

Kurz nach fünf Uhr klopfte Peter Burckhardt an die Tür der Frauen. Um halb sechs saßen sie zusammen in Häberleins Küche und nippten den von ihm zubereiteten Kaffee. Seine Frau war weder zu sehen noch zu hören. Gegen sechs gingen sie aus dem Haus. Der Morgen graute. Im frühen Licht sahen sie, daß mindestens ein halber Meter Schnee gefallen war, und es schneite immer noch. Der Motor von Häberleins Wagen lief schon. Kaum hatte Burckhardt die Tür an seiner Seite geschlossen, ließ Häberlein die Kupplung los, wendete und hielt auf die Hauptstraße zu, auf der er rechts abbog, um langsam durch den unteren Teil von Haigerloch zu fahren. Der Ort war menschenleer. Als sie den Talboden verließen und an den nördlichen Stadtrand kamen, stieg der Weg steil an.

Zweimal drehten sich die Räder auf der Stelle, dann griffen die Ketten. Sie fuhren weiter und kamen auf ebenes Gelände. Häberlein versicherte, daß es nun den ganzen Weg nach Horb so bleiben würde. Nach sechs Kilometern passierten sie Weildorf, und nach fünf weiteren erreichten sie Emfingen.

»Wie weit ist es noch?« fragte Burckhardt. Seine Armbanduhr zeigte 6.25 Uhr.

»Noch fünf Kilometer. Wir müßten in zwanzig Minuten am Bahnhof sein. Wenn wir nicht steckenbleiben.«

Inzwischen waren sie auf dem freien Land und kamen vorsichtig mit 30 km/h voran. Auf der Straße waren keinerlei Reifenspuren zu sehen, was bedeutete, daß sie die ersten waren, die sich durch den von Minute zu Minute höher werdenden Schnee kämpften. Obwohl es nicht leicht war, hielt Häberlein den Wagen, so gut er konnte, in der Straßenmitte. Die Sicht wurde immer schlechter, da die Scheibenwischer nicht mehr in der Lage waren, den Schnee von der Windschutzscheibe zu entfernen.

»Sehen Sie die kleine Brücke da vorn?« sagte Burckhardt. »Sie führt wohl über einen Bach. Können Sie da mal kurz anhalten?«

»Das ist keine gute Idee«, erwiderte Häberlein. »Bei dem Schnee sollten wir lieber in Bewegung bleiben. Wenn ich anhalte, komme ich vielleicht nicht wieder los. Besonders auf einer Brücke, wo sich leicht Glatteis bildet.«

»Es ist trotzdem sehr wichtig, daß Sie anhalten, Herr Häberlein.« Sein Tonfall ließ keinen Raum für weitere Diskussionen.

Während der Lieferwagen allmählich langsamer wurde, öffnete Burckhardt seinen Rucksack und entnahm ihm die Brieftasche. Als das Fahrzeug anhielt, sprang er schnell ins Freie und trat an das Brückengeländer. Er legte die Brieftasche auf das Geländer, hielt sie mit einer Hand fest und riß mit der anderen an dem heraushängenden roten Faden. Ein Zischen ertönte, dann löste sich die Brieftasche unter blauem Flackern auf. Burckhardt wich unwillkürlich zum Wagen zurück. Sekunden später war alles vorbei. Er zog einen Lederhandschuh an und schnippte die Überreste der Brieftasche in den Bach. Auf dem Geländer war nur noch ein schwarzer Fleck zu sehen. Als er wieder in den Wagen stieg, sagte niemand ein Wort. Alle wußten, was sie gerade gesehen hatten: das Signal, daß sie sich der Gefahrenzone der Bahnlinie näherten, an deren Kontrollpunkten argwöhnische Blicke die Regel waren. Man suchte nach Deserteuren oder potentiellen Saboteuren im Dienst der anrückenden alliierten Truppen. Häberlein setzte den Wagen kurz darauf wieder in Bewegung und hielt um 6.50 Uhr vor dem Bahnhof im Zentrum von Horb an. Niemand machte sich die Mühe, einen Blick auf die für den Schwarzwald typischen romantischen Holzhäuser des Ortes zu werfen. Nancy und die beiden Burckhardts stiegen aus, Häberlein blieb bei laufendem Motor hinter dem Lenkrad sitzen. Diesmal gaben sie einander nicht die Hand. Als sie ausgestiegen waren, winkte Häberlein ihnen nur zum Abschied zu und fuhr sofort ab.

Im Inneren des kleinen Bahnhofsgebäudes ging Burckhardt gleich zum Fahrkartenschalter. Er löste nur bis Freiburg, da Freiburg bestimmt das Ziel der meisten Reisenden dieser Zubringerlinie war. Also würde er kaum Argwohn erregen. Der Zug hatte zwanzig Minuten Verspätung, was zweifellos am Wetter lag, aber als sie auf dem Bahnhof warteten und dann einstiegen, würdigte sie niemand eines Blickes. Sie gingen in ein Abteil zweiter Klasse, das nur von zwei älteren, schwarz gekleideten Frauen besetzt war – Schwestern, wie ihre Unterhaltung kurz darauf enthüllte. Nachdem die drei sie mit einem »Guten Morgen« begrüßt hatten, nahmen sie Platz und schwiegen. Burckhardt las eine Stuttgarter Morgenzeitung, die er am Bahnhofskiosk gekauft hatte. Er hatte den beiden Frauen Illustrierten mitgebracht, doch sie saßen den größten Teil der dreistündigen Fahrt nur da und schauten aus dem Fenster. Um 12.20 Uhr fuhr der Zug in Freiburg ein. Nachdem sie das Abteil verlassen hatten, eilten sie über den Bahnsteig zur Bahnhofshalle. Aus dem dort aushängenden Fahrplan ersahen sie, daß der nächste Zug nach Süden – er kam aus Frankfurt am Main und fuhr nach Lörrach – in zwanzig Minuten abfuhr. Er hatte keine Verspätung. Der darauffolgende fuhr erst in fünf Stunden.

Vor dem Fahrkartenschalter stand eine Menschenschlange, und so wurde es 12.27 Uhr, ehe Burckhardt an der Reihe war. »Dreimal Lörrach, zweiter Klasse, einfach«, sagte er und schob einen Fünfzigmarkschein durch das Fensterchen.

»Bahnsteig sieben«, sagte die Schalterbeamtin und

reichte ihm die Fahrkarten und das Wechselgeld. »Sie müssen sich beeilen.«

Sie rannten zum Bahnsteig 7, und als sie ihn erreichten, verstanden sie, warum man ihnen zur Eile geraten hatte. Auch dort stand eine Menschenschlange, doch sie wurde von zwei bewaffneten Uniformierten verursacht, die an beiden Seiten des auf den Bahnsteig führenden Eingangs standen. Ausweiskontrolle.

Als Burckhardt an die Reihe kam, fuhr der Zug aus Frankfurt gerade ein.

Er reichte dem Soldaten an der rechten Seite seinen Truppenausweis, der ihn als Feldwebel der in Lörrach stationierten Grenzeinheit auswies. Außerdem händigte er seinen Marschbefehl aus und erklärte, er habe achtundvierzig Stunden Sonderurlaub, um an der Beerdigung einer Verwandten in Trilltingen teilzunehmen, weswegen er in Zivilkleidung unterwegs sei. Dann gab er dem Soldaten die gerade erstandenen drei Fahrkarten.

»Wo liegt Trilltingen, Herr Feldwebel?«

»Bei Haigerloch.«

Der Soldat sah sich die Fahrkarten an.

»Wer sind die beiden anderen?«

Burckhardt deutete auf die hinter ihm stehenden Frauen. »Meine Schwestern.« Die beiden traten vor und zeigten ihre Personalausweise.

»Eins ist mir aber nicht klar«, sagte der Soldat. »Warum sind die Fahrkarten hier ausgestellt, und wieso nur für die Rückfahrt?«

»Weil wir gestern mit dem Bus von Lörrach nach Haigerloch gefahren sind – über Titisee und Feldberg. Wir wollten eigentlich auf dem gleichen Weg zurück. Aber ...«

Der Soldat unterbrach ihn. »Ach, der Schnee ...«

Dann sagte er: »In Ordnung.« Er gab Burckhardt die Papiere zurück und wandte sich dem nächsten in der Schlange zu. »Ihren Ausweis, bitte...«

Der Zug war gerammelt voll. Es gab nur noch Stehplätze. Im Gegensatz zu dem Bus, der sie in den Schwarzwald gebracht hatte, bestand die Mehrheit der Reisenden nicht aus alten Zivilisten. Es waren meist Männer in Uniform, die entweder sehr jung – manche schienen kaum sechzehn zu sein – oder für Soldaten sehr alt waren. Deutschland pfiff auf dem letzten Loch.

Diesmal wurden sie nicht ignoriert. Besonders die beiden Frauen nicht. Zweimal versuchten junge, auf dem Gang neben ihnen stehende Soldaten mit ihnen anzubandeln, doch als sie ihnen die kalte Schulter zeigten, wirkten sie nicht sehr glücklich. Die Fahrt nach Lörrach war zum Glück nur kurz: neunundfünfzig Minuten. Da der Zug nicht zum Badischen Bahnhof in Basel fuhr, stiegen alle aus, als er die Endstation Lörrach-Stetten erreichte. Hier gab es nur einen im Freien liegenden Bahnsteig. Sie wurden mehr oder weniger von einem heulenden Schneesturm begrüßt, der alles zum Stehen brachte. Auf den Straßen herrschte keinerlei Verkehr.

Die beiden Burckhardts und ihre amerikanische Gefährtin kämpften sich wie die meisten ausgestiegenen Reisenden durch den Schnee in Richtung Stadtmitte durch. Erst als Nancy – zum ersten Mal an diesem Tag – sicher war, daß kein potentiell gefährlicher Lauscher sie hören konnte, stellte sie endlich die Frage: »Wie kommen wir nach Hause, Peter?«

»Nicht über den Wasserweg. Nach Weil schaffen wir es heute nicht mehr zu Fuß. Selbst wenn wir es irgendwie nach Fahrnau schaffen würden und dort untertauchten, bis das Wetter besser ist und wir ein neues

Rendezvous arrangieren könnten, würde ich das nicht wagen. Ich habe Onkel Ernst und Tante Emilie schon genug Risiken ausgesetzt. Wir kehren auf dem Landweg in die Schweiz zurück.«

»Über welchen?« fragte Felicitas. »Die Grenze ist mit Stacheldraht und Minen geschützt. Das weiß doch jeder, Peter.«

»Aber nicht überall. Ich werd's euch zeigen.«

Bald waren sie auf der Basler Straße, der Hauptstraße Lörrachs, durch die die Schienen der Straßenbahn verliefen. Bis Ende August 1939 hatte die hier verkehrende Linie 6 zu den öffentlichen Verkehrsmitteln Basels gehört und die Lörracher in die Basler Innenstadt gebracht. Abgesehen von einer oberflächlichen Grenzkontrolle hatte man kaum bemerkt, daß man von einem Land ins andere fuhr. Man war aus der Bahn gestiegen, hatte den Personalausweis vorgezeigt, war ein paar Minuten später wieder eingestiegen und hatte die Fahrt auf der gleichen Straße fortgesetzt, die nun Äußere Baselstraße hieß und auf Schweizer Territorium lag. Dieser Grenzübergang war als einziger in der Region während des ganzen Krieges offengeblieben. Die Straßenbahn fuhr allerdings nicht mehr. Auf beiden Seiten der Grenze waren Schranken errichtet worden, dazwischen lag ein zwanzig Meter breiter Streifen Niemandsland. Neben den Schranken standen zwar Wachhäuschen, aber Stacheldraht und Minen gab es hier nicht. Genau diesen Grenzübergang hatte Obergruppenführer Schellenberg vor etwa zwei Jahren benutzt.

In der Basler Straße 90, etwa hundert Meter vom Grenzübergang entfernt, lag das Café-Restaurant »Zum Kranz«. Es war etwa 14.45 Uhr, als die drei es betraten. Sie bestellten Kaffee, Würstchen und Brot. Burckhardt bestellte sich außerdem ein Bier. Bevor die Bestellung erledigt wurde, mußten sie die Lebensmittelkarten vorzeigen, mit denen die Sektion 5 sie zum Glück ausgestattet hatte.

Um Punkt 14.55 Uhr entschuldigte sich Burckhardt und sagte seinen Gefährtinnen, sie sollten sich keine Sorgen machen, er werde gleich zurückkommen. Um Punkt 15 Uhr überquerte er die Basler Straße. Auf der anderen Seite angekommen, drehte er sich um und ging sofort zurück. Als er wieder vor dem Restaurant stand, schaute er konzentriert die Straße entlang. Es schneite zwar noch, aber nicht mehr so stark. Trotzdem sah er, wie fünf Minuten später im dritten Stock im Fenster des ersten Gebäudes auf der Schweizer Seite, einem Wohnhaus, dreimal ein Licht aufblinkte. Worauf er ins Restaurant zurückkehrte, um sich noch ein Bier und für seine Schwester und Nancy eine halbe Karaffe badischen Weißweins zu bestellen. Dann beglich er die Rechnung.

Danach ging alles sehr schnell. Um 15.58 Uhr verkündete er den beiden Frauen, sie müßten sofort gehen. Sie sollten die an der Garderobe neben der Tür hängenden Rucksäcke und Mäntel zurücklassen.

»Wenn wir auf der Straße sind, haltet euch unbedingt neben mir. Alles klar?«

Sie nickten.

»Wir gehen schnurstracks zur Grenze. Ihr werdet eine Explosion hören. Sie kommt von links, hinter dem deutschen Wachhäuschen her. Dort ist ein Parkplatz, auf dem die Grenztruppen die Laster inspizieren, die aus der Schweiz nach Deutschland kommen. Die Explosion geht los, wenn wir etwa zwanzig Meter vor dem Übergang sind. Wenn ihr sie hört, rennt geradeaus weiter. Ihr bleibt auf dieser Straßenseite, lauft unter der Schranke durch und rennt weiter, bis ihr auf der Schweizer Seite seid. Unsere Schranke ist offen.«

Als sie aus dem Restaurant ins Freie traten, setzte die Abenddämmerung ein, und da es immer noch schneite, wurde die Sicht von Minute zu Minute schlechter. Es war allerdings noch zu früh, um die Lampen einzuschalten, die den Grenzübergang abends beleuchteten. Der Augenblick war sorgfältig gewählt, obwohl niemand daran gedacht hatte, einen möglichen Schneefall miteinzuberechnen.

Vor dem deutschen Wachhäuschen standen zwei einsame Posten im Schneegestöber. Als die Explosion ertönte, klang sie wie Mörserbeschuß. Die Posten fuhren in die Richtung herum, aus der sie gekommen war, duckten sich und hielten ihre MPs schußbereit. Im gleichen Augenblick packte Burckhardt seine Gefährtinnen am Arm und zischte: »Los!« Alle drei rannten auf die Grenze zu. Kurz bevor sie die deutsche Schranke erreichten, ging die zweite Sprengladung hoch. Die beiden Posten hechteten zur Seite, um vor dem grauen Schieferwachhäuschen bessere Deckung zu finden. Im gleichen Augenblick duckten sich die drei unter die erste Schranke. Die dritte Detonation ertönte, als sie auf die zweite, nun geöffnete Schranke zu durch das Niemandsland rannten.

Auf der anderen Seite wurden sie von einem Mann erwartet. Es war Wilhelm Lützelschwab. Kaum waren sie auf seiner Höhe, brüllte er: »Hinlegen!« Und noch einmal: »Hinlegen!« Sie ließen sich auf die schneebedeckte Straße fallen, und er tat das gleiche. Später meinte er, er habe damit gerechnet, daß man von der anderen Seite der Grenze her das Feuer auf sie eröffnen würde. Aber nichts dergleichen geschah. Drüben wurden erschreckte Rufe laut, doch es folgten keine Schüsse.

Bald waren sie von einem halben Dutzend Schweizer Soldaten und vier Zivilisten aus Lützelschwabs Abteilung umringt. Inmitten dieses massiven Schutzes gingen sie auf die beiden schwarzen Citroëns zu, die hundert Meter weiter auf der Äußeren Baselstraße warteten. Zwei Männer kamen auf sie zu, um sie zu begrüßen: Hauptmann Max Waibel und Allen Dulles.

Während Lützelschwab stolz zuschaute, schüttelte man sich die Hände, klopfte sich auf die Schultern und tauschte Küßchen aus. Schließlich trat er vor, um ein Wort mit Peter Burckhardt zu wechseln. »Denen haben wir es aber gezeigt, was?« Es war nicht ganz klar, ob er damit nur die Deutschen meinte oder auch die beiden Amerikaner. Burckhardts Antwort kam ganz spontan: »Ich hätte nie gedacht, daß ich mich mal darüber freuen würde, Sie zu sehen und Sie ›Hinlegen‹ brüllen zu hören. Erst da habe ich gewußt, daß wir wieder zu Hause sind. Ich danke Ihnen.« Er salutierte.

Dann verteilten sie sich auf die Autos und fuhren ab. Lützelschwab und seine Männer bemannten einen Wagen. Waibel und Dulles quetschten sich neben den Fahrer des zweiten; die »Heimkehrer« saßen hinten.

»Wo ist Heisenberg?« wollte Dulles als erstes wissen.

»Er wollte nicht mitkommen«, antwortete Burckhardt. »Aber es ist auch nicht mehr wichtig. Meine Schwester wird Ihnen die Gründe erläutern.«

An diesem Abend versammelten sich die Hauptakteure der beim OSS unter der Kodebezeichnung »Schweizer Konto« gelaufenen kriegszeitlichen Spionageaktivitäten zum Abendessen im Restaurant Schützenhaus: Allen Dulles und Hauptmann Waibel; Per Jacobsson und Peter Burckhardt; Felicitas Burckhardt und Nancy Reichman. Der Abend endete mit einem Trinkspruch von Allen Dulles: »Auf das Schweizer Konto und Ihre bemerkenswerte, unter hohem persönlichen Risiko erfolgte Großtat, die zweifellos die bedeutsamste Einzelaktion der Aufklärung in diesem Krieg war. Mein Land schuldet Ihnen allen ewigen Dank.«

Burckhardt fuhr Dulles zu seinem Hotel, dann brachte er Nancy zu ihrer Wohnung in der Augustinergasse. Dort angekommen, wollte Nancy ihm einen Abschiedskuß geben. Er hielt sie zurück, nahm ihre Hand und fragte: »Hast du etwas dagegen, wenn ich für ein paar Minuten mit raufkomme, Nancy? Ich weiß zwar, daß du erschöpft bist, aber ... «

»Natürlich nicht, Peter.«

Oben in der Wohnung nahm er erneut ihre Hand und sagte: »Felicitas hat mir erzählt, daß du um deine Rückversetzung gebeten hast.«

»Ja.«

»Tu's bitte nicht.«

Sie schwieg.

»Ich bitte dich, bleib hier, Nancy. Ich möchte dich heiraten. Willst du?«

»Aber Peter«, platzte sie, nun den Tränen nahe, heraus, »du weißt doch, daß ich Jüdin bin. Was wird deine Familie dazu sagen?«

»Was Felicitas denkt, weißt du. Und was meine Eltern betrifft, habe ich die Angelegenheit längst mit ihnen besprochen. Ihre Einstellung ist ganz einfach: Sie sind so christlich, wie du jüdisch bist. Aber sie haben dich so gern, daß sie dich so willkommen heißen, wie du bist. Sie haben mich gebeten, dir zu sagen, daß es sie sehr stolz machen würde, wenn du ebenfalls Burckhardt heißen würdest.«

»Oh, Peter!« Nun konnte sie ihre Tränen wirklich nicht mehr zurückhalten.

Peter umarmte sie und fuhr fort: »Sie würden sich freuen, wenn wir in der Familienkapelle in Benken getraut würden, Nancy. Was meinst du dazu?«

»O ja, Peter, aber unter einer Bedingung: Wenn der Krieg vorbei ist, müssen wir unsere zweiten Flitterwochen in Amerika verbringen und uns noch mal trauen lassen – von einem Rabbi, im Haus meiner Eltern. Dann können sie unser Glück teilen und dich ebenfalls in unserer Familie willkommen heißen.«

Einen Monat später wurden sie in der kleinen Kapelle auf dem Gelände des Benkener Schlosses getraut, womit gesichert war, daß der Bericht über das Schweizer Konto ein glückliches Ende fand.

Epilog

Die Aktivitäten all jener, die mit dem Schweizer Konto zu tun hatten, wurden natürlich bis Kriegsende fortgesetzt, und zwei Episoden ragen aus dieser Periode besonders heraus.

Mit der ersten hatten Allen Dulles und Hauptmann Max Waibel zu tun. Durch Vermittlung des Geheimdienstoffiziers kam Dulles mit Feldmarschall Albert Kesselring, dem Kommandanten der in Italien gegen die Alliierten kämpfenden deutschen Truppen, und General Karl Wolff, dem Chef der dort stationierten SS-Einheiten, in Kontakt. Das Unternehmen lief unter der Kodebezeichnung »Sunrise«. Die von Waibel arrangierten Treffen an verschiedenen Orten in der Schweiz führten schließlich am 2. Mai 1945 zur Kapitulation aller deutschen Streitkräfte in Italien: eine Million Soldaten. Später schrieb Dulles über Waibels Rolle in dieser Sache: »Als wir Anfang 1945 begannen, geheime und gefährliche Verbindungen zu den deutschen Generälen aufzunehmen, wäre jeder unserer Schritte vereitelt worden, hätte es bei der Herstellung von Kontakten, Kommunikation und Organisation der unter streng geheimen Umständen durchgeführten heiklen Grenzüberschreitungen nicht die Unterstützung Waibels gegeben. Waibel diente bei allem, was er tat, den Interessen des Friedens.«* Waibel blieb nach Kriegsende in der Schweizer Armee, war eine Weile als Militärattaché der Schweiz in Washington tätig und wurde schließlich Chef der Infanterie. Er ging mit dem höchsten Dienstgrad (Oberstdivisionär) in Pension, den die Schweiz in Friedenszeiten zu vergeben hat. Damit endete jedoch seine Glückssträhne. Jozef Garlinski, Experte zum Thema Spionage im Zweiten Weltkrieg, beschreibt Waibels restliches Leben wie folgt: »Nachdem er in Pension gegangen war, beschäftigte er sich mit seinen Hobbies: Reiten und die Organisation von Kindervereinen. Er wurde in den Aufsichtsrat einer Privatbank berufen, ohne zu ahnen, daß das Unternehmen ungesetzliche und unehrliche Geschäfte betrieb. Als das bekannt wurde, nahm sich Max Waibel nach einem Versuch, die Aktionäre auszuzahlen, am 21. Januar 1971 das Leben.«* Genaugenommen wurde dieser anständige und tapfere Soldat von der Schweizer Presse und den undankbaren Bürgern Luzerns zu Tode gehetzt. Vor dem Hintergrund solchen Verhaltens fällt es einem – selbst beim besten Willen – manchmal schwer, echte Sympathie für Schweizer zu entwickeln.

Allen Dulles hatte auch mit der zweiten Episode zu tun, die ebenfalls in Beziehung zu dem Verlangen einer der kriegführenden Parteien stand, im Frühjahr 1945 über eine Kapitulation zu verhandeln. Diesmal waren es die Japaner, die durch ihn um Verhandlungen mit Washington ersuchten. In diesem Fall war nicht Waibel der Vermittler, sondern der schwedische Ökonom und Bankier Per Jacobsson von der Bank für Internationalen Zahlungsausgleich. Jacobssons Biographin beschreibt den Ursprung dieses Ereignisses folgendermaßen: »Per Jacobsson wurde von zwei japanischen Bankiers angesprochen – Kojiro Kitamura, einem Vorstandsmitglied der BIZ, und Kan Yoshimura, dem Leiter der Devisenabteilung der BIZ. Wäre PJ als Neutraler mit guten Verbindungen bereit, für Japan den Frieden auszuhandeln? Sie fragten im Namen Generalleutnant Seigo Okamotos, des Militärattachés in Bern, der (durch einen Mittelsmann) direkten Zugang zu Kaiser Hirohito hatte. PJ meinte, der richtige Mann sei Allen Dulles, der Chef der Europa-Filiale des amerikanischen OSS, ein enger persönlicher Freund.«*

Hier nimmt Dulles den Faden auf:

»Im April 1945 hatte die Schlacht von Okinawa ihren Höhepunkt erreicht. In der Schweiz kamen Sprecher des japanischen Heeres, der Marine und japanische Beamte von der Bank für Internationalen Zahlungsausgleich in Basel auf mich zu. Sie wollten erfahren, ob nicht auch sie den Vorteil jener Geheimkanäle nach Washington nutzen könnten, die für ›Sunrise‹ verwendet worden waren, um für Japan den Frieden zu sichern. Per Jacobsson, der fähige schwedische Wirtschaftsberater der BIZ, wurde zu den Gesprächen hinzugezogen, und es kam zu einem aktiven Meinungsaustausch zwischen Washington und Bern.

Am 20. Juli 1945 fuhr ich mit Instruktionen aus Washington zur Potsdamer Konferenz und meldete Minister Stimson, was ich aus Tokio erfahren hatte: Man wollte kapitulieren, wenn man den Kaiser und die Verfassung behalten könne. Inzwischen hatte die Presse die Geschichte der italienischen Kapitulation und ihres Zustandekommens weltweit verbreitet: Sie hatte ansteckende Wirkung. Leider lief uns im Fall Japan die Zeit davon.«*

Natürlich hat Japan im August 1945 schließlich doch kapituliert, nachdem die USA Atombomben auf Hiroshima und Nagasaki abgeworfen hatten.

Vor diesem geschichtlichen Hintergrund schloß ein anderer Chronist seinen Bericht über die Schweizer Verhandlungen folgendermaßen: »Als der schicksalhafte Tag der Kapitulation endlich kam, erinnerte Fregattenkapitän Yoshiro Fujimura verärgert an die Blindheit, die zum Versagen seiner Regierung beigetragen hatte, dem guten Rat der Schweizer Verhandlungen zu folgen, und in Zürich ging Generalleutnant Seigo Okamoto unauslöschlich in das heilige Verzeichnis der Samurai ein, indem er sich das Leben nahm. Beide Männer waren an den Schweizer Gesprächen beteiligt gewesen. Hätten sie etwas mehr Zeit für die Etablierung dieses Verhandlungskanals gehabt, wäre die Geschichte der japanischen Kapitulation wahrscheinlich anders verlaufen.«*

Dulles kehrte nach Kriegsende in die USA zurück und lebte bis 1950 als Privatmann. Dann nahm er seinen Beruf als Spion in der neugegründeten Central Intelligence Agency wieder auf. 1953 wurde er Leiter der CIA. Er behielt diesen Posten bis zu seinem Tod im Jahr 1961. Per Jacobsson blieb bis 1956 bei der BIZ in Basel (wo ich ihn kennenlernte). Dann übernahm er den angesehensten Posten der Finanzwelt und wurde für die nächsten sechs Jahre geschäftsführender Direktor des Internationalen Währungsfonds. Er wollte zwar nach der Pensionierung nach Basel zurückkehren, starb jedoch 1963, bevor sein Traum Wirklichkeit wurde. Eine letzte Anmerkung zu Jacobsson: Auch wenn er während des Krieges oft durch Deutschland reiste und in Berlin bis zum Ende des Konflikts auf höchster Ebene Kontakte hatte, ist meine Beschreibung seiner letzten Reise dorthin im Januar 1945 reine Fiktion. Obwohl er sich der zweifelhaften Rolle der BIZ im Zweiten Weltkrieg sicherlich bewußt war, wurde er persönlich nie in Dinge wie die der geheimen Transfers von geraubtem Gold aus Deutschland in die Schweiz einbezogen. Jacobsson nutzte seine Stellung bei der BIZ ausschließlich für die Sache des Friedens und nicht, weil er auf Gewinn oder Macht aus war.

Die beiden Generäle dieses Romans, Henri Guisan und Walter Schellenberg, die so unterschiedlich wie Tag und Nacht waren, verbrachten auch ihr Leben nach dem Krieg völlig unterschiedlich. Guisan wurde am 20. August 1945 – nach der offiziellen Demission als Oberbefehlshaber der Schweizer Armee – zu einem nationalen Monument und blieb bis zu seinem Tode 1960 (er wurde sechsundachtzig Jahre alt) der meistbewunderte Mann der Schweiz. Im letzten Satz der erschöpfenden Studie dieses Menschen faßt sein Biograph den Werdegang Guisans zusammen und erläutert, warum er so verehrt wurde: »Der höchste Beitrag des Generals an seine Nation war, daß die Armee unter seinem Kommando eine entscheidende Rolle in der Aufrechterhaltung der politischen und kulturellen Unabhängigkeit der Schweiz spielte.«*

Im Gegensatz dazu blieb SS-Obergruppenführer Walter Schellenberg bis zum Ende ein glatter, nur schwer faßbarer Charakter. Es gelang ihm am 7. Mai 1945, achtundvierzig Stunden vor der bedingungslosen Kapitulation Deutschlands, in einer angeblichen Friedensmission nach Stockholm zu reisen und in Schweden um Asyl zu bitten, das er dank einer Intervention des Grafen Bernadotte erhielt, dem er geholfen hatte, eine Reihe von politischen Gefangenen aus Deutschland herauszuholen. Sein Aufenthalt in Schweden war freilich nur kurz, da die Alliierten seine Auslieferung verlangten. Im Juni 1945 kehrte er nach Deutschland zurück. Im Januar 1948 wurde er vor ein amerikanisches

Militärgericht gestellt und zu sechs Jahren Gefängnis verurteilt, wobei man ihm die seit Juni 1945 währende Untersuchungshaft anrechnete. Seine Strafe gehörte zu den niedrigsten, die über Führungsfiguren des Dritten Reiches verhängt wurden. Schellenberg, inzwischen ein kranker Mann, wurde schon 1951 begnadigt und aus dem Gefängnis entlassen. Hier fährt Jozef Garlinski fort: »Dann nahm er mit Roger Masson, seinem Kollegen aus Kriegszeiten, Kontakt auf und appellierte an dessen Großzügigkeit. Masson erleichterte ihm die geheime Einreise in die Schweiz und machte ihn mit seinem Freund Dr. Lang bekannt, der ihn unweit von Romont versteckte. Die Schweizer Polizei stöberte ihn aber sehr bald auf und befahl ihm, das Land zu verlassen. Schellenberg überquerte die Grenze nach Italien und ließ sich in der Kleinstadt Pallanza am Lago Maggiore nieder. Dort schrieb er mit Hilfe eines deutschen Journalisten seine Memoiren, doch die Arbeit wurde ständig durch einen Leberschaden beeinträchtigt, an dem er seit seiner Kindheit litt. Er starb im Alter von kaum einundvierzig Jahren am 31. März 1952 in Turin.«* Schellenbergs SS-Kollege Sturmbannführer Hans Wilhelm Eggen entwischte in den chaotischen Endtagen des Krieges mit einem Krankenwagen in die Schweiz, wurde kurz darauf von der Polizei gestellt und bis zum 1. Oktober 1945 in Gewahrsam genommen. Dann schoben die Behörden ihn nach Italien ab, wo sich seine Spur verliert.*

Roger Masson, der Leiter des Schweizer Geheimdienstes im Zweiten Weltkrieg, der Schellenberg vertraulich »Schelli« nannte, zahlte für seine Freundschaft einen hohen Preis. Im September 1945 gab er einem Journalisten der *Chicago Daily News* ein Interview, in dem er von seinen Begegnungen mit dem SS-Obergruppenführer sprach. Damit war das bislang streng gehütete Geheimnis aufgedeckt, von dem nur die hochrangigsten politischen und militärischen Köpfe der Schweiz gewußt hatten. Zwei Parlamentsmitglieder griffen Masson an und verlangten eine Untersuchung, die von Richter Couchepin durchgeführt wurde. Im Januar 1946 verkündete Couchepin das Ergebnis dieser Untersuchung und sprach Roger Masson von allen Verdächtigungen und Gesetzesverletzungen frei. Trotzdem war er nun ein Gezeichneter und litt – wie später sein Exkollege Max Waibel – unter ständigen Belästigungen durch die Presse und die Bürger der Schweiz. Da er durch seine Schweigepflicht gebunden war, konnte er sich nicht verteidigen, nachdem er aus der Armee ausgeschieden und in Pension gegangen war. Er starb 1967 als verbitterter Mann.*

Wilhelm Lützelschwab ist zwar eine historische Figur, aber ich muß gestehen, daß ich mir in seinem Fall einige Freiheiten genommen habe. So gibt es keine Beweise dafür, daß er Geständnisse aus Gefangenen herausgeprügelt und andere Dinge getan hat, die Schweizer Polizisten verboten sind. Der echte Lützelschwab gab seinen Posten als Leiter der Politischen Polizei Basels 1943 auf und wurde zum Ersten Staatsanwalt des Halbkantons Basel-Stadt befördert. Allerdings gab er seine Gegenspionage-Aktivitäten nie ganz auf und wurde in Sonderfällen oft um Hilfe gebeten. 1945, im Alter von vierzig Jahren, verließ er den Staatsdienst, ging in die freie Wirtschaft und stieg ins Management der Schweizer Pax-Lebensversicherung ein. Wie vorherzusehen war, brachte er es bis zum Chef des Unternehmens. Er starb als sehr erfolgreicher und angesehener Mann im Mai 1981.*

Die Professoren Karl Barth und Werner Heisenberg

waren zwar ebenso verschieden wie die beiden Generäle, hatten aber auch eine Gemeinsamkeit: Sie hatten anfangs an der Universität Göttingen gelehrt. Heisenberg wurde in einem Landhaus an einem bayerischen See von den Amerikanern gefangengenommen, wohin er am 23. April 1945, kurz vor der Ankunft eines US-Spezialistenstoßtrupps in Haigerloch, geflohen war.* Dort fand man den inzwischen verwaisten Atommeiler in der Grube im Felsen hinter der Kirche. Mit dem Bau des größeren Meilers war nie begonnen worden. Man brachte Heisenberg nach England, wo er für kurze Zeit festgehalten wurde, und gestattete ihm dann, an seine alte Universität zurückzukehren und die Kernforschung unter britischer Überwachung wieder aufzunehmen. Im Februar 1947 wurde er von einem Journalisten der *Washington Post* interviewt und gab an, die Russen hätten ihm ein Angebot gemacht. Wie Tom Bowers in seinem Buch *The Paperclip Conspiracy: The Hunt for the Nazi Scientists* schreibt, »fürchtete das Pentagon nun, daß er und elf weitere deutsche Atomforscher, einschließlich Otto Hahn, von Moskau rekrutiert werden könnten. Zum Schutz der amerikanischen Sicherheit empfahl das Joint Intelligence Committee (der vereinigten Stabschefs), die Atomforscher zwar in die USA zu holen, sie aber nicht arbeiten zu lassen. Die Briten, verärgert darüber, daß Truman die amerikanischen Atomgeheimnisse nicht mit ihnen teilen wollte, lehnten den Vorschlag ab.« So wurde Heisenberg gestattet, weiter in Göttingen zu bleiben. Seine Version einiger in diesem Roman beschriebener Ereignisse findet sich in seinem Aufsatz »The Third Reich and the Atomic Bomb« im *Bulletin of Atomic Scientists* (June 1968).

Karl Barth starb am 10. Dezember 1968. Mit ihm

verlor das 20. Jahrhundert einen seiner großen intellektuellen Köpfe. Es verlor aber auch einen Mann von gewaltiger Lebenslust, die er sich bis zuletzt erhielt.

Bleiben schließlich nur noch die fiktiven Gestalten dieses Romans. Es sind eigentlich nur drei: Peter Burckhardt, Felicitas Burckhardt und Nancy Reichman. Die schöne und erfrischend natürliche Felicitas Burckhardt hat nie geheiratet. Sie war ihrer akademischen Laufbahn so verbunden, daß sie zur hinreißendsten Professorin wurde, die je die ehrwürdigen Hallen der Universität Basel zierte.

Peter Burckhardt trat ein Jahr nach Kriegsende aus der Bank für Internationalen Zahlungsausgleich aus und nahm ein Angebot seines Vaters (auch er eine fiktive Figur) an, in die Geschäftsführung der New Yorker Filiale des Schweizerischen Bankvereins einzutreten. Später wurde er Chef des Unternehmens (was wieder einmal zeigt, daß Vetternwirtschaft nicht gänzlich von Übel ist), ging 1980 in den Ruhestand, zog mit seiner geliebten Frau Nancy nach Kalifornien und kaufte im Dry Creek Valley in Sonoma County einen Weinberg. Sie stellen einen ausgezeichneten Cabernet Sauvignon und einen (der Jordan-Kellerei sehr ähnlichen) Chardonnay her und bringen beide unter dem Namen »Domaine Burckhardt« auf den Markt – mit einem Etikett, das, wenn man es genau betrachtet, die Schweizer und die amerikanische Flagge zeigt.

Anmerkungen

Seite

Prolog

7 Diese Information wurde am 10. August 1945 bei einer geheimen Aussage Eggens in der Schweiz enthüllt. Siehe Schweizer Bundesarchiv, BAr 2809/1.4.

12 Einzelheiten dieser Aktion: siehe Willi Gautschi, General Henri Guisan: *Die schweizerische Armeeführung im Zweiten Weltkrieg* (Zürich 1989), S. 563-567.

Erster Teil

20 Einem Schweizer Journalisten zufolge, der Anfang der achtziger Jahre im Schweizer Nationalarchiv über diese bisher geheime Information stolperte, fand die letzte Goldsendung von Berlin nach Bern noch im Krieg (April 1945) statt. – Drei Wochen vor Hitlers Selbstmord, wie der Autor sarkastisch in seinem Buch zu diesem Thema anmerkt. Siehe Werner Rings, *Raubgold aus Deutschland: Die »Goldscheibe« Schweiz im Zweiten Weltkrieg* (Zürich/München 1985), S. 162.

24 Siehe Richard Dunlop, Donovan: *America's Master Spy* (New York 1982). Das Buch schildert die maßgebliche Rolle, die das OSS und Allen Dulles gespielt haben.

26 Allen Dulles, *The Secret Surrender* (New York 1966), S. 12 f.

26 Ebenda, S. 16.

28 Ebenda, S. 15. In diesem autobiographischen Buch wird deutlich, daß Allen Dulles es verabscheute, in der Rolle eines »Spions« gesehen zu werden.

28 Ebenda. Dulles merkt hier an, daß er keine Ahnung hatte, wie dieses falsche Gerücht in die Welt gesetzt wurde.

41 Siehe Callum MacDonald, *The Killing of SS-Obergruppenfuehrer Reinhard Heydrich* (New York 1989), S. 40 ff. Auch Walter Laqueur und Richard Breitman, *Breaking the Silence* (New York 1986), S. 14 ff und 13.

41 Ebenda, S. 264-265. *In Breaking the Silence* erzählen Laqueur und Breitman die Geschichte eines deutschen Industriellen namens Eduard Schulte. Er war, wie sie behaupten, der bis dato »Unbekannte«, der »als erster die unglaubliche Nachricht an die Außenwelt weitergab, daß Hitlers Judenausrottung begonnen hatte«. Die beiden Historiker sind der Meinung, daß der amerikanische Botschafter Leland Harrison diese Information als erster erhielt. Als Harrison sie gegen Ende 1942 ans amerikanische Außenministerium weitergab, übermittelte man sie ans OSS in Washington und bezeichnete die Nachricht des Botschafters als »verrücktes, von jüdischen Ängsten hervorgerufenes Gerücht«. Später, Anfang 1943, nachdem Schulte Kontakt mit Dulles aufgenommen hatte, überzeugte er ihn, das OSS und Präsident Roosevelt von der schrecklichen Wahrheit.

Es gibt freilich auch Historiker, die bestreiten, daß Schulte die Alliierten als einziger über die Natur und den Umfang der Endlösung in Kenntnis setzte, was nahelegt, daß die Ursprünge der Nachricht eher in der Salin/Sommer-Verbindung zu suchen sind. Der Disput entstand deswegen, weil die aus der Schweiz kommenden Telegramme, die die Nachricht des deutschen Informanten weitergaben, Schultes Namen nie erwähnten, sondern nur den Buchstaben ›S‹. Eigentlich war es das Geheimnis der Identität des Mannes hinter dem Buchstaben ›S‹, das Walter Laqueur sich zu lösen bemühte und ihn an dem Buch über Schulte, das unter dem Titel *Breaking the Silence* erschien, mitarbeiten ließ. Im Nachwort des Buches schreibt Laqueur folgendes:

»Durch einen Zufall wurde mir bekannt, daß der Name des Mannes mit ›S‹ begann. Es war mir damals keine große Hilfe, da das ›S‹ der meistverwendete Buchstabe ist, mit dem deutsche Namen anfangen. In Basel, Zürich und Bern haben während des Krieges ganze Scharen von Schmidts, Schöllers, Straußens und Stumms gelebt. Ich fragte bei überlebenden deutschen und Schweizer Industriellen an, ob sie mir irgendeinen Hinweis geben könnten. Ich schrieb Dutzende von Briefen und führte Dutzende von Telefonaten, doch ohne Erfolg.

Inzwischen waren andere Historiker zu dem Schluß gekommen, Arthur Sommer sei der geheimnisvolle Übermittler der Nachricht gewesen. Sommer war ein deutscher Wirtschaftswissenschaftler, der zum Kreis der Bewunderer des Dichters Stefan George gehörte. Ein weiteres Mitglied dieses Kreises war Graf Claus von Stauffenberg, der tapfere Offizier, der Hitler am 20. Juli 1944 fast getötet hätte... Sommer war kein Nazi; er traf sich von Zeit zu Zeit mit jüdischen Freunden in der Schweiz, zu denen auch Professor Edgar Salin gehörte, ein Frankfurter, der in Basel Ökonomie lehrte. Laut eines Beweises, den Salin nach dem Krieg besorgte, hat Sommer ihm 1942 einen Brief geschickt, um ihm mitzuteilen, man habe in Osteuropa Vernichtungslager gebaut, um sämtliche europäischen Juden (ebenso wie die meisten russischen Gefangenen) mit Hilfe von Giftgas umzubringen.«

Dann merkt Laqueur an, laut Dr. Haim Pazner, einem Historiker, der bei Salin studiert hat, habe Salin die Nachricht an die Amerikaner in Bern weitergegeben, die sie nach Washington und an die Alliierten weiterreichten. Laqueur hält diese These für »interessant, aber falsch«. Ich hatte das Privileg, bei Professor Salin zu studieren, und er war sogar mein Doktorvater, als ich 1958 an der Universität Basel meinen Doktor in Wirtschaftswissenschaften machte. Zwar habe ich die Geschichte von ihm persönlich gehört, aber keinen Beweis dafür, ob seine Information je in Washington ankam; und wenn doch, ob man sie geglaubt hat.

46 Nähere Informationen über die Gründung und Anfangsjahre der BIZ siehe Paul Einzig, *The Bank for International Settlements* (London 1930). Ebenso in Eleanor Lansing Dulles, *The Bank for International Settlements* (New York 1932). Man beachte, daß die Autorin die Schwester von Allen und John Foster Dulles war, was zeigt, daß die Verbindungen zwischen der Familie Dulles und der BIZ bis in die frühesten Anfänge zurückreichen.

46 The First National City Bank, *Bank for International Settlements - Documents* (Chicago 1930).

49 Siehe Erin E. Jacobsson, *A Life for Sound Money: Per Jacobsson, His Biography* (Oxford 1979), in dem sie die Leidenschaft ihres Vaters für das Golfspiel beschreibt.

54 Eher untypisch für diesen Jean-Gabin-Film war, daß er von der 20th Century Fox in den Vereinigten Staaten produziert wurde. Es war der erste Film, den Gabin dort drehte. Er war über Lissabon in die Schweiz gelangt.

74 Wir kennen diese Organisation heute unter dem Namen KGB. Sie hieß ursprünglich Tscheka, dann NKWD, wurde 1943 zu NKGB und 1953 zu KGB verkürzt.

Zweiter Teil

86 Siehe Pierre-Th. Braunschweig, *Geheimer Draht nach Berlin* (Zürich 1989), S. 179 ff.

90 Eine detaillierte Beschreibung der Aktivitäten des Bureau D findet sich in Braunschweig, *Geheimer Draht nach Berlin.*

105 Zur Geschichte der Roten Kapelle siehe Gilles Perrault, *Auf den Spuren der Roten Kapelle* (Zürich 1956); W.F. Flicke, *Spionagegruppe Rote Kapelle* (Kreuzlingen 1956); Heinz Hoehne, Kennword: *Direktor* (Frankfurt am Main 1970); Leopold Trepper, *The Great Game: Memoirs of the Spy Hitler Couldn't Silence* (New York, 1977).

111 Das Buch wurde 1933 bei Macmillan unter dem Titel *The Bank for International Settlements at Work* publiziert.

137 Siehe Allen Dulles, *Germany's Underground* (New York 1947), S. 130.

139 Siehe Edgar Bonjour, *Geschichte der Schweizerischen Neutralität* (im folgenden zitiert als »Bonjour«), Bd. V (Basel, 1970), S. 188. Professor Bonjour ist der offizielle Chronist der Schweizer Neutralität im Zweiten Weltkrieg. Ich hatte Gelegenheit, in der zweiten Hälfte der fünfziger Jahre an der Universität Basel bei ihm zu studieren.

140 Was die Geschichte der schweizerisch-sowjetischen Beziehungen anbetrifft, siehe Bonjour, Bd. V, S. 373 ff.

142 Zwar wird in allen Büchern über die Schweizer Rolle im Zweiten Weltkrieg auf den »Wikinger« Bezug genommen, doch ist die genaue Identität des bzw. der Deutschen nie enthüllt worden, die die Schweiz im Krieg mit den wichtigsten geheimdienstlichen Informationen versorgten. Man nimmt jedoch an, daß der bzw. die Betreffenden in Hitlers persönlichem Lagezentrum beschäftigt waren und so all seine Beschlüsse kannten, sobald sie an das deutsche Oberkommando oder an die kommandierenden Generäle der verschiedenen Frontabschnitte übermittelt wurden.

144 Siehe S. 106/150, auf der eine Kopie dieses Dokuments abgedruckt ist (Pierre-Th. Braunschweig, *Geheimer Draht nach Berlin*, Zürich 1989, S. 269).

147 Siehe Allen Dulles, *Germany's Underground*, S. 81 ff.

147 Ebenda, S. 27.

161 Eine historische Aufarbeitung dieser Tat findet sich in Callum McDonald, *The Killing of Reinhard Heydrich.*

192 Flicke, *Spionagegruppe Rote Kapelle*, S. 61. Die Verwendung eben dieses Buches stimmte mit der sowjetischen Standardpraxis überein, nur seltene und alte Kodebücher zu benutzen, die von obskurer Herkunft waren.

192 Ebenda. Hier handelt es sich, wie es Flickes Buch über diese Organisation dokumentiert, um den (leicht bearbeiteten) Text einer echten von der Roten Kapelle abgesandten Nachricht.

193 Eine vollständige Erklärung des von den Russen im Zweiten Weltkrieg verwendeten Chiffriersystems, einschließlich dessen, das ihre im Rahmen der Roten Kapelle arbeitenden Agenten benutzten, steht in Heinz Hoehne, *Kennwort: Direktor* (Frankfurt am Main 1970), S. 87–91.

204 Siehe Braunschweig, *Geheimer Draht nach Berlin*, S. 236.

205 Über die Einstellung der überwiegenden Mehrheit der Schweizer Presse – die stark gegen die Nazis und für die Alliierten war – und die massiv von der Regierung auf sie ausgeübte Zensur schreibt Bonjour, Bd. V, S. 161–241.

218 Laut Professor Bonjour entging Rado im März 1943 dadurch der Festnahme, daß er im Genfer Untergrund verschwand und von einer Gruppe einheimischer Kommunisten geschützt wurde. Er entkam 1944 auf einem Milchzug nach Frankreich. Siehe Bonjour, Bd. V, S. 99ff. Ebenso M.R.D. Foot, *Resistance* (London 1978), S. 216.

230 Siehe S. 171/240. Kopie des echten Personal-Berichts über Schellenberg (Braunschweig, *Geheimer Draht nach Berlin*, S. 227).

230 Vergl. David Kahns Beschreibung Schellenbergs in seinem Buch *Hitler's Spies. German Military Intelligence in World War II* (New York 1985), S. 260: »Er hatte eine stille Art und unterschied sich sehr stark von der kraftmeierischen und dünkelhaften Härte der meisten SS-Typen. Er sprach in einem leisen, fast schüchternen, deutlichen Tenor, hatte eine außergewöhnlich präzise Aussprache und einen jungenhaften Charme, der zu seinen größten Aktiva gehörte... Nicht alle mochten ihn. Manche älteren SS-Schlägertypen verachteten ihn; manche Amtsträger hielten ihn für zu aufdringlich... Er war intelligent und hatte Auffassungsvermögen: Menschen, die ihn kennenlernten, hatten oft den Eindruck, er könne sich auf der Grundlage weniger Schlüsselfakten ein klares Bild von Menschen und Ereignissen machen... Er konnte gewandt mit Ausländern dinieren und war mit jungen Beamten im Außen- und Propagandaministerium befreundet. Man sagte ihm Verständnis für Auslandsangelegenheiten nach.«

Der britische Historiker Hugh Trevor-Roper sah ihn ganz anders: »Der ausgezeichnete Ruf, dem Schellenberg, dem jüngsten Obergruppenführer, in Kreisen engstirnigster SS-Fanatiker anhaftete, war völlig substanzlos... Er glaubte allerdings nicht an den Einsatz von Zwang, sondern eher an die List, da er sich selbst für einen listigen Menschen hielt. Das war sein größter Fehler.« *The Last Days of Hitler* (London 1947), S. 59.

231 Bonjour, Bd. V, S. 66. Seine Quelle war wiederum *Staatsmänner und Diplomaten bei Hitler*, zusammengestellt von Andreas Hillgruber (Frankfurt am Main 1967).

232 Bonjour, Bd. V (Basel 1970), S. 116. Die Zusammenkunft zwischen Köcher und dem Schweizer Außenminister fand am 5. Februar 1943 statt.

232 Ernst von Weizsäcker war der Vater des ehemaligen deutschen Bundespräsidenten Richard von Weizsäcker.

232 Pilet sagte Harrison, die Gefahr einer »Bolschewisierung« Europas stünde bevor, da die militärischen Reserven Deutschlands fast erschöpft seien; dies könne doch kaum im Interesse der Angelsachsen liegen. Dann schlug er vor, die Amerikaner und Briten sollten sich aus dem Krieg zurückziehen und die Russen die Sache mit den Deutschen allein auskämpfen lassen. Der US-Botschafter gab diese Gedanken sofort ans Außenministerium weiter. Dessen lapidare Antwort war: Roosevelt habe seinen Standpunkt bereits in vorherigen Aussagen verdeutlicht: Die Amerikaner hätten die Absicht, so lange kompromißlos weiterzukämpfen, bis sich die Achsenmächte zur bedingungslosen Kapitulation bereit erklärten. Bonjour, Bd. VI, S. 117–118.

239 »Ihr sollt das Heiligtum nicht den Hunden geben, und eure Perlen sollt ihr nicht vor die Säue werfen, auf daß sie dieselben nicht zertreten mit ihren Füßen und sich wenden und euch zerreißen.« (Anm. d. Übers.)

242 Bruce Quarie, *German Airborne Troops* 1939–1945 (London 1983), S. 6.

247 Siehe Bonjour, Bd. V, S. 74. Professor Bonjour weist darauf hin, daß ein zusätzlicher Grund für Hitlers ursprünglichen Widerstand bezüglich der Schellenberg-Reise in die Schweiz seine Furcht war, die Italiener könnten Wind davon bekommen und den Schluß ziehen, Deutschland und die Schweiz könnten die Bildung einer gemeinsamen Verteidigungslinie in den Alpen besprechen, die dazu dienen sollte, jede Invasion der Alliierten von Süden aus zu vereiteln – ein Schritt, der es Deutschland erlauben würde, seinem Achsenpartner Italien zu erklären, er müsse nun für sich selbst sorgen.

248 Chambers, F.P., Harris, C.P., Bayley, C.C., *This Age of Conflict, 1914 to the Present* (New York 1950). S. 673.

255 Die gesamte Episode erzählt Bonjour, Bd. V, S. 12ff. Bonjour mußte sich ausschließlich auf deutsche Quellen beziehen, da sämtliche Schweizer Verhandlungsunterlagen 1940 auf Befehl General Guisans vernichtet wurden. Bonjours wiederholter Versuch, Zugang zu den französischen Originalunterlagen zu erhalten, wurden von der französischen Regierung abgelehnt.

255 Siehe Bonjour, Bd. V, S. 16.

256 Laut Ernst von Weizsäcker, damals Staatssekretär im Außenministerium des Dritten Reiches, trug der umfassende Bericht über den Dokumentenfund bei Charité-sur-Loire im Herbst 1940 nur dazu bei, Hitlers ohnehin schon stark entwickelte Animosität gegen die Schweiz noch weiter zu steigern. Siehe *Ernst von Weizsäcker: Erinnerungen* (München 1950), hrsg. von seinem Sohn Richard, S. 301 ff.

256 Dies waren seine genauen Worte, »er wolle als Soldat zum Soldaten reden«, wie Masson es Schellenberg gegenüber ausdrückte. Siehe Bonjour, Bd. V, S. 72.

261 Bonjour bestätigt, daß Eggen im Namen der Nazis tief in die geheimen Finanztransaktionen in der Schweiz verstrickt war. »Unter Schellenbergs Schutz konnte sein Adjutant heimlich Nazigelder in die Schweiz verschieben und persönlich lukrative Geschäfte machen.« Bd. V, S. 89. Daß es zwischen den Finanzgeschäften und den geheimdienstlichen Aktivitäten eine Verbindung gab, die der Schweiz von Nutzen war, wurde in einem Brief des Schweizer Bundeskanzlers und Justizministers Eduard von Steiger an Jacob Huber, den Generalstabschef der Schweizer Armee, mit dem Datum vom 20. Dezember 1944 enthüllt: »Man weiß nie, was nun bei Eggen die Hauptsache ist, sein Nachrichtendienst gegen die Schweiz, seine privaten Geldgeschäfte oder seine Tätigkeit im Nachrichtendienst zugunsten der Schweiz.« Ebenda, S. 90.

263 Das mysteriöse von Eggen aufgelistete »H« stand nicht für Hitler, obwohl er sich zweifellos darum bemühte, diesen Eindruck zu erwecken. Es stand jedoch, wie sich später herausstellte, für Heinrich Himmler, den Chef der SS. Laut keiner geringeren Autorität als General Guisans Sohn (siehe Braunschweig, *Geheimer Draht nach Berlin*, S. 179) unterhielt Eggen enge Beziehungen zu Himmler, und als für den SS-Nachschub verantwortlicher Mann in der Schweiz teilte er mit ihm einige der Gewinne, die aus seinen dort getätigten dubiosen Geschäften resultierten – den Anteil, der in Franken auf Schweizer Banken hinterlegt wurde.

Daß Hitler Konten in der Schweiz unterhielt, wurde trotz Reportagen wie der am 15. März 1990 in der *Weltwoche* erschienenen nie bewiesen. Laut diesem Artikel hatte Hitler unter falschem Namen über eine Million Franken auf drei verschiedenen Schweizer Konten. Dies wurde schon zuvor, am 12. Juli 1945, vom Londoner *Evening Standard* behauptet und dann irgendwie vergessen oder verschüttet. Der Grund dafür könnte sehr gut die Tatsache gewesen sein, daß die Bank, auf der diese Konten unterhalten wurden, höchstwahrscheinlich die auf Geschäfte mit Deutschland spezialisierte Basler Handelsbank war. Deswegen brach sie auch kurz nach dem Krieg zusammen und wurde unter Regierungsaufsicht liquidiert. Zweifellos wurden dabei sämtliche Unterlagen, die den Schweizer Nationalinteressen potentiell hätten schaden können, vernichtet – ebenso, wie die Unterlagen, die sich auf den schweizerisch-französischen Militärpakt von 1939/1940 bezogen, unter direktem Befehl von General Guisan vernichtet wurden. In beiden Fällen bewiesen die Schweizer erneut, daß sie zu ihren Gunsten wahre Meister der Geschichtsfälschung sind: Sie haben alle für sie schädlichen historischen Beweise einfach zerstört.

In letzter Zeit waren sie in dieser Hinsicht freilich weniger erfolgreich. Allein in der zweiten Hälfte der achtziger Jahre kam heraus, daß mindestens fünf der schlimmsten Diktatoren nach dem Zweiten Weltkrieg zusammen Milliarden auf Schweizer Banken hinterlegt hatten: Marcos (Philippinen), Duvalier (Haiti), Noriega (Panama), die Ceausescus (Rumänien) und Honecker (DDR).

287 Siehe Bonjour, Band V, S. 57.

290 Wie Jacobssons Tochter Erin E. Jacobsson in der Biographie – *A Life For Sound Money* – ihres Vaters schreibt, liebte er Basel so sehr, daß er sich dort zur Ruhe setzen wollte. Leider nahmen ihn die sechs Jahre, die er von 1956 bis 1962 als Leiter des Internationalen Währungsfonds in Washington verbrachte, dermaßen

mit, daß er 1963 starb, ohne sich den Wunsch erfüllen zu können. Ergreifenderweise gehörten zu den Menschen, die sie als Absender von Kondolenz- und Würdigungsschreiben bei seinem Ableben erwähnt, nicht nur Premierminister Charles de Gaulle, Präsident John F. Kennedy und Bundeskanzler Ludwig Erhardt, sondern auch der Basler Schuhmacher ihres Vaters.

292 Der Verdunkelungserlaß wurde am 12. September 1944 aufgehoben, nachdem britische und amerikanische Flugzeuge wiederholt Schweizer Städte wie Basel (Rheinhafen) und Zürich-Oerlikon bombardiert hatten. Die Schweizer Regierung behauptete, die Maschinen seien von jungen, unerfahrenen Piloten geflogen worden, die irrtümlich angenommen hatten, sie befänden sich noch über deutschem Gebiet. Wie in vielen Fällen sagte die Regierung nur die halbe Wahrheit: Manche Luftangriffe waren zwar zweifellos versehentlich geschehen, andere jedoch scheinen vorsätzlich erfolgt zu sein.

300 Wie sich zeigte, änderte die schweizerische Politische Polizei ihre Methoden nach Kriegsende auch nicht. Ganz im Gegenteil. 1989 wurde bekannt, daß sie nicht weniger als 900.000 Bürger, die verdächtigt wurden, ihrem Land nicht völlig loyal gegenüberzustehen, in einer geheimen Mikrofichedatei gespeichert hatte. Die Politische Polizei war aufgrund eines geheimen Regierungserlasses ermächtigt, die Bürger (durch angezapfte Telefone, Abfangen der Post etc.) zu bespitzeln, um die »Sicherheit des Landes aufrechtzuerhalten«. Der Erlaß war bis 1990 gültig und gestattete es der Politischen Polizei in nationalen Krisenzeiten (z.B. dem Versuch von Staatsstreichen, wobei die Definition äußerst unklar blieb), als »vorsorgliche Handlung« Bürger der Schweiz, deren Staatstreue fragwürdig war, ohne Gerichtsverfahren irgendwelcher Art in Internierungslager zu stecken. Eine Denunziation durch »staatstreue« Bürger reichte für solche Handlungen aus; sie wurden sogar ermuntert. Die Enthüllung dieser Dinge führte zum größten Politskandal der Schweizer Nachkriegsgeschichte. Natürlich ergaben sich für Angehörige des konservativen Establishments daraus keinerlei ernsthaften Konsequenzen. Eine Folge der Enthüllungen war der im Parlament eingebrachte Vorschlag, die Geheimpolizei abzuschaffen. Er wurde abgelehnt. Ein vollständiger Bericht über diese Affäre findet sich im Zürcher *Tagesanzeiger.*

Dritter Teil

310 Die OSS-Version dieser »unglaublichen Geschichte« steht in Richard Dunlop, *Donovan: America's Master Spy,* S. 401 ff.

315 Bonjour, Bd. V, S. 25 ff.

315 Ebenda, S. 19.

318 Willi Gautschi schrieb mit *General Henri Guisan. Die schweizerische Armeeführung im Zweiten Weltkrieg,* die maßgebliche Biographie über den General und schildert darin ausführlich die Rolle der Schweizer Armeeführung im Zweiten Weltkrieg.

318 Ebenda, S. 268.

319 Die Geschichte der Réduit-Strategie und ihres Baus steht ebenda, S. 294–328.

320 Ebenda, S. 318 ff.

321 Ebenda, S. 540.

321 Siehe S. 247, 248 und 345, auf denen sich Faksimiles der Rechnung und der Gästebuchseite befinden. (Willi Gautschi, *General Henri Guisan* (Zürich 1989), S. 541 und 539)

323 Um dieses recht eigenartige Verhalten zu erklären, gab Schellenberg der Geschäftsleitung des Hotels bekannt, er habe sich den Magen verdorben. Er ging sogar so weit, sich von einem einheimischen Arzt in seinem Zimmer besuchen und sich »Opiumtröpfe« verschreiben zu lassen. Gautschi, S. 544.

324 Als Guisan fünf Tage nach dem Treffen vom zivilen Verteidigungsminister der Schweiz über das Gerücht, er habe sich mit einem hochrangigen deutschen General in Biglen getroffen, befragt wurde, sagte er, er sei zwar in der Tat mit einer deutschen »Persönlichkeit« zusammengewesen, doch kenne er ihren Namen nicht. Als er gefragt wurde, ob es sich dabei um eine politische oder militärische »Persönlichkeit« gehandelt habe, erwiderte er, der Mann sei offenbar ein Militär, gar ein General, gewesen, doch welche Art von General, sei ihm unbekannt.

325 Der Originaltext des Ribbentropschen Kommuniqués an Botschafter Köcher findet sich im Schweizer Nationalarchiv, BArEDI 1005/2. Siehe auch Gautschi, S. 546.

325 Siehe Walter Schellenbergs Memoiren, *Aufzeichnungen* (Wiesbaden/München 1979), S. 313 ff. Ebenso Gautschi, S. 534.

326 Tatsächlich traf sich Sturmbannführer Eggen am Abend des 22. März mit Masson in Zürich. Sie blieben bis Mitternacht wach und tranken Champagner, um die Tatsache zu feiern, daß den Schweizern der »Schierlingsbecher« eines direkten Einbezogenwerdens in den Zweiten Weltkrieg dank ihrer Intervention erspart geblieben war. Gautschi, S. 556.

327 Die ideologische Spaltung im Oberkommando der Schweizer Armee, und besonders innerhalb der Sektion 5 des Generalstabs (Geheimdienst), basierte auf einem früheren Ereignis, zu dem es am 21. Juli 1940 gekommen war. 37 junge Armeeoffiziere gründeten an diesem Tag eine Geheimorganisation mit dem Ziel, den Beschwichtigungstendenzen entgegenzuwirken, die inzwischen nicht nur in der militärischen, sondern auch in der politischen Führung des Landes zügellos wurden. Sie schworen sich, zu kämpfen, auch wenn die Regierung der Armee befahl, sich den Nazis zu ergeben. Als ihre Sache ans Licht kam, wurden acht Mitglieder der »Offiziersverschwörung« zu 14 Tagen verschärftem Arrest verurteilt, darunter auch Max Waibel, der zu den Rädelsführern gehörte. Im nachhinein wurde die gesamte Affäre als »Kinderkreuzzug« heruntergespielt. Waibel wurde nicht nur rehabilitiert, sondern erhielt später auch eine Führungsposition im Geheimdienst als Leiter sämtlicher Operationen gegen Nazideutschland. Siehe Gautschi, S. 235 ff.

336 Dies geschah durch Präsident Roosevelt unter der Executive Order 8785. Siehe Paul Erdman, *Swiss-American Economic Relations* (Basel/Tübingen 1959), S. 94.

340 Ein erschöpfender Tatsachenbericht des Weges, den das Beutegold aus Deutschland im Zweiten Weltkrieg in die Schweiz nahm, findet sich bei Werner Rings, *Raubgold aus Deutschland.* Diese Episode gehörte zu den bestgehüteten Geheimnissen des Zweiten Weltkriegs und danach. Die Schweizer Regierung hatte alle Hinweise auf diesen Fall unter Verschluß gehalten, und es war nur einem Zufall zu verdanken, daß Peter Utz, ein Student der Universität Bern, im Winter 1978/79 über eine Menge Material stolperte, das diese Ereignisse dokumentierte und irgendwie – irrtümlich – den Weg ins Schweizer Bundesarchiv gefunden hatte. Sein Fund wurde anschließend unter der Leitung des Schweizer Historikers Dr. Walter Hofer der Historischen Fakultät der Universität Bern präsentiert.

Schon viel früher, nämlich 1958, fand ich heraus, wie heikel die Schweizer Regierung diese Dinge sah. Ich war in amerikanischen Quellen zufällig auf Hinweise über die deutsch-schweizerischen Goldgeschäfte im Zweiten Weltkrieg gestoßen und hatte einiges Material in meine Doktorarbeit für die Universität Basel aufgenommen. Als der Schweizer Nationalrat davon erfuhr, versuchte er, die Veröffentlichung der Dissertation zu verhindern. Der Leiter der ökonomischen Fakultät, Professor Edgar Salin, damals auch Kanzler der Universität, bezeichnete dies als nicht hinnehmbare Einmischung in die Universitätsfreiheit und drohte, die Sache an die Öffentlichkeit zu bringen. Die Schweizer Regierung gab klein bei, und die Dissertation wurde 1959 in ungekürzter Form publiziert.

352 Dies sind die genauen Worte, die Ernst Weber, der Direktor der Schweizerischen Nationalbank, 1943 benutzte, als er mit dieser Angelegenheit konfrontiert wurde. Siehe Werner Rings, *Raubgold aus Deutschland*, S. 48.

355 1971 erst stimmten knappe 50,15 % der männlichen Bevölkerung dem Stimm- und Wahlrecht für Frauen auf Bundesebene zu. Auch auf kantonaler Ebene ließen die Männer, wiederum meist äußerst knapp, im selben Zeitraum die Frauen in der Politik zu. Es dauerte aber noch 2 Jahrzehnte, bis alle Frauen der Schweiz auch in kantonalen Angelegenheiten stimmen durften: Nach wiederholter Ablehnung an den Landsgemeinden der Appenzeller-Innerrhodner Männer setzte ein Bundesgerichtsbeschluß Anfang der 90er Jahre auch im letzten innerschweizer Kanton das Frauenstimm- und -wahlrecht zwangsweise durch.

356 Siehe Richard Rhodes, *The Making of the Atomic Bomb* (New York 1986), S. 23 ff.

356 Ebenda, S. 28.

357 Ebenda, S. 294–297.

358 Ebenda, S. 168–197, wo Richard Rhodes die Geschichte des Exodus der Atomphysiker aus Deutschland in den dreißiger Jahren beschreibt.

358 Die von der deutschen Kontrolle über diese Schwerwasser-Anlage ausgehende Gefahr hatte schon zu zwei britischen Versuchen geführt, sie zu sabotieren. Der erste fand in der Nacht des 19. November 1942 statt und wurde in der Nähe des hydroelektrischen Kraftwerks bei Vemork von zwei Lastenseglern mit britischen Einsatzgruppen durchgeführt. Beide zerschellten jedoch an einem Berg. Die vierzehn Männer, die den Absturz überlebten, wurden von den deutschen Besatzungstruppen gefangengenommen und noch am gleichen Tag exekutiert. Am 16. Februar 1943 versuchte die RAF es erneut. Diesmal ließ sie sechs Norweger, die sich in der Region auskannten, mit Fallschirmen abspringen. Zwar gelang es ihnen, das Kraftwerk mit Sprengsätzen auszuschalten, doch im April wurde die Arbeit wieder aufgenommen und hatte im Sommer 1943 den alten Produktionsstand erreicht. Siehe Rhodes, S. 445–457 und 468.

369 Richard Dunlop, *Donovan: America's Master Spy*, S. 401.

369 Siehe Leonard Mosley, Dulles: *A Biography of Eleanor, Allen und John Foster Dulles and Their Family Network* (New York 1978). Nach Princeton und vor der Inangriffnahme seiner Diplomatenkarriere lehrte Dulles Englisch an so unterschiedlichen Orten wie Allahabad, Schanghai, Kanton und Peking.

370 Dunlop, S. 401

371 Ebenda, S. 402.

372 Richard Rhodes schreibt dazu: »Eins der Rätsel des Zweiten Weltkrieges war das Versagen des amerikanischen Geheimdienstes, sich frühzeitig und engagiert um die Aufklärung des deutschen Fortschritts bei der Entwicklung der Atombombe zu kümmern.« *The Making of the Atomic Bomb*, S. 605.

373 Die gesamte Episode erreichte ihren anfänglichen Höhepunkt im Januar 1944 in Bern, wo Dulles sich mit der Verschwörergruppe traf, die Hitler umbringen wollte. Siehe Dunlop, S. 450.

373 Siehe Dunlop, S. 377ff. Hier wird Donovan zitiert, der Lovell als »mein bösartiges Genie« bezeichnet. Die Schlußfolgerung, daß Lovell unter Umständen die Vorlage für den Wissenschaftler abgab, der James Bond in Ian Flemings Romanen mit seinen Spielzeugen versorgt, liegt nahe.

374 Barth war 1926 aufgrund seines Status in der preußischen Beamtenschaft als Professor der Universität Münster zusätzlich die deutsche Staatsbürgerschaft verliehen worden. Eberhard Busch, *Karl Barths Lebenslauf: Nach seinen Briefen und autobiographischen Texten* (München 1976), S. 189.

375 Dazu gehörten Paul Tillich, Rudolf Bultmann und Martin Buber, drei der anderen großen theologischen Köpfe des 20. Jahrhunderts, aber auch die Philosophen Martin Heidegger und Karl Jaspers (der schließlich ebenfalls von Heidelberg an die Universität Basel ging, weil seine Gattin jüdische Vorfahren hatte).

Barths enge Kontakte in der gesamten lutherischen und reformierten Kirche Deutschlands reichten ebenso zu führenden Köpfen wie zu »einfachen Pastoren«. Siehe Busch, *Karl Barths Lebenslauf.*

375 Einige Jahre später verlieh ihm die Theologische Fakultät der Universität Münster »aufgrund seiner zahlreichen und mannigfaltigen Beiträge zur Revision von religiösen und theologischen Streitfragen« die Doktorwürde in Theologie. 1937 zwangen die Nazis die Universität, ihm den Titel abzuerkennen. Busch, S. 128.

375 Es wäre töricht, auch nur den Versuch zu machen, die Hauptstoßrichtung der theologischen Lehren Barths in der Fußnote eines Romans zusammenzufassen! Immerhin besteht sein Werk aus mehr als 9.000 Seiten – doppelt soviel wie die *Summa* von Thomas von Aquin, mit dem ein Papst Barth verglich.

375 Die »Bekennende Kirche« wurde 1933 von dem lutherischen Pastor Martin Niemöller gegründet und bezog sich in ihrem Namen darauf, daß sie ihre Opposition zu Hitler und den »deutschen Christen« auf dem Glaubensbekenntnis zu Jesus Christus als einzigem Gott und Quelle des Glaubens gründete. Niemöller wurde daraufhin ins KZ gesteckt. Eine Hauptdifferenz, die Barth mit den Führern der Bekennenden Kirche hatte, betraf ihre Einstellung zu den Juden. Barth warf ihr vor, allein »für die Freiheit und Reinheit ihrer Verkündigung« gekämpft zu haben, »während sie andererseits über die Behandlung der Juden geschwiegen hat... und über noch viel mehr, wogegen die Propheten des Alten Testaments gewiß gewettert hätten«. *Karl Barth zum Kirchenkampf. Beteiligung – Mahnung – Zuspruch* (Basel 1956), S. 34. Barth hingegen schrieb ständig Briefe an Kirchenfürsten anderer Länder, z.B. Bischof Bell von Chichester, Bischof Eidem von Uppsala und Marc Boegner in Paris, in denen er sie bat, bei der Aufnahme von Juden in ihren Ländern zu helfen. Siehe Busch, S. 226 und 171 ff; Casalis, S. 57ff.

376 Anfang 1936 nahm Barth auch Kontakte zu Nichttheologen auf, die sich in Deutschland unbeliebt gemacht hatten, u.a. zu Thomas Mann und dem Pianisten Rudolf Serkin. Es war, als sei er inzwischen in einer Ein-Mann-Vendetta gegen das Hitler-Regime aktiv.

377 Allen Dulles, *Germany's Underground,* S. 70–72.

377 Ebenda, S. 81.

377 Dieses Zitat stammt aus einem Brief Barths an einen J. Glenthoj und wurde am 7. September 1956 datiert. Siehe Busch, S. 315.

378 Die vier höchsten Männer der deutschen Abwehr, auch Admiral Canaris, wurden daraufhin wegen Verrats hingerichtet. Ebenda, S. 80.

378 Ebenda, S. 88.

379 Siehe Busch, S. 4–6. Das berühmteste Mitglied der Familie Burckhardt war der Historiker und Renaissanceexperte Jacob Burckhardt. Er und Friedrich Nietzsche waren recht ungleiche Kollegen an der Universität Basel gewesen, als Karl Barths Vater dort studiert hatte.

385 Anm. d. Autors: Ich habe in den Jahren 1955–1958 an Karl Barths Seminaren im Restaurant Bruderholz teilgenommen, und selbst das Essen war da gut. Das Restaurant heißt heute »Stucki (Bruderholz)«, gehört zu den ersten Adressen in Basel und hat im Roten Michelin sogar zwei Sterne bekommen – eine Ehre, die man Lokalen außerhalb Frankreichs nur zähneknirschend zuteil werden läßt.

388 Mehr über diese eigenartige Beziehung findet sich bei Busch, S. 185ff. Hier wird Barth mit folgendem Satz zitiert: »Ohne ihre Mitarbeit hätte ich nur einen Bruchteil... meines Werkes geschafft.« Wie Barths Biograph vermeldet, waren »viele Menschen, selbst gute Freunde, nicht zuletzt auch seine Mutter über die Anwesenheit ›Lollos‹ in Barths Leben und später sogar in seinem Haus, ungehalten. Es steht außer Frage, daß die Intimität ihrer Beziehung besonders an die Geduld seiner Frau Nelly hohe Anforderungen stellte.« Und er fügt hinzu: »Barth selbst zögerte nicht, die Verantwortung und Schuld an der daraus erwachsenen

Situation auf sich zu nehmen. Aber er glaubte, sie sei nicht zu ändern. Sie mußte von allen dreien hingenommen werden.«

389 1943 waren die ausländischen Studenten, von denen die meisten stets aus Deutschland stammten, vollständig aus Basel verschwunden. Selbst wenn einige zurückgeblieben wären – deutsche Studenten hätten wahrscheinlich nicht an Barths Seminar teilgenommen, da das Naziregime eine Verordnung erlassen hatte, die es deutschen Universitäten verbot, Scheine für Seminare anzuerkennen, an denen sie bei Barth in Basel teilgenommen hatten.

389 Barth hatte sich im April 1940 zum Wehrdienst gemeldet. Er beschrieb es so: »Als ich neunzehn war, hatte man mich für untauglich erklärt, doch im vierundfünfzigsten Lebensjahr war ich tauglich (also hatte ich einige Fortschritte gemacht). Nun befanden sich in meinem Schlafzimmer ein Helm, eine komplette Uniform, ein Gewehr und ein Bajonett etc., damit ich zu jeder Stunde des Tages oder der Nacht in der Lage war, hinauszugehen und loszuschlagen.« Er nahm sporadisch (insgesamt 140 Tage) am aktiven Dienst teil – in der Hauptsache beim Streifendienst am Rhein. Busch, *Karl Barths Lebenslauf*, S. 305–306.

390 Dies sind direkte Zitate aus Barths *Eine Schweizer Stimme, 1938–1945* (Basel 1945).

397 Vgl. dieses Schreiben mit einem Brief von Edward Teller an Robert Oppenheimer, der in Rhodes, *The Making of the Atomic Bomb*, S. 511–512, zitiert wird.

398 Ebenda, S. 607.

398 Der dänische Atomphysiker Niels Bohr, der im Oktober 1943 über Schweden und Großbritannien in die Vereinigten Staaten flüchtete, hatte ähnliche Zeichnungen Heisenbergs gesehen und war zum gleichen Schluß gekommen wie Scherrer.

401 Eine umfassendere Schilderung dieses Vorfalls steht bei Rhodes, S. 605ff. Dort sagt der Chronist der Atombombenherstellung: »Vannevar Bush (der Leiter des Projekts Atombombe) hatte die Spionagefrage zwar ... am 9. Oktober 1941 ... bei Franklin Roosevelt aufgeworfen, bekam aber keine befriedigende Antwort, möglicherweise deswegen, weil die Vereinigten Staaten noch nicht in den Krieg eingetreten waren. In seinen Memoiren gibt Groves den Schwarzen Peter an die damaligen Nachrichtendienste weiter – Army G-2, Office of Naval Intelligence und Office of Strategic Services, dem Vorläufer der CIA – und schreibt die Unangemessenheit ihrer Informationen ›den unglücklichen Beziehungen, in denen sie zueinander standen‹ zu.«

401 Werner Rings, *Raubgold aus Deutschland*, S. 145.

Vierter Teil

411 Die vollständige Beschreibung dieser Episode steht in Kapitel 11, »The Strange Case of General Aniline and Film«, in Joseph Borkins *The Crime and Punishment of I. G. Farben: The Startling Account of the Unholy Alliance of Adolf Hitler and Germany's Great Chemical Combine* (New York 1978), S. 200–222. Des weiteren auch in Kapitel 8, »The Film Conspiracy«, von Charles Highams *Trading with the Enemy: An Exposé of the Nazi-American Money Plot 1933–1949* (New York 1983), S. 130–153. Siehe auch Paul Erdman, *Swiss-American Economic Relations*, S. 158–166.

413 Oscar Härdt, *Handkommentar zum schweizerischen Strafgesetzbuch* (3. Auflage, Bern 1943).

417 Burckhardts und Dulles' Rat erwies sich als völlig richtig. Während der nächsten zwanzig Jahre kämpften die Schweizer Bankiers und Anwälte vor den amerikanischen Gerichten, um die Beschlagnahmung der General Aniline and Film rückgängig zu machen. In der gleichen Zeit errang die Schweizer Bankengesell-

schaft die Kontrolle über die Beteiligungsgesellschaft Interhandel, indem sie eine unbekannte Geldsumme an die Sturzenegger-Bank und die deutschen Interessengruppen hinter deren Fassade zahlte. 1959 machte sich Dr. Alfred Schaefer, der SBG-Vorstandsvorsitzende, zum Generaldirektor und stellvertretenden Vorstandsvorsitzenden der Interhandel und nahm den Kampf allein auf. Allerdings nicht ganz allein: Im August 1961 versicherte er sich der Hilfe eines gewissen Prinzen Radziwill, eines Schwagers von Präsident Kennedy. Radziwill, ein Mitglied des Kennedy-Clans, hatte natürlich auch direkten Zugang zu Robert Kennedy, dem Bruder des Präsidenten und damaligen Generalstaatsanwalt der USA. Im Oktober 1961 traf sich Robert Kennedy mit Alfred Schaefer. Man arbeitete ein Geschäft aus, das schließlich dazu führte, daß die US-Regierung das beschlagnahmte Kapital der GAF in der größten Konkurrenzauktion in der Geschichte der Wall Street veräußerte. Der Verkauf brachte 341 Millionen Dollar ein. Die Interhandel bekam 124 Millionen. Ein paar Jahre später wurde Dr. Alfred Schaefer in den Vorstand der BASF gewählt, die nach dem Krieg zu den Rechtsnachfolgerinnen der – raten Sie mal – I. G. Farben wurde. Siehe Erdman, S. 161–163, und besonders Borkin, S. 210–222.

422 Die vollständige Geschichte dieses Zwischenfalls findet sich bei Gautschi, General Henri Guisan, S. 563–567. Gautschi druckt hier den gesamten Text der Botschaft ab, die Schellenberg an General Guisan schickte. Schellenberg deutet darin an, er wolle persönlich in die Schweiz kommen und sich mit Guisan treffen, um die Einzelheiten der Rückgabe der Messerschmidt 110 auszuarbeiten. Guisan wußte jedoch, daß die politischen Auswirkungen eines zweiten Treffens mit dem SS-Obergruppenführer verheerend sein würden, wenn die Öffentlichkeit Wind davon bekäme. Deswegen lehnte er den Vorschlag ab und ließ Schellenberg keine andere Wahl, als die gesamte Angelegenheit in die Hände seines Stellvertreters Eggen zu legen.

425 »Unserem Land einen großen Dienst erwiesen hat.« Gautschi, S. 565.

429 Dies war ein klassisches Beispiel dafür, wie Mitarbeiter von Geheimdiensten Schweizer Banken zur persönlichen Bereicherung nutzten. Der Staatssicherheitsdienst der DDR ging während des Kalten Krieges ähnlich vor. Und es war die Genfer Filiale der Crédit Suisse, bei der die in die Iran/Contra-Affäre verwickelten Hauptpersonen ihre Konten unterhielten – zwar nicht unbedingt zur privaten Bereicherung, aber um ihre persönliche Sache voranzutreiben, die kaum mit der der Vereinigten Staaten übereinstimmte.

430 Die maßgebliche Geschichte angloamerikanischer Luftangriffe während des Zweiten Weltkrieges auf die Schweiz befindet sich in Kapitel 5, »Neutralitätsverletzungen durch angelsächsische Flugzeuge«, in Bonjour, Bd. V, S. 106–135.

431 Der vollständige Text steht bei Bonjour, Bd. V, S. 350.

431 Morgenthau, für den die BIZ zum roten Tuch geworden war, vertrat die Ansicht, die Bank »solle aufgelöst werden, weil ihre Auflösung gute Propaganda für die Vereinigten Staaten« sei. Siehe Higham, *Trading with the Enemy*, S. 13.

432 Gemeldet in einem Telegramm des Schweizer Botschafters in London, Ruegger, an den Schweizer Außenminister Pilet am 29. Juni 1944. Bonjour, Bd. V, S. 351.

432 Der Pakt, die Haager Landkriegsordnung, schloß Rüstungsgüter jeder Art freilich aus. Ebenda, S. 351.

434 Erdman, *Swiss-American Economic Relations*, S. 90–91. Siehe auch André Egg, *Die volkswirtschaftliche Bedeutung des Hafens Genua für die Schweiz* (Bern 1949).

435 Winston S. Churchill, *The Second World War*, Bd. VI (London 1954), S. 616.

435 Dies wurde am 16. März 1954 mit der Veröffentlichung der Dokumente der geheimen Jalta-Konferenz durch das US-Innenministerium enthüllt. Siehe Bonjour, Bd. V, S. 408.

437 Siehe Allen Dulles, *Germany's Underground*, S. 87.

438 Dunlop, *Donovan: America's Master Spy*, S. 450–451.

441 Das Problem mit dem schweren Wasser war auf die Auswirkungen der britischen Luftangriffe auf die Norsk-Hydro Anlage in Norwegen zurückzuführen, Deutschlands Hauptquelle für dieses Element. Allerdings war keiner der Angriffe gänzlich von Erfolg gekrönt; sie trugen lediglich dazu bei, den Ausstoß um etwa 50 Prozent zu verringern. Siehe das Kapitel »The German Atom Bomb« in William Casey, *The Secret War Against Hitler* (Washington DC 1988), S. 48 ff.

442 Dulles hatte eine enge Arbeitsbeziehung mit Waibel aufgebaut, die großartige Früchte trug. Denn es war Waibel, der später die im März und April 1945 stattfindenden Schweizer Verhandlungen (Zürich, Luzern und Ascona) zwischen Dulles und SS-Obergruppenführer Wolff in Gang setzte, die am 2. Mai 1945 zur Kapitulation der deutschen Truppen in Italien führten. Das geschah ohne Wissen der Schweizer Regierung und General Guisans. Siehe Gautschi, S. 645 ff, und besonders Allen Dulles, *The Secret Surrender.*

443 Die vollständige Geschichte der Umsiedlung deutscher Wissenschaftler in die Vereinigten Staaten beschreibt Tom Bower in *The Paperclip Conspiracy* (New York 1987).

469 Die Beschreibung ist identisch mit jener aus Boris T. Bashs *The Alsos Mission* (New York 1969), S. 206ff. Pash war der Mann, den General Groves, der Chef des Manhattan-Projekts (Deckname das US-Atombombenentwicklungsprojekts), mit der Leitung der Aufklärung auf diesem Gebiet betraute. Pash und seine Leute fanden am 23. April 1945 die Haigerloch-Höhle mit dem deutschen Reaktor. Siehe auch Rhodes, *The Making of the Atomic Bomb*, S. 609–610; Malcolm C. MacPherson, *Time Bomb: Fermi, Heisenberg, and the Race for the Atomic Bomb* (New York 1986), S. 275–276.

487 Allen Dulles, *The Secret Surrender*, S. 27.

488 Jozef Garlinski, *The Swiss Corridor* (London 1981), S. 193–194.

489 Erin E. Jacobsson, *A Life for Sound Money, Per Jacobsson, His Biography* (Oxford 1979), S. 170.

489 Allen Dulles, *The Secret Surrender*, S. 255–256.

490 Robert C.J. Butow, *Japan's Decision to Surrender* (Stanford 1954), S. 111.

491 Gautschi, *General Henri Guisan*, S. 765.

492 Garlinski, *The Swiss Corridor*, S. 196.

492 Braunschweig, *Geheimer Draht nach Berlin*, S. 322.

493 Garlinski, *The Swiss Corridor*, S. 192.

493 Braunschweig, *Geheimer Draht nach Berlin*, S. 36.

494 Siehe Rhodes, *The Making of the Atomic Bomb*, S. 609–610; General Leslie M. Groves, *Now It Can Be Told: The Story of the Manhattan Project* (New York 1962), S. 240–244; Malcolm G. MacPherson, *Time Bomb: Fermi, Heisenberg and the Race for the Atomic Bomb* (New York 1986), S. 275–290.